DIOGENES TASCHENBUCH 200/1

SHAKESPEARES DRAMATISCHE WERKE

Übersetzt von A. W. v. Schlegel und L. Tieck
Herausgegeben und revidiert von Hans Matter

Mit Illustrationen von
Johann Heinrich Füßli

Erster Band

WILLIAM SHAKESPEARE

Romeo und Julia

Hamlet, Prinz von Dänemark

*Othello, der Mohr
von Venedig*

DIOGENES

Die Illustrationen
von Johann Heinrich Füßli
beruhen auf Stichen, die der zehnbändigen Ausgabe
The Plays of William Shakespeare, London, 1805, entnommen sind.
Umschlag: Ausschnitt aus Füßlis *Othello*
Entwurf: Hans Höfliger

Veröffentlicht als Diogenes Taschenbuch, 1979
Lizenzausgabe mit freundlicher Genehmigung
des Birkhäuser Verlags, Basel
Alle Rechte vorbehalten
100/79/8/1
ISBN 3 257 20631 3

WILLIAM SHAKESPEARE

Zu den schönsten Blüten in dem üppigen Kranze, den die Dichter der Königin Elisabeth zu Füßen legten, gehören die Dramen von William Shakespeare. Wie wenig wirklich Wertvolles ist über diesen Mann bekannt! Zwar vom Bürger reden vielerlei Zeugnisse; aber den Künstler, das Genie können wir, zumal ein Briefwechsel fehlt, nur durch das Werk kennenlernen.

William Shakespeare wurde 1564 als Sohn eines geachteten und begüterten Bürgers in Stratford-on-Avon, einem idyllisch gelegenen Landstädtchen in Warwickshire, geboren. In den Jahren, in denen er die Lateinschule seiner Vaterstadt besuchte, muß er in die literarische Kultur der Renaissance und das von ihr erschlossene Geistesgut eingeführt worden sein. Schon früh verließ er Stratford. Ob dies mit dem Lebensunterhalt seiner Familie in Zusammenhang stand – blutjung hatte er Anne Hathaway aus dem nahen Weiler Shottery heimgeführt, und sie hatte ihm einen Sohn, Hamnet, und zwei Töchter geschenkt –, ob er schulmeisterte, ob er, wie eine andere Tradition will, vor den Folgen von Wilddieberei flüchtete, wir wissen es nicht. Er taucht nach einigen Jahren in London wieder auf. Er wurde Schauspieler und Mitglied einer der Theatertruppen, scheint aber den Gegensatz zwischen seiner Person und seinem Berufe empfunden zu haben. Trotz Neid und Anfechtung stellte sich bald der Erfolg ein. Als gegen Ende des Jahrhunderts ein neues Theater, der «Globe», seine Pforten öffnete, erscheint Shakespeare als Mitbesitzer; auch besaß er die Freundschaft fürstlicher Persönlichkeiten, wie des Earl of Southampton.

Shakespeares künstlerisches Schaffen fällt ungefähr in die Jahre zwischen 1590 und 1611. Außer einigen lyrischen Gedichten, einem Kranz von Sonetten, seinen zwei Epen «Lukretia» und «Venus und Adonis» schenkte er der Welt seine Dramen, Tragödien, Komödien und Historienstücke, fünfunddreißig an der Zahl, wenn man von «Titus Andronicus» und «Perikles» absieht. Sein erstes Werk dürfte die Trilogie «Heinrich VI.» gewesen sein, eines jener Königsdramen, die als seine nationalste Schöpfung zu betrachten sind. Mit unglaublicher Leichtigkeit – Zeitgenossen bezeugen, daß er fast nie eine Zeile ausgestrichen – brachte er durchschnittlich zwei Dramen im Jahr für seine Truppe heraus. Während er aber seine Epen selbst herausgab, kümmerte er sich um den Druck seiner dramatischen Werke nicht; so waren bei seinem Tode «Othello» und «Macbeth» noch nicht erschienen. Soll man darin, wie behauptet wird, wirklich einen Beweis dafür sehen, daß sich Shakespeare über den künstlerischen Wert seines Schaffens nicht bewußt gewesen sei? Da nur sechzehn Dramen zu Lebzeiten des Dichters veröffentlicht wurden, oft längere Zeit nach ihrer Entstehung, ist eine unbedingt sichere Chronologie nicht möglich, obwohl die Forscher die geistreichsten Methoden angewendet und den Text mit den feinsten Kriterien, wie Entwicklung der Verskunst, Verwendung des Reims, Einfluß stilistischer Zeitmoden, untersucht haben. Auf zwei Tatsachen wurde schon immer hingewiesen, daß nämlich die Mehrzahl der großen, düstern Tragödien in die ersten Jahre nach 1600 fällt, in eine Zeit schwerer persönlicher Schicksalsschläge, ferner, daß sein Lied mit romantisch märchenhaften Stoffen, wie dem «Wintermärchen» und dem «Sturm», zart ausklingt. Mit einem sonnigen, verträumten Lächeln legte der Zauberer seinen Stab nieder. Wohl ist noch ein späteres Stück, «Heinrich VIII.», vorhanden; aber dieses ist nicht als eigentliches Drama anzusprechen und wurde von Shakespeare, einer Zeitsitte gemäß, mit einem andern Dichter zusammen verfaßt.

Um 1611 kehrte Shakespeare nach Stratford zurück. Er war angesehen und reich; schon vor vielen Jahren hatte er das größte Haus in der Stadt erworben und dann seinen Besitz fortwährend gemehrt. Den größten Teil seiner letzten Jahre verbrachte er in seiner Heimat, hielt aber seine Londoner Beziehungen zu Schauspielern und Dichtern aufrecht bis an sein Ende. Er starb am 23. April 1616 und wurde in Trinity Church begraben. Er ruht vor dem Altar, an der Seite seiner Verwandten. Seine Familie ist ausgestorben; sein Werk lebt.

✳

Bevor wir uns einer kurzen Betrachtung der Bühne zuwenden, sei jene Theorie vermerkt, die nicht in Shakespeare, sondern in Sir Francis Bacon, dem großen Philosophen, den Schöpfer der Dramen sieht. Diese Theorie ist alt und zählebig wie eine Katze. Sie wird bis auf den heutigen Tag verfochten sowohl in England als auch in den Vereinigten Staaten, und ihre Anhänger sind beileibe nicht alle

WILLIAM SHAKESPEARE   IX

Dilettanten. Die Baconianer sind der Ansicht, daß der unbedeutende
«Schauspieler aus Stratford» unmöglich jene literarische und geistige
Kultur besessen haben könne, die unbedingte Voraussetzung für die
hervorragenden dramatischen Leistungen ist. Sie haben auf manche
Widersprüche in der Biographie und im Werke Shakespeares hingewiesen und auf verschiedene Fragen Lösungen gefunden, die auf den
ersten Blick nachdenklich stimmen. Aber abgesehen davon, daß mit
der Bacon-Theorie die Zahl der ungelösten Probleme nicht kleiner
wird, und ohne auf die vielen interessanten «Entdeckungen» einzu-
gehen, nur diese Feststellung: Shakespeares Zeitgenossen, seine
Freunde und seine Feinde – die ersten loben sein aufrichtiges Wesen,
seine Phantasie und anmutige Ausdrucksweise, seinen schlagfertigen
Witz –, hätten es im Umgang mit ihm unbedingt merken müssen,
wenn dieser ein unbedeutender Mensch und nicht ein dramatisches
Genie gewesen wäre. Sollte ihr Stillschweigen erkauft, sollten alle
Dokumente, die Aufklärung zu geben vermocht hätten, im großen
Brande von London 1666 zerstört worden sein?

Als man einsah, daß Bacon als Mensch, Gelehrter und Künstler
nicht für die Verfasserschaft in Frage kam, sah man sich nach andern
«Autoren» um und glaubte, sie im Earl of Rutland, einem Earl of
Derby und andern zu finden.

Vor einigen Jahren schien man der Lösung des «Shakespeare-
Rätsels» einen Schritt näher zu kommen. Als nämlich der große
elisabethanische Epiker Edmund Spenser 1599 in der Westminster
Abbey bestattet wurde, legten die bedeutendsten Künstler Huldi-
gungsgedichte in sein Grab, und als man dieses 1938 öffnete, er-
wartete die wissenschaftliche Welt, daß eine Zeile von der Hand
Shakespeares gefunden und dadurch Zeugnis für sein Leben und
Dichten abgelegt werde. Diese Erwartung erfüllte sich nicht; freilich, es fehlte nicht nur jegliches Dokument von Shakespeare, sondern auch jede Spur von den Gedichten seiner Zeitgenossen.

✳

Nun zur Bühne. Während man im Mittelalter erst in der Kirche
und später auf dem Marktplatz spielte, wurden Shakespeares Dramen
in einem richtigen Theater aufgeführt. Es gab deren in London
mehrere: The Globe, das eigentliche Haus unseres Dichters, The

Curtain, The Rose, The Swan. Sie waren nach dem Muster des Theaters gebaut, das der Vater von Richard Burbage, dem großen Darsteller Shakespearescher Heldenrollen, 1576 hatte aufführen lassen, rund, sechs- oder achteckig, nicht sehr groß, nach oben offen. Den Wänden entlang liefen gedeckte, mehrstöckige Galerien. Nach hinten wurde der Bau durch das hochstrebende Bühnenhaus abgeschlossen. Von diesem Bühnenhaus aus sprang die Bühne, etwa in Brusthöhe, tief ins leere Parterre, den «pit», vor. Sie konnte durch einen Vorhang in zwei Teile getrennt werden, die Vorder- und die Hinterbühne, und da das Bühnenhaus eine Galerie aufwies, die etwa in Balkon- oder Mauerszenen Verwendung fand, hatte man ein dreiteiliges Spielfeld. Es gab keinen Vorhang, der die ganze Bühne verdeckt hätte, und so mußte jede Szene mit einem Auftritt beginnen und einem Abgang enden.

Diese dreiteilige Bühne wird von den einen als ein Ausläufer des in der Renaissance rekonstruierten spätantiken Theaters angesehen; andere finden ihr Muster in den großen Höfen der englischen Gasthäuser. Auch diese Höfe waren von mehrstöckigen Galerien umgeben, und sicher haben in diesen Höfen herumziehende Schauspielertruppen gespielt.

Infolge der Mehrzahl von Spielfeldern hatte das elisabethanische Theater einen gewaltigen Vorteil vor dem heutigen. Es erlaubte eine flüssige, fast pausenlose Szenenfolge. Ein Stück von etwa dreieinhalbtausend Versen konnte in zwei Stunden bewältigt werden, zumal keine Kulissen zur Verwendung kamen. Da die Bühne bald einen Wald, bald eine Straße, oder einen Küstenstrich, ein Schlachtfeld darstellte, ist zu verstehen, warum in den alten Drucken der Shakespeare-Dramen – im Gegensatz zu den modernen – keine Szenentitel angegeben sind. Wenn die Spieler abtraten, war eben eine Szene zu Ende. Wenn nötig, wurde der Ort durch den Dialog gekennzeichnet, und wenn Männer in Rüstungen auftraten, konnte jeder verstehen, daß es sich um ein Schlachtfeld handelte, wenn Leute mit Fackeln erschienen, konnte jeder merken, daß es Nachtzeit war. Zur Unterstützung der Illusion wurden Möbel und Versatzstücke verwendet, Betten, Bänke, Brunnen, Zäune, der Pflock. Standen diese Gegenstände aber einmal auf der Bühne, hauptsächlich auf der Vorderbühne, so war es beinahe unmöglich, sie wieder zu entfernen. Ein Zaun zum

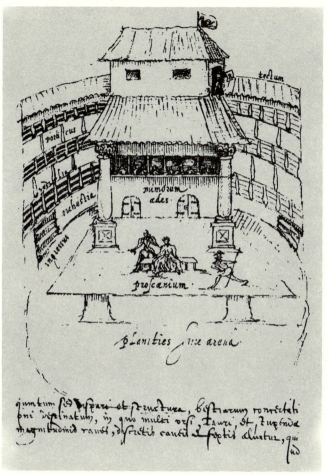

DAS LONDONER THEATER «DER SCHWAN»

Zeichnung des Utrechter Juristen Arend von Buchell (gest. 1641) nach dem verlorengegangenen Original, das sein gelehrter Freund Johannes de Witt 1596 wohl während einer Aufführung herstellte (Bibliothek der Rijksuniversiteit zu Utrecht.) – *tectum* = Dach, *mimorum œdes* = Bühnenhaus, *proscœnium* = Bühne, *planities sive arena* = Parterre oder Arena, *ingressus* = Eingang, *orchestra* = Orchester, *sedilia* = Sitzplätze, *porticus* = Galerie. Die Fahne auf dem Dach trägt das Bild des Schwans.

WILLIAM SHAKESPEARE   XIII

Beispiel blieb stehen, auch wenn eine Zimmerszene folgte; die Vorderbühne war ja vollkommen offen. Leichname allerdings mußten jeweilen abgeschleppt werden.

Diese Bühne stellte ganz gewaltige Anforderungen nicht nur an die Phantasie des Publikums, sondern vor allem an den Schauspieler. Ohne von einem Szenenbildner oder von Scheinwerferlicht unterstützt zu sein – es wurde am Nachmittag, also bei natürlicher Beleuchtung gespielt –, stand er auf hoher Warte, sozusagen mitten unter den Zuschauern. Durch seine Kunst des Vortrags und Spiels mußte er Illusion, Stimmung, Milieu schaffen (vergleiche Hamlets Rede an die Schauspieler). Er trat auch nicht in einem historischen Kostüm auf. Mochte er einen altbritischen König, einen Römer oder den Dänenprinzen darstellen, er trug die Tracht der prunkliebenden Elisabethaner.

Da die Truppen, die unter dem Patronat von hohen Adligen spielten, meist aus weniger als 20 Personen bestanden, mußte eine Handvoll Spieler mit Massenszenen und Volksaufläufen fertig werden. Shakespeare hat sicher auf die Beschränkung des Künstlerstabes Rücksicht genommen, auch den hervorragenden darunter Rollen direkt auf den Leib geschrieben. Der Mangel an Personal führte manchmal dazu, daß ein Schauspieler zwei Rollen zugleich übernehmen mußte. Die merkwürdigste Kombination ist wohl die der Cordelia und des Narren im «Lear». Männlich *und* weiblich? wird man fragen. Nun, das natürliche Geschlecht bot keine Schwierigkeit. Es wurden alle Frauenrollen von Knaben gespielt. Das läßt verständlich werden, warum in Shakespeares Dramen so oft Mädchen auftreten, die als Jünglinge verkleidet sind, aber auch leise Zweifel aufkommen, Zweifel an der seelischen Ausdrucksfähigkeit dieser unreifen Menschen, besonders wenn man an die herrlichen Frauenrollen des Dichters denkt.

✶

Shakespeare ist dramatisch und literarisch ein Vertreter der englischen Renaissance. Wenn auch Ben Jonson mit seinem profunden Wissen über des Dichters Kenntnisse im Lateinischen und Griechischen spöttelte, so war Shakespeares Bildung trotz seiner wahrscheinlich kurzen Schulzeit nicht unbedeutend, zwar nicht die eines Gelehrten, aber immerhin recht beachtlich. Er geht zwar mit geographischen Tatsachen etwa ziemlich gewalttätig um, steckt im Gegensatz zu fortschrittlicheren Zeitgenossen noch im Hexenglauben; wir wissen nicht mit Sicherheit, ob er moderne Fremdsprachen beherrscht hat, ob er, zum Beispiel nach Italien, gereist ist. Aber Shakespeare kennt nicht nur das literarische Volksgut seines Landes, sondern auch die großen Vertreter des Schrifttums, ältere und jüngere, Chaucer und Sidney; er ist vertraut mit Ovid und Virgil und Montaigne; und wenn wir die Prosa in den Widmungen zu seinen Epen untersuchen, so sehen wir, daß sie sich nicht vom Stil der akademisch Gebildeten unterscheidet, und könnten beinahe auf den Gedanken kommen, daß er einmal einen Hörsaal betreten habe.

✳

Shakespeares Dramen sind keine Bekenntnisse; er interessiert sich für die Charaktere an sich. Diese objektive Psychologie macht es schwer, eine Beziehung zum Dichter zu finden. Es ist höchstens die wiederholte Betonung gewisser Werte, die einen Anhaltspunkt zu bieten vermag, so die Darstellung des gesunden Tatmenschen, der mit offenem Sinn in die Welt hinausschaut, sich nie an Fremdes verliert. Der Dichter mag sich diesem verwandt gefühlt haben. Es ist bezeichnend, daß wir von ihm, dem größten Dramatiker, keine nennenswerten Äußerungen über die Theorie der dramatischen Kunst besitzen. Religion als Triebfeder des Handelns kennt er nicht; er ist zu tolerant, wenigstens im Vergleich zu andern. Auch soziale Fragen und die Idee der Erziehung des Menschen liegen ihm fern. Er ist deswegen von Tolstoj und Shaw angegriffen worden. Seine Menschen leben in einer festgefügten Ständeordnung. Ein Aufstieg von einem Stand in den andern ist ausgeschlossen. Für das Bürgertum hat er kein Interesse, und dem Volk, das er als feige und unzuverlässig schildert, tritt er beinahe feindselig gegenüber. In seinen Dramen äußert sich eine streng monarchische Gesinnung – in «König Johann» zum Beispiel wird die Magna Charta, was allerdings verständlich ist, nicht erwähnt –, eine normale patriotische Haltung und eine Liebe zur aristokratischen Kultur. Infolge seiner mannigfachen Beziehungen zu Hofkreisen darf man annehmen, daß die Frauengestalten seiner reifern Dramen kaum rein literarische Schöpfungen sind.

✳

WILLIAM SHAKESPEARE XV

Als Künstler entwickelte sich Shakespeare ganz allmählich. Er beginnt mit Umarbeitung und Nachahmung, wobei auffallen muß, daß der junge Dramatiker sich fast gleichzeitig der Tragödie und der Komödie zuwendet. Nach und nach befreit er sich vom Einflusse des gewaltigen Marlowe und des höfischen Lyly; er macht Fortschritte in Komposition, Psychologie und Charakteristik; seine Gestalten verlieren die mittelalterlich holzschnittartige Zeichnung; die Darstellung wird meisterlich, der Vers virtuoser, wohlklingender, klarer; er findet seine eigene Sprache; Rolle und Wort verschmelzen.

Beim Studium der Kunst Shakespeares sollte man immer daran denken, daß der Mann für das Theater, und zwar für das zeitgenössische Theater arbeitete. Deshalb ist es typisch, daß er mit Vorliebe zügige, erprobte Stoffe aufgreift und, hauptsächlich in früheren Werken, hin und wieder mehr Bedacht nimmt auf Bühnenwirkung als auf innere Einheit. Dem kulissenlosen Theater kommt ja auch seine Meisterschaft des Vergleichs zustatten. Die Bilder aus dem Natur- und Pflanzenleben dienen nicht nur der Charakterisierung der Person, sondern helfen Lokalfarbe schaffen. Vielleicht geht er auch aus rein praktischen Gründen in seinen Lustspielen vom wirksamen Genre der römischen Situationskomödie aus.

Shakespeare ist der größte Darsteller individueller Charaktere. Die Renaissance hatte die Persönlichkeit entdeckt, und infolgedessen hatte das Verständnis für Charakterschilderung im Drama höchste Bedeutung erlangt. Auf diesem Gebiete, vor allem dem der indirekten Charakteristik, war Shakespeare bahnbrechend. Seine Helden entwickeln sich in der Regel mit Naturnotwendigkeit aus ihrer Veranlagung; sie handeln aus innerm Drang, fragen nicht nach Gut und Böse; der Trieb tritt nicht etwa vor einem sittlichen Gebote, einer Pflicht zurück. Ohne hemmende Vorstellung werden sie in einem entscheidenden Augenblick von einem einzigen Gedanken beherrscht; sie sind die Sklaven ihrer Leidenschaft. Die Tragik entsteht dadurch, daß der Held trotz dieses innern Zwangs das Gefühl der Selbstbestimmung hat und nach eigener Wahl zu handeln glaubt.

Gern begleitet der Dichter die Haupthandlung mit einer oder mehreren Nebenhandlungen und erzeugt so eine Fülle des Geschehens. Den Eindruck des bunten Wechsels steigert er noch durch eine rasche Entwicklung, meist durch den Verzicht auf Szenen, die bloß der Stimmung dienen. Dazu kommt die Mischung von Tragik und Komik. Diese allerdings kann geradeso gut mit der Tradition als mit dem Streben nach einer Gesamtwirkung erklärt werden.

✳

Die Dramen sind alle im Blankvers, das heißt einem reimlosen Vers aus fünf Jamben, geschrieben. Diesen Vers, den das sechzehnte Jahrhundert der italienischen Renaissancekomödie entlieh, hatte vor Shakespeare schon Marlowe gemeistert. Reime treten etwa bei Aktschlüssen auf oder an Stellen, deren Lyrik besonders hervorgehoben werden soll. Eine dem englischen Drama eigene Erscheinung ist die Mischung von Vers und ungebundener Rede. Spaßmacher und Personen niederen Ranges sprechen Prosa, was schließlich auf die Improvisationen des Clowns zurückzuführen ist. In den selteneren Fällen, in denen sich auch Vertreter der höhern Stände der Prosa bedienen, scheint die künstlerische Begründung, es handle sich um die Veranschaulichung außergewöhnlicher Seelenzustände, richtiger als die philologische, die von verderbter Textüberlieferung spricht.

✳

Shakespeare hat seine Stoffe nicht erfunden. Oft benützt er, wie im «Lear», ein altes, bereits vorhandenes Drama und erlaubt uns so, in seine Werkstatt hineinzusehen. Bald schließt er sich der Vorlage ziemlich eng, aber nie sklavisch, an; bald übernimmt er nur den Faden der Erzählung. Sicher wurde er manchmal auch künstlerisch von einer literarisch wertvollen Quelle beeinflußt, so etwa in seinen Römerdramen von der Porträtzeichnung bei Plutarch. Seinen Historienstücken legte er hauptsächlich die Chronik des Raphael Holinshed zugrunde. Für andere Dramen verwendete er beliebte Geschichtensammlungen, die ursprünglich aus dem Italienischen stammen; und immer, ob wir es nachprüfen können oder nicht, durften die Gebenden neidlos anerkennen, daß sie im Grunde die Beschenkten wurden.

✳

Man kann heute kaum ein wissenschaftliches Werk über Shakespeare lesen, ohne auf die Ausdrücke Folio- und Quartoausgabe zu stoßen. Damit verhält es sich folgendermaßen: Aus Verehrung für

WILLIAM SHAKESPEARE   XVII

ihren großen Kollegen veranstalteten die beiden Schauspieler John Heminge und Henry Condell im Jahre 1623, also kurz nach des Dichters Tod, eine Gesamtausgabe seiner Dramen in einem Folioband. Sie enthält 36 Stücke; der «Perikles» fehlt. Diese 36 Dramen sind ohne Rücksicht auf ihre zeitliche Entstehung in drei Gruppen zusammengefaßt, in Komödien, Historien und Tragödien. Die Herausgeber scheinen ihre liebe Not gehabt zu haben, die Werke zusammenzubringen. Es mag dies damit zusammenhängen, daß das Globe-Theater im Jahre 1613 abbrannte und dabei vielleicht Originalhandschriften ein Raub der Flammen wurden. In der von Heminge und Condell besorgten Folioausgabe erschienen 18 von 36 Stücken zum erstenmal im Druck. Die andern waren schon vorher veröffentlicht worden, und zwar in Einzeldrucken, die ihres Formates wegen im Gegensatz zu der Folio als Quartos bezeichnet werden. Diese letztern wurden früher ohne Unterschied als Raubdrucke angesehen, und ihre Texte galten als verderbt. In neuerer Zeit unterscheidet man zwischen guten und schlechten Quartos.

Die guten Quartos waren rechtmäßige Drucke, waren textlich zuverlässiger als die Raubdrucke, und einzelne wurden denn auch von den Herausgebern der Folio für die Gesamtausgabe benützt. Die Stücke gehörten der Schauspielertruppe, nicht dem Autor; diese ließ sie drucken, und zwar wahrscheinlich in Zeiten der Not, wenn die Theater, etwa der Pest wegen, geschlossen werden mußten. Wie weit der Dichter selber einen solchen Druck kontrollierte, wissen wir nicht. In normalen Zeiten hatte die Truppe kein besonderes Interesse daran, die Stücke in Druck zu geben. Das Publikum sollte ins Theater kommen, die Stücke sehen, nicht sie lesen.

Die schlechten Quartos, die meist einen minderwertigen, verstümmelten und gekürzten Text enthalten, sind Raubdrucke. Sie mögen durch unrechtmäßige Nachschrift oder durch Bestechung von Schauspielern zustandegekommen sein. Auch sie sind heute für den Philologen wertvoll, weil sie gelegentlich zur Abklärung dieser oder jener Textstelle herangezogen werden können. Es kann sein, daß von einem Stück mehrere Drucke vorliegen – beim einen Drama mag es ein Raubdruck und der Foliodruck sein, bei einem andern ein Quartodruck und ein Foliodruck; es kommen alle möglichen Kombinationen vor. Da hat der Philologe die Möglichkeit, Druckfehler auszumerzen und schlecht überlieferte Stellen zu korrigieren. Wie schwierig die Textverhältnisse sein können, mag ein Beispiel zeigen: Vom «Othello» besitzen wir, von einem späteren Quartotext abgesehen, zwei Versionen, die Quartoausgabe von 1622 und die Folioausgabe von 1623. Diese ist besser als die Quartoausgabe; sie ist um einige Dutzend Verse länger, läßt aber mehr oder weniger harmlose Kraftausdrücke weg. Die modernen Ausgaben stellen eine Art von Mischung der beiden Versionen dar. Noch größer sind die Abweichungen, und noch verworrener liegen die Dinge bei «Hamlet». Bis heute bemühen sich die Forscher um die Herstellung eines korrekten Shakespearetextes.

✳

Die Grundlage der vorliegenden Ausgabe bildet die Schlegel-Tiecksche Übersetzung, und zwar, von einigen Ergänzungen von kritischer Hand und Einschüben aus einer früheren Ausgabe sowie unwesentlichen orthographischen Modernisierungen abgesehen, der 1839–1841 bei Reimer, Berlin, gedruckte Text. Er enthält verschiedene Lücken; die wichtigsten sind von mir kenntlich gemacht.

Das Schlegel-Tiecksche Werk gehört zu den größten Denkmälern der deutschen Übersetzungsliteratur und verdient unsere Ehrfurcht. Die Übersetzung ist trotz ihren Mängeln klassisch, und sie ist die einzige, die sich wirklich durchgesetzt hat. Sie enthält viele Unrichtigkeiten und Fehler. In den von Schlegel übertragenen Dramen handelt es sich jeweils um ein paar Dutzend Stellen, die unbrauchbar sind; zum Teil sehr ungenau sind die Übersetzungen, die unter Mitarbeit von Ludwig Tieck vom Grafen Baudissin und von Dorothea Tieck geschaffen wurden (zum Beispiel Timon von Athen, Das Wintermärchen, Cymbeline, Heinrich VIII.).

Ein gewissenhafter Herausgeber der Dramen Shakespeares, der die Vorzüge, aber auch die Mängel der Schlegel-Tieckschen Übersetzung erkennt, wird vor eine schwierige Aufgabe gestellt. Soll er mit energischer Hand durchgreifend die Übersetzung revidieren, soll er sie einfach samt ihren Irrtümern und Mißverständnissen abdrucken und vielleicht seine Korrekturen in einem wissenschaftlichen Apparat unterbringen? Keine dieser Möglichkeiten hat bisher zu einem befriedigenden Ergebnis geführt. Eine Ausgabe mit textkritischem Beiwerk, in der Form von Anmerkungen oder als Anhang, ist

WILLIAM SHAKESPEARE XIX

für den großen Leserkreis, der ohne Unterbrechung durch Hinweise das Werk des Dichters auf sich wirken lassen will, nicht geeignet. Ebensowenig läßt sich eine wortwörtliche Wiedergabe des Schlegelschen Textes samt Mißverständnissen – sogar Druckfehlern – rechtfertigen; denn viel zu oft wird in der Schlegel-Tieckschen Ausgabe der Sinn des Originals verfälscht, oft sogar ins Gegenteil verkehrt. Hier einige Beispiele:

Da heißt es: «ein Mädchen, alt genug zur Braut» statt «ein Mädchen, fast zu jung zur Braut»; oder «ein Gerücht, daß manche wackre Leute weggeräumt» statt «ein Gerücht, daß manche wackre Leute ausgerückt»; oder «Du wirst doch hoffentlich nicht in den Bart murmeln» statt «mir in den Bart zu trotzen»; in «König Lear» sagt Edmund zu Edgar: «Ergib dich! Komm zuvor ihm!» statt «Ergib dich! Komm zum Vater!» In «Antonius und Cleopatra» ist an einer Stelle von «Landsoldaten» statt von «Maultiertreibern» die Rede. Schlegel braucht verschiedentlich das Wort «Bündnis», wo «Friede» stehen sollte, «belügen» statt «lügen über»; gelegentlich werden statt der alten Bedeutungen englischer Wörter die neuen verwendet, wird übersetzt «beleidigen» statt «triumphieren», «ein albern Weib» statt «ein schwaches Weib».

Das sind nicht die schlimmsten Fehler, und doch genügen sie, um darzutun, daß eine Revision, auf das Notwendigste beschränkt, sich aufzwingt. Fehler sind schließlich nicht sakrosankt, und wenn der Herausgeber mit der Bescheidenheit seine Korrekturen anbringt, die der Respekt vor dem genialen Werk und vor der Leistung Schlegels verlangt, dann dürfte ihm beides gelingen: die Herstellung eines dem Original entsprechenden Textes und die weitgehende Schonung der Schlegel-Tieckschen Übersetzung. Auf jegliche Korrektur verzichten, hieße Schlegel-Tieck an erste Stelle, den englischen Originaltext Shakespeares an zweite Stelle rücken. Die Revision prüft sowohl den philologischen Bestand wie den künstlerisch-literarischen Gehalt. Ich lese den Originaltext mit der kritischen Aufmerksamkeit des Anglisten, aber immer leitete mich der Gedanke, daß eine sinngemäße Übertragung – nicht eine wörtliche Übersetzung – dem Kunstwerk am nächsten kommt. Darum ließ ich in der Schlegel-Tieckschen Übersetzung alles unangetastet, was zwar vielleicht nicht Wort für Wort, aber dem Sinne nach dem Original entspricht. Stellen wie die folgende:

XX WILLIAM SHAKESPEARE

«Ich hab nur eine Tochter, nichts Verwandtes,
Und ihr will ich mein ganzes Gut vermachen» (Timon)

blieben stehen, weil, obgleich ungeschickt und leicht zu verbessern,
der Sinn doch noch zum Ausdruck kommt, während beispielsweise
der «blutdurchsiebte» Banquo ein zweites Mal über die Klinge
springen mußte. Geschont wurden alle Verse, die bewußt vom
Wortlaut des Originals abweichen und zum Beispiel in der Anwen-
dung von Bildern und Gleichnissen auf den Vorstellungskreis des
deutschsprachigen Lesers Rücksicht nehmen. Da ist etwa die Rede
vom Drachen in der Höhle statt vom Drachen im Sumpf, vom Zins-
huhn statt vom Zehntferkel, von Kupfer- und Zinngeschirr statt von
Zinngeschirr und Messing. Solche Abweichungen vom englischen
Original habe ich nicht im Text korrigiert – da die freie Übersetzung
zweifellos berechtigt ist –, sondern ich habe mich darauf beschränkt,
in einer Anmerkung den genauen Wortlaut anzuführen, nicht nur
aus Rücksicht auf das Original, sondern auch um einen Begriff zu
geben von der künstlerischen Art und Weise, in der Schlegel und
seine Mitarbeiter ihre Aufgabe aufgefaßt haben.

Die meisten Anmerkungen aber sollen, in knapper Form, den Sinn
aufhellen, wo ein oft schlecht überliefertes Original und die Übersetzung dem Leser Schwierigkeiten bereiten; sie sollen auch bei gereimten Stellen die auffälligsten Unterschiede hervorheben sowie auf
Wortspiele hinweisen, die unangetastet zu lassen, mir strenge Pflicht
war. Auch den Unfug, Verse der Übersetzer glätten zu wollen, habe
ich vermieden; finden sich doch bei Shakespeare nicht wenige Zeilen,
die, aus dem Zusammenhang herausgerissen, von niemandem als
Verse gelesen werden würden. Ich habe mich bemüht, die Patina der
Schlegel-Tieckschen Übersetzung so wenig als möglich zu zerstören;
Wörter wie Witz, dürfen, Laune, kränken, Frommheit, in ihrer ältern
Bedeutung angewendet, sollten nicht durch moderne ersetzt werden.
Und wenn es etwa heißt, auch inhaltlich seien gewisse Verse nicht
immer eindeutig und die darin ausgedrückten Gedanken erschienen
merkwürdig verklausuliert, die Prosastellen oft geschraubt, so ist
einfach zu sagen, daß die Übersetzer darin dem Original näher kommen, daß Shakespearescher Ausdruck und elisabethanische Sprach-
moden viel besser gewahrt sind, als die Tadler auch nur ahnen.

WILLIAM SHAKESPEARE XXI

Die Anmerkungen sollten auf ein Minimum beschränkt bleiben; so mußte ich, ungern, auf einen Sachkommentar verzichten, mit noch schwererem Herzen aber davon absehen, die von mir im Text abgeänderten Stellen kenntlich zu machen. Ich hätte es mit besonderer Genugtuung unternommen, auch wenn es sich nicht um eine im strengen Sinne philologische Ausgabe handelt.

Der Leser muß sich mit der Versicherung begnügen, daß ich die klassisch gewordene Schlegel-Tiecksche Übersetzung mit den besten Originaltexten aufs sorgfältigste verglichen und daß ich mir die Änderung des Schlegelschen Wortlauts ebenso sorgfältig überlegt habe. Das Ergebnis ist die vorliegende Textgestaltung, die mit wissenschaftlicher Gründlichkeit vom englischen Originaltext ausgeht, darnach die Schlegel-Tiecksche Übersetzung überprüft und durch Beseitigung der offensichtlichen Fehler und Irrtümer die berechtigten Ansprüche des kritischen Lesers erfüllt und dem Originaltext Shakespeares so nah als möglich kommt.

Auch in der Anordnung der Dramen bin ich eigene Wege gegangen. Ich habe sie eingeteilt in Tragödien, Römerdramen, Komödien und Historien, und ich habe versucht, innerhalb jeder Gruppe die chronologische Reihenfolge zu beachten. Daß es eine sichere Chronologie der Dramen allerdings nicht gibt, wurde schon oben gesagt. Die Tragödie «Titus Andronicus», die nicht von allen Kritikern Shakespeare zugeschrieben wird, habe ich an den Schluß gestellt, wo in einem Anhang einiges über zweifelhafte oder verlorene Stücke mitgeteilt und auch von «Perikles» die Rede sein soll, der in der ersten Folioausgabe und entsprechend in der Schlegel-Tieckschen Sammlung weggelassen wurde.

Die Übersetzung wurde verglichen mit dem englischen Text, wie er in «The Arden Shakespeare» vorliegt, und mit Neudrucken gewisser Quartoausgaben von W.A.Wright.

Zum Schluß möchte ich folgenden Herren und Instituten meinen Dank aussprechen: der Bibliothek der Rijksuniversiteit zu Utrecht für die Photographie der Skizze des Londoner Swan-Theaters und Material über de Witt, der Universitätsbibliothek Basel, Herrn Professor K. Jost, Basel, für seine wertvolle Hilfe und meinem Freunde Dr. Gustav Steiner, Bottmingen-Basel, für seine unermüdliche Mitarbeit.   *Hans Matter*

CHRONOLOGISCHE ORDNUNG DER SCHAUSPIELE

Entstehungszeit	Titel	Erstdruck
Vor 1595	Titus Andronicus	Quartoausgabe 1594
» »	Heinrich VI.	Folioausgabe 1623*
» »	Richard III.	Quartoausgabe 1597
» »	Verlorene Liebesmüh	Quartoausgabe 1598
» »	Die Komödie der Irrungen	Folioausgabe 1623
» »	Die beiden Veroneser	Folioausgabe 1623
» »	Der Widerspenstigen Zähmung	Folioausgabe 1623
1595–1600	Romeo und Julia	Raubdruck 1597
» »	Ein Sommernachtstraum	Quartoausgabe 1600
» »	Richard II.	Quartoausgabe 1597
» »	König Johann	Folioausgabe 1623
» »	Der Kaufmann von Venedig	Quartoausgabe 1600
» »	Heinrich IV. 1. Teil:	Quartoausgabe 1598
	2. Teil:	Quartoausgabe 1600
» »	Heinrich V.	Raubdruck 1600
» »	Viel Lärm um nichts	Quartoausgabe 1600
» »	Wie es euch gefällt	Folioausgabe 1623
» »	Julius Cäsar	Folioausgabe 1623
» »	Die lustigen Weiber von Windsor	Raubdruck 1602
» »	Ende gut, alles gut	Folioausgabe 1623
1600–1608	Was ihr wollt	Folioausgabe 1623
» »	Hamlet, Prinz von Dänemark	Raubdruck 1603
» »	Troilus und Cressida	Quartoausgabe 1609
» »	Maß für Maß	Folioausgabe 1623
» »	Othello, der Mohr von Venedig	Quartoausgabe 1622
» »	König Lear	Quartoausgabe 1608
» »	Macbeth	Folioausgabe 1623
» »	Timon von Athen	Folioausgabe 1623
» »	Antonius und Cleopatra	Folioausgabe 1623
» »	Coriolanus	Folioausgabe 1623
Nach 1608	Cymbeline	Folioausgabe 1623
» »	Das Wintermärchen	Folioausgabe 1623
» »	Der Sturm	Folioausgabe 1623
» »	Heinrich VIII.	Folioausgabe 1623

Siehe Einführung zu Heinrich VI.

EINFÜHRUNGEN

Die beiden ersten Bände unserer Ausgabe enthalten die Tragödien des Dichters. Sie fallen, von «Romeo und Julia» abgesehen, in die ersten Jahre nach 1600 und dürften in der dargebotenen Reihenfolge entstanden sein. «Romeo und Julia» ist sein großes Frühwerk und mit seinen lyrisch-epischen Kompositionen verwandt. «Hamlet», «Othello», «König Lear» und «Macbeth» sind die Dramen der sogenannten düstern Periode, und ihnen schließt sich «Timon von Athen» an, eine Schöpfung, die innerlich zu «König Lear» und «Coriolan» gehört.

Romeo und Julia

Die Geschichte von Romeo und Julia fand ihre Ausgestaltung in Italien, dem Lieblingsland der elisabethanischen Dramatiker. Der erste, der sie in den Adelskreisen von Verona spielen ließ, sie aus dem Familienzwist der beiden Häuser der Monteschi und Capelli entwickelte, dem Paar die Namen Romeo und Giulietta gab, war der italienische Novellist Luigi da Porto (1530). Bald fand der beliebte Stoff über Frankreich den Weg nach England. 1562 erschien hier ein Epos «The Tragicall History of Romeus and Juliet» von Arthur Brooke, und dieses scheint die unmittelbare Quelle Shakespeares zu sein. Er verdankt ihr viel. Hier fand er die wesentlichen Züge und Charaktere für sein Drama. Es besteht allerdings die leise Möglichkeit, daß er eine dramatisierte Fassung der Fabel kannte.

Mit «Romeo und Julia» hat Shakespeare ein Drama geschaffen, das durch die Lyrik der Sprache und den Schwung der Leidenschaft über alle Liebestragödien seiner Vorgänger hinausragt. Trotz seinem italienischen Gewande atmet das Werk elisabethanischen Geist. Großartig ist es, wie der Dichter uns mitten in die Familienfehde hineinführt, wie er durch den Wohllaut der Sprache und durch kontrastierende Gestalten das Liebespaar heraushebt, großartig auch die sprachliche Charakterisierung der Personen. Das galant graziöse Gespräch auf dem Ball ist etwas ganz Neues. Unerreicht ist der Stimmungszauber der Liebesszenen, in denen der Vers wie von selbst in strophische Gebilde übergeht, die Worte der Liebenden wie Lieder klingen. In ungemein feiner Weise nährt der Künstler im Hörer das Gefühl, daß das Paar an der Blindheit seiner Leidenschaft zugrunde gehen muß. Das Stück spielt im frühen fünfzehnten Jahrhundert.

Das Drama erschien, abgesehen von der Folioausgabe, in verschiedenen Quartos. Die erste Quarto vom Jahre 1597, ein Raubdruck, macht sich verschiedentlich in der Schlegelschen Übertragung bemerkbar.

Hamlet

Die Fabel dieses subjektivsten Dramas des Dichters geht zurück auf einen Teil der Sage vom Amleth in der «Historia Danica» des Saxo Grammaticus aus dem Ende des zwölften Jahrhunderts. Fengo tötet seinen Bruder, den Dänenkönig Horvendill, und heiratet seine Witwe, Gerutha. Horvendills Sohn Amleth, ein schlauer und tatkräftiger Mensch, in Gefahr, ebenfalls ermordet zu werden, stellt sich verrückt, entgeht allen Anschlägen seines Stiefvaters und nimmt schließlich an ihm Rache. Diese Sage, ins Intimere umgewandelt, wurde in England bekannt durch die «Histoires tragiques» von Belleforest (1570). Sie wurde schon vor Shakespeare dramatisch gestaltet, und dieses Stück, eine blutige Rachetragödie, scheint die Quelle unseres Dichters gewesen zu sein. Er schuf jedoch aus einem Rachestück ein Charakterdrama, dem er, seiner Gewohnheit entgegen, viel Persönliches einflocht.

Auf die Frage, warum Hamlet nicht zur Tat schreite, liegen die verschiedensten Antworten vor. Goethe (im «Wilhelm Meister») sieht in Hamlet ein edles, moralisches Wesen, dem die Stärke fehlt, die zum Helden gehört. Dieses Hauptproblem im «Hamlet» ist wohl darauf zurückzuführen, daß Shakespeare den Stoff, wie ihn die Quelle bot, und die Veränderungen, die er daran vornahm, nicht ohne Widersprüche zusammenfügte.

So vieles schon über «Hamlet» geschrieben worden ist, *ein* Urteil hat seine Geltung bis heute bewahrt, dasjenige Grillparzers in seiner Selbstbiographie: «Aber denselben Hamlet, den Goethe sich fruchtlose Mühe gegeben hat zu deduzieren, versteht der Schneider in der vierten Galerie, das heißt, er findet es natürlich, daß die Menschen sich so und nicht anders benehmen, und faßt das Ganze in *eine* erhöhte Empfindung auf.»

Othello

Für die meisten Dramen Shakespeares kann eine dramatische Quelle namhaft gemacht oder wenigstens vermutet werden. «Othello» gehört zu den wenigen Ausnahmen. Die Geschichte des Mohren stammt aus einer italienischen Novellensammlung des sechzehnten Jahrhunderts, aus den «Hecatommithi» des Giambattista Geraldi Cinthio. Hat Shakespeare direkt nach dem italienischen Original gearbeitet? Wir kennen eine französische, nicht aber eine englische Übersetzung. Woher stammen die Namen? Cinthio nennt nur den der «Disdemona». Die Novelle, deren realistisches Kolorit noch bei Shakespeare durchschimmert, enthält die meisten wesentlichen Züge des Dramas; dort aber haben wir eine brutale Kriminalgeschichte, hier ein bürgerliches Trauerspiel. Das Geschehen wird auf einen Zeitraum von wenigen Tagen zusammengedrängt und so eine großartige Spannung erzeugt, die, ohne durch komische Elemente gemildert zu sein, in der Katastrophe ihren Höhepunkt erreicht. Und gerade in der Behandlung der Katastrophe beweist Shakespeare seine Meisterschaft. Bei Cinthio nämlich findet Desdemona ihr Ende durch eine viehische Bluttat, gemeinsam von Othello und dem von ihr als Liebhaber zurückgewiesenen Jago begangen, und erst viel später werden die Mörder von ihrem Schicksal ereilt.

Man nennt «Othello» gewöhnlich das Drama der Eifersucht. Richtiger wäre es, von einem Drama der Bosheit zu sprechen; denn Othello geht nicht an Eifersucht, sondern an seiner Arglosigkeit und der Schurkerei von Jago zugrunde. Der Dichter stellt diese Schurkerei und abgründige Menschenverachtung in solcher Nacktheit dar, daß wir an der Urteilskraft der Umwelt zu zweifeln beginnen.

ROMEO UND JULIA

Wahrscheinlich 1595 entstanden
Übersetzt von August Wilhelm von Schlegel

PERSONEN

ESCALUS, *Prinz von Verona.*

GRAF PARIS, *Verwandter des Prinzen.*

MONTAGUE | *Häupter zweier Häuser, welche in*
CAPULET | *Zwist miteinander sind.*

ROMEO, *Montagues Sohn.*

MERCUTIO, *Verwandter des Prinzen und Romeos*
   Freund.

BENVOLIO, *Montagues Neffe und Romeos Freund.*

TYBALT, *Neffe der Gräfin Capulet.*

Ein ALTER MANN, *Capulets Oheim.*

Bruder LORENZO, *ein Franziskaner.*

Bruder MARKUS, *von demselben Orden.*

BALTHASAR, *Romeos Diener.*

SIMSON |
GREGORIO | *Bediente Capulets.*

ABRAHAM, *Bedienter Montagues.*

PETER.

Drei Musikanten.

Ein Page des Paris.

Ein Offizier.

Ein Apotheker.

Gräfin MONTAGUE.

Gräfin CAPULET.

JULIA, *Capulets Tochter.*

Juliens Amme.

Bürger von Verona. Verschiedene Männer und
   Frauen, Verwandte beider Häuser. Masken,
         Wachen und andres Gefolge.

Die Szene ist den größten Teil des Stücks hindurch in *Verona*, zu Anfang des fünften Aufzugs
               in *Mantua*.

ERSTER AUFZUG

Prolog[1]

Zwei Häuser, beide gleich an Würdigkeit,
Beid in Verona (unsres Stückes Ort),
Aus altem Haß entfesseln neuen Streit,
Und Bürgerhände färbt der Bürgermord.
Aus dieser beiden Feinde Schoß entsprang
Ein Liebespaar, verfolgt von Schicksalslist,
Des unglücksel'ger, traurger Untergang
Mit seinem Tod begräbt der Väter Zwist.
Die Liebe dieser todgeweihten beiden,
Der Väter wildes Rasen, das gesunden
Allein nur konnt durch ihrer Kinder Scheiden,
Zeigt jetzo unsre Bühne in zwei Stunden.
Wollt Ihr geduldig Euer Ohr uns geben,
Soll, was noch fehlt, verbessern unser Streben.

ERSTE SZENE

Ein öffentlicher Platz.
Simson und Gregorio, zwei Bediente Capulets, treten auf.

Simson. Auf mein Wort, Gregorio, wir wollen nichts in die Tasche stecken.

Gregorio. Freilich nicht, sonst wären wir Taschenspieler[2].

Simson. Ich meine, ich werde den Koller kriegen und vom Leder ziehn.

Gregorio. Ne, Freund! deinen ledernen Koller mußt du bei Leibe nicht ausziehen.

---

1. Übersetzung des Herausgebers. Die beste Version dieses Prologs in Sonettform – er fehlt in der Folioausgabe und bei Schlegel – findet sich in der 2. Quarto.

2. Im Original: Wir wollen keine Kohlen tragen (Sinn: uns nichts gefallen lassen). Nein, sonst wären wir Kohlenträger (Sinn: schmutzige, gemeine Leute).

6   ROMEO UND JULIA

Simson. Ich schlage geschwind zu, wenn ich aufgebracht bin.

Gregorio. Aber du wirst nicht geschwind aufgebracht.

Simson. Ein Hund von Montagues Hause bringt mich schon auf.

Gregorio. Einen aufbringen heißt: ihn von der Stelle schaffen.
    Um tapfer zu sein, muß man standhalten. Wenn du dich
    also aufbringen läßt, so läufst du davon.

Simson. Ein Hund aus dem Hause bringt mich zum Standhal-
    ten. Mit jedem Bedienten und jedem Mädchen Montagues
    will ich es aufnehmen.

Gregorio. Der Streit ist nur zwischen unseren Herrschaften und
    uns, ihren Bedienten. Es mit den Mädchen aufnehmen? Pfui
    doch! Du solltest dich lieber von ihnen aufnehmen lassen.

Simson. Einerlei! Ich will barbarisch[1] zu Werke gehn. Hab
    ichs mit den Bedienten erst ausgefochten, so will ich mir
    die Mädchen unterwerfen. Sie sollen die Spitze meines
    Degens fühlen, bis er stumpf wird[2].

Gregorio. Zieh nur gleich vom Leder: da kommen zwei aus
    dem Hause der Montagues.

            Abraham und Balthasar treten auf.

Simson. Hier! mein Gewehr[3] ist blank. Fang nur Händel an,
    ich will den Rücken decken.

Gregorio. Den Rücken? Willst du Reißaus nehmen?

Simson. Fürchte nichts von mir.

Gregorio. Ne, wahrhaftig! ich dich fürchten?

Simson. Laß uns das Recht auf unsrer Seite behalten, laß sie
    anfangen.

Gregorio. Ich will ihnen im Vorbeigehn ein Gesicht ziehen,
    sie mögens nehmen, wie sie wollen.

Simson. Wie sie dürfen[4], lieber. Ich will ihnen einen Esel bohren[5];
    wenn sie es einstecken, so haben sie den Schimpf.

---

1. Im Original: Die Rolle des Tyrannen spielen.
2. Die vorangehenden neun Zeilen sind eine zum Teil durch Wortspiele bedingte, freie Übersetzung.
3. Waffe.   4. Sinn: wagen.
5. Eine beleidigende Geste. Der Daumennagel wird in den Mund gesteckt und durch den Druck der obern Zähne zum Knacken gebracht.

ERSTER AUFZUG · ERSTE SZENE

Abraham. Bohrt Ihr uns einen Esel, mein Herr?
Simson. Ich bohre einen Esel, mein Herr.
Abraham. Bohrt Ihr uns einen Esel, mein Herr?
Simson. Ist das Recht auf unsrer Seite, wenn ich ja sage?
Gregorio. Nein.
Simson. Nein, mein Herr! Ich bohre Euch keinen Esel, mein
Herr. Aber ich bohre einen Esel, mein Herr.
Gregorio. Sucht Ihr Händel, mein Herr?
Abraham. Händel, Herr? Nein, mein Herr.
Simson. Wenn Ihr sonst Händel sucht, mein Herr: ich stehe zu
Diensten. Ich bediene einen ebenso guten Herrn wie Ihr.
Abraham. Keinen bessern.
Simson. Sehr wohl, mein Herr!

Benvolio tritt auf.

Gregorio. Sag: einen bessern; hier kommt ein Vetter meiner
Herrschaft.
Simson. Ja doch, einen bessern, mein Herr.
Abraham. Ihr lügt!
Simson. Zieht, falls ihr Kerls seid! Frisch, Gregorio! denk mir
an deinen Schwadronierhieb. *(Sie fechten.)*
Benvolio. Ihr Narren, fort! Steckt eure Schwerter ein;
Ihr wißt nicht, was ihr tut.

Tybalt tritt auf.

Tybalt. Was? ziehst du unter den verzagten Knechten?
Hieher, Benvolio! Beut die Stirn dem Tode!
Benvolio. Ich stifte Frieden, steck dein Schwert nur ein!
Wo nicht, so führ es, diese hier zu trennen!
Tybalt. Was? Ziehn und Friede rufen? Wie die Hölle
Hass ich das Wort, wie alle Montagues
Und dich! Wehr dich, du Memme! *(Sie fechten.)*

*Verschiedene Anhänger beider Häuser kommen und mischen
sich in den Streit; dann Bürger mit Knütteln.*

Ein Bürger. He! Spieß' und Stangen her! Schlagt auf sie los!
Weg mit den Capulets! Weg mit den Montagues!

Capulet im Schlafrock und Gräfin Capulet.

Capulet. Was für ein Lärm? – Holla! mein langes Schwert!

8 ROMEO UND JULIA

Gräfin Capulet.
Nein, Krücken! Krücken! Wozu soll ein Schwert!
Capulet. Mein Schwert, sag ich! Der alte Montague
Kommt dort und wetzt[1] die Klinge mir zum Hohn.

Montague und Gräfin Montague.

Montague.
Du Schurke! Capulet! – Laßt los, laßt mich gewähren!
Gräfin Montague.
Du sollst dich keinen Schritt dem Feinde nähern.

Der Prinz mit Gefolge.

Prinz. Aufrührische Vasallen! Friedensfeinde!
Die ihr den Stahl mit Nachbarblut entweiht! –
Wollt ihr nicht hören? – Männer! wilde Tiere!
Die ihr die Flammen eurer schnöden Wut
Im Purpurquell aus euren Adern löscht!
Zu Boden werft, bei Buß' an Leib und Leben,
Die mißgestählte Wehr aus blut'ger Hand!
Hört eures ungehaltnen Fürsten Spruch!
Drei Bürgerzwiste haben dreimal nun,
Aus einem luftgen Wort von euch erzeugt,
Du alter Capulet und Montague,
Den Frieden unsrer Straßen schon gebrochen.
Veronas graue Bürger mußten sich
Entladen ihres ehrenfesten Schmucks
Und alte Speer' in alten Händen schwingen,
Woran der Rost des langen Friedens nagte,
Dem Hasse, der euch nagt, zu widerstehn.
Verstört ihr jemals wieder unsre Stadt,
So zahl eur Leben mir den Friedensbruch.
Für jetzt begebt euch all ihr andern weg!
Ihr aber, Capulet, sollt mich begleiten.
Ihr, Montague, kommt diesen Nachmittag
Zur alten Burg, dem Richtplatz unsers Banns,
Und hört, was hierin fürder mir beliebt.
Bei Todesstrafe sag ich: alle fort!

---

1. Das heißt: schwingt.

ERSTER AUFZUG · ERSTE SZENE

(*Der Prinz, sein Gefolge, Capulet, Gräfin Capulet, Tybalt,*
die Bürger und Bedienten gehen ab.)

Montague. Wer bracht aufs neu den alten Zwist in Gang?
  Sagt, Neffe, wart Ihr da, wie er begann?
Benvolio. Die Diener Eures Gegners fochten hier
  Erhitzt mit Euren schon, eh ich mich nahte;
  Ich zog, um sie zu trennen. Plötzlich kam
  Der wilde Tybalt mit gezücktem Schwert
  Und schwang, indem er schnaubend Kampf mir bot,
  Es um sein Haupt und hieb damit die Winde,
  Die, unverwundet, zischend ihn verhöhnten.
  Derweil wir Hieb' und Stöße wechseln, kamen
  Stets mehr und mehr und fochten miteinander;
  Dann kam der Fürst und schied sie voneinander.
Gräfin Montague. Ach, wo ist Romeo? Saht Ihr ihn heut?
  Wie froh bin ich! Er war nicht bei dem Streit.
Benvolio. Schon eine Stunde, Gräfin, eh im Ost
  Die heilge Sonn aus goldnem Fenster schaute,
  Trieb mich ein irrer Sinn ins Feld hinaus.
  Dort, in dem Schatten des Kastanienhains[1],
  Der vor der Stadt gen Westen sich verbreitet,
  Sah ich, so früh schon wandelnd, Euren Sohn.
  Ich wollt ihm nahn, er aber nahm mich wahr
  Und stahl sich tiefer in des Waldes Dickicht.
  Ich maß sein Innres nach dem meinen ab,
  Das in der Einsamkeit am regsten lebt[2],
  Ging meiner Laune nach, ließ seine gehn,
  Und gern vermied ich ihn, der gern mich floh.
Montague. Schon manchen Morgen ward er dort gesehn,
  Wie er den frischen Tau durch Tränen mehrte
  Und, tief erseufzend, Wolk an Wolke drängte.
  Allein sobald im fernsten Ost die Sonne,
  Die allerfreu'nde, von Auroras Bett

---

1. Im Original: Des kleinen Walds von Sykomoren.
2. Dieser Vers stammt aus der ersten Quarto. Sonst folgt die Übersetzung meist den rechtmäßigen Drucken.

Den Schattenvorhang wegzuziehn beginnt,
Stiehlt vor dem Licht mein finstrer Sohn sich heim
Und sperrt sich einsam in sein Kämmerlein,
Verschließt dem schönen Tageslicht die Fenster
Und schaffet künstlich Nacht um sich herum.
In schwarzes Mißgeschick wird er sich träumen,
Weiß guter Rat den Grund nicht wegzuräumen.
Benvolio. Mein edler Oheim, wisset Ihr den Grund?
Montague. Ich weiß ihn nicht und kann ihn nicht erforschen.
Benvolio. Lagt Ihr ihm jemals schon deswegen an?
Montague. Ich selbst sowohl als mancher andre Freund.
Doch er, der eignen Neigungen Vertrauter,
Ist gegen sich, wie treu, will ich nicht sagen,
Doch so geheim und in sich selbst gekehrt,
So unergründlich forschendem Bemühn
Wie eine Knospe, die ein Wurm zernagt,
Eh sie der Luft ihr zartes Laub entfalten
Und ihren Reiz der Sonne weihen kann.
Erführen wir, woher sein Leid entsteht,
Wir heilten es so gern, als wirs erspäht.

Romeo erscheint in einiger Entfernung.

Benvolio. Da kommt er, seht! Geruht uns zu verlassen.
Galt ich ihm je was, will ich schon ihn fassen.
Montague. O beichtet' er für dein Verweilen dir
Die Wahrheit doch! – Kommt, Gräfin, gehen wir!

(*Montague und Gräfin Montague gehen ab.*)

Benvolio. Ha, guten Morgen, Vetter!
Romeo. Erst so weit?
Benvolio. Kaum schlug es neun.
Romeo. Weh mir! Gram dehnt die Zeit.
War das mein Vater, der so eilig ging?
Benvolio.
Er wars. Und welcher Gram dehnt Euch die Stunden?
Romeo. Daß ich entbehren muß, was sie verkürzt.
Benvolio. Entbehrt Ihr Liebe?
Romeo. Nein.
Benvolio. So ward sie Euch zuteil?

ERSTER AUFZUG · ERSTE SZENE

Romeo. Nein, Lieb entbehr ich, wo ich lieben muß.
Benvolio. Ach, daß der Liebesgott, so mild im Scheine,
So grausam in der Prob erfunden wird!
Romeo. Ach, daß der Liebesgott, trotz seinen Binden,
Zu seinem Ziel stets Pfade weiß zu finden!
Wo speisen wir? – Ach, welch ein Streit war hier?
Doch sagt mirs nicht, ich hört es alles schon:
Haß gibt hier viel zu schaffen, Liebe mehr.
Nun dann: liebreicher Haß! streitsüchtge Liebe!
Du alles, aus dem Nichts zuerst erschaffen!
Schwermüt'ger Leichtsinn! Ernste Tändelei!
Entstelltes Chaos glänzender Gestalten!
Bleischwinge! lichter Rauch und kalte Glut!
Stets wacher Schlaf! dein eignes Widerspiel! –
So fühl ich Lieb und hasse, was ich fühl!
Du lachst nicht?
Benvolio. Nein, das Weinen ist mir näher.
Romeo. Warum, mein Herz?
Benvolio. Um deines Herzens Qual.
Romeo. Das ist der Liebe Unbill nun einmal.
Schon eignes Leid will mir die Brust zerpressen,
Dein Gram um mich wird voll das Maß mir messen.
Die Freundschaft, die du zeigst, mehrt meinen Schmerz;
Denn, wie sich selbst, so quält auch dich mein Herz.
Lieb ist ein Rauch, den Seufzerdämpf erzeugten,
Geschürt, ein Feur, von dem die Augen leuchten,
Gequält, ein Meer von Tränen angeschwellt;
Was ist sie sonst? Verständge Raserei
Und ekle Gall und süße Spezerei,
Lebt wohl, mein Freund!
Benvolio. Sacht! ich will mit Euch gehen;
Ihr tut mir Unglimpf, laßt Ihr so mich stehen.
Romeo. Ach, ich verlor mich selbst; ich bin nicht Romeo.
Der ist nicht hier: er ist – ich weiß nicht, wo.
Benvolio. Entdeckt mir ohne Mutwill, wen Ihr liebt.
Romeo. Bin ich nicht ohne Mut und ohne Willen?
Benvolio. Nein, sagt mirs ohne Scherz.

Romeo. Verscherzt ist meine Ruh; wie sollt ich scherzen!
   O überflüßger Rat bei so viel Schmerzen[1]!
   Hört, Vetter, denn im Ernst: ich lieb ein Weib.
Benvolio. Ich trafs doch gut, daß ich verliebt Euch glaubte.
Romeo. Ein wackrer Schütz! – Und die ich lieb, ist schön.
Benvolio. Ein glänzend Ziel kann man am ersten treffen.
Romeo. Dies Treffen traf dir fehl, mein guter Schütz;
   Sie meidet Amors Pfeil, sie hat Dianens Witz.
   Umsonst hat ihren Panzer keuscher Sitten
   Der Liebe kindisches Geschoß bestritten.
   Sie wehrt den Sturm der Liebesbitten ab,
   Steht nicht dem Angriff kecker Augen, öffnet
   Nicht ihren Schoß dem Gold, das Heilge lockt.
   O, sie ist reich an Schönheit; arm allein,
   Weil, wenn sie stirbt, ihr Reichtum hin wird sein.
Benvolio. Beschwor sie der Enthaltsamkeit Gesetze?
Romeo. Sie tats, und dieser Geiz vergeudet Schätze.
   Denn Schönheit, die der Lust sich streng enthält,
   Bringt um ihr Erb die ungeborne Welt.
   Sie ist zu schön und weis, um Heil zu erben,
   Weil sie, mit Weisheit schön, mich zwingt zu sterben.
   Sie schwor zu lieben ab, und dies Gelübd
   Ist Tod für den, der lebt, nur weil er liebt.
Benvolio. Folg meinem Rat, vergiß an sie zu denken.
Romeo. So lehre mir, das Denken zu vergessen.
Benvolio. Gib deinen Augen Freiheit, lenke sie
   Auf andre Reize hin.
Romeo.   Das ist der Weg,
   Mir ihren Reiz in vollem Licht zu zeigen.
   Die Schwärze jener neidenswerten Larven,
   Die schöner Frauen Stirne küssen, bringt
   Uns in den Sinn, daß sie das Schöne bergen.
   Der, welchen Blindheit schlug, kann nie das Kleinod
   Des eingebüßten Augenlichts vergessen.

---

1. Freie Übersetzung; das Original spricht von einem Kranken, den
man im Ernst sein Testament machen heißt.

Zeigt mir ein Weib, unübertroffen schön:
Mir gilt ihr Reiz wie eine Weisung nur,
Worin ich lese, wer sie übertrifft.
Leb wohl! Vergessen lehrest du mir nie.
Benvolio. Dein Schuldner sterb ich, glückt mir nicht die Müh.
(*Beide ab.*)

ZWEITE SZENE

Eine Straße.
Capulet, Paris und ein Bedienter kommen.

Capulet. Und Montague ist mit derselben Buße
Wie ich bedroht? Für Greise, wie wir sind,
Ist Frieden halten, denk ich, nicht so schwer.
Paris. Ihr geltet beid als ehrenwerte Männer,
Und Jammer ists um euren langen Zwiespalt.
Doch, edler Graf, wie dünkt Euch mein Gesuch?
Capulet. Es dünkt mich so, wie ich vorhin gesagt.
Mein Kind ist noch ein Fremdling in der Welt,
Sie hat kaum vierzehn Jahre wechseln sehn.
Last noch zwei Sommer prangen und verschwinden,
Eh wir sie reif, um Braut zu werden, finden.
Paris. Noch jüngre wurden oft beglückte Mütter.
Capulet. Wer vor der Zeit beginnt, der endigt früh.
All meine Hoffnungen verschlang die Erde;
Mir blieb nur dieses hoffnungsvolle Kind.
Doch werbt nur, lieber Graf! Sucht Euer Heil!
Mein Will ist von dem ihren nur ein Teil.
Wenn sie aus Wahl in Eure Bitten willigt,
So hab ich im voraus ihr Wort gebilligt.
Ich gebe heut ein Fest, von alters hergebracht,
Und lud darauf der Gäste viel zu Nacht,
Was meine Freunde sind: Ihr, der dazu gehöret,
Sollt hoch willkommen sein, wenn Ihr die Zahl vermehret.
In meinem armen Haus sollt Ihr des Himmels Glanz
Heut nacht verdunkelt sehn durch irdscher Sterne Tanz.
Wie muntre Jünglinge mit neuem Mut sich freuen,

ROMEO UND JULIA

Wenn auf die Fersen nun der Fuß des holden Maien
Dem lahmen Winter tritt, die Lust steht Euch bevor,
Wann Euch in meinem Haus ein frischer Mädchenflor
Von jeder Seit umgibt. Ihr hört, Ihr seht sie alle,
Daß, die am schönsten prangt, am meisten Euch gefalle.
Dann mögt Ihr in der Zahl auch meine Tochter sehn,
Sie zählt für eine mit, gilt sie schon nicht für schön.
Kommt, geht mit mir! – Du, Bursch, nimm dies Papier
                                    mit Namen;
Trab in der Stadt herum, such alle Herrn und Damen,
So hier geschrieben stehn, und sag mit Höflichkeit:
Mein Haus und mein Empfang steh ihrem Dienst bereit.
            (*Capulet und Paris gehen ab.*)
Der Bediente. Die Leute soll ich suchen, wovon die Namen hier
    geschrieben stehn? Es steht geschrieben, der Schuster soll
    sich um seine Elle kümmern, der Schneider um seinen Lei-
    sten, der Fischer um seinen Pinsel, der Maler um seine
    Netze. Aber mich schicken sie, um die Leute ausfündig
    zu machen, wovon die Namen hier geschrieben stehn, und
    ich kann doch gar nicht ausfündig machen, was für Namen
    der Schreiber hier aufgeschrieben hat. Ich muß zu den Ge-
    lahrten – das trifft sich gut.
            Benvolio und Romeo kommen.
Benvolio. Pah, Freund! Ein Feuer brennt das andre nieder;
    Ein Schmerz kann eines andern Qualen mindern.
    Dreh dich im Schwindel, hilf durch Drehn dir wieder!
    Fühl andres Leid, das wird dein Leiden lindern!
    Saug in dein Auge neuen Zaubersaft,
    So wird das Gift des alten fortgeschafft.
Romeo. Ein Blatt vom Wegrich dient dazu vortrefflich...
Benvolio. Ei sag, wozu?
Romeo. Für dein zerschundenes Bein.
Benvolio. Was, Romeo, bist du toll?
Romeo. Nicht toll, doch mehr gebunden wie ein Toller,
    Gesperrt in einen Kerker, ausgehungert,
    Gegeißelt und geplagt, und – guten Abend, Freund!
            (*Zu dem Bedienten.*)

Der Bediente.
  Gott grüß Euch, Herr! Ich bitt Euch, könnt Ihr lesen?
Romeo. Jawohl, in meinem Elend mein Geschick.
Der Bediente. Vielleicht habt Ihr das auswendig gelernt. Aber
  sagt: könnt Ihr alles vom Blatte weglesen?
Romeo. Ja freilich, wenn ich Schrift und Sprache kenne.
Der Bediente. Ihr redet ehrlich. Gehabt Euch wohl!
Romeo. Wart! Ich kann lesen, Bursch.

              (Er liest das Verzeichnis.)

«Signor Martino und seine Frau und Töchter; Graf An-
selm und seine reizenden Schwestern; die verwitwete Frei-
frau von Vitruvio; Signor Placentio und seine artigen Nichten; Mercutio und sein Bruder Valentin; mein Oheim Capulet, seine Frau und Töchter; meine schöne Nichte Rosalinde; Livia; Signor Valentio und sein Vetter Tybalt; Lucio
und die muntre Helena.»

              (Gibt das Papier zurück.)

Ein schöner Kreis! Und wohin lädst du sie?

Der Bediente. Hinauf.
Romeo. Wohin?
Der Bediente. Zum Abendessen in unser Haus.
Romeo. Wessen Haus?
Der Bediente. Meines Herrn.
Romeo. Das hätt ich freilich eher fragen sollen.
Der Bediente. Nun will ichs Euch ohne Fragen erklären. Meine
  Herrschaft ist der große, reiche Capulet, und wenn Ihr
  nicht vom Hause Montagues seid, so bitt ich Euch, kommt,
  stecht eine Flasche Wein mit aus. Gehabt Euch wohl.

              (Geht ab.)

Benvolio. Auf diesem hergebrachten Gastgebot
  Der Capulets speist deine Rosalinde
  Mit allen Schönen, die Verona preist.
  Geh hin, vergleich mit unbefangnem Auge
  Die andern, die du sehen sollst, mit ihr:
  Was gilts? Dein Schwan dünkt eine Krähe dir.

Romeo. Höhnt meiner Augen frommer Glaube je
Die Wahrheit so: dann, Tränen, werdet Flammen!
Und *ihr*, umsonst ertränkt in manchem See,
Mag Eure Lüg als Ketzer Euch verdammen[1].
Ein schönres Weib als sie? Seit Welten stehn,
Hat die allsehnde Sonn es nicht gesehn.
Benvolio. Ja, ja! du sahst sie schön, doch in Gesellschaft nie;
Du wogst nur mit sich selbst in jedem Auge sie.
Doch leg einmal zugleich in die kristallnen Schalen
Der Jugendreize Bild, wovon auch andre strahlen,
Die ich dir zeigen will bei diesem Fest vereint:
Kaum leidlich scheint dir dann, was jetzt ein Wunder
Romeo.   [scheint.
Gut, ich begleite dich. Nicht um des Schauspiels Freuden:
An meiner Göttin Glanz will ich allein mich weiden.
(Beide ab.)

DRITTE SZENE

Ein Zimmer in Capulets Hause.
Gräfin Capulet und die Wärterin.

Gräfin Capulet. Ruft meine Tochter her; wo ist sie, Amme?
Wärterin. Bei meiner Jungferschaft im zwölften Jahr,
Ich rief sie schon. – He, Lämmchen! zartes Täubchen –
Daß Gott! wo ist das Kind? He, Juliette!
Julia kommt.

Julia. Was ist? Wer ruft mich?
Wärterin. Eure Mutter.
Julia. Hier bin ich, gnäd'ge Mutter! Was beliebt?
Gräfin Capulet. Die Sach ist diese! – Amme, geh beiseit,
Wir müssen heimlich sprechen. Amme, komm
Nur wieder her, ich habe mich besonnen;
Ich will dich mit zur Überlegung ziehn:
Du weißt, mein Kind hat schon ein hübsches Alter.
Wärterin. Das zähl ich, meiner Treu, am Finger her.

---

1. Sinn: Sie sollen als Ketzer verbrannt werden.

ERSTER AUFZUG · DRITTE SZENE

Gräfin Capulet. Sie ist nicht vierzehn Jahre.
Wärterin. Ich wette vierzehn meiner Zähne drauf –
Zwar hab ich nur vier Zähn, ich arme Frau –
Sie ist noch nicht vierzehn. Wie lang ists bis Johannis?
Gräfin Capulet. Ein vierzehn Tag' und drüber.
Wärterin. Nun, drüber oder drunter. Just den Tag,
Johannistag zu Abend, wird sie vierzehn.
Suschen und sie – Gott gebe jedem Christen
Das ewge Leben! – waren eines Alters.
Nun, Suschen ist bei Gott;
Sie war zu gut für mich. Doch wie ich sagte,
Johannistag zu Abend wird sie vierzehn.
Das wird sie, meiner Treu; ich weiß recht gut.
Elf Jahr ists her, seit wir's Erdbeben hatten;
Und ich entwöhnte sie (mein Leben lang
Vergess ichs nicht) just auf denselben Tag.
Ich hatte Wermut auf die Brust gelegt
Und saß am Taubenschlage in der Sonne;
Die gnäd'ge Herrschaft war zu Mantua.
(Ja, ja! Ich habe Grütz im Kopf!) Nun, wie ich sagte:
Als es den Wermut auf der Warze schmeckte
Und fand ihn bitter – närrsches, kleines Ding –
Wie's böse ward und zog der Brust ein Gsicht!
Krach! sagt der Taubenschlag; und ich, fürwahr,
Ich wußte nicht, wie ich mich tummeln sollte,
Und seit der Zeit ists nun elf Jahre her.
Denn damals stand sie schon allein; mein Treu,
Sie lief und watschelt' Euch schon flink herum.
Denn tags zuvor fiel sie die Stirn entzwei,
Und da hob sie mein Mann – Gott hab ihn selig!
Er war ein lustger Mann – vom Boden auf.
«Ei», sagt' er, «fällst du so auf dein Gesicht?
Wirst rücklings fallen, wann du klüger bist;
Nicht wahr, mein Kind?» Und liebe, heilge Frau!
Das Mädchen schrie nicht mehr und sagte: «Ja.»
Da seh man, wie so 'n Spaß zum Vorschein kommt!
Und lebt ich tausend Jahre lang, ich wette,

Daß ich es nie vergäß. «Nicht wahr, mein Kind?» sagt' er;
Und 's liebe Närrchen ward still und sagte: «Ja.»

Gräfin Capulet. Genug davon, ich bitte, halt dich ruhig.

Wärterin. Ja, gnäd'ge Frau. Doch lächerts mich noch immer,
Wie 's Kind sein Schreien ließ und sagte: «Ja»;
Und saß ihm, meiner Treu, doch eine Beule,
So dick wie 'n Hühnerei, auf seiner Stirn,
Recht gfährlich dick! und es schrie bitterlich.
Mein Mann, der sagte: «Ei, fällst aufs Gesicht?
Wirst rücklings fallen, wenn du älter bist.
Nicht wahr, mein Kind?» Still wards und sagte: «Ja.»

Julia. Ich bitt dich, Amme, sei doch auch nur still.

Wärterin. Gut, ich bin fertig. Gott behüte dich!
Du warst das feinste Püppchen, das ich säugte.
Erleb ich deine Hochzeit noch einmal,
So wünsch ich weiter nichts.

Gräfin Capulet. Die Hochzeit, ja! das ist der Punkt, von dem
Ich sprechen wollte. Sag mir, liebe Tochter,
Wie stehts mit deiner Lust, dich zu vermählen?

Julia. Ich träumte nie von dieser Ehre noch.

Wärterin. Ein' Ehre! Hättst du eine andre Amme
Als mich gehabt, so wollt ich sagen, Kind,
Du habest Weisheit mit der Milch gesogen.

Gräfin Capulet. Gut, denke jetzt dran; jünger noch als du
Sind angesehne Fraun hier in Verona
Schon Mütter worden. Ist mir recht, so war
Ich deine Mutter in demselben Alter,
Wo du noch Mädchen bist. Mit einem Wort:
Der wackre Paris wirbt um deine Hand.

Wärterin. Das ist ein Mann, mein Fräulein! Solch ein Mann,
Als alle Welt – ein wahrer Zuckermann!

Gräfin Capulet. Die schönste Blume von Veronas Flor.

Wärterin. Ach ja, 'ne Blume! Gelt, 'ne rechte Blume!

Gräfin Capulet. Was sagst du? Wie gefällt dir dieser Mann?
Heut abend siehst du ihn bei unserm Fest.
Dann lies im Buche seines Angesichts,
In das der Schönheit Griffel Wonne schrieb;

Betrachte seiner Züge Lieblichkeit,
Wie jeglicher dem andern Zierde leiht.
Was dunkel in dem holden Buch geblieben,
Das lies in seinem Aug an Rand geschrieben.
Und dieses Freiers ungebundner Stand,
Dies Buch der Liebe braucht nur einen Band.
Der Fisch lebt in der See, und doppelt teuer
Wird äußres Schön' als innrer Schönheit Schleier.
Das Buch glänzt allermeist im Aug der Welt,
Das goldne Lehr in goldnen Spangen hält.
So wirst du alles, was er hat, genießen,
Wenn du ihn hast, ohn etwas einzubüßen.
Wärterin. Einbüßen? Nein, zunehmen wird sie eher;
Die Weiber nehmen oft durch Männer zu.
Gräfin Capulet. Sag kurz, fühlst du dem Grafen dich geneigt?
Julia. Gern will ich sehn, ob Sehen Neigung zeugt;
Doch weiter soll mein Blick den Flug nicht wagen,
Als ihn die Schwingen Eures Beifalls tragen.
Ein Bedienter kommt.

Der Bediente. Gnädige Frau, die Gäste sind da, das Abendessen auf dem Tisch; Ihr werdet gerufen, das Fräulein ge-
sucht, die Amme in der Speisekammer zum Henker ge-
wünscht, und alles geht drunter und drüber. Ich muß fort,
aufwarten; ich bitte Euch, kommt unverzüglich.
Gräfin Capulet. Gleich! – Paris wartet. Julia, komm geschwind!
Wärterin. Such frohe Nächt auf frohe Tage, Kind! (*Ab.*)

VIERTE SZENE

Eine Straße.
Romeo, Mercutio, Benvolio mit fünf oder sechs Masken,
Fackelträgern und anderen.

Romeo. Soll diese Red uns zur Entschuldgung dienen?
Wie? oder treten wir nur grad hinein?
Benvolio. Umschweife solcher Art sind nicht mehr Sitte.
Wir wollen keinen Amor, mit der Schärpe

Geblendet, der den bunt bemalten Bogen
Wie ein Tatar geschnitzt aus Latten trägt
Und wie ein Vogelscheu die Frauen schreckt;
Auch keinen hergebeteten Prolog,
Wobei viel zugeblasen wird, zum Eintritt.
Laßt sie uns nur, wofür sie wollen, nehmen,
Wir nehmen ein paar Tänze mit und gehn.
Romeo. Ich mag nicht springen; gebt mir eine Fackel!
Da ich so finster bin, so will ich leuchten.
Mercutio. Nein, du mußt tanzen, lieber Romeo.
Romeo. Ich wahrlich nicht. Ihr seid so leicht von Sinn
Als leicht beschuht: mich drückt ein Herz von Blei
Zu Boden, daß ich kaum mich regen kann.
Mercutio. Ihr seid ein Liebender; borgt Amors Flügel
Und schwebet frei in ungewohnten Höhn.
Romeo. Ich bin zu tief von seinem Pfeil durchbohrt,
Auf seinen leichten Schwingen hoch zu schweben.
Gewohnte Fesseln lassen mich nicht frei;
Ich sinke unter schwerer Liebeslast.
Mercutio. Und wolltet Ihr denn in die Liebe sinken?
Ihr seid zu schwer für ein so zartes Ding.
Romeo. Ist Lieb ein zartes Ding? Sie ist zu rauh,
Zu wild, zu tobend; und sie sticht wie Dorn.
Mercutio. Begegnet Lieb Euch rauh, so tut desgleichen!
Stecht Liebe, wenn sie sticht: das schlägt sie nieder.

(Zu einem andern aus dem Gefolge.)

Gebt ein Gehäuse für mein Antlitz mir:
'ne Larve für 'ne Larve! *(Bindet die Maske vor.)* Nun erspähe
Des Tadlers Auge Mißgestalt: was tuts?
Erröten wird für mich dies Wachsgesicht.
Benvolio. Fort! Klopft, und dann hinein! Und sind wir drinnen,
So rühre gleich ein jeder flink die Beine!
Romeo. Mir eine Fackel! Leichtgeherzte Buben,
Die laßt das Estrich[1] mit den Sohlen kitzeln.
Ich habe mich verbrämt mit einem alten

---

1. Im Original: Die Binsen.

ERSTER AUFZUG · VIERTE SZENE

Großvaterspruch: Wers Licht hält, schauet zu!
Nie war das Spiel so schön; doch ich bin matt.
Mercutio. Jawohl, zu matt, dich aus dem Schlamme – nein,
Der Liebe wollt ich sagen – dich zu ziehn,
Worin du leider steckst bis an die Ohren.
Macht fort! wir leuchten ja dem Tage hier[1].
Romeo. Das tun wir nicht.
Mercutio. Ich meine, wir verscherzen,
Wie Licht bei Tag, durch Zögern unsre Kerzen.
Nehmt meine Meinung nach dem guten Sinn
Und sucht nicht Spiele des Verstandes drin.
Romeo. Wir meinens gut, da wir zum Balle gehen;
Doch es ist Unverstand.
Mercutio. Wie? Laßt doch sehen!
Romeo. Ich hatte diese Nacht 'nen Traum.
Mercutio. Auch ich.
Romeo. Was war der Eure?
Mercutio. Daß auf Träume sich
Nichts bauen läßt, daß Träumer öfters lügen.
Romeo. Sie träumen Wahres, weil sie schlafend liegen.
Mercutio. Nun seh ich wohl, Frau Mab hat Euch besucht.
Romeo. Frau Mab, wer ist sie[2]?
Mercutio. Sie ist der Feenwelt Entbinderin.
Sie kommt, nicht größer als der Edelstein
Am Zeigefinger eines Aldermanns,
Und fährt mit 'nem Gespann von Sonnenstäubchen
Den Schlafenden quer auf der Nase hin.
Die Speichen sind gemacht aus Spinnenbeinen,
Des Wagens Deck' aus eines Heupferds Flügeln,
Aus feinem Spinngewebe das Geschirr,
Die Zügel aus des Mondes feuchtem Strahl;
Aus Heimchenknochen ist der Peitsche Griff,

---

1. Freie Übersetzung. Die Originalstelle enthält ein dreifaches Wortspiel mit zum Teil heute unverständlichen Anspielungen.
2. Diese Frage, in der 1. Quarto von Benvolio gesprochen, fehlt in den echten Drucken.

Die Schnur aus Fasern; eine kleine Mücke
Im grauen Mantel sitzt als Fuhrmann vorn,
Nicht halb so groß als wie ein kleines Würmchen,
Das in des Mädchens müßgem Finger nistet.
Die Kutsch' ist eine hohle Haselnuß,
Vom Tischler Eichhorn oder Meister Wurm
Zurecht gemacht, die seit uralten Zeiten
Der Feen Wagner sind. In diesem Staat
Trabt sie dann Nacht für Nacht; befährt das Hirn
Verliebter, und sie träumen dann von Liebe;
Des Schranzen Knie, der schnell von Reverenzen,
Des Anwalts Finger, der von Sporteln gleich,
Der Schönen Lippen, die von Küssen träumen
(Oft plagt die böse Mab mit Bläschen diese,
Weil ihren Odem Näscherei verdarb).
Bald trabt sie über eines Hofmanns Nase,
Dann wittert er im Traum sich Ämter aus.
Bald kitzelt sie mit eines Zinshahns Federn[1]
Des Pfarrers Nase, wenn er schlafend liegt:
Von einer bessern Pfründe träumt ihm dann.
Bald fährt sie über des Soldaten Nacken:
Der träumt sofort von Niedersäbeln, träumt
Von Breschen, Hinterhalten, Damaszenern,
Von manchem klaftertiefen Ehrentrunk;
Nun trommelts ihm ins Ohr: da fährt er auf
Und flucht in seinem Schreck ein paar Gebete
Und schläft von neuem. Eben diese Mab
Verwirrt der Pferde Mähnen in der Nacht
Und flicht in struppges Haar die Weichselzöpfe,
Die, wiederum entwirrt, auf Unglück deuten.
Dies ist die Hexe, welche Mädchen drückt,
Die auf dem Rücken ruhn, und ihnen lehrt,
Als Weiber einst die Männer zu ertragen.
Dies ist sie –
Romeo. Still, o still, Mercutio!

---

1. Im Original: Mit dem Schwänzchen eines Zehntschweins.

Du sprichst von einem Nichts.

Mercutio. Wohl wahr, ich rede
Von Träumen, Kindern eines müßgen Hirns,
Von nichts, als eitler Phantasie erzeugt,
Die aus so dünnem Stoff als Luft besteht
Und flüchtger wechselt als der Wind, der bald
Um die erfrorne Brust des Nordens buhlt
Und, schnell erzürnt, hinweg von dannen schnaubend,
Die Stirn zum taubeträuften Süden kehrt.
Benvolio. Der Wind, von dem Ihr sprecht, entführt uns selbst.
Man hat gespeist; wir kamen schon zu spät.
Romeo. Zu früh, befürcht ich; denn mein Herz erbangt
Und ahnet ein Verhängnis, welches, noch
Verborgen in den Sternen, heute nacht
Bei dieser Lustbarkeit den furchtbarn Zeitlauf
Beginnen und das Ziel des lästgen Lebens,
Das meine Brust verschließt, mir kürzen wird
Durch irgendeinen Frevel frühen Todes.
Doch er, der mir zur Fahrt das Steuer lenkt,
Richt auch mein Segel! – Auf, ihr lustgen Freunde!
Benvolio. Rührt Trommeln! *(Gehen ab.)*

FÜNFTE SZENE

Ein Saal in Capulets Hause.
Musikanten. Bediente kommen.

Erster Bediente. Wo ist Schmorpfanne, daß er nicht abräumen
hilft? Ja, *der* und einen Teller wechseln! einen Teller ab-
kratzen!
Zweiter Bediente. Wenn die gute Lebensart in eines oder zweier
Menschen Händen sein soll, die noch obendrein ungewa-
schen sind: 's ist ein unsaubrer Handel.
Erster Bediente. Die Lehnstühle fort! Rückt den Schenktisch
beiseit! Seht nach dem Silberzeuge! Kamerad, heb mir ein
Stück Marzipan auf, und wo du mich lieb hast, sag dem
Pförtner, daß er Suse Mühlstein und Lene hereinläßt. An-
ton! Schmorpfanne!

Andre Bediente kommen.

Bediente. Hier, Bursch, wir sind parat.

Erster Bediente. Im großen Saale verlangt man euch, vermißt
man euch, sucht man euch.

Bediente. Wir können nicht zugleich hier und dort sein. –
Lustig, Kerle! haltet euch brav; wer am längsten lebt, kriegt
den ganzen Bettel. *(Sie ziehen sich in den Hintergrund zurück.)*
Capulet usw. mit den Gästen und Masken.

Capulet. Willkommen, meine Herrn! Es warten euer
Hier Damen, deren Zeh kein Leichdorn plagt!
He, he, ihr schönen Fraun! wer von euch allen
Schlägts nun wohl ab zu tanzen? Ziert sich eine, die,
Ich wette, die hat Hühneraugen. Nun,
Hab ichs euch nah gelegt? Ihr Herrn, willkommen!
Ich weiß die Zeit, da ich 'ne Larve trug
Und einer Schönen eine Weis ins Ohr
Zu flüstern wußte, die ihr wohlgefiel.
Das ist vorbei, vorbei! Willkommen, Herren!
Kommt, Musikanten, spielt! Macht Platz da, Platz!
Ihr Mädchen, frisch gesprungen!
(Musik und Tanz. Zu den Bedienten:)
Mehr Licht, ihr Schurken, und beiseit die Tische!
Das Feuer weg! Das Zimmer ist zu heiß. –
Ha, recht gelegen kommt der unverhoffte Spaß.
Na, setzt Euch, setzt Euch, Vetter Capulet!
Wir beide sind ja übers Tanzen hin.
Wie lang ists jetzo, seit wir uns zuletzt
In Larven steckten?

Zweiter Capulet. Dreißig Jahr, mein Seel.

Capulet. Wie, Schatz? So lang noch nicht, so lang noch nicht.
Denn seit der Hochzeit des Lucentio
Ists etwa fünfundzwanzig Jahr, sobald
Wir Pfingsten haben; und da tanzten wir.

Zweiter Capulet. 's ist mehr, 's ist mehr! Sein Sohn ist älter, Herr.
Sein Sohn ist dreißig.

Capulet. Sagt mir das doch nicht!
Sein Sohn war noch nicht mündig vor zwei Jahren.

ERSTER AUFZUG · FÜNFTE SZENE

Romeo (zu einem Bedienten aus seinem Gefolge).
Wer ist das Fräulein, welche dort den Ritter
Mit ihrer Hand beehrt?
Der Bediente. Ich weiß nicht, Herr.
Romeo. O, sie nur lehrt den Kerzen, hell zu glühn!
Wie in dem Ohr des Mohren ein Rubin,
So hängt der Holden Schönheit an den Wangen
Der Nacht; zu hoch, zu himmlisch dem Verlangen.
Sie stellt sich unter den Gespielen dar
Als weiße Taub' in einer Krähenschar.
Schließt sich der Tanz, so nah ich ihr: ein Drücken
Der zarten Hand soll meine Hand beglücken.
Liebt ich wohl je? Nein, schwör es ab, Gesicht!
Du sahst bis jetzt noch wahre Schönheit nicht.
Tybalt. Nach seiner Stimm ist dies ein Montague.
(Zu einem Bedienten.)
Hol meinen Degen, Bursch. – Was? wagt der Schurk,
Vermummt in eine Fratze, herzukommen
Zu Hohn und Schimpfe gegen unser Fest?
Fürwahr, bei meines Stammes Ruhm und Adel!
Wer tot ihn schlüg, verdiente keinen Tadel.
Capulet. Was habt Ihr, Vetter? Welch ein Sturm? Wozu?
Tybalt. Seht, Oheim! der da ist ein Montague.
Der Schurke drängt sich unter Eure Gäste
Und macht sich einen Spott an diesem Feste.
Capulet. Ist es der junge Romeo?
Tybalt. Der Schurke Romeo.
Capulet. Seid ruhig, Herzensvetter! Laßt ihn gehn!
Er hält sich wie ein wackrer Edelmann:
Und in der Tat, Verona preiset ihn
Als einen sittgen, tugendsamen Jüngling.
Ich möchte nicht für alles Gut der Stadt
In meinem Haus ihm einen Unglimpf tun.
Drum seid geduldig; merket nicht auf ihn.
Das ist mein Will, und wenn du diesen ehrst,
So zeig dich freundlich, streif die Runzeln weg,
Die übel sich bei einem Feste ziemen.

Tybalt. Kommt solch ein Schurk als Gast, so stehn sie wohl.
Ich leid ihn nicht.
Capulet. Er soll gelitten werden,
Er soll! – Herr Junge, hört Er das? Ei was!
Wer ist hier Herr? Er oder ich? Ei was!
So? will Er ihn nicht leiden? – Helf mir Gott! –
Will Hader unter meinen Gästen stiften?
Den Hahn im Korbe spielen¹? Seht mir doch!
Tybalt. Ists nicht 'ne Schande, Oheim?
Capulet. Was, ei was!
Ihr seid ein kecker Bursch. Ei, seht mir doch!
Der Streich mag Euch gereun: ich weiß schon was.
Ihr macht mirs bunt! Traun, das käm eben recht! –
Brav, Herzenskinder! – Geht, Ihr Naseweis!
Seid ruhig, sonst – Mehr Licht, mehr Licht, zum Kuckuck!
Will ich zur Ruh Euch bringen! – Lustig, Kinder!
Tybalt. Mir kämpft Geduld aus Zwang mit willger Wut
Im Innern und empört mein siedend Blut.
Ich gehe – doch so frech sich aufzudringen,
Was Lust ihm macht, soll bittern Lohn ihm bringen.
(Geht ab.)
Romeo (tritt zu Julien).
Entweihet meine Hand verwegen dich,
O Heilgenbild, so will ichs lieblich büßen.
Zwei Pilger neigen meine Lippen sich,
Den herben Druck im Kusse zu versüßen.
Julia. Nein, Pilger, lege nichts der Hand zuschulden
Für ihren sittsam-andachtvollen Gruß.
Der Heilgen Rechte darf Berührung dulden,
Und Hand in Hand ist frommer Waller Kuß.
Romeo. Hat nicht der Heilge Lippen wie der Waller?
Julia. Ja, doch Gebet ist die Bestimmung aller.
Romeo. O, so vergönne, teure Heilge, nun,

---

1. Der Schlegelsche Ausdruck mag vielleicht hingehen, wenn er als
Anspielung auf den Hahnenkampf aufgefaßt wird. Vielleicht ist
richtiger: Aller Unordnung Tür und Tor öffnen.

ERSTER AUFZUG · FÜNFTE SZENE   27

Daß auch die Lippen wie die Hände tun.
Voll Inbrunst beten sie zu dir; erhöre,
Daß Glaube nicht sich in Verzweiflung kehre.
Julia. Du weißt, ein Heilger pflegt sich nicht zu regen,
 Auch wenn er eine Bitte zugesteht.
Romeo. So reg dich, Holde, nicht, wie Heilge pflegen,
 Derweil mein Mund dir nimmt, was er erfleht. (*Er küßt sie.*)
 Nun hat dein Mund ihn aller Sünd entbunden.
Julia. So hat mein Mund zum Lohn sie für die Gunst?
Romeo. Zum Lohn die Sünd? O Vorwurf, süß erfunden!
 Gebt sie zurück. (*Küßt sie wieder.*)
Julia. Ihr küßt recht nach der Kunst.
Wärterin. Mama will Euch ein Wörtchen sagen, Fräulein.
Romeo. Wer ist des Fräuleins Mutter?
Wärterin. Ei nun, Junker,
 Das ist die gnäd'ge Frau vom Hause hier,
 Gar eine wackre Frau und klug und ehrsam.
 Die Tochter, die Ihr spracht, hab ich gesäugt.
 Ich sag Euch, wer sie habhaft werden kann,
 Ist wohl gebettet.
Romeo. Sie eine Capulet? O teurer Preis! mein Leben
 Ist meinem Feind als Schuld dahingegeben.
Benvolio. Fort! Laßt uns gehn; die Lust ist bald dahin.
Romeo. Ach, leider wohl! Das ängstet meinen Sinn.
Capulet. Nein, liebe Herrn, denkt noch ans Weggehn nicht!
 Ein kleines, schlechtes Mahl ist schon bereitet. –
 Muß es denn sein? – Nun wohl, ich dank euch allen;
 Ich dank euch, edle Herren: Gute Nacht!
 Mehr Fackeln her! – Kommt nun, bringt mich zu Bett.
 Wahrhaftig, es wird spät, ich will zur Ruh.
   (*Alle ab, außer Julia und Wärterin.*)
Julia. Komm zu mir, Amme: wer ist dort der Herr?
Wärterin. Tiberios, des alten, Sohn und Erbe.
Julia. Wer ists, der eben aus der Türe geht?
Wärterin. Das, denk ich, ist der junge Marcellin.
Julia. Wer folgt ihm da, der gar nicht tanzen wollte?
Wärterin. Ich weiß nicht.

28 ROMEO UND JULIA ·

Julia. Geh, frage, wie er heißt. – Ist er vermählt,
  So ist das Grab zum Brautbett mir erwählt.
Wärterin (kommt zurück).
  Sein Nam ist Romeo, ein Montague
  Und Eures großen Feindes einzger Sohn.
Julia. So einzge Lieb aus einzgem Haß entbrannt!
  Ich sah zu früh, den ich zu spät erkannt.
  Verhängnisvolle Lieb, daß ich getrieben
  Mich fühle, den verhaßten Feind zu lieben.
Wärterin. Wieso? wieso?
Julia. Es ist ein Reim, den ich von einem Tänzer
  Soeben lernte. *(Man ruft drinnen: Julia!)*
Wärterin. Gleich! wir kommen ja.
  Kommt, laßt uns gehn; kein Fremder ist mehr da. *(Ab.)*
Chor[1]. Die alte Sehnsucht liegt im Sterbebette,
  Und junge Neigung tritt ins Erbe ein;
  Die Schöne, um die Lieb gelitten hätte
  Den Tod, kann neben Julia schön nicht sein.
  Geliebt wird Romeo, liebt, zwei Herzen schlagen,
  Bezaubert gleich von der Erscheinung Pracht,
  Doch *er* muß der vermeinten Feindin klagen,
  Sie stehlen sich ihr Glück trotz Tod und Nacht.
  Im Haus des Feindes darf er sich nicht zeigen,
  Gelübde hauchen nicht, wie Liebe pflegt;
  Und sie, voll Glut, nennt nicht die Mittel eigen,
  Zu nahn sich dem, den sie im Herzen trägt.
  Doch Leidenschaft leiht Kraft, den Ort die Zeit,
  Mischt tiefste Not mit höchster Seligkeit.

---

1. Übersetzung des Herausgebers. Schlegel übergeht den Chor. Weil
  die alten Drucke keine Szenen- und Akteinteilung enthalten, wird
  er bald ans Ende des ersten, bald an den Anfang des zweiten Aktes
  gestellt. Shakespeares Autorschaft wird von einigen Kritikern be-
  zweifelt.

ZWEITER AUFZUG

ERSTE SZENE

Ein offener Platz, der an Capulets Garten stößt.
Romeo tritt auf.

Romeo. Kann ich von hinnen, da mein Herz hier bleibt?
  Geh, frostge Erde, suche deine Sonne!
    (Er ersteigt die Mauer und springt hinunter.)
      Benvolio und Mercutio treten auf.
Benvolio. He, Romeo! he, Vetter!
Mercutio. Er ist klug
  Und hat, mein Seel, sich heim ins Bett gestohlen.
Benvolio. Er lief hieher und sprang die Gartenmauer
  Hinüber. Ruf ihn, Freund Mercutio.
Mercutio. Ja, auch beschwören will ich. Romeo!
  Was? Grillen! Toller! Leidenschaft! Verliebter!
  Erscheine du, gestaltet wie ein Seufzer;
  Sprich nur ein Reimchen, so genügt mirs schon;
  Ein Ach nur jammre, paare Lieb und Triebe;
  Gib der Gevattrin Venus *ein* gut Wort,
  Schimpf eins auf ihren blinden Sohn und Erben,
  Held Amor, der so flink gezielt, als König
  Kophetua das Bettlermädchen liebte.
  Er höret nicht, er regt sich nicht, er rührt sich nicht.
  Der Aff ist tot; ich muß ihn wohl beschwören.
  Nun wohl: Bei Rosalindens hellem Auge,
  Bei ihrer Purpurlipp und hohen Stirn,
  Bei ihrem zarten Fuß, dem schlanken Bein,
  Den üppgen Hüften und der Region,
  Die ihnen nahe liegt, beschwör ich dich,
  Daß du in eigner Bildung uns erscheinest.
Benvolio. Wenn er dich hört, so wird er zornig werden.
Mercutio. Hierüber kann ers nicht; er hätte Grund,
  Bannt ich hinauf in seiner Dame Kreis
  Ihm einen Geist von seltsam eigner Art

Und ließe den da stehn, bis sie den Trotz
Gezähmt und nieder ihn beschworen hätte.
Das wär Beschimpfung! Meine Anrufung
Ist gut und ehrlich; mit der Liebsten Namen
Beschwöre ich ja bloß, um *ihn* zu bannen.
Benvolio. Komm! Er verbarg sich unter jenen Bäumen
Und pflegt des Umgangs mit der feuchten Nacht.
Die Lieb ist blind, das Dunkel ist ihr recht.
Mercutio. Ist Liebe blind, so zielt sie freilich schlecht.
Nun sitzt er wohl an einen Baum gelehnt
Und wünscht, sein Liebchen wär die reife Frucht
Und fiel ihm in den Schoß. Doch, gute Nacht,
Freund Romeo! Ich will ins Federbett;
Das Feldbett ist zum Schlafen mir zu kalt.
Kommt, gehn wir!
Benvolio. Ja, es ist vergeblich, ihn
Zu suchen, der nicht will gefunden sein. *(Ab.)*

ZWEITE SZENE

Capulets Garten.
Romeo kommt.

Romeo. Der Narben lacht, wer Wunden nie gefühlt.
Julia erscheint oben an einem Fenster.
Doch still, was schimmert durch das Fenster dort?
Es ist der Ost, und Julia die Sonne! –
Geh auf, du holde Sonn! ertöte Lunen,
Die neidisch ist und schon vor Grame bleich,
Daß du viel schöner bist, obwohl ihr dienend.
O, da sie neidisch ist, so dien ihr nicht.
Nur Toren gehn in ihrer blassen, kranken
Vestalentracht einher: wirf du sie ab!
Sie ist es, meine Göttin! meine Liebe!
O wüßte sie, daß sie es ist! –
Sie spricht, doch sagt sie nichts: was schadet das?
Ihr Auge red't, ich will ihm Antwort geben. –

Ich bin zu kühn, es redet nicht zu mir.
Ein Paar der schönsten Stern' am ganzen Himmel
Wird ausgesandt und bittet Juliens Augen,
In ihren Kreisen unterdes zu funkeln.
Doch wären ihre Augen dort, die Sterne
In ihrem Antlitz? Würde nicht der Glanz
Von ihren Wangen jene so beschämen
Wie Sonnenlicht die Lampe? Würd ihr Aug
Aus luftgen Höhn sich nicht so hell ergießen,
Daß Vögel sängen, froh den Tag zu grüßen?
O wie sie auf die Hand die Wange lehnt!
Wär ich der Handschuh doch auf dieser Hand
Und küßte diese Wange!

Julia. Weh mir!

Romeo. Horch!
Sie spricht. O sprich noch einmal, holder Engel!
Denn über meinem Haupt erscheinst du
Der Nacht so glorreich, wie ein Flügelbote
Des Himmels dem erstaunten, über sich
Gekehrten Aug der Menschensöhne, die
Sich rückwärts biegen, um ihm nachzuschaun,
Wenn er dahinfährt auf den trägen Wolken
Und auf der Luft gewölbtem Busen schwebt.

Julia. O Romeo! Warum denn Romeo?
Verleugne deinen Vater, deinen Namen!
Willst du das nicht, schwör dich zu meinem Liebsten,
Und ich bin länger keine Capulet!

Romeo (für sich).
Hör ich noch länger, oder soll ich reden?

Julia. Dein Nam ist nur mein Feind. Du bliebst du selbst,
Und wärst du auch kein Montague. Was ist
Denn Montague? Es ist nicht Hand, nicht Fuß,
Nicht Arm noch Antlitz, noch ein andrer Teil[1].
Was ist ein Name? Was uns Rose heißt,
Wie es auch hieße, würde lieblich duften;

---

1. Stelle nach der 1. Quarto.

So Romeo, wenn er auch anders hieße,
Er würde doch das Köstliche bewahren,
Das er besitzet, ohne dieses Wort.
O Romeo, leg deinen Namen ab,
Und für den Namen, der dein Selbst nicht ist,
Nimm meines ganz!

Romeo (indem er näher hinzutritt). Ich nehme dich beim Wort.
Nenn Liebster mich, so bin ich neu getauft
Und will hinfort nicht Romeo mehr sein.

Julia. Wer bist du, der du, von der Nacht beschirmt,
Dich drängst in meines Herzens Rat?

Romeo. Mit Namen
Weiß ich dir nicht zu sagen, wer ich bin.
Mein eigner Name, teure Heilge, wird,
Weil er dein Feind ist, von mir selbst gehaßt;
Hätt ich ihn schriftlich, so zerriß ich ihn.

Julia. Mein Ohr trank keine hundert Worte noch
Von diesen Lippen, doch es kennt den Ton.
Bist du nicht Romeo, ein Montague?

Romeo. Nein, Holde; keines, wenn dir eins mißfällt.

Julia. Wie kamst du her? o sag mir, und warum?
Die Gartenmaur ist hoch, schwer zu erklimmen;
Die Stätt ist Tod! Bedenk nur, wer du bist,
Wenn einer meiner Vettern dich hier findet.

Romeo. Der Liebe leichte Schwingen trugen mich;
Kein steinern Bollwerk kann der Liebe wehren;
Und Liebe wagt, was irgend Liebe kann:
Drum hielten deine Vettern mich nicht auf.

Julia. Wenn sie dich sehn, sie werden dich ermorden.

Romeo. Ach, deine Augen drohn mir mehr Gefahr
Als zwanzig ihrer Schwerter; blick du freundlich,
So bin ich gegen ihren Haß gestählt.

Julia. Ich wollt um alles nicht, daß sie dich sähn.

Romeo. Vor ihnen hüllt mich Nacht in ihren Mantel.
Liebst du mich nicht, so laß sie nur mich finden;
Durch ihren Haß zu sterben wär mir besser
Als ohne deine Liebe Lebensfrist.

ZWEITER AUFZUG · ZWEITE SZENE

Julia. Wer zeigte dir den Weg zu diesem Ort?
Romeo. Die Liebe, die zuerst mich forschen hieß;
Sie lieh mir Rat, ich lieh ihr meine Augen.
Ich bin kein Steuermann, doch wärst du fern
Wie Ufer, von dem fernsten Meer bespült,
Ich wagte mich nach solchem Kleinod hin.
Julia. Du weißt, die Nacht verschleiert mein Gesicht,
Sonst färbte Mädchenröte meine Wangen
Um das, was du vorhin mich sagen hörtest.
Gern hielt' ich streng auf Sitte, möchte gern
Verleugnen, was ich sprach: doch weg mit Förmlichkeit.
Sag, liebst du mich? Ich weiß, du wirsts bejahn,
Und will dem Worte traun; doch wenn du schwörst,
So kannst du treulos werden; wie sie sagen,
Lacht Jupiter des Meineids der Verliebten.
O holder Romeo! wenn du mich liebst:
Sags ohne Falsch! Doch dächtest du, ich sei
Zu schnell besiegt, so will ich finster blicken,
Will widerspenstig sein und Nein dir sagen,
So du dann werben willst: sonst nicht um alles.
Gewiß, mein Montague, ich bin zu herzlich;
Du könntest denken, ich sei leichten Sinns.
Doch glaube mir[1], ich werde treuer sein
Als sie, die fremd zu tun geschickter sind.
Auch ich, bekenn ich, hätte fremd getan,
Wär ich von dir, eh ichs gewahrte, nicht
Belauscht in Liebesklagen. Drum vergib!
Schilt diese Hingebung nicht Flatterliebe,
Die so die stille Nacht verraten hat.
Romeo. Ich schwöre, Fräulein, bei dem heilgen Mond,
Der silbern dieser Bäume Wipfel säumt ...
Julia. O, schwöre nicht beim Mond, dem wandelbaren,
Der immerfort in seiner Scheibe wechselt,
Damit nicht wandelbar dein Lieben sei!
Romeo. Wobei denn soll ich schwören?

---

1. Im Original: But trust me, gentleman (Euphuismus).

Julia. Laß es ganz.
Doch willst du, schwör bei deinem edlen Selbst,
Dem Götterbilde meiner Anbetung!
So will ich glauben.
Romeo. Wenn die Herzensliebe ...
Julia. Gut, schwöre nicht. Obwohl ich dein mich freue,
Freu ich mich nicht des Bundes dieser Nacht.
Er ist zu rasch, zu unbedacht, zu plötzlich;
Gleicht allzusehr dem Blitz, der nicht mehr ist,
Noch eh man sagen kann: es blitzt. – Schlaf süß!
Des Sommers warmer Hauch kann diese Knospe
Der Liebe wohl zur schönen Blum entfalten,
Bis wir das nächste Mal uns wiedersehn.
Nun gute Nacht! So süße Ruh und Frieden,
Als mir im Busen wohnt, sei dir beschieden.
Romeo. Ach, du verlässest mich so unbefriedigt?
Julia. Was für Befriedigung begehrst du noch?
Romeo. Gib deinen treuen Liebesschwur für meinen.
Julia. Ich gab ihn dir, eh du darum gefleht;
Und doch, ich wollt, er stünde noch zu geben.
Romeo. Wolltst du mir ihn entziehn? Wozu das, Liebe?
Julia. Um ihn von Herzen dir zurückzugeben.
Allein ich wünsche, was ich habe, nur.
So grenzenlos ist meine Huld, die Liebe
So tief ja wie das Meer. Je mehr ich gebe,
Je mehr auch hab ich: beides ist unendlich.
Ich hör im Haus Geräusch; leb wohl, Geliebter!
(Die Wärterin ruft hinter der Szene.)
Gleich, Amme! Holder Montague, sei treu!
Wart einen Augenblick: ich komme wieder. *(Sie geht zurück.)*
Romeo. O sel'ge, sel'ge Nacht! Nur fürcht ich, weil
Mich Nacht umgibt, dies alles sei nur Traum,
Zu schmeichelnd süß, um wirklich zu bestehn.
Julia erscheint wieder am Fenster.
Julia. Drei Worte, Romeo, dann gute Nacht!
Wenn deine Liebe tugendsam gesinnt
Vermählung wünscht, so laß mich morgen wissen

ZWEITER AUFZUG · ZWEITE SZENE

Durch jemand, den ich zu dir senden will,
Wo du und wann die Trauung willst vollziehn.
Dann leg ich dir mein ganzes Glück zu Füßen
Und folge durch die Welt dir als Gebieter.
        (*Die Wärterin hinter der Szene:* Fräulein!)
Ich komme; gleich! – Doch meinst du es nicht gut,
So bitt ich dich ...
        (*Die Wärterin hinter der Szene:* Fräulein!)
Im Augenblick, ich komme! –
... Hör auf zu werben, laß mich meinem Gram!
Ich sende morgen früh. –
Romeo. Beim ew'gen Heil!
Julia. Nun tausend gute Nacht! (*Geht zurück.*)
Romeo. Raubst du dein Licht ihr, wird sie bang durchwacht.
Wie Knaben aus der Schul eilt Liebe hin zum Lieben,
Wie Knaben an ihr Buch wird sie hinweg getrieben.
        (*Er entfernt sich langsam.*)

        Julia erscheint wieder am Fenster.
Julia. St! Romeo, st! O, eines Jägers Stimme,
Den edlen Falken wieder herzulocken!
Abhängigkeit ist heiser, wagt nicht laut
Zu reden, sonst zersprengt ich Echos Kluft
Und machte heisrer ihre luftge Kehle
Als meine, mit dem Namen Romeo.
Romeo (*umkehrend*). Mein Leben ists, das meinen Namen ruft.
Wie silbersüß tönt bei der Nacht die Stimme
Der Liebenden, gleich lieblicher Musik
Dem Ohr des Lauschers.
Julia. Romeo!
Romeo. Geliebte?
Julia. Um welche Stunde soll ich morgen schicken?
Romeo. Um neun.
Julia. Ich will nicht säumen; zwanzig Jahre
Sinds bis dahin. Doch ich vergaß, warum
Ich dich zurückgerufen.
Romeo. Laß hier mich stehn, derweil du dich bedenkst.

ROMEO UND JULIA

Julia. Auf daß du stets hier weilst, werd ich vergessen,
Bedenkend, wie mir deine Näh' so lieb.

Romeo. Auf daß du stets vergessest, werd ich weilen,
Vergessend, daß ich irgend sonst daheim.

Julia. Es tagt beinah, ich wollte nun, du gingst;
Doch weiter nicht, als wie ein tändelnd Mädchen
Ihr Vögelchen der Hand entschlüpfen läßt,
Gleich einem Armen in der Banden Druck,
Und dann zurück ihn zieht am seidnen Faden;
So liebevoll mißgönnt sie ihm die Freiheit.

Romeo. Wär ich dein Vögelchen!

Julia. Ach wärst dus, Lieber!
Doch hegt und pflegt ich dich gewiß zu Tod.
Nun gute Nacht! So süß ist Trennungswehe,
Ich rief' wohl gute Nacht, bis ich den Morgen sähe.

(Sie geht zurück.)

Romeo. Schlaf wohn auf deinem Aug, Fried in der Brust!
O wär ich Fried und Schlaf und ruht' in solcher Lust!
Ich will zur Zell des frommen Vaters gehen,
Mein Glück ihm sagen und um Hilf ihn flehen. *(Ab.)*

DRITTE SZENE[1]

Ein Klostergarten.
Bruder Lorenzo mit einem Körbchen.

Lorenzo. Der Morgen lächelt froh der Nacht ins Angesicht
Und säumet das Gewölk im Ost mit Streifen Licht.
Die matte Finsternis flieht wankend, wie betrunken,
Von Titans Pfad, besprüht von seiner Rosse Funken.
Eh höher nun die Sonn ihr glühend Aug erhebt,
Den Tau der Nacht verzehrt und neu die Welt belebt,
Muß ich dies Körbchen hier voll Kraut und Blumen lesen;
Voll Pflanzen giftger Art und diensam zum Genesen.
Die Mutter der Natur, die Erd, ist auch ihr Grab,

---

1. Die Szene des Originals ist in paarweise gereimten fünffüßigen Jamben geschrieben.

ZWEITER AUFZUG · DRITTE SZENE

Und was ihr Schoß gebar, sinkt tot in ihn hinab.
Und Kinder mannigfalt, so all ihr Schoß empfangen,
Sehn wir, gesäugt von ihr, an ihren Brüsten hangen;
An vielen Tugenden sind viele drunter reich,
Ganz ohne Wert nicht eins, doch keins dem andern gleich.
O, große Kräfte sinds, weiß man sie recht zu pflegen,
Die Pflanzen, Kräuter, Stein' in ihrem Innern hegen.
Was nur auf Erden lebt, da ist auch nichts so schlecht,
Daß es der Erde nicht besondern Nutzen brächt.
Doch ist auch nichts so gut, das, diesem Ziel entwendet,
Abtrünnig seiner Art, sich nicht durch Mißbrauch schändet;
In Laster wandelt sich selbst Tugend, falsch geübt,
Wie Ausführung auch wohl dem Laster Würde gibt.
Die kleine Blume hier beherbergt giftge Säfte
In ihrer zarten Hüll und milde Heilungskräfte!
Sie labet den Geruch und dadurch jeden Sinn;
Gekostet, dringt sie gleich zum Herzen tötend hin.
Zwei Feinde lagern so im menschlichen Gemüte
Sich immerdar im Kampf: der rohe Will' und Güte;
Und wo das Schlechtre herrscht mit siegender Gewalt,
Dergleichen Pflanze frißt des Todes Wurm gar bald.

Romeo tritt auf.

Romeo. Mein Vater, guten Morgen!
Lorenzo. Sei der Herr gesegnet!
Wes ist der frühe Gruß, der freundlich mir begegnet?
Mein junger Sohn, es zeigt, daß wildes Blut dich plagt,
Das du dem Bett so früh schon Lebewohl gesagt.
Die wache Sorge lauscht im Auge jedes Alten,
Und Schlummer bettet nie sich da, wo Sorgen walten.
Doch da wohnt goldner Schlaf, wo mit gesundem Blut
Und grillenfreiem Hirn die frische Jugend ruht.
Drum läßt mich sicherlich dein frühes Kommen wissen,
Daß innre Unordnung vom Lager dich gerissen.
Wie? oder hätte gar mein Romeo die Nacht
(Nun rat ichs besser) nicht im Bette hingebracht?
Romeo. So ists, ich wußte mir viel süßre Ruh zu finden.
Lorenzo. Verzeih die Sünde Gott! Warst du bei Rosalinden?

Romeo. Bei Rosalinden, ich? Ehrwürdger Vater, nein!
Vergessen ist der Nam und dieses Namens Pein.
Lorenzo. Das ist mein wackrer Sohn! Allein wo warst du? sage!
Romeo. So hör: ich sparte gern dir eine zweite Frage.
Ich war bei meinem Feind auf einem Freudenmahl,
Und da verwundete mich jemand auf einmal.
Desgleichen tat ich ihm, und für die beiden Wunden
Wird heilige Arznei bei deinem Amt gefunden.
Ich hege keinen Groll, mein frommer, alter Freund,
Denn sieh! zu statten kommt die Bitt auch meinem Feind.
Lorenzo. Einfältig, lieber Sohn! Nicht Silben fein gestochen!
Wer Rätsel beichtet, wird in Rätseln losgesprochen.
Romeo. So wiß einfältiglich: ich wandte Seel und Sinn
In Lieb auf Capulets holdsel'ge Tochter hin.
Sie gab ihr ganzes Herz zurück mir für das meine,
Und uns Vereinten fehlt zum innigsten Vereine
Die heilge Trauung nur: doch wie und wo und wann
Wir uns gesehn, erklärt und Schwur um Schwur getan,
Das alles will ich dir auf unserm Weg erzählen;
Nur bitt ich, willge drein, noch heut uns zu vermählen.
Lorenzo. O heiliger Sankt Franz! Was für ein Unbestand!
Ist Rosalinde schon aus deiner Brust verbannt,
Die du so heiß geliebt? Liegt junger Männer Liebe
Denn in den Augen nur, nicht in des Herzens Triebe?
O heiliger Sankt Franz! Wie wusch ein salzig Naß
Um Rosalinden dir so oft die Wangen blaß!
Und all die Tränenflut, im Übermaß verschwendet,
Der Liebe Würz zu leihn, die nun versiegt und endet!
Noch schwebt der Sonn ein Dunst von deinen Seufzern vor;
Dein altes Stöhnen summt mir noch im alten Ohr.
Sieh, auf der Wange hier ist noch die Spur zu sehen
Von einer alten Trän, die noch nicht will vergehen.
Und warst du je du selbst und diese Schmerzen dein,
So war der Schmerz und du für Rosalind allein.
Und so verwandelt nun? Dann leide, daß ich spreche:
Ein Weib darf fallen, wohnt in Männern solche Schwäche.
Romeo. Oft schmältest du mit mir um Rosalinden schon.

ZWEITER AUFZUG · VIERTE SZENE 39

Lorenzo. Weil sie dein Abgott war, nicht weil du liebtest, Sohn.
Romeo. Und mahntest oft mich an, die Liebe zu besiegen.
Lorenzo. Nicht um in deinem Sieg der zweiten zu erliegen.
Romeo. Ich bitt dich, schmäl nicht! Sie, der jetzt mein Herz ge-
Hat Lieb um Liebe mir und Gunst um Gunst gewährt. [hört,
Das tat die andre nie.
Lorenzo. Sie wußte wohl, dein Lieben
Sei zwar ein köstlich Wort, doch nur in Sand geschrieben.
Komm, junger Flattergeist! Komm nur, wir wollen gehn;
Ich bin aus *einem* Grund geneigt, dir beizustehn:
Vielleicht, daß dieser Bund zu großem Glück sich wendet
Und eurer Häuser Groll durch ihn in Freundschaft endet.
Romeo. O laß uns fort von hier! Ich bin in großer Eil.
Lorenzo. Wer hastig läuft, der fällt; drum eile nur mit Weil.
(*Beide ab.*)

VIERTE SZENE[1]

Eine Straße.
Benvolio und Mercutio kommen.

Mercutio. Wo Teufel kann der Romeo stecken? Kam er heute
nacht nicht zu Hause?
Benvolio. Nach seines Vaters Hause nicht; ich sprach seinen
Bedienten.
Mercutio. Ja, dies hartherzge Frauenbild, die Rosalinde,
Sie quält ihn so, er wird gewiß verrückt.
Benvolio. Tybalt, des alten Capulet Verwandter,
Hat dort ins Haus ihm einen Brief geschickt.
Mercutio. Eine Ausforderung, so wahr ich lebe!
Benvolio. Romeo wird ihm die Antwort nicht schuldig bleiben.
Mercutio. Auf einen Brief kann ein jeder antworten, wenn er
schreiben kann.

---

1. Schlegel verfährt mit dieser Szene eigenmächtig; sie ist sehr frei
übersetzt, enthält, verglichen mit dem englischen Original, verschiedene Lücken; so fehlt ein witziges Wortgefecht zwischen
Romeo und Mercutio. Wie andere Herausgeber der Schlegelschen
Übersetzung übernehme ich die Szene ohne Änderung.

Benvolio. Nein, ich meine, er wird dem Briefsteller zeigen, daß er Mut hat, wenn man ihm so was zumutet.

Mercutio. Ach, der arme Romeo; er ist ja schon tot! durchbohrt von einer weißen Dirne schwarzem Auge; durchs Ohr geschossen mit einem Liebesliedchen; seine Herzensscheibe durch den Pfeil des kleinen blinden Schützen mitten entzwei gespalten. Ist er der Mann darnach, es mit dem Tybalt aufzunehmen?

Benvolio. Nun, was ist Tybalt denn Großes?

Mercutio. Kein papierner Held, das kann ich dir sagen. O, er ist ein beherzter Zeremonienmeister der Ehre. Er ficht, wie Ihr ein Liedlein singt; hält Takt und Maß und Ton. Er beobachtet seine Pausen: eins – zwei – drei: – dann sitzt Euch der Stoß in der Brust. Er bringt Euch einen seidnen Knopf unfehlbar ums Leben. Ein Raufer! ein Raufer! Ein Ritter vom ersten Range, der Euch alle Gründe eines Ehrenstreits an den Fingern herzuzählen weiß. Ach, die göttliche Passade! die doppelte Finte! Der! –

Benvolio. Der – was?

Mercutio. Der Henker hole diese phantastischen, gezierten, lispelnden Eisenfresser! Was sie für neue Töne anstimmen! – «Eine sehr gute Klinge!» – «Ein sehr wohlgewachsner Mann!» – «Eine sehr gute Hure!» – Ist das nicht ein Elend, Urältervater! daß wir mit diesen ausländischen Schmetterlingen heimgesucht werden, mit diesen Modenarren, diesen *Pardonnez-moi*, die so stark auf neue Weise halten, ohne jemals weise zu werden?

Romeo tritt auf.

Benvolio. Da kommt Romeo, da kommt er!

Mercutio. Ohne seinen Rogen[1], wie ein gedörrter Hering. O Fleisch! Fleisch! wie bist du verfischt worden! Nun liebt er die Melodien, in denen sich Petrarca ergoß; gegen sein Fräulein ist Laura nur eine Küchenmagd – Wetter! sie hatte doch einen bessern Liebhaber, um sie zu bereimen; – Dido,

---

1. Vielleicht Wortspiel auf den Namen Romeo. Ro — Abkürzung für Romeo, roe — Fischrogen.

ZWEITER AUFZUG · VIERTE SZENE   41

eine Trutschel; Kleopatra, eine Zigeunerin; Helena und
Hero, Metzen und lose Dirnen; Thisbe, ein artiges Blau-
auge oder sonst so was, will aber nichts vorstellen. Signor
Romeo, *bon jour!* Da habt Ihr einen französischen Gruß für
Eure französischen Pumphosen! Ihr spieltet uns diese Nacht
einen schönen Streich.

Romeo. Guten Morgen, meine Freunde! Was für einen Streich?

Mercutio. Einen Diebesstreich. Ihr stahlt Euch unversehens
davon.

Romeo. Verzeihung, guter Mercutio. Ich hatte etwas Wichti-
ges vor, und in einem solchen Falle tut man wohl einmal
der Höflichkeit Gewalt an.

Mercutio. Wie nun? Du sprichst ja ganz menschlich. Wie
kommt es, daß du auf einmal deine aufgeweckte Zunge und
deine muntern Augen wieder gefunden hast? So hab ich
dich gern. Ist das nicht besser als das ewige Liebesge-
krächze?

Romeo. Seht den prächtigen Aufzug!

        Die Wärterin und Peter hinter ihr.

Mercutio. Was kommt da angesegelt?

Wärterin. Peter!

Peter. Was beliebt?

Wärterin. Meinen Fächer, Peter!

Mercutio. Gib ihn ihr, guter Peter, um ihr Gesicht zu verstecken. Ihr Fächer ist viel hübscher wie ihr Gesicht.

Wärterin. Schönen guten Morgen, ihr Herren!

Mercutio. Schönen guten Abend, schöne Dame!

Wärterin. Warum guten Abend?

Mercutio. Euer Brusttuch deutet auf Sonnenuntergang.

Wärterin. Pfui, was ist das für ein Mensch?

Mercutio. Einer, den der Teufel plagt, um andre zu plagen[1].

Wärterin. Schön gesagt, bei meiner Seele! Um andre zu plagen. Ganz recht! Aber, ihr Herren, kann mir keiner von
euch sagen, wo ich den jungen Romeo finde.

───────────────────────

1. Im Original: Einer, den Gott gemacht hat, damit er sich verderbe
 == Einer, der wieder verdirbt, was Gott an ihm gut gemacht hat.

Romeo. Ich kanns Euch sagen; aber der junge Romeo wird
älter sein, wenn Ihr ihn gefunden habt, als er war, da Ihr
ihn suchtet. Ich bin der jüngste, der den Namen führt, weil
kein schlechterer da war.

Wärterin. Gut gegeben.

Mercutio. So? ist das Schlechteste gut gegeben? nun wahrhaftig: gut begriffen! sehr vernünftig!

Wärterin. Wenn Ihr Romeo seid, mein Herr, so wünsche ich
Euch insgeheim zu sprechen.

Benvolio. Sie wird ihn irgendwohin auf den Abend bitten.

Mercutio. Eine Kupplerin! eine Kupplerin! Ho, ho!

Benvolio. Was witterst du?

Mercutio. Neue Jagd! neue Jagd! – Romeo, kommt zu Eures
Vaters Hause, wir wollen zu Mittag da essen.

Romeo. Ich komme euch nach.

Mercutio. Lebt wohl, alte Schöne! Lebt wohl, o Schöne! –
Schöne! – Schöne!

(Benvolio und Mercutio gehen ab.)

Wärterin. Sagt mir doch, was war das für ein unverschämter
Gesell, der nichts als Schelmstücke in Kopfe hatte?

Romeo. Jemand, der sich selbst gern reden hört, meine gute
Frau, und der in einer Minute mehr spricht, als er in einem
Monate verantworten kann.

Wärterin. Ja, und wenn er auf mich was zu sagen hat, so will
ich ihn bei den Ohren kriegen, und wäre er auch noch vier-
schrötiger, als er ist, und zwanzig solcher Hasenfüße obendrein; und kann ichs nicht, so könnens andre. So 'n Lausekerl! Ich bin keine von seinen Kreaturen, ich bin keine von
seinen Karnuten. (*Zu Peter.*) Und du mußt auch dabei stehen und leiden, daß jeder Schuft sich nach Belieben über
mich hermacht!

Peter. Ich habe nicht gesehn, daß sich jemand über Euch her-
gemacht hätte, sonst hätte ich geschwind vom Leder ge-
zogen, das könnt Ihr glauben. Ich kann so gut ausziehen
wie ein andrer, wo es einen ehrlichen Zank gibt und das
Recht auf meiner Seite ist.

Wärterin. Nu, weiß Gott, ich habe mich so geärgert, daß ich

ZWEITER AUFZUG · VIERTE SZENE 43

am ganzen Leibe zittre. So 'n Lausekerl! – Seid so gütig,
mein Herr, auf ein Wort! Und was ich Euch sagte: mein
junges Fräulein befahl mir, Euch zu suchen. Was sie mir befahl, Euch zu sagen, das will ich für mich behalten; aber
erst laßt mich Euch sagen, wenn Ihr sie wolltet bei der Nase
herumführen, sozusagen, das wäre eine unartige Aufführ-
rung, sozusagen. Denn seht! das Fräulein ist jung, und also,
wenn Ihr falsch gegen sie zu Werke gingt, das würde sich
gar nicht gegen ein Fräulein schicken und wäre ein recht
nichtsnutziger Handel.

Romeo. Empfiehl mich deinem Fräulein. Ich beteure dir –

Wärterin. Du meine Zeit! Gewiß und wahrhaftig, das will ich
ihr wieder sagen. O Jemine! sie wird sich vor Freude nicht
zu lassen wissen.

Romeo. Was willst du ihr sagen, gute Frau? Du gibst nicht
Achtung.

Wärterin. Ich will ihr sagen, daß Ihr beteuert, und ich meine,
das ist recht wie ein Kavalier gesprochen.

Romeo. Sag ihr, sie mög ein Mittel doch ersinnen,
Zur Beichte diesen Nachmittag zu gehn.
Dort in Lorenzos Zelle soll alsdann,
Wenn sie gebeichtet, unsre Trauung sein.
Hier ist für deine Müh.

Wärterin. Nein, wahrhaftig, Herr! keinen Pfennig.

Romeo. Nimm, sag ich dir; du mußt.

Wärterin. Heut nachmittag? Nun gut, sie wird Euch treffen.

Romeo. Du, gute Frau, wart hinter der Abtei;
Mein Diener soll dir diese Stunde noch,
Geknüpft aus Seilen, eine Leiter bringen,
Die zu dem Gipfel meiner Freuden ich
Hinan will klimmen in geheimer Nacht.
Leb wohl! Sei treu, so lohn ich deine Müh.
Leb wohl! Empfiehl mich deinem Fräulein.

Wärterin. Nun, Gott der Herr gesegn' es! – Hört, noch eins!

Romeo. Was willst du, gute Frau!

Wärterin. Schweigt Euer Diener? Habt Ihr nie vernommen:
Wo zwei zu Rate gehn, laßt keinen dritten kommen?

Romeo. Verlaß dich drauf, der Mensch ist treu wie Gold.

Wärterin. Nun gut, Herr! Meine Herrschaft ist ein allerliebstes Fräulein. O Jemine! als sie noch so ein kleines Dingelchen war – O, da ist ein Edelmann in der Stadt, einer, der Paris heißt, der gern einhaken möchte; aber das gute Herz mag ebenso lieb eine Kröte sehn, eine rechte Kröte, als ihn. – Ich ärgre sie zuweilen und sag ihr: Paris wär doch der hübscheste; aber Ihr könnt mirs glauben, wenn ich das sage, so wird sie so blaß wie ein Tischtuch. Fängt nicht Rosmarin und Romeo mit demselben Buchstaben an?

Romeo. Ja, gute Frau; beide mit einem R.

Wärterin. Ach, Spaßvogel, warum nicht gar? Das schnurrt ja wie 'n Spinnrad[1]. Nein, ich weiß wohl, es fängt mit einem andern Buchstaben an, und sie hat die prächtigsten Reime und Sprichwörter darauf, daß Euch das Herz im Leibe lachen tät, wenn Ihrs hörtet.

Romeo. Empfiehl mich deinem Fräulein. *(Ab.)*

Wärterin. Jawohl, viel tausendmal! – Peter!

Peter. Was beliebt?

Wärterin. Peter, nimm meinen Fächer und geh vorauf.

(Beide ab.)

FÜNFTE SZENE

Capulets Garten.
Julia tritt auf.

Julia. Neun schlug die Glock, als ich die Amme sandte.
In einer halben Stunde wollte sie
Schon wieder hier sein. Kann sie ihn vielleicht
Nicht treffen? Nein, das nicht. O, sie ist lahm!
Zu Liebesboten taugen nur Gedanken,
Die zehnmal schneller fliehn als Sonnenstrahlen,
Wenn sie die Nacht von finstern Hügeln scheuchen.
Deswegen ziehn ja leichtbeschwingte Tauben

---

1. Dem Original entsprechender: Das knurrt ja wie ein Hund (Aussprache des englischen R).

ZWEITER AUFZUG · FÜNFTE SZENE 45

Der Liebe Wagen, und Kupido hat
Windschnelle Flügel. Auf der steilsten Höh
Der Tagereise steht die Sonne jetzt;
Von Neun bis Zwölf, drei lange Stunden sinds;
Und dennoch bleibt sie aus. O hätte sie
Ein Herz und warmes, jugendliches Blut,
Sie würde wie ein Ball behende fliegen,
Es schnellte sie mein Wort dem Trauten zu
Und seines mir.
Doch Alte tun, als lebten sie nicht mehr,
Träg, unbehilflich und wie Blei so schwer.

Die Wärterin und Peter kommen.

O Gott, sie kommt! Was bringst du, goldne Amme?
Trafst du ihn an? Schick deinen Diener weg.
Wärterin. Wart vor der Türe, Peter.
Julia. Nun, Mütterchen? Gott, warum blickst du traurig?
Ist dein Bericht schon traurig, gib ihn fröhlich;
Und klingt er gut, verdirb die Weise nicht,
Indem du sie mit saurer Miene spielst.
Wärterin. Ich bin ermattet; laßt ein Weilchen mich!
Das war 'ne Jagd! Das reißt in Gliedern mir!
Julia. Ich wollt, ich hätte deine Neuigkeit,
Du meine Glieder. Nun, so sprich geschwind!
Ich bitt dich, liebe, liebe Amme, sprich!
Wärterin. Was für 'ne Hast! Könnt Ihr kein Weilchen warten?
Seht Ihr nicht, daß ich außer Atem bin?
Julia. Wie außer Atem, wenn du Atem hast,
Um mir zu sagen, daß du keinen hast?
Der Vorwand deines Zögerns währt ja länger
Als der Bericht, den du dadurch verzögerst.
Gib Antwort: bringst du Gutes oder Böses?
Nur das, so wart ich auf das Näh're gern.
Beruhge mich! Ists Gutes oder Böses?
Wärterin. Ei, Ihr habt mir eine recht einfältige Wahl getroffen;
Ihr versteht auch einen Mann auszulesen! Romeo – ja, das
ist der rechte! – Er hat zwar ein hübscher Gesicht wie andre
Leute; aber seine Beine gehen über alle Beine, und Hand

und Fuß und die ganze Positur: – es läßt sich eben nicht
viel davon sagen, aber man kann sie mit nichts vergleichen.
Er ist kein Ausbund von feinen Manieren, doch wett ich
drauf, wie ein Lamm so sanft. – Glück auf, Kind, und fürch-
te Gott! – Habt Ihr im Hause schon zu Mittag gegessen?
Julia. Nein, nein! Doch all dies wußt ich schon zuvor.
Was sagt er von der Trauung? Hurtig, was?
Wärterin. O je, wie schmerzt der Kopf mir! Welch ein Kopf!
Er schlägt, als wollt er gleich in Stücke springen.
Da hier mein Rücken, o mein armer Rücken!
Gott sei Euch gnädig, daß Ihr hin und her
So viel mich schickt, mich bald zu Tode hetzt.
Julia. Im Ernst, daß du nicht wohl bist, tut mir leid.
Doch, beste, beste Amme, sage mir:
Was macht mein Liebster?
Wärterin. Eur Liebster sagt, so wie ein wackrer Herr, – und
ein artiger und ein freundlicher und ein hübscher Herr und,
auf mein Wort, ein tugendsamer Herr. – Wo ist denn Eure
Mutter?
Julia. Wo meine Mutter ist? Nun, sie ist drinnen;
Wo wär sie sonst? Wie seltsam du erwiderst:
«Eur Liebster sagt, so wie ein wackrer Herr –
Wo ist denn Eure Mutter?»
Wärterin. Jemine!
Seid Ihr so hitzig? Seht doch! kommt mir nur!
Ist das die Bähung für mein Gliederweh?
Geht künftig selbst, wenn Ihr 'ne Botschaft habt.
Julia. Das ist 'ne Not! Was sagt er? Bitte, sprich!
Wärterin. Habt Ihr Erlaubnis, heut zu beichten?
Julia. Ja.
Wärterin. So macht Euch auf zu Eures Paters Zelle,
Da harrt ein Mann, um Euch zur Frau zu machen.
Nun steigt das lose Blut Euch in die Wangen;
Gleich sind sie Scharlach, wenns was Neues gibt.
Eilt Ihr ins Kloster; ich muß sonst wohin,
Die Leiter holen, die der Liebste bald
Zum Nest hinan, wenns Nacht wird, klimmen soll.

ZWEITER AUFZUG · SECHSTE SZENE   47

Ich bin das Lasttier, muß für Euch mich plagen,
Doch Ihr sollt Eure Last zu Nacht schon tragen.
Ich will zur Mahlzeit erst; eilt Ihr zur Zelle hin.
Julia. Zu hohem Glücke, treue Pflegerin!
(Beide ab.)

SECHSTE SZENE

Bruder Lorenzos Zelle.
Lorenzo und Romeo.

Lorenzo. Der Himmel lächle so dem heilgen Bund,
  Daß künftge Tag' uns nicht durch Kummer schelten.
Romeo. Amen! So seis! Doch laß den Kummer kommen,
  So sehr er mag: wiegt er die Freuden auf,
  Die mir in ihrem Anblick eine flüchtge
  Minute gibt? Füg unsre Hände nur
  Durch deinen Segensspruch in eins, dann tue
  Sein Äußerstes der Liebeswürger Tod:
  Genug, daß ich nur mein sie nennen darf.
Lorenzo. So wilde Freude nimmt ein wildes Ende
  Und stirbt im höchsten Rausch, wie Feur und Pulver
  Im Kusse sich verzehrt. Die Süßigkeit
  Des Honigs widert durch ihr Übermaß,
  Und im Geschmack erstickt sie unsre Lust.
  Drum liebe mäßig; solche Lieb ist stät:
  Zu hastig und zu träge kommt gleich spät.
             Julia tritt auf.
  Hier kommt das Fräulein, sieh!
  Mit leichtem Tritt, der keine Blume biegt;
  Sieh, wie die Macht der Lieb und Wonne siegt[1]!
Julia. Ehrwürdger Herr! ich sag Euch guten Abend.
Lorenzo. Für mich und sich dankt Romeo, mein Kind.
Julia. Es gilt ihm mit, sonst wär sein Dank zuviel.

---

1. Stelle nach der 1. Quarto. In den andern Drucken ist sie etwas aus-
führlicher.

48   ROMEO UND JULIA

Romeo. Ach Julia! Ist deiner Freude Maß
   Gehäuft wie meins und weißt du mehr die Kunst,
   Ihr Schmuck zu leihn, so würze rings die Luft
   Durch deinen Hauch; laß die Musik der Zunge
   Die Seligkeit verkünden, die wir beide
   Bei dieser teuern Näh' im andern finden.
Julia. Gefühl, an Inhalt reicher als an Worten,
   Ist stolz auf seinen Wert und nicht auf Schmuck.
   Nur Bettler wissen ihres Guts Betrag.
   Doch meine treue Liebe stieg so hoch,
   Daß keine Schätzung ihre Schätz erreicht.
Lorenzo. Kommt, kommt mit mir, wir schreiten gleich zur
   Ich leide nicht, daß ihr allein mir bleibt,   [Sache.
   Bis euch die Kirche einander einverleibt.
                (Alle ab.)

DRITTER AUFZUG

ERSTE SZENE
Ein öffentlicher Platz.
Mercutio, Benvolio, Page und Bediente.

Benvolio. Ich bitt dich, Freund, laß uns nach Hause gehn!
   Der Tag ist heiß, die Capulets sind draußen,
   Und treffen wir, so gibt es sicher Zank:
   Denn bei der Hitze tobt das tolle Blut.
Mercutio. Du bist mir so ein Zeisig, der, sobald er die Schwelle
   eines Wirtshauses betritt, mit dem Degen auf den Tisch
   schlägt und ausruft: Gebe Gott, daß ich dich nicht nötig
   habe! und wenn ihm das zweite Glas im Kopfe spukt, so
   zieht er gegen den Kellner, wo er es freilich nicht nötig
   hätte.
Benvolio. Bin ich so ein Zeisig?
Mercutio. Ja, ja! Du bist in deinem Zorn ein so hitziger Bursch
   als einer in ganz Italien; ebenso ungestüm in deinem Zorn
   und ebenso zornig in deinem Ungestüm.

DRITTER AUFZUG · ERSTE SZENE
49

Benvolio. Nun, was weiter?

Mercutio. Ei, wenn es euer zwei gäbe, so hätten wir bald gar
keinen, sie brächten sich untereinander um. Du! Wahrhaftig, du zankst mit einem, weil er ein Haar mehr oder
weniger im Barte hat wie du. Du zankst mit einem, der
Nüsse knackt, aus keinem andern Grunde, als weil du
nußbraune Augen hast. Dein Kopf ist so voll Zänkereien
wie ein Ei voll Dotter, und doch ist dir der Kopf für dein
Zanken schon dotterweich geschlagen. Du hast mit einem
angebunden, der auf der Straße hustete, weil er deinen
Hund aufgeweckt, der in der Sonne schlief. Hast du nicht
mit einem Schneider Händel gehabt, weil er sein neues
Wams vor Ostern trug? Mit einem andern, weil er neue
Schuhe mit einem alten Bande zuschnürte? Und doch willst
du mich über Zänkereien hofmeistern!

Benvolio. Ja, wenn ich so leicht zankte wie du, so würde niemand eine Leibrente auf meinen Kopf nur für anderthalb
Stunden kaufen wollen.

Mercutio. Auf deinen Kopf? O Tropf!

Tybalt und andere kommen.

Benvolio. Bei meinem Kopf! Da kommen die Capulets.

Mercutio. Bei meiner Sohle! Mich kümmerts nicht.

Tybalt (zu seinen Leuten).
Schließt euch mir an, ich will mit ihnen reden. –
Guten Tag, ihr Herren! Ein Wort mit euer einem!

Mercutio. Nur *ein* Wort mit einem von uns? Gebt noch was zu:
laßt es ein Wort und einen Schlag sein.

Tybalt. Dazu werdet Ihr mich bereit genug finden, wenn Ihr
mir Anlaß gebt.

Mercutio. Könntet Ihr ihn nicht nehmen, ohne daß wir ihn
gäben?

Tybalt. Mercutio, du harmonierst mit Romeo.

Mercutio. Harmonierst? Was? Machst du uns zu Musikanten?
Wenn du uns zu Musikanten machen willst, so sollst du
auch nichts als Dissonanzen zu hören kriegen. Hier ist mein
Fiedelbogen: wart! der soll Euch tanzen lehren. Alle Wetter!
Über das Harmonieren!

50   ROMEO UND JULIA

Benvolio. Wir reden hier auf öffentlichem Markt.
   Endweder sucht euch einen stillen Ort,
   Wo nicht, besprecht euch kühl von eurem Zwist.
   Sonst geht! Hier gafft ein jedes Aug auf uns.
Mercutio. Zum Gaffen hat das Volk die Augen: laßt sie!
   Ich weich und wank um keines willen, ich!
                    Romeo tritt auf.
Tybalt. Herr, zieht in Frieden! Hier kommt mein Gesell.
Mercutio. Ich will gehängt sein, Herr! wenn Ihr sein Meister
   Doch stellt Euch nur, er wird sich zu Euch halten;   [seid.
   In *dem* Sinn mögen Eure Gnaden wohl
   Gesell ihn nennen.
Tybalt. Hör, Romeo! Der Haß, den ich dir schwur,
   Gönnt diesen Gruß dir nur: du bist ein Schurke!
Romeo. Tybalt, die Ursach, die ich habe, dich
   Zu lieben, mildert sehr die Wut, die sonst
   Auf diesen Gruß sich ziemt'. Ich bin kein Schurke,
   Drum lebe wohl! Ich seh, du kennst mich nicht.
Tybalt. Nein, Knabe, dies entschuldigt nicht den Hohn,
   Den du mir angetan: kehr um und zieh!
Romeo. Ich schwöre dir, nie tat ich Hohn dir an.
   Ich liebe mehr dich, als du denken kannst,
   Bis du die Ursach meiner Liebe weißt.
   Drum guter Capulet, ein Name, den
   Ich wert wie meinen halte, sei zufrieden.
Mercutio. O zahme, schimpfliche, verhaßte Demut! –
   Die Kunst des Raufers trägt den Sieg davon. – *(Er zieht.)*
   Tybalt, du Ratzenfänger! willst du dran?
Tybalt. Was willst *du* denn von mir?
Mercutio. Wollt Ihr bald Euren Degen bei den Ohren aus der
   Scheide ziehn? Macht zu, sonst habt Ihr meinen um die
   Ohren, eh er heraus ist.
Tybalt. Ich steh zu Dienst. *(Er zieht.)*
Romeo. Lieber Mercutio, steck den Degen ein.
Mercutio. Kommt, Herr! Laßt Eure Finten sehn.
                    (Sie fechten.)
Romeo. Zieh, Benvolio!

DRITTER AUFZUG · ERSTE SZENE

Schlag zwischen ihre Degen! Schämt euch doch
Und haltet ein mit Wüten! Tybalt! Mercutio!
Der Prinz verbot ausdrücklich solchen Aufruhr
In Veronas Gassen. Halt, Tybalt! Freund Mercutio!
(Tybalt entfernt sich mit seinen Anhängern.)
Mercutio. Ich bin verwundet. –
Zum Teufel beider Sippschaft! Ich bin hin.
Und ist er fort? und hat nichts abgekriegt?
Benvolio. Bist du verwundet? wie?
Mercutio. Ja, ja! geritzt! geritzt! – Wetter, 's ist genug. –
Wo ist mein Bursch? – Geh, Schurk! hol einen Wundarzt.
(Der Page geht ab.)
Romeo. Sei guten Muts, Freund! Die Wunde kann nicht be-
trächtlich sein.
Mercutio. Nein, nicht so tief wie ein Brunnen, noch so weit
wie eine Kirchtüre; aber es reicht eben hin. Fragt morgen
nach mir, und Ihr werdet einen stillen Mann an mir finden.
Für diese Welt, glaubts nur, ist mir der Spaß versalzen. –
Hol der Henker eure beiden Häuser! – Was? Von einem
Hund, einer Maus, einer Ratze, einer Katze zu Tode ge-
kratzt zu werden! Von so einem Prahler, einem Schuft, der
nach dem Rechenbuche ficht! – Warum, Teufel! kamt Ihr
zwischen uns? Unter Eurem Arm wurde ich verwundet.
Romeo. Ich dacht es gut zu machen.
Mercutio. O hilf mir in ein Haus hinein, Benvolio,
Sonst sink ich hin. – Zum Teufel eure Häuser!
Sie haben Würmerspeis aus mir gemacht.
Ich hab es tüchtig weg; verdammte Sippschaft!
(Mercutio und Benvolio ab.)
Romeo. Um meinetwillen wurde dieser Ritter,
Dem Prinzen nah verwandt, mein eigner Freund,
Verwundet auf den Tod; mein Ruf befleckt
Durch Tybalts Lästerungen, Tybalts, der
Seit einer Stunde mir verschwägert ist.
O süße Julia! deine Schönheit hat
So weibisch mich gemacht; sie hat den Stahl
Der Tapferkeit in meiner Brust erweicht.

Benvolio kommt zurück.

Benvolio. O Romeo! der wackre Freund ist tot,
Sein edler Geist schwang in die Wolken sich,
Der allzu früh der Erde Staub verschmäht.

Romeo. Nichts kann den Unstern dieses Tages wenden;
Er hebt das Weh an, andre müssens enden.

Tybalt kommt zurück.

Benvolio. Da kommt der grimmge Tybalt wieder her.

Romeo. Am Leben! siegreich! und mein Freund erschlagen!
Nun flieh gen Himmel, schonungsreiche Milde!
Entflammte Wut, sei meine Führerin!
Nun, Tybalt, nimm den Schurken wieder, den du
Mir eben gabst! Der Geist Mercutios
Schwebt nah noch über unsern Häuptern hin
Und harrt, daß deiner sich ihm zugeselle.
Du oder ich! sonst folgen wir ihm beide.

Tybalt. Elendes Kind! hier hieltest dus mit ihm
Und sollst mit ihm von hinnen.

Romeo. Dies entscheide.

(Sie fechten. Tybalt fällt.)

Benvolio. Flieh, Romeo! die Bürger sind in Wehr
Und Tybalt tot. Steh so versteinert nicht!
Flieh, flieh! der Prinz verdammt zum Tode dich,
Wenn sie dich greifen. Fort! hinweg mir dir!

Romeo. Weh mir, ich Narr des Glücks!

Benvolio. Was weilst du noch? *(Romeo ab.)*

Bürger usw. treten auf.

Ein Bürger. Wo lief er hin, der den Mercutio totschlug?
Der Mörder Tybalt? – Hat ihn wer gesehn?

Benvolio. Da liegt der Tybalt.

Ein Bürger. Herr, gleich müßt Ihr mit mir gehn.
Gehorcht! Ich mahn Euch von des Fürsten wegen.

Der Prinz mit Gefolge, Montague, Capulet,
ihre Gemahlinnen und andre.

Prinz. Wer durfte freventlich hier Streit erregen?

Benvolio. O edler Fürst, ich kann verkünden recht
Nach seinem Hergang dies unselige Gefecht.

DRITTER AUFZUG · ERSTE SZENE

Der deinen wackren Freund Mercutio
Erschlagen, liegt hier tot, entleibt vom Romeo.
Gräfin Capulet. Mein Vetter! Tybalt! Meines Bruders Kind!
O Fürst! O mein Gemahl! O seht, noch rinnt
Das teure Blut! – Mein Fürst, bei Ehr und Huld,
Im Blut der Montagues tilg ihre Schuld! –
O Vetter, Vetter!
Prinz. Benvolio, sprich! wer hat den Streit erregt? –
Benvolio. Der tot hier liegt, vom Romeo erlegt.
Viel gute Worte gab ihm Romeo,
Hieß ihn bedenken, wie gering der Anlaß,
Wie sehr zu fürchten Euer höchster Zorn.
Dies alles, vorgebracht mit sanftem Ton,
Gelaßnem Blick, bescheidner Stellung, konnte
Nicht Tybalts ungezähmte Wut entwaffnen.
Dem Frieden taub, berennt mit scharfem Stahl
Er die entschloßne Brust Mercutios;
Der kehrt gleich rasch ihm Spitze gegen Spitze
Und wehrt mit Kämpfertrotz mit *einer* Hand
Den kalten Tod ab, schickt ihn mit der andern
Dem Gegner wieder, des Behendigkeit
Zurück ihn schleudert. Romeo ruft laut:
Halt, Freunde! auseinander! Und geschwinder
Als seine Zunge schlägt sein rüstger Arm,
Dazwischen stürzend, beider Mordstahl nieder,
Recht unter diesem Arm traf des Mercutio Leben
Ein falscher Stoß vom Tybalt. Der entfloh,
Kam aber gleich zum Romeo zurück,
Der eben erst der Rache Raum gegeben.
Nun fallen sie mit Blitzeseil sich an;
Denn eh ich ziehen konnt, um sie zu trennen,
War der beherzte Tybalt umgebracht.
Er fiel, und Romeo, bestürzt, entwich.
Ich rede wahr, sonst führt zum Tode mich.
Gräfin Capulet. Er ist verwandt mit Montagues Geschlecht;
Aus Freundschaft spricht er falsch, verletzt das Recht.
Die Fehd erhoben sie zu ganzen Horden,

Und alle konnten nur *ein* Leben morden.
Ich fleh um Recht; Fürst, weise mich nicht ab:
Gib Romeon, was er dem Tybalt gab.
Prinz. Er hat Mercutio, ihn Romeo erschlagen:
Wer soll die Schuld des teuren Blutes tragen?
Gräfin Montague. Fürst, nicht mein Sohn, der Freund Mercu-
Was dem Gesetz doch heimfiel, nahm er bloß: [tios;
Das Leben Tybalts.
Prinz. Weil er das verbrochen,
Sei über ihn sofort der Bann gesprochen.
Mich selber trifft der Ausbruch eurer Wut,
Um euren Zwiespalt fließt mein eignes Blut;
Allein ich will dafür so streng euch büßen,
Daß mein Verlust euch ewig soll verdrießen.
Taub bin ich jeglicher Beschönigung;
Kein Flehn, kein Weinen kauft Begnadigung;
Drum spart sie: Romeo flieh' schnell von hinnen!
Greift man ihn, soll er nicht dem Tod entrinnen.
Tragt diese Leiche weg. Vernehmt mein Wort!
Wenn Gnade Mörder schont, verübt sie Mord!
(Alle ab.)

ZWEITE SZENE

Ein Zimmer in Capulets Hause.
Julia tritt auf.

Julia. Hinab, du flammenhufiges Gespann,
Zu Phöbus' Wohnung! Solch ein Wagenlenker
Wie Phaëton jagt euch gen Westen wohl
Und brächte schnell die wolkge Nacht herauf. –
Verbreite deinen dichten Vorhang, Nacht!
Du Liebespflegerin! damit das Auge
Der Neubegier sich schließ und Romeo
Mir unbelauscht in diese Arme schlüpfe. –
Verliebten gnügt zu der geheimen Weihe
Das Licht der eignen Schönheit; oder wenn

DRITTER AUFZUG · ZWEITE SZENE 55

Die Liebe blind ist, stimmt sie wohl zur Nacht. –
Komm, ernste Nacht, du züchtig stille Frau,
Ganz angetan mit Schwarz, und lehre mir
Ein Spiel, wo jedes reiner Jugend Blüte
Zum Pfande setzt, gewinnend zu verlieren!
Verhülle mit dem schwarzen Mantel mir
Das wilde Blut, das in den Wangen flattert,
Bis scheue Liebe kühner wird und nichts
Als Unschuld sieht in innger Liebe Tun.
Komm, Nacht! – Komm, Romeo, du Tag in Nacht!
Denn du wirst ruhn auf Fittichen der Nacht
Wie frischer Schnee auf eines Raben Rücken. –
Komm, milde, liebevolle Nacht! Komm, gib
Mir meinen Romeo! Und stirbt er einst,
Nimm ihn, zerteil in kleine Sterne ihn:
Er wird des Himmels Antlitz so verschönen,
Daß alle Welt sich in die Nacht verliebt
Und niemand mehr der eitlen Sonne huldigt. –
Ich kaufte einen Sitz der Liebe mir,
Doch ach! besaß ihn nicht; ich bin verkauft,
Doch noch nicht übergeben. Dieser Tag
Währt so verdrießlich lang mir wie die Nacht
Vor einem Fest dem ungeduldgen Kinde,
Das noch sein neues Kleid nicht tragen durfte.

Die Wärterin mit einer Strickleiter.

Da kommt die Amme ja: die bringt Bericht;
Und jede Zunge, die nur Romeon
Beim Namen nennt, spricht so beredt wie Engel.
Nun, Amme? Sag, was gibts, was hast du da?
Die Stricke, die dich Romeo hieß holen?
Wärterin. Ja, ja, die Stricke! *(Sie wirft sie auf die Erde.)*
Julia. Weh mir! Was gibts? was ringst du so die Hände?
Wärterin. Daß Gott erbarm! Er ist tot, er ist tot, er ist tot!
Wir sind verloren, Fräulein, sind verloren!
O weh uns! Er ist hin! ermordet! tot!
Julia. So neidisch kann der Himmel sein?
Wärterin. Ja, das kann Romeo; der Himmel nicht.

O Romeo, wer hätt es je gedacht?
O Romeo! Romeo!

Julia. Wer bist du, Teufel, der du so mich folterst?
Die grause Hölle nur brüllt solche Qual.
Hat Romeo sich selbst ermordet? Sprich!
Ist er entleibt: sag ja! wo nicht: sag nein!
Ein kurzer Laut entscheidet Wonn und Pein.

Wärterin. Ich sah die Wunde, meine Augen sahn sie –
Gott helf ihm! – hier auf seiner tapfern Brust;
Die blut'ge Leiche, jämmerlich und blutig,
Bleich, bleich wie Asche, ganz mit Blut besudelt –
Ganz starres Blut – weg schwiemt ich, da ichs sah.

Julia. O brich, mein Herz! verarmt auf einmal, brich!
Ihr Augen, ins Gefängnis! Blicket nie
Zur Freiheit wieder auf! Elende Erde, kehre
Zur Erde wieder! Pulsschlag, hemme dich!
Ein Sarg empfange Romeo und mich!

Wärterin. O Tybalt, Tybalt! O mein bester Freund!
Leutsel'ger Tybalt! Wohlgesinnter Herr!
So mußt ich leben, um dich tot zu sehn?

Julia. Was für ein Sturm tobt so von jeder Seite?
Ist Romeo erschlagen? Tybalt tot?
Mein teurer Vetter? teurerster Gemahl? –
Dann töne nur des Weltgerichts Posaune!
Wer lebt noch, wenn dahin die beiden sind?

Wärterin. Dahin ist Tybalt, Romeo verbannt;
Verbannt ist Romeo, der ihn erschlug.

Julia. Gott! seine Hand, vergoß sie Tybalts Blut?

Wärterin. Sie tats! sie tats! O weh uns, weh! Sie tats!

Julia. O Schlangenherz, von Blumen überdeckt!
Wohnt' in so schöner Höhl ein Drache je?
Holdsel'ger Wütrich! Engelgleicher Unhold!
Ergrimmte Taube! Lamm mit Wolfesgier!
Verworfne Art in göttlichster Gestalt!
Das rechte Gegenteil des, was mit Recht
Du scheinest: ein verdammter Heiliger!
Ein ehrenwerter Schurke! – O Natur!

DRITTER AUFZUG · ZWEITE SZENE

Was hattest du zu schaffen in der Hölle,
Als du des holden Leibes Paradies
Zum Lustsitz einem Teufel übergabst?
War je ein Buch, so arger Dinge voll,
So schön gebunden? O, daß Falschheit doch
Solch herrlichen Palast bewohnen kann!

Wärterin. Kein Glaube, keine Treu noch Redlichkeit
Ist unter Männern mehr. Sie sind meineidig;
Falsch sind sie, lauter Schelme, lauter Heuchler! –
Wo ist mein Diener? Gebt mir Aquavit! –
Die Not, die Angst, der Jammer macht mich alt.
Zu Schanden werde Romeo!

Julia. Die Zunge
Erkranke dir für einen solchen Wunsch!
Er war zur Schande nicht geboren; Schande
Weilt mit Beschämung nur auf seiner Stirn.
Sie ist ein Thron, wo man die Ehre mag
Als Allbeherrscherin der Erde krönen.
O wie unmenschlich war ich, ihn zu schelten!

Wärterin. Von Eures Vetters Mörder sprecht ihr Gutes?
Julia. Soll ich von meinem Gatten Übles reden?
Ach, armer Gatte! Welche Zunge wird
Wohl deinem Namen Liebes tun, wenn ich,
Dein Weib von wenig Stunden, ihn zerrissen?
Doch, Arger, was erschlugst du meinen Vetter? –
Der Arge wollte den Gemahl erschlagen.
Zurück zu eurem Quell, verkehrte Tränen!
Dem Schmerz gebühret eurer Tropfen Zoll,
Ihr bringt aus Irrtum ihn der Freude dar.
Mein Gatte lebt, den Tybalt fast getötet,
Und tot ist Tybalt, der ihn töten wollte.
Dies alles ist ja Trost: was wein ich denn?
Ich hört ein schlimmres Wort als Tybalts Tod,
Das mich erwürgte; ich vergäß es gern;
Doch ach! es drückt auf mein Gedächtnis schwer
Wie Freveltaten auf des Sünders Seele.
Tybalt ist tot und Romeo verbannt!

O dies *verbannt*, dies *eine* Wort *verbannt*
Erschlug zehntausend Tybalts. Tybalts Tod
War gnug des Wehes, hätt es da geendet!
Und liebt das Leid Gefährten, reiht durchaus
An andre Leiden sich: warum denn folgte
Auf ihre Botschaft: *tot ist Tybalt*, nicht:
Dein Vater, deine Mutter, oder beide?
Das hätte sanftre Klage wohl erregt.
Allein dies Wort: *verbannt ist Romeo*,
Das jenes Todes Nachtrab ausgesprochen,
Bringt Vater, Mutter, Tybalt, Romeo
Und Julien um! *Verbannt ist Romeo!*
Nicht Maß noch Ziel kennt dieses Wortes Tod,
Und keine Zung erschöpfet meine Not. –
Wo mag mein Vater, meine Mutter sein?
Wärterin. Bei Tybalts Leiche heulen sie und schrein.
Wollt Ihr zu ihnen gehn? Ich bring Euch hin.
Julia. So waschen sie die Wunden ihm mit Tränen?
Ich spare meine für ein bängres Sehnen.
Nimm diese Seile auf. – Ach, armer Strick,
Getäuscht wie ich! wer bringt ihn uns zurück?
Zum Steg der Liebe knüpft' er deine Bande,
Ich aber sterb als Braut im Witwenstande.
Komm, Amme, komm! Ich will ins Brautbett! fort!
Nicht Romeo, den Tod umarm ich dort.
Wärterin. Geht nur ins Schlafgemach! Zum Troste find ich
Euch Romeon: ich weiß wohl, wo er steckt.
Hört! Romeo soll Euch zur Nacht erfreuen;
Ich geh zu ihm; beim Pater wartet er.
Julia. O such ihn auf! Gib diesen Ring dem Treuen;
Bescheid aufs letzte Lebewohl ihn her.
(Beide ab.)

DRITTE SZENE

Bruder Lorenzos Zelle.
Lorenzo und Romeo kommen.

Lorenzo. Komm, Romeo! Hervor, du Mann der Furcht!
  Bekümmernis hängt sich mit Lieb an dich,
  Und mit dem Mißgeschick bist du vermählt.
Romeo. Vater, was gibts? Wie heißt des Prinzen Spruch?
  Wie heißt der Kummer, der sich zu mir drängt
  Und noch mir fremd ist?
Lorenzo. Zu vertraut, mein Sohn,
  Bist du mit solchen widrigen Gefährten.
  Ich bring dir Nachricht von des Prinzen Spruch.
Romeo. Und hat sein Spruch mir nicht den Stab gebrochen?
Lorenzo. Ein mildres Urteil floß von seinen Lippen:
  Nicht Leibes Tod, nur leibliche Verbannung.
Romeo. Verbannung? Sei barmherzig! Sage: Tod!
  Verbannung trägt der Schrecken mehr im Blick,
  Weit mehr als Tod! – O sage nicht Verbannung!
Lorenzo. Hier aus Verona bist du nur verbannt;
  Sei ruhig, denn die Welt ist groß und weit.
Romeo. Die Welt ist nirgends außer diesen Mauern;
  Nur Fegefeuer, Qual, die Hölle selbst.
  Von hier verbannt ist aus der Welt verbannt,
  Und solcher Bann ist Tod. Drum gibst du ihm
  Den falschen Namen. – Nennst du Tod Verbannung,
  Enthauptest du mit goldnem Beile mich
  Und lächelst zu dem Streich, der mich ermordet.
Lorenzo. O schwere Sünd! O undankbarer Trotz!
  Dein Fehltritt heißt nach unsrer Satzung Tod;
  Doch dir zulieb hat sie der güt'ge Fürst
  Beiseit gestoßen und Verbannung nur
  Statt jenes schwarzen Wortes ausgesprochen.
  Und diese teure Gnad erkennst du nicht?
Romeo. Nein, Folter – Gnade nicht. Hier ist der Himmel,
  Wo Julia lebt, und jeder Hund und Katze

Und kleine Maus, das schlechteste Geschöpf,
Lebt hier im Himmel, darf ihr Antlitz sehn;
Doch Romeo darf nicht. Mehr Würdigkeit,
Mehr Ansehn, mehr gefällge Sitte lebt
In Fliegen als in Romeo. Sie dürfen
Das Wunderwerk der weißen Hand berühren
Und Himmelswonne rauben ihren Lippen,
Die sittsam in Vestalenunschuld stets
Erröten, gleich als wäre Sünd ihr Kuß.
Doch Romeo darf es nicht; er ist verbannt[1].
Dies dürfen Fliegen tun, ich muß entfliehn;
Sie sind ein freies Volk, ich bin verbannt.
Und sagst du noch, Verbannung sei nicht Tod?
So hattest du kein Gift gemischt, kein Messer
Geschärft, kein schmählich Mittel schnellen Todes,
Als dies *verbannt*, zu töten mich? *Verbannt!*
O Mönch! Verdammte sprechen in der Hölle
Dies Wort mit Heulen aus; hast du das Herz,
Da du ein heilger Mann, ein Beichtger bist,
Ein Sündenlöser, mein erklärter Freund,
Mich zu zermalmen mit dem Wort Verbannung?

Lorenzo. Du kindisch blöder Mann, hör doch ein Wort!

Romeo. O, du willst wieder von Verbannung sprechen!

Lorenzo. Ich will dir eine Wehr dagegen leihn,
Der Trübsal süße Milch, Philosophie,
Um dich zu trösten, bist du gleich verbannt.

Romeo. Und noch verbannt? Hängt die Philosophie!
Kann sie nicht schaffen eine Julia,
Aufheben eines Fürsten Urteilspruch,
Verpflanzen eine Stadt, so hilft sie nicht,
So taugt sie nicht; so rede länger nicht!

Lorenzo. Nun seh ich wohl, Wahnsinnige sind taub.

Romeo. Wärs anders möglich? Sind doch Weise blind.

Lorenzo. Laß über deinen Fall mit dir mich rechten.

Romeo. Du kannst von dem, was du nicht fühlst, nicht reden.

---

1. Dieser Vers fehlt bei Schlegel.

DRITTER AUFZUG · DRITTE SZENE   61

Wärst du so jung wie ich und Julia dein,
Vermählt seit einer Stund, erschlagen Tybalt,
Wie *ich* von Lieb entglüht, wie *ich* verbannt:
Dann möchtest du nur reden, möchtest nur
Das Haar dir raufen, dich zu Boden werfen
Wie ich und so dein künftges Grab dir messen.
   (Er wirft sich an den Boden. Man klopft draußen.)
Lorenzo. Steh auf, man klopft; verbirg dich, lieber Freund.
Romeo. O nein, wo nicht des bangen Stöhnens Hauch
  Gleich Nebeln mich vor Späheraugen schirmt.
              (Man klopft.)
Lorenzo. Horch, wie man klopft! – Wer da? – Fort, Romeo!
  Man wird dich fangen. – Wartet doch ein Weilchen! –
  Steh auf und rett ins Lesezimmer dich! –
             (Man klopft.)
  Ja, ja! im Augenblick! – Gerechter Gott,
  Was für ein starrer Sinn! – Ich komm, ich komme:
  Wer klopft so stark? Wo kommt Ihr her? Was wollt Ihr?
Wärterin (draußen).
  Laßt mich hinein, so sag ich Euch die Botschaft.
  Das Fräulein Julia schickt mich.
Lorenzo. Seid willkommen.
        Die Wärterin tritt herein.
Wärterin. O heilger Herr! o sag mir, heilger Herr:
  Des Fräuleins Liebster, Romeo, wo ist er?
Lorenzo. Am Boden dort, von eignen Tränen trunken.
Wärterin. O, es ergeht wie meiner Herrschaft ihm,
  Ganz so wie ihr!
Lorenzo. O Sympathie des Wehs!
  Bedrängte Gleichheit!
Wärterin. Grade so liegt sie,
  Winselnd und wehklagend, wehklagend und winselnd.
  Steht auf! steht auf! Wenn Ihr ein Mann seid, steht!
  Um Juliens willen, ihr zulieb, steht auf!
  Wer wollte so sich niederwerfen lassen?
Romeo. Gute Frau!
Wärterin. Ach Herr! Ach Herr! Im Tod ist alles aus.

Romeo. Sprachst du von Julien? Wie stehts mit ihr?
Hält sie mich nicht für einen alten Mörder,
Da ich mit Blut, dem ihrigen so nah,
Die Kindheit unsrer Wonne schon befleckt?
Wo ist sie? und was macht sie? und was sagt
Von dem zerstörten Bund die kaum Verbundne?
Wärterin. Ach Herr! sie sagt kein Wort, sie weint und weint.
Bald fällt sie auf ihr Bett; dann fährt sie auf,
Ruft: Tybalt! aus, schreit dann nach Romeo
Und fällt dann wieder hin.
Romeo. Als ob der Name,
Aus tödlichem Geschütz auf sie gefeuert,
Sie mordete, wie sein unsel'ger Arm
Den Vetter ihr gemordet. Sag mir, Mönch,
O sage mir: in welchem schnöden Teil
Beherbergt dies Gerippe meinen Namen?
Sag, daß ich den verhaßten Sitz verwüste.
(Er zieht den Degen.)
Lorenzo. Halt ein die tolle Hand! Bist du ein Mann?
Dein Äußres ruft, du seist es; deine Tränen
Sind weibisch, deine wilden Taten zeugen
Von eines Tieres unvernünftger Wut.
Entartet Weib in äußrer Mannesart!
Entstelltes Tier, in beide nur verstellt!
Ich staun ob dir: bei meinem heilgen Orden!
Ich glaubte, dein Gemüt sei bessern Stoffs.
Erschlugst du Tybalt? Willst dich selbst erschlagen?
Auch deine Gattin, die in dir nur lebt,
Durch so verruchten Haß, an dir verübt?
Was schiltst du auf Geburt, auf Erd und Himmel?
In dir begegnen sie sich alle drei,
Die du auf einmal von dir schleudern willst.
Du schändest deine Bildung, deine Liebe
Und deinen Witz. O pfui! Gleich einem Wuchrer
Hast du an allem Überfluß und brauchst
Doch nichts davon zu seinem echten Zweck,
Der Bildung, Liebe, Witz erst zieren sollte.

DRITTER AUFZUG · DRITTE SZENE 63

Ein Wachsgepräg ist deine edle Bildung,
Wenn sie der Kraft des Manns abtrünnig wird;
Dein teurer Liebesschwur ein hohler Meineid,
Wenn du *die* tötest, der du Treu gelobt;
Dein Witz, die Zier der Bildung und der Liebe,
Doch zum Gebrauche beider mißgeartet,
Fängt Feuer durch dein eignes Ungeschick
Wie Pulver in nachläss'ger Krieger Flasche;
Und was dich schirmen soll, zerstückt dich selbst.
Auf, sei ein Mann! denn deine Julia lebt,
Sie, der zulieb du eben tot hier lagst:
Das ist ein Glück. Dich wollte Tybalt töten,
Doch du erschlugst ihn: das ist wieder Glück.
Dein Freund wird das Gesetz, das Tod dir drohte,
Und mildert ihn in Bann: auch das ist Glück.
Auf deine Schultern läßt sich eine Last
Von Segen nieder, und es wirbt um dich
Glückseligkeit in ihrem besten Schmuck;
Doch wie ein ungezognes, launsches Mädchen
Schmollst du mit deinem Glück und deiner Liebe:
O hüte dich! denn solche sterben elend.
Geh hin zur Liebsten, wie's beschlossen war;
Ersteig ihr Schlafgemach: fort! tröste sie!
Nur weile nicht, bis man die Wachen stellt,
Sonst kommst du nicht mehr durch nach Mantua.
Dort lebst du dann, bis wir die Zeit ersehn,
Die Freunde zu versöhnen, euren Bund
Zu offenbaren, von dem Fürsten Gnade
Für dich zu flehn und dich zurückzurufen
Mit zwanzighunderttausendmal mehr Freude,
Als du mit Jammer jetzt von hinnen ziehst.
Geh, Wärterin, voraus, grüß mir dein Fräulein;
Heiß sie das ganze Haus zu Bette treiben,
Wohin der schwere Gram von selbst sie treibt:
Denn Romeo soll kommen.
Wärterin. O je, ich blieb hier gern die ganze Nacht
Und hörte gute Lehr. Da sieht man doch,

Was die Gelahrtheit ist! Nun, gnäd'ger Herr,
Ich will dem Fräulein sagen, daß Ihr kommt.
Romeo. Tu das und sag der Holden, daß sie sich
Bereite, mich zu schelten.
Wärterin. Gnäd'ger Herr,
Hier ist ein Ring, den sie für Euch mir gab.
Eilt Euch, macht fort! sonst wird es gar zu spät. *(Ab.)*
Romeo. Wie ist mein Mut nun wieder neu belebt!
Lorenzo. Geh! Gute Nacht! Und hieran hängt dein Los:
Entweder geh, bevor man Wachen stellt,
Wo nicht, verkleidet in der Frühe fort.
Verweil in Mantua; ich forsch indessen
Nach deinem Diener, und er meldet dir
Von Zeit zu Zeit ein jedes gute Glück,
Das hier begegnet. – Gib mir deine Hand!
Es ist schon spät. Fahr wohl denn! Gute Nacht!
Romeo. Mich rufen Freuden über alle Freuden,
Sonst wärs ein Leid, von dir so schnell zu scheiden.
Leb wohl! *(Beide ab.)*

VIERTE SZENE

Ein Zimmer in Capulets Hause.
Capulet, Gräfin Capulet, Paris.

Capulet. Es ist so schlimm ergangen, Graf, daß wir
Nicht Zeit gehabt, die Tochter anzumahnen.
Denn seht, sie liebte herzlich ihren Vetter;
Das tat ich auch: nun, einmal stirbt man doch. –
Es ist schon spät, sie kommt nicht mehr herunter,
Ich sag Euch, wärs nicht der Gesellschaft wegen,
Seit einer Stunde läg ich schon im Bett.
Paris. So trübe Zeit gewährt nicht Zeit zum Frein;
Gräfin, schlaft wohl, empfehlt mich Eurer Tochter.
Gräfin. Ich tus und forsche morgen früh sie aus.
Heut nacht verschloß sie sich mit ihrem Gram.
Capulet. Graf Paris, ich vermesse mich zu stehn

DRITTER AUFZUG · FÜNFTE SZENE

Für meines Kindes Lieb; ich denke wohl,
Sie wird von mir in allen Stücken sich
Bedeuten lassen, ja ich zweifle nicht.
Frau, geh noch zu ihr, eh du schlafen gehst,
Tu meines Sohnes Paris Lieb ihr kund
Und sag ihr, merk es wohl: auf nächsten Mittwoch.
Still, was ist heute?

Paris. Montag, edler Herr.

Capulet. Montag? So, so! Gut, Mittwoch ist zu früh.
Seis Donnerstag! – Sag ihr: am Donnerstag
Wird sie vermählt mit diesem edlen Grafen.
Wollt Ihr bereit sein? Liebt Ihr diese Eil?
Wir tuns im stillen ab: nur ein paar Freunde;
Denn seht, weil Tybalt erst erschlagen ist,
So dächte man, er läg uns nicht am Herzen,
Als unser Blutsfreund, schwärmten wir zuviel.
Drum laßt uns ein halb Dutzend Freunde laden
Und damit gut. Wie dünkt Euch Donnerstag?

Paris. Mein Graf, ich wollte, Donnerstag wär morgen.

Capulet. Gut, geht nur heim! Seis denn am Donnerstag.
Geh, Frau, zu Julien, eh du schlafen gehst,
Bereite sie auf diesen Hochzeittag.
Lebt wohl, mein Graf!

(Paris ab.)

He! Licht auf meine Kammer!
Bei meiner Seel, es ist so spät, daß wir
Bald früh es nennen können. Gute Nacht!

(Capulet und die Gräfin ab.)

FÜNFTE SZENE

Juliens Zimmer.
Romeo und Julia.

Julia. Willst du schon gehn? Der Tag ist ja noch fern.
Es war die Nachtigall und nicht die Lerche,
Die eben jetzt dein banges Ohr durchdrang;

Sie singt des Nachts auf dem Granatbaum dort.
Glaub, Lieber, mir: es war die Nachtigall.

Romeo. Die Lerche wars, die Tagverkünderin,
Nicht Philomele; sieh den neidschen Streif,
Der dort im Ost der Frühe Wolken säumt.
Die Nacht hat ihre Kerzen ausgebrannt,
Der muntre Tag erklimmt die dunstgen Höhn;
Nur Eile rettet mich, Verzug ist Tod.

Julia. Trau mir, das Licht ist nicht des Tages Licht,
Die Sonne hauchte dieses Luftbild aus,
Dein Fackelträger diese Nacht zu sein,
Dir auf dem Weg nach Mantua zu leuchten.
Drum bleibe noch; zu gehn ist noch nicht not.

Romeo. Laß sie mich greifen, ja, laß sie mich töten!
Ich gebe gern mich drein, wenn du es willst.
Nein, jenes Grau ist nicht des Morgens Auge,
Der bleiche Abglanz nur von Cynthias Stirn.
Das ist auch nicht die Lerche, deren Schlag
Hoch über uns des Himmels Wölbung trifft.
Ich bleibe gern; zum Gehn bin ich verdrossen. –
Willkommen, Tod! hat Julia dich beschlossen. –
Nun, Herz? Noch tagt es nicht, noch plaudern wir.

Julia. Es tagt! es tagt! Auf! eile! fort von hier!
Es ist die Lerche, die so heiser singt
Und falsche Weisen, rauhen Mißton gurgelt.
Man sagt, der Lerche Harmonie sei süß;
Nicht diese: sie zerreißt die unsre ja.
Die Lerche, sagt man, wechselt mit der Kröte
Die Augen; möchte sie doch auch die Stimme!
Die Stimm ists ja, die Arm aus Arm uns schreckt,
Dich von mir jagt, da sie den Tag erweckt.
Stets hell und heller wirds: wir müssen scheiden.

Romeo. Hell? Dunkler stets und dunkler unsre Leiden!

Die Wärterin kommt herein.

Wärterin. Fräulein!

Julia. Amme?

Wärterin. Die gnäd'ge Gräfin kommt in Eure Kammer;

DRITTER AUFZUG · FÜNFTE SZENE

Seid auf der Hut; schon regt man sich im Haus.
(Wärterin ab.)

Julia (das Fenster öffnend).
Tag, schein herein! und Leben, flieh hinaus!

Romeo. Ich steig hinab; laß dich noch einmal küssen.
(Er steigt aus dem Fenster.)

Julia (aus dem Fenster ihm nachsehend).
Freund! Gatte! Trauter! bist du mir entrissen?
Gib Nachricht jeden Tag, zu jeder Stunde;
Schon die Minut' enthält der Tage viel.
Ach! so zu rechnen bin ich hoch in Jahren,
Eh meinen Romeo ich wiederseh.

Romeo (außerhalb). Leb wohl! Kein Mittel lass ich aus den
Um dir, du Liebe, meinen Gruß zu senden.   [Händen,

Julia. O denkst du, daß wir je uns wiedersehn?

Romeo. Ich zweifle nicht, und all dies Leiden dient
In Zukunft uns zu süßerem Geschwätz.

Julia. O Gott! ich hab ein Unglück ahnend Herz,
Mir deucht, ich säh dich, da du unten bist,
Als lägst du tot in eines Grabes Tiefe.
Mein Auge trügt mich, oder du bist bleich.

Romeo. So, Liebe, scheinst du meinen Augen auch.
Der Schmerz trinkt unser Blut. Leb wohl! leb wohl! *(Ab.)*

Julia. O Glück! ein jeder nennt dich unbeständig;
Wenn du es bist: was tust du mit dem Treuen?
Sei unbeständig, Glück! Dann hältst du ihn
Nicht lange, hoff ich, sendest ihn zurück.

Gräfin Capulet (hinter der Szene). He, Tochter, bist du auf?

Julia. Wer ruft mich? Ist es meine gnäd'ge Mutter?
Wacht sie so spät noch, oder schon so früh?
Welch ungewohnter Anlaß bringt sie her?

Gräfin Capulet kommt herein.

Gräfin Capulet. Nun, Julia! wie gehts?

Julia. Mir ist nicht wohl.

Gräfin Capulet. Noch immer weinend um des Vetters Tod?
Willst du mit Tränen aus der Gruft ihn waschen?
Und könntest dus, das rief' ihn nicht ins Leben:

Drum laß das; trauern zeugt von vieler Liebe,
Doch zu viel trauern zeugt von wenig Witz.
Julia. Um einen Schlag, der so empfindlich traf,
Erlaubt zu weinen mir.
Gräfin Capulet. So trifft er dich;
Der Freund empfindet nichts, den du beweinst.
Julia. Doch ich empfind und muß den Freund beweinen.
Gräfin Capulet. Mein Kind, nicht seinen Tod so sehr beweinst
Als daß der Schurke lebt, der ihn erschlug.   [du,
Julia. Was für ein Schurke?
Gräfin Capulet. Nun, der Romeo.
Julia (*beiseite*). Er und ein Schurk sind himmelweit entfernt. –
(*Laut.*) Vergeb ihm Gott! Ich tus von ganzem Herzen;
Und dennoch kränkt kein Mann, wie er, mein Herz.
Gräfin Capulet. Ja freilich, weil der Meuchelmörder lebt.
Julia. Ja, wo ihn diese Hände nicht erreichen! –
O rächte niemand doch als ich den Vetter!
Gräfin Capulet. Wir wollen Rache nehmen, sorge nicht;
Drum weine du nicht mehr. Ich send an jemand
Zu Mantua, wo der Verlaufne lebt;
Der soll ein kräftig Tränkchen ihm bereiten,
Das bald ihn zum Gefährten Tybalts macht;
Dann wirst du hoffentlich zufrieden sein.
Julia. Fürwahr, ich werde nie mit Romeo
Zufrieden sein, erblick ich ihn nicht – tot –,
Wenn so mein Herz um einen Blutsfreund leidet.
Ach, fändet Ihr nur jemand, der ein Gift
Ihm reichte, gnäd'ge Frau: ich wollt es mischen,
Daß Romeo, wenn ers genommen, bald
In Ruhe schliefe – Wie mein Herz es haßt,
Ihn nennen hören – und nicht zu ihm können –
Die Liebe, die ich zu dem Vetter trug,
An dem, der ihn erschlagen hat, zu büßen!
Gräfin Capulet. Findst du das Mittel, find ich wohl den Mann.
Doch bring ich jetzt dir frohe Zeitung, Mädchen.
Julia. In so bedrängter Zeit kommt Freude recht.
Wie lautet sie, ich bitt Euch, gnäd'ge Mutter?

DRITTER AUFZUG · FÜNFTE SZENE

Gräfin Capulet. Nun, Kind, du hast 'nen aufmerksamen Vater;
Um dich von deinem Trübsinn abzubringen,
Ersann er dir ein plötzlich Freudenfest,
Des ich so wenig mich versah wie du.
Julia. Ei, wie erwünscht! Was wär das, gnäd'ge Mutter?
Gräfin Capulet. Ja, denk dir Kind! am Donnerstag frühmorgens
soll der hochedle, wackre junge Herr,
Graf Paris, in Sankt Peters Kirche dich
Als frohe Braut an den Altar geleiten.
Julia. Nun, bei Sankt Peters Kirch und Petrus selbst!
Er soll mich nicht als frohe Braut geleiten.
Mich wundert diese Eil, daß ich vermählt
Muß werden, eh mein Freier kommt zu werben.
Ich bitt Euch, gnäd'ge Frau, sagt meinem Vater
Und Herrn, ich wollte noch mich nicht vermählen;
Und wenn ichs tue, schwör ich: Romeo,
Von dem ihr wißt, ich hass ihn, soll es lieber
Als Paris sein. – Fürwahr, das ist wohl Zeitung!
Gräfin Capulet. Da kommt dein Vater, sag du selbst ihm das;
Sieh, wie er sichs von dir gefallen läßt.
            Capulet und die Wärterin kommen.
Capulet. Die Luft sprüht Tau beim Sonnenuntergang,
Doch bei dem Untergange meines Neffen,
Da gießt der Regen recht.
Was? Eine Traufe, Mädchen? Stets in Tränen?
Stets Regenschauer? In so kleinem Körper
Spielst du auf einmal See und Wind und Kahn,
Denn deine Augen ebben stets und fluten
Von Tränen wie die See; dein Körper ist der Kahn,
Der diese salze Flut befährt; die Seufzer
Sind Winde, die, mit deinen Tränen tobend,
Wie die mit ihnen, wenn nicht Stille plötzlich
Erfolgt, den hin- und hergeworfnen Körper
Zertrümmern werden. – Nun, wie steht es, Frau?
Hast du ihr unsern Ratschluß hinterbracht?
Gräfin Capulet. Ja, doch sie will es nicht, sie dankt Euch sehr.
Wär doch die Törin ihrem Grab vermählt!

Capulet. Sacht, nimm mich mit dir, nimm mich mit dir, Frau.
Was? Will sie nicht? Weiß sie uns keinen Dank?
Ist sie nicht stolz? Schätzt sie sich nicht beglückt,
Daß wir solch einen würdgen Herrn vermocht,
Trotz ihrem Unwert, ihr Gemahl zu sein?
Julia. Nicht stolz darauf, doch dankbar, daß ihrs tatet.
Stolz kann ich nie auf das sein, was ich hasse:
Doch dankbar selbst für Haß, gemeint wie Liebe.
Capulet. Ei seht mir! seht mir! Kramst du Weisheit aus?
Stolz – und ich dank Euch – und ich dank Euch nicht –
Und doch nicht stolz – Hör Fräulein Zierlich du,
Nichts da gedankt von Dank, stolziert von Stolz!
Rück nur auf Donnerstag dein zart Gestell zurecht,
Mit Paris nach Sankt Peters Kirch zu gehn,
Sonst schlepp ich dich auf einer Schleife hin.
Pfui, du bleichsüchtges Ding! du lose Dirne!
Du Talggesicht!
Gräfin Capulet. O pfui! seid Ihr von Sinnen?
Julia. Ich fleh Euch auf den Knien, mein guter Vater:
Hört mit Geduld ein einzig Wort nur an.
Capulet. Geh mir zum Henker, widerspenstge Dirne!
Ich sage dirs: zur Kirch auf Donnerstag,
Sonst komm mir niemals wieder vors Gesicht.
Sprich nicht! erwidre nicht! gib keine Antwort!
Die Finger jucken mir. O Weib! wir glaubten
Uns kaum genug gesegnet, weil uns Gott
Dies *eine* Kind nur sandte; doch nun seh ich,
Dies *eine* war um *eines* schon zuviel,
Und nur ein Fluch ward uns in ihr beschert.
Du Hexe!
Wärterin. Gott im Himmel segne sie!
Eur Gnaden tun nicht wohl, sie so zu schelten.
Capulet. Warum, Frau Weisheit? Haltet Euern Mund,
Prophetin! schnattert mit Gevatterinnen!
Wärterin. Ich sage keine Schelmstück'!
Capulet. Geht mit Gott!
Wärterin. Darf man nicht sprechen?

DRITTER AUFZUG · FÜNFTE SZENE 71

Capulet. Still doch, altes Waschmaul!
Spart Eure Predigt zum Gevatterschmaus;
Hier brauchen wir sie nicht.
Gräfin Capulet. Ihr seid zu hitzig.
Capulet. Gott's Sakrament! es macht mich toll. Bei Tag,
Bei Nacht, spät, früh, allein und in Gesellschaft,
Zu Hause, draußen, wachend und im Schlaf,
War meine Sorge stets, sie zu vermählen.
Nun, da ich einen Herrn ihr ausgemittelt,
Von fürstlicher Verwandtschaft, schönen Gütern,
Jung, edel auferzogen, ausstaffiert,
Wie man wohl sagt, mit ritterlichen Gaben,
Kurz, wie man einen Mann sich wünschen möchte,
Und dann ein albern, winselndes Geschöpf,
Ein weinerliches Püppchen da zu haben,
Die, wenn ihr Glück erscheint, zur Antwort gibt:
«Heiraten will ich nicht, ich kann nicht lieben,
Ich bin zu jung, – ich bitt, entschuldigt mich.» –
Gut, wollt Ihr nicht, Ihr sollt entschuldigt sein:
Grast, wo Ihr wollt, Ihr sollt bei mir nicht hausen.
Seht zu! bedenkt! ich pflege nicht zu spaßen.
Der Donnerstag ist nah: bedenk, erwägs!
Und bist du mein, so soll mein Freund dich haben;
Wo nicht: geh, bettle, hungre, stirb am Wege!
Denn nie, bei meiner Seel! erkenn ich dich,
Und nichts, was mein, soll dir zugute kommen.
Bedenk dich! Glaub, ich halte, was ich schwur. *(Ab.)*
Julia. Und wohnt kein Mitleid droben in den Wolken,
Das in die Tiefe meines Jammers schaut?
O, süße Mutter, stoß mich doch nicht weg!
Nur einen Monat, eine Woche Frist!
Wo nicht, bereite mir das Hochzeitsbette
In jener düstern Gruft, wo Tybalt liegt.
Gräfin Capulet. Sprich nicht zu mir, ich sage nicht ein Wort.
Tu, was du willst, du gehst mich nichts mehr an. *(Ab.)*
Julia. O Gott! Wie ist dem vorzubeugen, Amme?
Mein Gatt' auf Erden, meine Treu im Himmel –

Wie soll die Treu zur Erde wiederkehren,
Wenn sie der Gatte nicht, der Erd entweichend,
Vom Himmel sendet? – Tröste! rate! hilf!
Weh, weh mir, daß der Himmel solche Tücken
An einem sanften Wesen übt wie ich!
Was sagst du? Hast du kein erfreuend Wort,
Kein Wort des Trostes?

Wärterin. Meiner Seel, hier ists.
Er ist verbannt, und tausend gegen eins,
Daß er sich nimmer wieder her getraut,
Euch anzusprechen; oder tät er es,
So müßt es schlechterdings verstohlen sein.
Nun, weil denn so die Sachen stehn, so denk ich,
Das beste wär, daß Ihr den Grafen nähmt.
Ach, der ist solch ein allerliebster Herr!
Ein Lump ist Romeo nur gegen ihn.
Ein Adlersauge, Fräulein, ist so grell,
So schön, so feurig nicht, wie Paris seins.
Ich will verwünscht sein, ist die zweite Heirat
Nicht wahres Glück für Euch; weit vorzuziehn
Ist sie der ersten. Oder wär sies nicht?
Der erste Mann ist tot, so gut als tot;
Denn lebt er schon, habt Ihr doch nichts von ihm.

Julia. Sprichst du von Herzen?

Wärterin. Und von ganzer Seele,
Sonst möge Gott mich strafen!

Julia. Amen!

Wärterin. Was?

Julia. Nun ja, du hast mich wunderbar getröstet.
Geh, sag der Mutter, weil ich meinen Vater
Erzürnt, so woll ich nach Lorenzos Zelle,
Zu beichten und Vergebung zu empfahn.

Wärterin. Gewiß, das will ich; Ihr tut weislich dran. *(Ab.)*

Julia. O alter Erzfeind! höllischer Versucher!
Ists ärgre Sünde, so zum Meineid mich
Verleiten, oder meinen Gatten schmähn
Mit eben dieser Zunge, die zuvor

VIERTER AUFZUG · ERSTE SZENE

Vieltausendmal ihn ohne Maß und Ziel
Gepriesen hat? – Hinweg, Ratgeberin!
Du und mein Busen sind sich künftig fremd. –
Ich will zum Mönch, ob er nicht Hilfe schafft;
Schlägt alles fehl, hab ich zum Sterben Kraft. *(Ab.)*

VIERTER AUFZUG

ERSTE SZENE

Bruder Lorenzos Zelle.
Lorenzo und Paris.

Lorenzo. Auf Donnerstag? die Frist ist kurz, mein Graf.
Paris. Mein Vater Capulet verlangt es so,
  Und meine Säumnis soll die Eil nicht hemmen.
Lorenzo. Ihr sagt, Ihr kennt noch nicht des Fräuleins Sinn:
  Das ist nicht grade Bahn; so lieb ichs nicht.
Paris. Unmäßig weint sie über Tybalts Tod,
  Und darum sprach ich wenig noch von Liebe;
  Im Haus der Tränen lächelt Venus nicht.
  Nun hälts ihr Vater, würdger Herr, gefährlich,
  Daß sie dem Grame soviel Herrschaft gibt,
  Und treibt in weiser Vorsicht auf die Heirat,
  Um ihrer Tränen Ströme zu vertrocknen.
  Gesellschaft nimmt vielleicht den Schmerz von ihr,
  In den sie sich, allein, zu sehr vertieft.
  Jetzt wißt Ihr um die Ursach dieser Eil.
Lorenzo (beiseite).
  Wüßt ich nur nicht, was ihr im Wege steht.
  (Laut.) Seht, Graf! das Fräulein kommt in meine Zelle.
          Julia tritt auf.
Paris. Ha, schön getroffen, meine liebe Braut!
Julia. Das werd ich dann erst sein, wenn man uns traut!
Paris. Man wird, man soll uns Donnerstag vermählen.
Julia. Was sein soll, wird geschehn.
Lorenzo. Das kann nicht fehlen.

Paris. Kommt Ihr, die Beicht dem Vater abzulegen?
Julia. Gäb ich Euch Antwort, legt ich Euch sie ab.
Paris. Verleugnet es ihm nicht, daß Ihr mich liebt.
Julia. Bekennen will ich Euch, ich liebe ihn.
Paris. Gewiß bekennt Ihr auch, Ihr liebet mich.
Julia. Tu ichs, so hat es, hinter Eurem Rücken
    Gesprochen, höhern Wert als ins Gesicht.
Paris. Du Arme! dein Gesicht litt sehr von Tränen.
Julia. Die Tränen dürfen sich des Siegs nicht rühmen;
    Es taugte wenig, eh sies angefochten.
Paris. Dies Wort tut, mehr als Tränen, ihm zu nah.
Julia. Doch kann die Wahrheit nicht Verleumdung sein.
    Was ich gesagt, sagt ich mir ins Gesicht.
Paris. Doch mein ist das Gesicht, das du verleumdest.
Julia. Das mag wohl sein, denn es ist nicht mein eigen. –
    Ehrwürdger Vater, habt Ihr Muße jetzt?
    Wie, oder soll ich um die Vesper kommen?
Lorenzo. Jetzt hab ich Muße, meine ernste Tochter.
    Vergönnt Ihr uns, allein zu bleiben, Graf?
Paris. Verhüte Gott, daß ich die Andacht störe.
    Früh Donnerstags will ich Euch wecken, Fräulein;
    So lang lebt wohl! Nehmt diesen heilgen Kuß. *(Ab.)*
Julia. O schließ die Tür, und wenn du das getan,
    Komm, wein mit mir; Trost, Hoffnung, Hilf ist hin.
Lorenzo. Ach Julia! ich kenne schon dein Leid,
    Wie ich dir helfe, übersteigt mein Sinnen;
    Du mußt, und nichts, so hör ich, kanns verzögern,
    Am Donnerstag dem Grafen dich vermählen.
Julia. Sag mir nicht, Vater, daß du das gehört,
    Wofern du nicht auch sagst, wie ichs verhindre.
    Kann deine Weisheit keine Hilfe leihn,
    So nenne weise meinen Vorsatz nur,
    Und dieses Messer hilft mir auf der Stelle.
    Gott fügt' in eins mein Herz und Romeos,
    Die Hände du; und ehe diese Hand,
    Die du dem Romeo versiegelt, dient
    Zur Urkund eines andern Bundes, oder

VIERTER AUFZUG · ERSTE SZENE

Mein treues Herz von ihm zu einem andern
Verrätrisch abfällt, soll dies beide töten.
Drum gib aus der Erfahrung langer Zeiten
Mir augenblicklich Rat; wo nicht, so sieh,
Wie dieses blut'ge Messer zwischen mir
Und meiner Drangsal richtet, *das* entscheidend,
Was deiner Jahr' und deiner Kunst Gewicht
Zum Ausgang nicht mit Ehren bringen konnte.
O zaudre nicht so lang! Den Tod verlang ich,
Wenn deine Antwort nicht zur Hilfe spricht.
Lorenzo. Halt, Tochter! ich erspähe was wie Hoffnung!
Allein es auszuführen heischt Entschluß,
Verzweifelt wie das Übel, das wir fliehn.
Hast du die Willensstärke, dich zu töten,
Eh du dem Grafen Paris dich vermählst,
Dann zweifl ich nicht, du unternimmst auch wohl
Ein Ding wie Tod, die Schmach hinwegzutreiben,
Der zu entgehn du selbst den Tod umarmst;
Und wenn dus wagst, so biet ich Hilfe dir.
Julia. O, lieber, als dem Grafen mich vermählen,
Heiß von der Zinne jenes Turms mich springen,
Da gehn, wo Räuber streifen, Schlangen lauern,
Und kette mich an wilde Bären fest;
Birg bei der Nacht mich in ein Totenhaus
Voll rasselnder Gerippe, Moderknochen
Und gelber Schädel mit entzahnten Kiefern:
Heiß in ein frisch gemachtes Grab mich gehn
Und mich ins Leichentuch des Toten hüllen.
Sprach man sonst solche Dinge, bebt ich schon;
Doch tu ich ohne Furcht und Zweifel sie,
Des süßen Gatten reines Weib zu bleiben.
Lorenzo. Wohl denn! Geh heim, sei fröhlich, willge drein,
Dich zu vermählen. Morgen ist es Mittwoch:
Sieh, wie du morgen nacht allein magst ruhn;
Laß nicht die Amm in deiner Kammer schlafen;
Nimm dieses Fläschchen dann mit dir zu Bett
Und trink den Kräutergeist, den es verwahrt.

Dann rinnt alsbald ein kalter matter Schauer
Durch deine Adern und bemeistert sich
Der Lebensgeister, den gewohnten Gang
Hemmt jeder Puls und hört zu schlagen auf.
Kein Odem, keine Wärme zeugt von Leben;
Der Lippen und der Wangen Rosen schwinden
Zu bleicher Asche; deiner Augen Vorhang
Fällt, wie wenn Tod des Lebens Tag verschließt.
Ein jedes Glied, gelenker Kraft beraubt,
Soll steif und starr und kalt wie Tod erscheinen.
Als solch ein Ebenbild des dürren Todes
Sollst du verharren zweiundvierzig Stunden
Und dann erwachen wie von süßem Schlaf.
Wenn nun der Bräutigam am Morgen kommt
Und dich vom Lager ruft, da liegst du tot;
Dann (wie die Sitte unsres Landes ist)
Trägt man auf einer Bahr in Feierkleidern
Dich unbedeckt in die gewölbte Gruft,
Wo alle Capulets von Alters ruhn.
Zur selben Zeit, wenn du erwachen wirst,
Soll Romeo aus meinen Briefen wissen,
Was wir erdacht, und sich hieher begeben.
Wir wollen beid auf dein Erwachen harren;
Und in derselben Nacht soll Romeo
Dich fort von hier nach Mantua geleiten.
Das rettet dich von dieser drohnden Schmach,
Wenn schwacher Unbestand und weibsche Furcht
Dir in der Ausführung den Mut nicht dämpft.
Julia. Gib mir, o gib mir! rede nicht von Furcht!
Lorenzo. Nimm, geh mit Gott, halt fest an dem Entschluß.
Ich send indes mit Briefen einen Bruder
In Eil nach Mantua zu deinem Treuen.
Julia. Gib, Liebe, Kraft mir! Kraft wird Hilfe leihen.
Lebt wohl, mein teurer Vater!
(Beide ab.)

ZWEITE SZENE

Ein Zimmer in Capulets Hause.
Capulet, Gräfin Capulet, Wärterin, Bediente.

Capulet. So viele Gäste lad, als hier geschrieben.
(Ein Bedienter ab.)
Du Bursch, geh, miet mir zwanzig tüchtge Köche.
Bedienter. Ihr sollt gewiß keine schlechten kriegen, gnäd'ger
Herr; denn ich will zuerst zusehn, ob sie sich die Finger
ablecken können.
Capulet. Was soll das für eine Probe sein?
Bedienter. Ei, gnädiger Herr, das wäre ein schlechter Koch, der
seine eignen Finger nicht ablecken könnte. Drum, wer das
nicht kann, der geht nicht mit mir.
Capulet. Geh, mach fort.
(Bedienter ab.)
Die Zeit ist kurz, es wird an manchem fehlen. –
Wie ists? ging meine Tochter hin zum Pater?
Wärterin. Ja, wahrhaftig.
Capulet. Wohl! Gutes stiftet er vielleicht bei ihr;
Sie ist ein albern, eigensinnig Ding.
Julia tritt auf.
Wärterin. Seht, wie sie fröhlich aus der Beichte kommt.
Capulet. Nun, Starrkopf? Sag, wo bist herumgeschwärmt?
Julia. Wo ich gelernt, die Sünde zu bereun
Hartnäckgen Ungehorsams gegen Euch
Und Eur Gebot, und wo der heilge Mann
Mir auferlegt, vor Euch mich hinzuwerfen,
Vergebung zu erflehn – Vergebt, ich bitt Euch;
Von nun an will ich stets Euch folgsam sein.
Capulet. Schickt nach dem Grafen, geht und sagt ihm dies.
Gleich morgen früh will ich dies Band geknüpft sehn.
Julia. Ich traf den jungen Grafen bei Lorenzo,
Und alle Huld und Lieb erwies ich ihm,
So das Gesetz der Zucht nicht übertritt.

Capulet. Nun wohl! das freut mich, das ist gut. – Steh auf!
 So ist es recht. – Laßt mich den Grafen sehn.
 Potztausend! geht, sag ich, und holt ihn her. –
 So wahr Gott lebt, der würdge fromme Pater,
 Von unsrer ganzen Stadt verdient er Dank.
Julia. Kommt, Amme! wollt Ihr mit mir auf mein Zimmer?
 Mir helfen Putz erlesen, wie Ihr glaubt,
 Daß mir geziemt, ihn morgen anzulegen?
Gräfin Capulet. Nein, nicht vor Donnerstag; es hat noch Zeit.
Capulet. Geh mit ihr, Amme! morgen gehts zur Kirche.
   (Julia und die Amme ab.)
Gräfin Capulet. Die Zeit wird kurz zu unsrer Anstalt fallen:
 Es ist fast Nacht.
Capulet. Blitz! ich will frisch mich rühren,
 Und alles soll schon gehn, Frau, dafür steh ich.
 Geh du zu Julien, hilf an ihrem Putz.
 Ich gehe nicht zu Bett: laßt mich gewähren.
 Ich will die Hausfrau diesmal machen. – Heda! –
 Kein Mensch zur Hand? – Gut, ich will selber gehn
 Zum Grafen Paris, um ihn anzutreiben
 Auf morgen früh; mein Herz ist mächtig leicht,
 Seit dies verkehrte Mädchen sich besonnen.
   (Capulet und die Gräfin ab.)

DRITTE SZENE

Juliens Kammer.
Julia und die Wärterin.

Julia. Ja, dieser Anzug ist der beste. – Doch
 Ich bitt dich, liebe Amme, laß mich nun
 Für diese Nacht allein; denn viel Gebete
 Tun not mir, um den Himmel zu bewegen,
 Daß er auf meinen Zustand gnädig lächle,
 Der, wie du weißt, verderbt und sündlich ist.
   Gräfin Capulet kommt.
Gräfin. Seid ihr geschäftig? Braucht ihr meine Hilfe?

VIERTER AUFZUG · DRITTE SZENE

Julia. Nein, gnäd'ge Mutter, wir erwählten schon
  Zur Tracht für morgen alles Zubehör.
  Gefällt es Euch, so laßt mich jetzt allein
  Und laßt zu Nacht die Amme mit Euch wachen;
  Denn sicher habt Ihr alle Hände voll
  Bei dieser eilgen Anstalt.
Gräfin. Gute Nacht!
  Geh nun zu Bett und ruh; du hast es nötig.
        (Gräfin Capulet und die Wärterin ab.)
Julia. Lebt wohl! – Gott weiß, wann wir uns wiedersehn.
  Kalt rieselt matter Schaur durch meine Adern,
  Der fast die Lebenswärm erstarren macht;
  Ich will zurück sie rufen mir zum Trost. –
  Amme! – Doch was soll sie hier? –
  Mein düstres Spiel muß ich allein vollenden.
  Komm du, mein Kelch! –
  Doch wie? wenn dieser Trank nun gar nichts wirkte,
  Wird man dem Grafen mit Gewalt mich geben?[1]
  Nein, nein! *dies* solls verwehren. – Lieg du hier.
        (Sie legt einen Dolch neben sich.)
  Wie? Wär es Gift, das mir mit schlauer Kunst
  Der Mönch bereitet, mir den Tod zu bringen,
  Auf daß ihn diese Heirat nicht entehre,
  Weil er zuvor mich Romeon vermählt?
  So, fürcht ich, ists; doch dünkt mich, kanns nicht sein,
  Denn er ward stets ein frommer Mann erfunden.
  Ich will nicht Raum so bösem Argwohn geben. –
  Wie aber? wenn ich, in die Gruft gelegt,
  Erwache vor der Zeit, da Romeo
  Mich zu erlösen kommt? Furchtbarer Fall!
  Werd ich dann nicht in dem Gewölb ersticken,
  Des giftger Mund nie reine Lüfte einhaucht,
  Und so erwürgt da liegen, wann er kommt?
  Und leb ich auch, könnt es nicht leicht geschehn,
  Daß mich das grause Bild von Tod und Nacht

---

1. Vers aus der ersten Quarto.

ROMEO UND JULIA

Zusammen mit den Schrecken jenes Ortes
Dort im Gewölb in alter Katakombe,
Wo die Gebeine aller meiner Ahnen
Seit vielen hundert Jahren aufgehäuft,
Wo frisch beerdigt erst der blut'ge Tybalt
Im Leichentuch verwest; wo, wie man sagt,
In mitternächtger Stunde Geister hausen –
Weh, weh! könnt es nicht leicht geschehn, daß ich,
Zu früh erwachend – und nun ekler Dunst,
Gekreisch wie von Alraunen, die man aufwühlt,
Das Sterbliche, die's hören, sinnlos macht –
O wach ich auf, werd ich nicht rasend werden,
Umringt von all den greuelvollen Schrecken,
Und toll mit meiner Väter Gliedern spielen?
Und Tybalt aus dem Leichentuche zerren?
Und in der Wut mit eines großen Ahnherrn
Gebein zerschlagen mein zerrüttet Hirn?
O seht! mich dünkt, ich sehe Tybalts Geist!
Er späht nach Romeo, der seinen Leib
Auf einen Degen spießte. – Weile[1], Tybalt! –
Ich komme, Romeo! Dies trink ich dir.
(Sie wirft sich auf das Bett.)

VIERTE SZENE

Ein Saal in Capulets Hause.
Gräfin Capulet und die Wärterin.

Gräfin Capulet. Da, nehmt die Schlüssel, holt noch mehr Ge-
würz.
Wärterin. Sie wollen Quitten und Orangen haben
In der Konditorei.
Capulet kommt.
Capulet. Kommt, rührt euch! frisch! schon kräht der zweite
Die Morgenglocke läutet; 's ist drei Uhr.   [Hahn,

---

1. Im Sinne von: halt!

VIERTER AUFZUG · VIERTE SZENE

Sieh nach dem Backwerk, Frau Angelika,
Spar nichts daran.

Wärterin. Topfgucker! geht nur, geht!
Macht Euch zu Bett! – Gelt, Ihr seid morgen krank,
Wenn Ihr die ganze Nacht nicht schlaft.

Capulet. Kein bißchen! Was! ich hab um Kleiners wohl
Die Nächte durchgewacht und war nie krank.

Gräfin Capulet. Ja, ja! Ihr wart ein feiner Vogelsteller
Zu Eurer Zeit! Nun aber will ich Euch
Vor solchem Wachen schon bewachen.

(Gräfin und Wärterin ab.)

Capulet. O Ehestand! o Wehestand! Nun, Kerl'!
Was bringt ihr da!

Bediente mit Bratspießen, Scheiten und Körben gehn über die Bühne.

Erster Bediener.
's ist für den Koch, Herr; was, das weiß ich nicht.

Capulet. Macht zu, macht zu!

(Bediener ab.)

Hol trockne Klötze, Bursch!
Ruf Petern, denn der weiß es, wo sie sind.

Zweiter Bediener. Braucht Ihr 'nen Klotz, Herr, bin ich selber
Und hab nicht nötig, Petern anzugehn.   [da

Capulet. Blitz! gut gesagt! Ein lustger Teufel! ha,
Du sollst das Haupt der Klötze sein. – Wahrhaftig,
's ist Tag; der Graf wird mit Musik gleich kommen.
Das woll er, sagt' er ja: ich hör ihn schon.

(Musik hinter der Szene.)

Frau! Wärterin! He, sag ich, Wärterin!

Die Wärterin kommt.

Weckt Julien auf! Geht, putzt mir sie heraus;
Ich geh indes und plaudre mit dem Grafen.
Eilt Euch, macht fort! Der Bräutgam ist schon da.
Fort! sag ich Euch. *(Ab.)*

FÜNFTE SZENE

Juliens Kammer. Julia auf dem Bette.
Die Wärterin kommt.

Wärterin. Fräulein! Nun, Fräulein! – Julia! – Nun, das
He, Lamm! he, Fräulein! Pfui, Langschläferin! – [schläft! –
Mein Schätzchen, sag ich! Süßes Herz! Mein Bräutchen! –
Was? nicht ein Laut? – Ihr nehmt Eur Teil voraus,
Schlaft für 'ne Woche, denn ich steh dafür,
Auf nächste Nacht hat seine Ruh Graf Paris
Daran gesetzt, daß Ihr nicht ruhen sollt. –
Behüt der Herr sie! Wie gesund sie schläft!
Ich muß sie aber wecken. – Fräulein! Fräulein!
Laßt Euch den Grafen nur im Bett ertappen,
Der wird Euch schon ermuntern: meint Ihr nicht? –
Was? schon in vollen Kleidern? und so wieder
Sich hingelegt? Ich muß durchaus Euch wecken.
He, Fräulein! Fräulein! Fräulein! –
Daß Gott! daß Gott! Zu Hilfe! sie ist tot!
Ach, liebe Zeit! mußt ich den Jammer sehn! –
Holt Spiritus! He, gnädger Herr! Frau Gräfin!
Gräfin Capulet kommt.
Gräfin Capulet. Was ist das für ein Lärm?
Wärterin. O Unglückstag!
Gräfin Capulet. Was gibts?
Wärterin. Seht, seht nur! O betrübter Tag!
Gräfin Capulet. O weh! o weh! Mein Kind! mein einzig Leben!
Erwach! leb auf! Ich sterbe sonst mit dir.
O Hilfe! Hilfe! ruft doch Hilfe!
Capulet kommt.
Capulet. Schämt euch! bringt Julien her! Der Graf ist da.
Wärterin. Ach sie ist tot! verblichen! tot! o Wehe!
Gräfin Capulet. O Wehe! Wehe! sie ist tot, tot, tot!
Capulet. Laßt mich sie sehn! – Gott helf uns! Sie ist kalt,
Ihr Blut steht still, die Glieder sind ganz starr,
Von diesen Lippen schied das Leben längst,

VIERTER AUFZUG · FÜNFTE SZENE   83

Der Tod liegt auf ihr, wie ein Maienfrost
Auf des Gefildes schönster Blume liegt.
Fluch dieser Stund! Ich armer alter Mann!
Wärterin. O Unglückstag!
Gräfin Capulet. O jammervolle Stunde!
Capulet. Der Tod, der mir sie nahm, mir Klagen auszupressen,
Er bindet meine Zung und macht sie stumm.
    Bruder Lorenzo, Graf Paris und Musikanten treten auf.
Lorenzo. Kommt! Ist die Braut bereit zur Kirch zu gehn?
Capulet. Bereit zu gehn, um nie zurückzukehren.
O Sohn! die Nacht vor deiner Hochzeit buhlte
Der Tod mit deiner Braut. Sieh, wie sie liegt,
Die Blume, die in seinem Arm verblühte.
Mein Eidam ist der Tod, der Tod mein Erbe;
Er freite meine Tochter. Ich will sterben,
Ihm alles lassen: Leib und Gut sind sein.
Paris. Hab ich nach dieses Morgens Licht geschmachtet,
Und bietet es mir solchen Anblick dar?
Gräfin Capulet. Unseliger, verhaßter, schwarzer Tag!
Der Stunden jammervollste, so die Zeit
Seit ihrer langen Pilgerschaft gesehn.
Nur eins, ein einzig armes, liebes Kind,
Ein Wesen nur, mich dran zu freun, zu laben;
Und grausam riß es mir der Tod hinweg.
Wärterin. O Weh! O Jammer – Jammer – Jammertag!
Höchst unglücksel'ger Tag! betrübter Tag!
Wie ich noch nimmer, nimmer einen sah,
O Tag, o Tag, o Tag, verhaßter Tag!
Solch schwarzen Tag wie diesen gab es nie.
O Jammertag! o Jammertag!
Paris. Berückt! geschieden! schwer gekränkt! erschlagen!
Fluchwürdger, arger Tod, durch dich berückt!
Durch dich so grausam, grausam hingestürzt!
O Lieb! o Leben! nein, nur Lieb im Tode!
Capulet. Verhöhnt! bedrängt! gehaßt! zermalmt! getötet! –
Trostlose Zeit, weswegen kamst du jetzt,
Zu morden, morden unser Freudenfest? –

84 ROMEO UND JULIA

O Kind! Kind! – meine Seel und nicht mein Kind! –
Tot bist du? – Wehe mir! mein Kind ist tot,
Und mit dem Kinde starben meine Freuden.

Lorenzo. Still! hegt doch Scham! solch Stürmen stillet nicht
Des Leidens Sturm. Ihr teiltet mit dem Himmel
Dies schöne Mädchen, nun hat *er* sie ganz,
Und um so besser ist es für das Mädchen.
Ihr konntet euer Teil nicht vor dem Tod
Bewahren; seins bewahrt im ew'gen Leben
Der Himmel. Sie erhöhn war euer Ziel;
Eur Himmel wars, wenn sie erhoben würde;
Und weint ihr nun, erhoben sie zu sehn
Hoch über Wolken, wie der Himmel hoch?
O, wie verkehrt doch euer Lieben ist!
Verzweifelt ihr, weil ihr sie glücklich wißt?
Die lang vermählt lebt, ist nicht wohl vermählet;
Wohl ist vermählt, die früh der Himmel wählet.
Hemmt eure Tränen, streuet Rosmarin
Auf diese schöne Leich, und nach der Sitte
Tragt sie zur Kirch in ihrem besten Staat.
Denn heischt gleich die Natur ein schmerzlich Sehnen,
So lacht doch die Vernunft bei ihren Tränen.

Capulet. Was wir nur irgend festlich angestellt,
Kehrt sich von seinem Dienst zu schwarzer Trauer.
Das Spiel der Saiten wird zum Grabgeläut,
Die Hochzeitlust zum ernsten Leichenmahl,
Aus Feierliedern werden Totenmessen,
Der Brautkranz dient zum Schmucke für die Bahre
Und alles wandelt sich ins Gegenteil.

Lorenzo. Verlaßt sie, Herr; geht mit ihm, gnäd'ge Frau;
Auch Ihr, Graf Paris: macht euch alle fertig,
Der schönen Leiche hin zur Gruft zu folgen.
Der Himmel zürnt mit euch um sündge Tat;
Reizt ihn nicht mehr, gehorcht dem hohen Rat.

(*Capulet, Gräfin Capulet, Paris und Lorenzo ab.*)

Erster Musikant. Mein Seel! wir können unsre Pfeifen auch nur
einstecken und uns packen.

VIERTER AUFZUG · FÜNFTE SZENE   85

Wärterin. Ihr guten Leute, ja, steckt ein! steckt ein!
Die Sachen hier sehn gar erbärmlich aus. *(Ab.)*
Zweiter Musikant (zeigt auf sein Instrument). Ja, meiner Treu, die
Sachen hier könnten wohl besser aussehen, aber sie klingen
doch gut.
Peter. O Musikanten! Musikanten! spielt:
«Frisch auf, mein Herz! frisch auf, mein Herz, und singe!»
O spielt, wenn euch mein Leben lieb ist, spielt:
«Frisch auf, mein Herz!»
Erster Musikant. Warum: «Frisch auf, mein Herz?»
Peter. O Musikanten, weil mein Herz selber spielt: «Mein
Herz voll Angst und Nöten.» O, spielt mir eine lustige
Litanei, um mich aufzurichten.
Zweiter Musikant. Nichts da von Litanei! Es ist jetzt nicht
Spielens Zeit.
Peter. Ihr wollt es also nicht?
Musikanten. Nein.
Peter. Nun, so will ich es euch schon eintränken.
Erster Musikant. Was wollt Ihr uns eintränken?
Peter. Keinen Wein, wahrhaftig; ich will euch eure Instru-
mente um den Kopf schlagen. Ich will euch befa – sol – laen.
Das notiert euch.
Erster Musikant. Wenn Ihr uns befa – sol – laet, so notiert Ihr
uns.
Peter. Hört, spannt mir einmal eure Schafsköpfe wie die
Schafsdärme an euren Geigen. Antwortet verständlich:
«Wenn in der Leiden hartem Drang
Das bange Herze will erliegen,
Musik mit ihrem Silberklang» –
Warum «Silberklang?» warum «Musik mit ihrem Silber-
klang»? Was sagt Ihr, Hans Kolophonium?
Erster Musikant. Ei nun, Musje, weil Silber einen feinen Klang
hat.
Peter. Recht artig! Was sagt Ihr, Michel Hackebrett?
Zweiter Musikant. Ich sage «Silberklang», weil Musik nur für
Silber klingt.
Peter. Auch recht artig! Was sagt Ihr, Jakob Gellohr?

Dritter Musikant. Mein Seel, ich weiß nicht, was ich sagen soll.
Peter. O, ich bitt Euch um Vergebung! Ihr seid der Sänger, Ihr
singt nur; so will ich es denn für Euch sagen. Es heißt «Musik mit ihrem Silberklang», weil solche Kerle wie ihr kein
Gold fürs Spielen kriegen.

«Musik mit ihrem Silberklang
Weiß hilfreich ihnen obzusiegen.»
(Geht singend ab.)

Erster Musikant. Was für ein Schalksnarr ist der Kerl?
Zweiter Musikant. Hol ihn der Henker! Kommt, wir wollen
hier hineingehen, auf die Trauerleute warten und sehen, ob
es nichts zu essen gibt.
(Alle ab.)

FÜNFTER AUFZUG

ERSTE SZENE

Mantua. Eine Straße.
Romeo tritt auf.

Romeo. Darf ich dem Schmeichelblick des Schlafes traun,
So deuten meine Träum ein nahes Glück.
Leicht auf dem Thron sitzt meiner Brust Gebieter;
Mich hebt ein ungewohnter Geist mit frohen
Gedanken diesen ganzen Tag empor.
Mein Mädchen, träumt ich, kam und fand mich tot
(Seltsamer Traum, der Tote denken läßt!)
Und hauchte mir solch Leben ein mit Küssen,
Daß ich vom Tod erstand und Kaiser war.
Ach Herz! wie süß ist Liebe selbst begabt,
Da schon so reich an Freud ihr Schatten ist.
Balthasar tritt auf.
Ha, Neues von Verona! Sag, wie stehts?
Bringst du vom Pater keine Briefe mit?

FÜNFTER AUFZUG · ERSTE SZENE 87

Was macht mein teures Weib? Wie lebt mein Vater?
Ist meine Julie wohl? das frag ich wieder,
Denn nichts kann übel stehn, gehts ihr nur wohl.
Balthasar. Nun, ihr gehts wohl, und nichts kann übel stehn.
Ihr Körper schläft in Capulets Begräbnis,
Und ihr unsterblich Teil lebt bei den Engeln.
Ich sah sie senken in der Väter Gruft
Und ritt in Eil hieher, es Euch zu melden.
O Herr, verzeiht die schlimme Botschaft mir,
Weil Ihr dazu den Auftrag selbst mir gabt.
Romeo. Ist es denn so? Ich biet euch Trotz, ihr Sterne! –
Du kennst mein Haus: hol mir Papier und Tinte
Und miete Pferde; ich will fort zu Nacht.
Balthasar. Verzeiht, ich darf Euch so nicht lassen, Herr![1]
Ihr seht so blaß und wild, und Eure Blicke
Weissagen Unglück.
Romeo. Nicht doch, du betrügst dich.
Laß mich und tu, was ich dich heiße tun.
Hast du für mich vom Pater keine Briefe?
Balthasar. Nein, bester Herr.
Romeo. Es tut nichts; mach dich auf
Und miete Pferd', ich komme gleich zu Haus.

(Balthasar ab.)

Wohl, Julia! heute nacht ruh ich bei dir.
Ich muß auf Mittel sinnen. – O wie schnell
Drängt Unheil sich in der Verzweiflung Rat!
Mir fällt ein Apotheker ein; er wohnt
Hier irgendwo herum. – Ich sah ihn neulich,
Zerlumpt, die Augenbrauen überhangend;
Er suchte Kräuter aus; hohl war sein Blick,
Ihn hatte herbes Elend ausgemergelt;
Ein Schildpatt hing in seinem dürftgen Laden,
Ein ausgestopftes Krokodil und Häute
Von mißgestalten Fischen; auf dem Sims
Ein bettelhafter Prunk von leeren Büchsen

---

1. So in der ersten Quarto.

Und grüne Töpfe, Blasen, müffger Samen,
Bindfaden-Endchen, alte Rosenkuchen,
Das alles dünn verteilt, zur Schau zu dienen.
Betrachtend diesen Mangel, sagt ich mir:
Bedürfte jemand Gift hier, des Verkauf
In Mantua sogleich zu Tode führt,
Da lebt ein armer Schelm, der's ihm verkaufte.
O, der Gedanke zielt' auf mein Bedürfnis,
Und dieser dürftge Mann muß mirs verkaufen.
Soviel ich mich entsinn, ist dies das Haus.
Weils Festtag ist, schloß seinen Kram der Bettler.
He! holla! Apotheker!

Der Apotheker kommt heraus.

Apotheker. Wer ruft so laut?
Romeo. Mann, komm hieher! – Ich sehe, du bist arm.
Nimm, hier sind vierzig Stück Dukaten: gib
Mir eine Dose Gift; solch scharfen Stoff,
Der schnell durch alle Adern sich verteilt,
Daß tot der lebensmüde Trinker hinfällt,
Und daß die Brust den Odem von sich stößt,
So ungestüm, wie schnell entzündet Pulver
Aus der Kanone furchtbarm Schlunde blitzt.
Apotheker. So tödliche Arzneien hab ich wohl;
Doch Mantuas Gesetz ist Tod für jeden,
Der feil sie gibt.
Romeo. Bist du so nackt und bloß,
Von Plagen so bedrückt, und scheust den Tod?
Der Hunger sitzt in deinen hohlen Backen,
Not und Bedrängnis darbt in deinem Blick,
Auf deinem Rücken hängt zerlumptes Elend,
Die Welt ist nicht dein Freund, noch ihr Gesetz;
Die Welt hat kein Gesetz, dich reich zu machen:
Drum sei nicht arm, brich das Gesetz und nimm.
Apotheker. Nur meine Armut, nicht mein Wille weicht.
Romeo. Nicht deinem Willen, deiner Armut zahl ich.
Apotheker. Tut dies in welche Flüssigkeit Ihr wollt
Und trinkt es aus; und hättet Ihr die Stärke

FÜNFTER AUFZUG · ZWEITE SZENE

Von Zwanzigen, es hülf Euch gleich davon.

Romeo. Da ist dein Gold, ein schlimmres Gift den Seelen
Der Menschen, das in dieser eklen Welt
Mehr Mord verübt als diese armen Tränkchen,
Die zu verkaufen dir verboten ist.
Ich gebe Gift dir; du verkaufst mir keins.
Leb wohl, kauf Speis und füttre dich heraus! –
Komm, Stärkungstrank, nicht Gift! Begleite mich
Zu Juliens Grab, denn dort bedarf ich dich. *(Ab.)*

ZWEITE SZENE

Lorenzos Zelle.
Bruder Markus kommt.

Markus. Ehrwürdger Bruder Franziskaner! he!
Bruder Lorenzo kommt.
Lorenzo. Das ist ja wohl des Bruders Markus Stimme –
Willkommen mir von Mantua! Was sagt
Denn Romeo? Faßt er es schriftlich ab,
So gib den Brief.
Markus. Ich ging, um einen Bruder
Barfüßer unsers Ordens, der den Kranken
In dieser Stadt hier zuspricht, zum Geleit
Mir aufzusuchen; und da ich ihn fand,
Argwöhnten die dazu bestellten Späher,
Wir wären beid in einem Haus, in welchem
Die böse Seuche herrschte, siegelten
Die Türe zu und ließen uns nicht gehn:
Dies hielt mich ab, nach Mantua zu eilen.
Lorenzo. Wer trug denn meinen Brief zum Romeo?
Markus. Da hast du ihn, ich konnt ihn nicht bestellen;
Ihn dir zu bringen, fand kein Bote sich,
So bange waren sie vor Ansteckung.
Lorenzo. Unsel'ges Mißgeschick! Bei meinem Orden,
Nicht eitel war der Brief; sein Inhalt war
Von teuren Dingen, und die Säumnis kann
Gefährlich werden. Bruder Markus, geh,

Hol ein Brecheisen mir und brings sogleich
In meine Zell.
Markus. Ich geh und brings dir, Bruder. *(Ab.)*
Lorenzo. Ich muß allein zur Gruft nun. Innerhalb
Drei Stunden wird das schöne Kind erwachen;
Verwünschen wird sie mich, weil Romeo
Vom ganzen Vorgang nichts erfahren hat.
Doch schreib ich gleich aufs neu nach Mantua
Und berge sie so lang in meiner Zell,
Bis ihr Geliebter kommt. Die arme Seele!
Lebendge Leich in dumpfer Grabeshöhle! *(Ab.)*

DRITTE SZENE

Ein Kirchhof; auf demselben das Familienbegräbnis
der Capulets.
Paris und sein Page, mit Blumen und einer Fackel, treten auf.

Paris. Gib mir die Fackel, Knab, und halt dich fern. –
Nein, lisch sie aus; man soll mich hier nicht sehn.
Dort unter jenen Ulmen streck dich hin
Und leg dein Ohr dicht an den hohlen Grund,
So kann kein Fuß auf diesen Kirchhof treten,
Der locker aufgewühlt von vielen Gräbern,
Daß dus nicht hörest; pfeife dann mir zu,
Zum Zeichen, daß du etwas nahen hörst.
Gib mir die Blumen, tu, wie ich dir sagte.
Page. Fast grauet mir, so auf dem Kirchhof hier
Allein zu bleiben, doch ich will es wagen. *(Entfernt sich.)*
Paris. Dein bräutlich Bett bestreu ich, süße Blume,
Mit Blumen dir; du schließest, holdes Grab,
Der sel'gen Welt vollkommnes Muster ein.
O schöne Julia! Engeln zugesellt,
Nimm diese letzte Gab aus dessen Händen,
Der dich im Leben ehrte, und im Tod
Mit Preis und Klage deine Ruhstatt ziert[1].

---

1. Diese sieben Verse stammen aus der ersten Quarto.

FÜNFTER AUFZUG · DRITTE SZENE 91

(Der Knabe pfeift.)
Der Bube gibt ein Zeichen; jemand naht.
Welch ein verdammter Fuß kommt dieses Wegs,
Und stört die Leichenfeier frommer Liebe?
Mit einer Fackel? wie? Verhülle, Nacht,
Ein Weilchen mich. *(Er tritt beiseite.)*
　　Romeo und Balthasar, mit einer Fackel, Haue usw.
Romeo. Gib mir das Eisen und die Haue her.
Nimm diesen Brief: frühmorgens siehe zu,
Daß du ihn meinem Vater überreichst.
Gib mir das Licht; aufs Leben bind ichs dir,
Was du auch hörst und siehst, bleib in der Ferne
Und unterbrich mich nicht in meinem Tun.
Ich steig in dieses Totenbett hinab,
Teils meiner Gattin Angesicht zu sehn,
Vornehmlich aber einen kostbarn Ring
Von ihrem toten Finger abzuziehn,
Den ich zu einem wichtgen Werk bedarf.
Drum auf und geh! Und kehrest du zurück,
Vorwitzig meiner Absicht nachzuspähn,
Bei Gott! so reiß ich dich in Stücke, säe
Auf diesen giergen Boden deine Glieder.
Die Nacht und mein Gemüt sind wütend wild,
Viel grimmer und viel unerbittlicher
Als durstge Tiger und die wüste See.
Balthasar. So will ich weggehn, Herr, und Euch nicht stören.
Romeo. Dann tust du als mein Freund. Nimm, guter Mensch!
Leb und sei glücklich und gehab dich wohl!
Balthasar (für sich).
Trotz allem dem will ich mich hier verstecken;
Ich trau ihm nicht, sein Blick erregt mir Schrecken.
　　　　(Entfernt sich.)
Romeo. O du verhaßter Schlund! du Bauch des Todes!
Der du der Erde Köstlichstes verschlangst,
So brech ich deine morschen Kiefer auf
Und will, zum Trotz, noch mehr dich überfüllen.
　　(Er bricht die Tür des Gewölbes auf.)

Paris. Ha! der verbannte, stolze Montague,
Der Juliens Vetter mordete; man glaubt,
An diesem Grame starb das holde Wesen.
Hier kommt er jetzt, um niederträchtgen Schimpf
Den Leichen anzutun: ich will ihn greifen. –
(*Tritt hervor.*)
Laß dein verruchtes Werk, du Montague!
Wird Rache übern Tod hinaus verfolgt?
Verbannter Bube! ich verhafte dich;
Gehorch und folge mir, denn du mußt sterben.
Romeo. Fürwahr, daß muß ich: darum kam ich her.
Versuch nicht, guter Jüngling, den Verzweifelnden!
Entflieh und laß mich; denke dieser Toten!
Laß sie dich schrecken! – Ich beschwör dich, Jüngling,
Lad auf mein Haupt nicht eine neue Sünde,
Wenn du zur Wut mich reizest; geh, o geh,
Bei Gott, ich liebe dich mehr wie mich selbst,
Denn gegen mich gewaffnet komm ich her.
Fort! eile! leb und nenn barmherzig ihn,
Den Rasenden, der dir gebot zu fliehn!
Paris. Ich kümmre mich um dein Beschwören nicht
Und greife dich als Missetäter hier.
Romeo. Willst du mich zwingen? Knabe, sieh dich vor!
(*Sie fechten.*)
Page. Sie fechten! Gott, ich will die Wache rufen. (*Ab.*)
Paris. O, ich bin hin! – (*Fällt.*) Hast du Erbarmen, öffne
Die Gruft und lege mich zu Julien. (*Er stirbt.*)
Romeo. Auf Ehr, ich wills. – Laßt sein Gesicht mich schaun.
Mercutios edler Vetter ists, Graf Paris.
Was sagte doch mein Diener, weil wir ritten,
Als die bestürmte Seel es nicht vernahm? –
Ich glaube, Julia habe sich mit Paris
Vermählen sollen: sagt' er mir nicht so?
Wie, oder träumt ichs? oder bild ichs mir
Im Wahnsinn ein, weil er von Julien sprach?
O gib mir deine Hand, du, so wie ich,
Ins Buch des herben Unglücks eingezeichnet!

FÜNFTER AUFZUG · DRITTE SZENE   93

Ein siegeprangend Grab soll dich empfangen.
Ein Grab? Nein, eine Leucht', erschlagner Jüngling!
Denn hier liegt Julia: ihre Schönheit macht
Zur lichten Feierhalle dies Gewölb.
Da lieg begraben, Tod, von einem Toten! –
          (Er legt Paris in das Begräbnis.)
Wie oft sind Menschen, schon des Todes Raub,
Noch fröhlich worden! Ihre Wärter nennens
Den letzten Lebensblitz. Wie mag nun dies
Ein Blitz mir heißen? – O mein Herz! mein Weib!
Der Tod, der deines Odems Balsam sog,
Hat über deine Schönheit nichts vermocht.
Noch bist du nicht besiegt: der Schönheit Fahne
Weht purpurn noch auf Lipp und Wange dir;
Hier pflanzte nicht der Tod sein bleiches Banner.
Liegst du da, Tybalt, in dem blut'gen Tuch?
O, welchen größern Dienst kann ich dir tun,
Als mit der Hand, die deine Jugend fällte,
Des Jugend, der dein Feind war, zu zerreißen?
Vergib mir, Vetter! – Liebe Julia,
Warum bist du so schön noch? Soll ich glauben –
Ja, glauben will ich (komm, lieg mir im Arm!)¹,
Der körperlose Tod entbrenn in Lieb
Und der verhaßte, hagre Unhold halte
Als seine Buhle hier im Dunkel dich.
Aus Furcht davor will ich dich nie verlassen
Und will aus diesem Palast dichter Nacht
Nie wieder weichen. Hier, hier will ich bleiben
Mit Würmern, so dir Dienerinnen sind.
O, hier bau ich die ew'ge Ruhstatt mir
Und schüttle von dem lebensmüden Leibe
Das Joch feindseliger Gestirne. – Augen,
Blickt euer Letztes! Arme, nehmt die letzte
Umarmung! und o Lippen, ihr, die Tore
Des Odems, siegelt mit rechtmäßgem Kusse

---

1. Diesen Vers hat Schlegel eingefügt.

Den ewigen Vertrag dem Wuchrer Tod.
Komm, bittrer Führer! widriger Gefährt!
Verzweifelter Pilot! Nun treib auf einmal
Dein sturmerkranktes Schiff in Felsenbrandung!
Dies auf dein Wohl, wo du auch stranden magst!
Dies meiner Lieben! – *(Er trinkt.)* O wackrer Apotheker,
Dein Trank wirkt schnell .– Und so im Kusse sterb ich.
(Er stirbt.)

Bruder Lorenzo kommt vom andern Ende des Kirchhofes mit Laterne,
Brecheisen und Spaten.

Lorenzo. Helf mir Sankt Franz! Wie oft sind über Gräber
Nicht meine alten Füße schon gestolpert.
Wer ist da?
Balthasar. Ein Freund, und einer, dem Ihr wohl bekannt.
Lorenzo. Gott segne dich! Sag mir, mein guter Freund,
Welch eine Fackel ists, die dort ihr Licht
Umsonst den Würmern leiht und blinden Schädeln?
Mir scheint, sie brennt in Capulets Begräbnis.
Balthasar. Ja, würdger Pater, und mein Herr ist dort,
Ein Freund von Euch.
Lorenzo. Wer ist es?
Balthasar. Romeo.
Lorenzo. Wie lange schon?
Balthasar. Voll eine halbe Stunde.
Lorenzo. Geh mit mir zu der Gruft.
Balthasar. Ich darf nicht, Herr.
Mein Herr weiß anders nicht, als ich sei fort,
Und drohte furchtbarlich den Tod mir an,
Blieb ich, um seinen Vorsatz auszuspähn.
Lorenzo. So bleib, ich geh allein. – Ein Graun befällt mich;
O, ich befürchte sehr ein schlimmes Unglück!
Balthasar. Derweil ich unter dieser Ulme schlief,
Träumt ich, mein Herr und noch ein andrer föchten,
Und er erschlüge jenen.
Lorenzo. Romeo?
(Er geht weiter nach vorn.)

FÜNFTER AUFZUG · DRITTE SZENE   95

O wehe, weh mir! Was für Blut befleckt
Die Steine hier an dieses Grabmals Schwelle?
Was wollen diese herrenlosen Schwerter,
Daß sie verfärbt hier liegen an der Stätte
Des Friedens?
(Er geht in das Begräbnis.)
Romeo? – Ach, bleich! Wer sonst?
Wie? Paris auch? und in sein Blut getaucht? –
O welche unmitleidge Stund ist schuld
An dieser kläglichen Begebenheit? –
Das Fräulein regt sich.
Julia (erwachend). O Trostesbringer! wo ist mein Gemahl?
Ich weiß recht gut noch, wo ich sollte sein,
Da bin ich auch. – Wo ist mein Romeo?
(Geräusch von Kommenden.)
Lorenzo. Ich höre Lärm. – Kommt, Fräulein, flieht die Grube
Des Tods, der Seuchen, des erzwungnen Schlafs;
Denn eine Macht, zu hoch dem Widerspruch,
Hat unsern Rat vereitelt. Komm, o komm!
Dein Gatte liegt an deinem Busen tot,
Und Paris auch; komm, ich versorge dich
Bei einer Schwesterschaft von heilgen Nonnen.
Verweil mit Fragen nicht; die Wache kommt.
Geh, gutes Kind!
(Geräusch hinter der Szene.)
Ich darf nicht länger bleiben. *(Ab.)*
Julia. Geh nur, entweich! denn ich will nicht von hinnen. –
Was ist das hier? Ein Becher, festgeklemmt
In meines Trauten Hand? – Gift, seh ich, war
Sein Ende vor der Zeit. – O Böser! Alles
Zu trinken, keinen güt'gen Tropfen mir
Zu gönnen, der mich zu dir brächt? – Ich will
Dir deine Lippen küssen. Ach, vielleicht
Hängt noch ein wenig Gift daran und läßt mich
An einer Labung sterben. *(Sie küßt ihn.)* Deine Lippen
Sind warm. –
Wächter (hinter der Szene). Wo ist es, Knabe? Führ uns.

Julia. Wie? Lärm? – dann schnell nur. –
                        (*Sie ergreift Romeos Dolch.*)
O willkommner Dolch!
Dies werde deine Scheide. (*Ersticht sich.*) Roste da
Und laß mich sterben.
                (*Sie fällt auf Romeos Leiche und stirbt.*)

                Wache mit dem Pagen des Paris.
Page. Dies ist der Ort; da, wo die Fackel brennt.
Erster Wächter. Der Boden ist voll Blut: durchsucht den Kirch-
        Ein paar von euch; geht, greifet, wen ihr trefft.   [hof,
                (*Einige von der Wache ab.*)
        Betrübt zu sehn! Hier liegt der Graf erschlagen,
        Und Julia blutend, warm und kaum verschieden,
        Die schon zwei Tage hier begraben lag. –
        Geht, sagts dem Fürsten! weckt die Capulets!
        Lauft zu den Montagues! Ihr andern sucht!
                (*Andre Wächter ab.*)
        Wir sehn den Grund, der diesen Jammer trägt;
        Allein den wahren Grund des bittern Jammers
        Erfahren wir durch näh're Kundschaft nur.
                Einige von der Wache kommen mit Balthasar.
Zweiter Wächter. Hier ist der Diener Romeos; wir fanden
        Ihn auf dem Kirchhof.
Erster Wächter. Bewahrt ihn sicher, bis der Fürst erscheint.
                Ein andrer Wächter mit Lorenzo.
Dritter Wächter. Hier ist ein Mönch, der zittert, weint und
        Wir nahmen ihm den Spaten und die Haue,   [ächzt;
        Als er von jener Seit des Kirchhofs kam.
Erster Wächter. Verdächtges Zeichen! Haltet auch den Mönch.
                Der Prinz und Gefolge.
Prinz. Was für ein Unglück ist so früh schon wach,
        Das uns aus unsrer Morgenruhe stört?
                Capulet, Gräfin Capulet und andre kommen.
Capulet. Was ists, daß draußen so die Leute schrein?
Gräfin Capulet. Das Volk ruft auf den Straßen: «Romeo»
        Und «Julia» und «Paris»; alles rennt

FÜNFTER AUFZUG · DRITTE SZENE 97

Mit lautem Ausruf unserm Grabmal zu.
Prinz. Welch Schrecken ists, das unser Ohr betäubt?
Erster Wächter. Durchlauchtger Herr, entleibt liegt hier Graf
  Tot Romeo; und Julia, tot zuvor, [Paris;
  Noch warm und erst getötet.
Prinz. Sucht, späht, erforscht die Täter dieser Greuel.
Erster Wächter. Hier ist ein Mönch und Romeos Bedienter;
  Man fand Gerät bei ihnen, das die Gräber
  Der Toten aufzubrechen dient.
Capulet. O Himmel!
  O Weib! sieh hier, wie unsre Tochter blutet.
  Der Dolch hat sich verirrt; sieh seine Scheide
  Liegt ledig auf dem Rücken Montagues,
  Er selbst steckt fehl in unsrer Tochter Busen.
Gräfin Capulet. O weh mir! Dieser Todesanblick mahnt
  Wie Grabgeläut mein Alter an die Grube.
    Montague und andere kommen.
Prinz. Komm, Montague! Früh hast du dich erhoben,
  Um früh gefallen deinen Sohn zu sehn.
Montague. Ach, gnäd'ger Fürst, mein Weib starb diese Nacht;
  Gram um des Sohnes Bann entseelte sie.
  Welch neues Leid bricht auf mein Alter ein?
Prinz. Schau hin, und du wirst sehn.
Montague. O Ungeratner! was ist das für Sitte,
  Vor deinem Vater dich ins Grab zu drängen?
Prinz. Versiegelt noch den Mund des Ungestüms,
  Bis wir die Dunkelheiten aufgehellt
  Und ihren Quell und wahren Ursprung wissen.
  Dann will ich Eurer Leiden Hauptmann sein
  Und selbst zum Tod Euch führen. – Still indes!
  Das Mißgeschick sei Sklave der Geduld. –
  Führt die verdächtigen Personen vor.
Lorenzo. Mich trifft, obschon den Unvermögendsten,
  Am meisten der Verdacht des grausen Mordes,
  Weil Zeit und Ort sich gegen mich erklärt,
  Hier steh ich, mich verdammend und verteidgend,
  Der Kläger und der Anwalt meiner selbst.

Prinz. So sag ohn Umschweif, was du hievon weißt.
Lorenzo. Kurz will ich sein, denn kurze Frist des Odems
Versagt gedehnte Reden. Romeo,
Der tot hier liegt, war dieser Julia Gatte,
Und sie, die tot hier liegt, sein treues Weib.
Ich traute heimlich sie, ihr Hochzeittag
War Tybalts letzter, des unzeitger Tod
Den jungen Gatten aus der Stadt verbannte;
Und Julia weint' um ihn, nicht um den Vetter.
Ihr, um den Gram aus ihrer Brust zu treiben,
Verspracht und wolltet sie dem Grafen Paris
Vermählen mit Gewalt. – Da kommt sie zu mir
Mit wildem Blick, heißt mich auf Mittel sinnen,
Um dieser zweiten Heirat zu entgehn,
Sonst wollt in meiner Zelle sie sich töten.
Da gab ich, so belehrt durch meine Kunst,
Ihr einen Schlaftrunk; er bewies sich wirksam
Nach meiner Absicht, denn er goß den Schein
Des Todes über sie. Indessen schrieb ich
An Romeo, daß er sich herbegäbe
Und hülf aus dem erborgten Grab sie holen
In dieser Schreckensnacht, als um die Zeit,
Wo jenes Trankes Kraft erlösche. Doch
Den Träger meines Briefs, den Bruder Markus,
Hielt Zufall auf, und gestern abend bracht er
Ihn mir zurück. Nun ging ich ganz allein
Um die bestimmte Stunde des Erwachens,
Sie zu befrein aus ihrer Ahnen Gruft,
Und dacht in meiner Zelle sie zu bergen,
Bis ich es Romeon berichten könnte.
Doch wie ich kam, Minuten früher nur,
Eh sie erwacht, fand ich hier tot zu früh
Den treuen Romeo, den edlen Paris.
Jetzt wacht sie auf; ich bat sie fortzugehn
Und mit Geduld des Himmels Hand zu tragen;
Doch da verscheucht' ein Lärm mich aus der Gruft.
Sie, in Verzweiflung, wollte mir nicht folgen

FÜNFTER AUFZUG · DRITTE SZENE

Und tat, so scheints, sich selbst ein Leides an.
Dies weiß ich nur; und ihre Heirat war
Der Wärterin vertraut. Ist etwas hier
Durch mich verschuldet, laßt mein altes Leben,
Nur wenig Stunden vor der Zeit, der Härte
Des strengsten Richterspruchs geopfert werden.

Prinz. Wir kennen dich als einen heilgen Mann. –
Wo ist der Diener Romeos? Was sagt er?

Balthasar. Ich brachte meinem Herrn von Juliens Tod –
Die Zeitung, und er ritt von Mantua
In Eil zu diesem Platz, zu diesem Grabmal.
Den Brief hier gab er mir für seinen Vater.
Und drohte Tod mir, gehend in die Gruft,
Wo ich mich nicht entfernt', und dort ihn ließe.

Prinz. Gib mir den Brief; ich will ihn überlesen. –
Wo ist der Bub des Grafen, der die Wache
Geholt? – Sag, Bursch, was machte hier dein Herr?

Page. Er kam, um Blumen seiner Braut aufs Grab
Zu streun, und hieß mich fern stehn, und das tat ich.
Drauf naht sich wer mit Licht, das Grab zu öffnen,
Und gleich zog gegen ihn mein Herr den Degen;
Alsbald lief ich davon und holte Wache.

Prinz. Hier dieser Brief bewährt das Wort des Mönchs,
Den Liebesbund, die Zeitung ihres Todes;
Auch schreibt er, daß ein armer Apotheker
Ihm Gift verkauft, womit er gehen wolle
Zu Juliens Gruft, um neben ihr zu sterben. –
Wo sind sie, diese Feinde? – Capulet! Montague!
Seht, welch ein Fluch auf eurem Hasse ruht,
Daß eure Freuden Liebe töten muß!
Auch ich, weil ich dem Zwiespalt nachgesehn,
Verlor ein paar Verwandte. – Alle büßen.

Capulet. O Bruder Montague, gib mir die Hand;
Das ist das Leibgedinge meiner Tochter,
Denn mehr kann ich nicht fordern.

Montague. Aber ich
Vermag dir mehr zu geben; denn ich will

ROMEO UND JULIA

Aus klarem Gold ihr Bildnis fertgen lassen.
So lang Verona seinen Namen trägt,
Komm nie ein Bild an Wert dem Bilde nah
Der treuen, liebevollen Julia.

Capulet. So reich will ich es Romeon bereiten:
Die armen Opfer unsrer Zwistigkeiten!

Prinz. Nur düstern Frieden bringt uns dieser Morgen;
Die Sonne scheint, verhüllt vor Weh, zu weilen.
Kommt, offenbart mir ferner, was verborgen,
Ich will dann strafen oder Gnad erteilen;
Denn niemals gab es ein so hartes Los
Als Juliens und ihres Romeos.

HAMLET, PRINZ VON DÄNEMARK

Wahrscheinlich zwischen 1600 und 1602 entstanden
Übersetzt von August Wilhelm von Schlegel

PERSONEN

CLAUDIUS, *König von Dänemark.*

HAMLET, *Sohn des vorigen und Neffe des gegenwärtigen Königs.*

POLONIUS, *Oberkämmerer.*

HORATIO, *Hamlets Freund.*

LAERTES, *Sohn des Polonius.*

VOLTIMAND
CORNELIUS
ROSENKRANZ
GÜLDENSTERN } *Hofleute.*

OSRICK, *ein Hofmann.*

Ein andrer Hofmann.

Ein Priester.

MARCELLUS
BERNARDO } *Offiziere.*

FRANCISCO, *ein Soldat.*

REINHOLD, *Diener des Polonius.*

Ein Hauptmann.

Ein Gesandter.

Der GEIST *von Hamlets Vater.*

FORTINBRAS, *Prinz von Norwegen.*

GERTRUDE, *Königin von Dänemark und Hamlets Mutter.*

OPHELIA, *Tochter des Polonius.*

Herren und Frauen vom Hofe, Offiziere,
Soldaten, Schauspieler, Totengräber, Matrosen,
Boten und andres Gefolge.

Die Szene ist in *Helsingör.*

ERSTER AUFZUG

ERSTE SZENE

Helsingör. Eine Terrasse vor dem Schlosse.
Francisco auf dem Posten, Bernardo tritt auf.

Bernardo. Wer da?
Francisco. Nein, *mir* antwortet: steht und gebt Euch kund.
Bernardo. Lang lebe der König!
Francisco. Bernardo?
Bernardo. Er selbst.
Francisco. Ihr kommt gewissenhaft auf Eure Stunde.
Bernardo. Es schlug schon zwölf, mach dich zu Bett, Francisco.
Francisco. Dank für die Ablösung! 's ist bitter kalt,
Und mir ist schlimm zu Mut.
Bernardo. War Eure Wache ruhig?
Francisco. Alles mausestill.
Bernardo. Nun, gute Nacht!
Wenn Ihr auf meine Wachtgefährten stoßt,
Horatio und Marcellus, heißt sie eilen.
Horatio und Marcellus treten auf.
Francisco. Ich denk, ich höre sie. – He! halt! wer da?
Horatio. Freund dieses Bodens.
Marcellus. Und Vasall des Dänen.
Francisco. Habt gute Nacht!
Marcellus. O grüß dich, wackrer Krieger.
Wer hat dich abgelöst?
Francisco. Bernardo hat den Posten.
Habt gute Nacht. *(Ab.)*
Marcellus. Holla, Bernardo!
Bernardo. Sprecht!
He, ist Horatio da?
Horatio. Ein Stück von ihm.
Bernardo. Willkommen Euch! Willkommen, Freund Marcellus!
Horatio. Nun, ist das Ding heut wiederum erschienen?
Bernardo. Ich habe nichts gesehn.

Marcellus. Horatio sagt, es sei nur Einbildung,
Und will dem Glauben keinen Raum gestatten
An dieses Schreckbild, das wir zweimal sahn;
Deswegen hab ich ihn hieher geladen,
Mit uns die Stunden dieser Nacht zu wachen,
Damit, wenn wieder die Erscheinung kommt,
Er unsern Augen zeug und mit ihr spreche.
Horatio. Pah, pah! Sie wird nicht kommen.
Bernardo. Setzt Euch denn
Und laßt uns nochmals Euer Ohr bestürmen,
Das so verschanzt ist gegen den Bericht,
Was wir zwei Nächte sahn.
Horatio. Gut, sitzen wir,
Und laßt Bernardo uns hievon erzählen.
Bernardo. Die allerletzte Nacht,
Als eben jener Stern, vom Pol gen Westen,
In seinem Lauf den Teil des Himmels hellte,
Wo jetzt er glüht: da sahn Marcell und ich,
Indem die Glocke eins schlug –
Marcellus. O still! halt ein! Sieh, wie's da wieder kommt!
Der Geist kommt.
Bernardo. Ganz die Gestalt wie der verstorbne König.
Marcellus. Du bist gelehrt, sprich du mit ihm, Horatio.
Bernardo. Siehts nicht dem König gleich? Schauts an, Horatio.
Horatio. Ganz gleich; es macht mich starr vor Furcht und
Staunen.
Bernardo. Es möchte angeredet sein.
Marcellus. Horatio, sprich mit ihm.
Horatio. Wer bist du, der sich dieser Nachtzeit anmaßt,
Und dieser edlen, kriegrischen Gestalt,
Worin die Hoheit des begrabnen Dänmark
Weiland einherging? Ich beschwöre dich
Beim Himmel, sprich!
Marcellus. Es ist beleidigt.
Bernardo. Seht, es schreitet weg.
Horatio. Bleib, sprich! Sprich, ich beschwör dich: sprich!
(*Geist ab.*)

ERSTER AUFZUG · ERSTE SZENE

Marcellus. Fort ists und will nicht reden.

Bernardo. Wie nun, Horatio! Ihr zittert und seht bleich:
Ist dies nicht etwas mehr als Einbildung?
Was haltet Ihr davon?

Horatio. Bei meinem Gott, ich dürfte dies nicht glauben,
Hätt ich die sichre, fühlbare Gewähr
Der eignen Augen nicht.

Marcellus. Siehts nicht dem König gleich?

Horatio. Wie du dir selbst.
Genau so war die Rüstung, die er trug,
Als er sich mit dem stolzen Norweg maß;
So dräut' er einst, als er in hartem Zweisprach
Aufs Eis warf den beschlitteten Polacken.
's ist seltsam.

Marcellus. So schritt er, grad um diese dumpfe Stunde,
Schon zweimal kriegrisch unsre Wacht vorbei.

Horatio. Wie dies bestimmt zu deuten, weiß ich nicht;
Allein soviel ich insgesamt erachte,
Verkündets unserm Staat besondre Gärung.

Marcellus. Nun setzt euch, Freunde; sagt mir, wer es weiß,
Warum dies aufmerksame, strenge Wachen
Den Untertan des Landes nächtlich plagt?
Warum wird Tag für Tag Geschütz gegossen
Und in der Fremde Kriegsgerät gekauft?
Warum gepreßt für Werfte, wo das Volk
Den Sonntag nicht vom sauren Werktag trennt?
Was gibts, daß diese schweißbetriefte Eil
Die Nacht dem Tage zür Gehilfin macht?
Kann jemand mich belehren?

Horatio. Ja, ich kanns;
Zum mindsten heißt es so. Der letzte König,
Des Bild uns eben jetzt erschienen ist[1],
Ward, wie Ihr wißt, durch Fortinbras von Norweg,
Den eifersüchtger Stolz dazu gespornt,
Zum Kampf gefordert; unser tapfrer Hamlet

---

1. Dieser Vers fehlt bei Schlegel.

(Denn diese Seite der bekannten Welt
Hielt ihn dafür) schlug diesen Fortinbras,
Der laut dem untersiegelten Vertrag,
Bekräftiget durch Recht und Rittersitte,
Mit seinem Leben alle Länderein,
So er besaß, verwirkte an den Sieger;
Wogegen auch ein angemeßnes Teil
Von unserm König ward zum Pfand gesetzt,
Das Fortinbras anheimgefallen wäre,
Hätt er gesiegt; wie durch denselben Handel
Und Inhalt der besprochnen Punkte seins
An Hamlet fiel. Der junge Fortinbras
Hat nun, von wildem Feuer heiß und voll,
An Norwegs Ecken hier und da ein Heer
Landloser Abenteurer aufgerafft,
Für Brot und Kost, zu einem Unternehmen,
Das Herz hat; welches denn kein andres ist
(Wie unser Staat das auch gar wohl erkennt),
Als durch die starke Hand und Zwang der Waffen
Die vorbesagten Land' uns abzunehmen,
Die so sein Vater eingebüßt: und dies
Scheint mir der Antrieb unsrer Zurüstungen,
Die Quelle unsrer Wachen und der Grund
Von diesem Treiben und Gewühl im Lande.
Bernardo. Nichts anders, denk ich, ists als eben dies.
Wohl trifft es zu, daß diese Schreckgestalt
In Waffen unsre Wacht besucht, so ähnlich
Dem König, der der Anlaß dieses Kriegs.
Horatio. Ein Stäubchen ists, des Geistes Aug zu trüben.
Im höchsten palmenreichen Stande Roms,
Kurz vor dem Fall des großen Julius, standen
Die Gräber leer, verhüllte Tote schrien
Und wimmerten die röm'schen Gassen durch.
Dann feurgeschweifte Sterne, blut'ger Tau,
Die Sonne fleckig; und der feuchte Stern,
Des Einfluß waltet in Neptunus' Reich,
Krankt' an Verfinstrung wie zum Jüngsten Tag.

ERSTER AUFZUG · ERSTE SZENE

Und eben solche Zeichen grauser Dinge
(Als Boten, die dem Schicksal stets vorangehn,
Und Vorspiel der Entscheidung, die sich naht)
Hat Erd und Himmel insgemein gesandt
An unsern Himmelsstrich und Landsgenossen.

Der Geist kommt wieder.

Doch still! Schaut, wie's da wieder kommt. Ich kreuz es,
Und sollt es mich verderben. – Steh, Phantom!
Hast du Gebrauch der Stimm und einen Laut:
Sprich zu mir!
Ist irgendeine gute Tat zu tun,
Die Ruh dir bringen kann und Ehre mir:
Sprich zu mir!
Bist du vertraut mit deines Landes Schicksal,
Das etwa noch Voraussicht wenden kann:
O sprich!
Und hast du aufgehäuft in deinem Leben
Erpreßte Schätze in der Erde Schoß,
Wofür ihr Geister, sagt man, oft im Tode
Umhergeht: sprich davon! verweil und sprich!

(Der Hahn kräht.)

Halt es doch auf, Marcellus!
Marcellus. Soll ich nach ihm mit der Hellbarde schlagen?
Horatio. Tus, wenns nicht stehen will.
Bernardo. 's ist hier.
Horatio. 's ist hier.
Marcellus. 's ist fort.

(Geist ab.)

Wir tun ihm Schmach, da es so majestätisch,
Wenn wir den Anschein der Gewalt ihm bieten;
Denn es ist unverwundbar wie die Luft,
Und unsre Streiche nur boshafter Hohn.
Bernardo. Es war am Reden, als der Hahn just krähte.
Horatio. Und da fuhrs auf, gleich einem sündgen Wesen
Auf einen Schreckensruf. Ich hab gehört,
Der Hahn, der als Trompete dient dem Morgen,
Erweckt mit schmetternder und heller Kehle

Den Gott des Tages, und auf seine Mahnung,
Seis in der See, im Feur, Erd oder Luft,
Eilt jeder schweifende und irre Geist
In sein Revier; und von der Wahrheit dessen
Gab dieser Gegenstand uns den Beweis.

Marcellus. Es schwand erblassend mit des Hahnen Krähn.
Sie sagen, immer, wann die Jahrszeit naht,
Wo man des Heilands Ankunft feiert, singe
Die ganze Nacht durch dieser frühe Vogel;
Dann darf kein Geist umhergehn, sagen sie,
Die Nächte sind gesund, dann trifft kein Stern,
Kein Elfe faht, noch mögen Hexen zaubern:
So gnadenvoll und heilig ist die Zeit.

Horatio. So hört auch ich und glaube dran zum Teil.
Doch seht, der Morgen, angetan mit Purpur,
Betritt den Tau des hohen Hügels dort;
Laßt uns die Wacht aufbrechen, und ich rate,
Vertraun wir, was wir diese Nacht gesehn,
Dem jungen Hamlet; denn, bei meinem Leben,
Der Geist, so stumm für uns, ihm wird er reden.
Ihr willigt drein, daß wir ihm dieses melden,
Wie Lieb uns nötigt und der Pflicht geziemt?

Marcellus. Ich bitt Euch, tun wir das; ich weiß, wo wir
Ihn am bequemsten heute finden werden. *(Ab.)*

ZWEITE SZENE

Ein Staatszimmer im Schlosse.
*Der König, die Königin, Hamlet, Polonius, Laertes,
Voltimand, Cornelius, Herren vom Hofe und Gefolge.*

König. Wiewohl von Hamlets Tod, des werten Bruders,
Noch das Gedächtnis frisch; und ob es unserm Herzen
Zu trauern ziemte, und dem ganzen Reich,
In eine Stirn des Grames sich zu falten:
So weit hat Urteil die Natur bekämpft,
Daß wir mit weisem Kummer sein gedenken,

ERSTER AUFZUG · ZWEITE SZENE

Zugleich mit der Erinnrung an uns selbst.
Wir haben also unsre weiland Schwester,
Jetzt unsre Königin, die hohe Witwe
Und Erbin dieses kriegerischen Staats,
Mit unterdrückter Freude, sozusagen,
Mit *einem* heitern, *einem* nassen Aug,
Mit Leichenjubel und mit Hochzeitklage,
In gleichen Schalen wägend Leid und Lust,
Zur Eh genommen; haben auch hierin
Nicht eurer bessern Weisheit widerstrebt,
Die frei uns beigestimmt. – Für alles Dank!
  Nun wißt ihr, hat der junge Fortinbras
Aus Minderschätzung unsers Werts und denkend,
Durch unsers teuren sel'gen Bruders Tod
Sei unser Staat verrenkt und aus den Fugen:
Gestützt auf diesen Traum von seinem Vorteil,
Mit Botschaft uns zu plagen nicht ermangelt
Um Wiedergabe jener Länderein,
Rechtskräftig eingebüßt von seinem Vater
An unsern tapfern Bruder. – So viel von ihm;
Nun von uns selbst und eurer Herberufung.
So lautet das Geschäft: wir schreiben hier
An Norweg, Ohm des jungen Fortinbras,
Der schwach, bettlägrig, kaum von diesem Anschlag
Des Neffen hört, desselben fernern Gang
Hierin zu hemmen; sintemal die Werbung,
Bestand und Zahl der Truppen, alles doch
Aus seinem Volk geschieht; und senden nun
Euch, wackrer Voltimand, und Euch, Cornelius,
Mit diesem Gruß zum alten Norweg hin,
Euch keine weitere Vollmacht übergebend,
Zu handeln mit dem König, als das Maß
Der hier erörterten Artikel zuläßt.
Lebt wohl, und Eil empfehle euren Eifer.
Cornelius und *Voltimand.* Hier, wie in allem, wollen wir ihn zeigen.
König. Wir zweifeln nicht daran. Lebt herzlich wohl!
          (*Voltimand und Cornelius ab.*)

Und nun, Laertes, sagt, was bringt Ihr uns?
Ihr nanntet ein Gesuch: was ists, Laertes?
Ihr könnt nicht von Vernunft dem Dänen reden,
Und Euer Wort verlieren. Kannst du bitten,
Was ich nicht gern gewährt, eh dus verlangt?
Der Kopf ist nicht dem Herzen mehr verwandt,
Die Hand dem Munde dienstgefällger nicht,
Als Dänmarks Thron es deinem Vater ist.
Was wünschest du, Laertes?

Laertes. Hoher Herr,
Vergünstigung, nach Frankreich rückzukehren,
Woher ich zwar nach Dänmark willig kam,
Bei Eurer Krönung meine Pflicht zu leisten;
Doch nun gesteh ich, da die Pflicht erfüllt,
Strebt mein Gedank und Wunsch nach Frankreich hin
Und neigt sich Eurer gnädigen Erlaubnis.

König. Erlaubts der Vater Euch? Was sagt Polonius?

Polonius. Er hat, mein Fürst, die zögernde Erlaubnis
Mir durch beharrlich Bitten abgedrungen,
Daß ich zuletzt auf seinen Wunsch das Siegel
Der schwierigen Bewilligung gedrückt.
Ich bitt Euch, gebt Erlaubnis ihm zu gehn.

König. Nimm deine günstge Stunde: Zeit sei dein,
Mag deiner Gaben Zier nach Lust sie nutzen. –
Doch nun, mein Vetter Hamlet und mein Sohn –

Hamlet (beiseite). Mehr als befreundet, weniger als Freund.

König. Wie, hängen stets noch Wolken über Euch?

Hamlet. Nicht doch, mein Fürst, ich habe zu viel Sonne.

Königin. Wirf, guter Hamlet, ab die nächtge Farbe
Und laß dein Aug als Freund auf Dänmark sehn.
Such nicht beständig mit gesenkten Wimpern
Nach deinem edlen Vater in dem Staub.
Du weißt, es ist gemein: was lebt, muß sterben
Und Ew'ges nach der Zeitlichkeit erwerben.

Hamlet. Ja, gnäd'ge Frau, es ist gemein.

Königin. Nun wohl,
Weswegen scheint es so besonders dir?

ERSTER AUFZUG · ZWEITE SZENE   113

Hamlet. Scheint, gnäd'ge Frau? Nein, ist; mir gilt kein scheint.
  Nicht bloß mein düstrer Mantel, gute Mutter,
  Noch die gewohnte Tracht von ernstem Schwarz,
  Noch stürmisches Geseufz beklemmten Odems,
  Noch auch im Auge der ergiebge Strom,
  Noch die gebeugte Haltung des Gesichts,
  Samt aller Sitte, Art, Gestalt des Grames
  Ist das, was wahr mich kundgibt; dies scheint wirklich:
  Es sind Gebärden, die man spielen könnte.
  Was über allen Schein, trag ich in mir;
  All dies ist nur des Kummers Kleid und Zier.
König. Es ist gar lieb und Eurem Herzen rühmlich, Hamlet,
  Dem Vater diese Trauerpflicht zu leisten.
  Doch wißt, auch Eurem Vater starb ein Vater;
  Dem seiner, und der Nachgelaßne soll,
  Nach kindlicher Verpflichtung, ein'ge Zeit
  Die Leichentrauer halten. Doch zu beharren
  In eigenwillgen Klagen, ist das Tun
  Gottlosen Starrsinns; ist unmännlich Leid;
  Zeigt einen Willen, der dem Himmel trotzt.
  Ein unverschanztes Herz und wild Gemüt
  Zeigt blöden, ungelehrigen Verstand,
  Wovon man weiß, es *muß* sein; was gewöhnlich
  Wie das Gemeinste, das die Sinne rührt:
  Weswegen das in mürr'schem Widerstande
  Zu Herzen nehmen? Pfui! es ist Vergehn
  Am Himmel; ist Vergehen an dem Toten,
  Vergehn an der Natur; vor der Vernunft
  Höchst töricht, deren allgemeine Predigt
  Der Väter Tod ist, und die immer rief
  Vom ersten Leichnam bis zum heut verstorbnen:
  «Dies muß so sein.» Wir bitten, werft zu Boden
  Dies unfruchtbare Leid, und denkt von Uns
  Als einem Vater; denn wissen soll die Welt,
  Daß Ihr an Unserm Thron der Nächste seid,
  Und mit nicht minder Überschwang der Liebe,
  Als seinem Sohn der liebste Vater widmet,

Bin ich Euch zugetan. Was Eure Rückkehr
Zur hohen Schul in Wittenberg betrifft,
So widerspricht sie höchlich Unserm Wunsch,
Und Wir ersuchen Euch, beliebt zu bleiben
Hier in dem milden Scheine Unsers Augs,
Als Unser erster Hofmann, Vetter, Sohn.
Königin. Laß deine Mutter fehl nicht bitten, Hamlet:
Ich bitte, bleib bei uns, geh nicht nach Wittenberg.
Hamlet. Ich will Euch gern gehorchen, gnäd'ge Frau.
König. Wohl, das ist eine liebe, schöne Antwort.
Seid wie wir selbst in Dänmark. – Kommt, Gemahlin!
Dies willge, freundliche Nachgeben Hamlets
Sitzt lächelnd um mein Herz; und dem zu Ehren
Soll das Geschütz heut jeden frohen Trunk,
Den Dänmark ausbringt, an die Wolken tragen,
Und wenn der König anklingt, soll der Himmel
Nachdröhnen irdschem Donner. – Kommt mit mir.
(*König, Königin, Laertes und Gefolge ab.*)
Hamlet. O schmölze doch dies allzu feste Fleisch,
Zerging' und löst' in einen Tau sich auf!
Oder hätte nicht der Ew'ge sein Gebot
Gerichtet gegen Selbstmord! O Gott! O Gott!
Wie ekel, schal und flach und unersprießlich
Scheint mir das ganze Treiben dieser Welt!
Pfui! pfui darüber! 's ist ein wüster Garten,
Der auf in Samen schießt; verworfnes Unkraut
Erfüllt ihn gänzlich. Dazu mußt es kommen!
Zwei Mond' erst tot! – nein, nicht so viel, nicht zwei;
Solch trefflicher Monarch! der neben diesem
Apoll bei einem Satyr; so meine Mutter liebend,
Daß er des Himmels Winde nicht zu rauh
Ihr Antlitz ließ berühren. Himmel und Erde!
Muß ich gedenken? Hing sie doch an ihm,
Als stieg' der Wachstum ihrer Lust mit dem,
Was ihre Kost war. Und doch, in einem Mond –
Laßt michs nicht denken! – Schwachheit, dein Nam
ist Weib! –

ERSTER AUFZUG · ZWEITE SZENE

Ein kurzer Mond; bevor die Schuh verbraucht,
Womit sie meines Vaters Leiche folgte,
Wie Niobe, ganz Tränen – sie, ja sie;
O Himmel! würd ein Tier, das nicht Vernunft hat,
Doch länger trauern. – Meinem Ohm vermählt,
Dem Bruder meines Vaters, doch ihm ähnlich,
Wie ich dem Herkules: in einem Mond,
Bevor das Salz höchst frevelhafter Tränen
Der wunden Augen Röte noch verließ,
War sie vermählt! – O schnöde Hast, so rasch
In ein blutschänderisches Bett zu stürzen!
Es ist nicht, und es wird auch nimmer gut.
Doch brich, mein Herz! denn schweigen muß mein Mund.
　　　Horatio, Bernardo und Marcellus treten auf.
Horatio. Heil Eurer Hoheit!
Hamlet. Ich bin erfreut, Euch wohl zu sehn,
　　Horatio – wenn ich nicht mich selbst vergesse?
Horatio. Ja, Prinz, und Euer armer Diener stets.
Hamlet. Mein guter Freund; vertauscht mir jenen Namen.
　　Was macht ihr hier von Wittenberg, Horatio?
　　Marcellus?
Marcellus. Gnäd'ger Herr –
Hamlet. Es freut mich, Euch zu sehn. Habt guten Abend.
　　Im Ernst, was führt Euch weg von Wittenberg?
Horatio. Ein müßiggängerischer Hang, mein Prinz.
Hamlet. Das möcht ich Euren Feind nicht sagen hören;
　　Nocht sollt Ihr meinem Ohr den Zwang antun,
　　Daß Euer eignes Zeugnis gegen Euch
　　Ihm gültig wär. Ich weiß, Ihr geht nicht müßig.
　　Doch was ist Eur Geschäft in Helsingör?
　　Ihr sollt noch trinken lernen, eh Ihr reist.
Horatio. Ich kam zu Eures Vaters Leichenfeier.
Hamlet. Ich bitte, spotte meiner nicht, mein Schulfreund;
　　Du kamst gewiß zu meiner Mutter Hochzeit.
Horatio. Fürwahr, mein Prinz, sie folgte schnell darauf.
Hamlet. Wirtschaft, Horatio! Wirtschaft! Das Gebackne
　　Vom Leichenschmaus gab kalte Hochzeitschüsseln.

Hätt ich den ärgsten Feind im Himmel lieber
Getroffen, als den Tag erlebt, Horatio!
Mein Vater – mich dünkt, ich sehe meinen Vater.
Horatio. Wo, mein Prinz?
Hamlet. In meines Geistes Aug, Horatio.
Horatio. Ich sah ihn einst, er war ein wackrer König.
Hamlet. Er war ein Mann: nehmt alles nur in allem;
Ich werde nimmer seinesgleichen sehn.
Horatio. Mein Prinz, ich denk, ich sah ihn vor'ge Nacht.
Hamlet. Sah? wen?
Horatio. Mein Prinz, den König, Euren Vater.
Hamlet. Den König, meinen Vater?
Horatio. Beruhigt das Erstaunen eine Weil
Durch ein aufmerksam Ohr; bis ich dies Wunder,
Auf die Bekräftigung der Männer hier,
Euch kann berichten.
Hamlet. Um Gottes willen, laßt mich hören.
Horatio. Zwei Nächte nacheinander wars den beiden,
Marcellus und Bernardo, auf der Wache
In toter Stille tiefer Mitternacht
So widerfahren. Ein Schatte wie Eur Vater,
Geharnischt, ganz in Wehr, von Kopf zu Fuß,
Erscheint vor ihnen, geht mit ernstem Tritt
Langsam vorbei und stattlich; schreitet dreimal
Vor ihren starren, furchtergriffnen Augen,
So daß sein Stab sie abreicht; während sie,
Geronnen fast zu Gallert durch die Furcht,
Stumm stehn und reden nicht mit ihm. Dies nun
In banger Heimlichkeit vertraun sie mir.
Ich hielt die dritte Nacht mit ihnen Wache;
Und da, wie sie berichtet, nach der Zeit,
Gestalt des Dings, buchstäblich alles wahr,
Kommt das Gespenst. Ich kannte Euren Vater:
Hier diese Hände gleichen sich nicht mehr.
Hamlet. Wo ging dies aber vor?
Marcellus. Auf der Terrasse, wo wir Wache hielten.
Hamlet. Ihr sprachet nicht mit ihm?

ERSTER AUFZUG · ZWEITE SZENE   117

Horatio. Ich tats, mein Prinz.
　　Doch Antwort gab es nicht; nur einmal schiens,
　　Es höb sein Haupt empor und schickte sich
　　Zu der Bewegung an, als wollt es sprechen.
　　Doch krähte eben laut der Morgenhahn,
　　Und bei dem Tone schlüpft' es eilig weg
　　Und schwand aus unserm Blick.
Hamlet. Sehr sonderbar.
Horatio. Bei meinem Leben, edler Prinz, 's ist wahr;
　　Wir hieltens durch die Pflicht uns vorgeschrieben,
　　Die Sach Euch kundzutun.
Hamlet. Im Ernst, im Ernst, ihr Herrn, dies ängstigt mich.
　　Habt ihr die Wache heut?
Alle. Ja, gnäd'ger Herr.
Hamlet. Geharnischt, sagt ihr?
Alle. Geharnischt, gnäd'ger Herr.
Hamlet. Vom Wirbel bis zur Zeh?
Alle. Von Kopf zu Fuß.
Hamlet. So saht ihr sein Gesicht nicht?
Horatio. O ja doch, sein Visier war aufgezogen.
Hamlet. Nun, blickt' er finster?
Horatio. Eine Miene, mehr
　　Des Leidens als des Zorns.
Hamlet. Blaß oder rot?
Horatio. Nein, äußerst blaß.
Hamlet. Sein Aug auf euch geheftet?
Horatio. Ganz fest.
Hamlet. Ich wollt, ich wär dabei gewesen.
Horatio. Ihr hättet Euch gewiß entsetzt.
Hamlet. Sehr glaublich,
　　Sehr glaublich. Blieb es lang?
Horatio. Derweil mit mäßger Eil
　　Man hundert zählen konnte.
Marcellus. Bernardo. Länger, länger.
Horatio. Nicht, da ichs sah.
Hamlet. Sein Bart war greis, nicht wahr?
Horatio. Wie ichs an ihm bei seinem Leben sah,

Ein schwärzlich Silbergrau.
Hamlet. Ich will heut wachen;
    Vielleicht wirds wieder kommen.
Horatio. Zuverlässig.
Hamlet. Erscheints in meines edlen Vaters Bildung,
    So red ichs an, gähnt' auch die Hölle selbst
    Und hieß' mich ruhig sein. Ich bitt euch alle:
    Habt ihr bis jetzt verheimlicht dies Gesicht,
    So haltets ferner fest in eurem Schweigen;
    Und was sich sonst zu Nacht ereignen mag,
    Gebt allem einen Sinn, doch keine Zunge.
    Ich will die Lieb euch lohnen; lebt denn wohl!
    Auf der Terrasse zwischen elf und zwölf
    Besuch ich euch.
Alle. Eur Gnaden unsre Dienste.
Hamlet. Nein, eure Liebe, so wie meine euch.
    Lebt wohl nun!
          (*Horatio, Marcellus und Bernardo ab.*)
Hamlet. Meines Vaters Geist in Waffen!
    Es taugt nicht alles: ich vermute was
    Von argen Ränken. Wär die Nacht erst da!
    Bis dahin ruhig, Seele! Schnöde Taten,
    Birgt sie die Erd auch, müssen sich verraten. (*Ab.*)

DRITTE SZENE

Ein Zimmer in Polonius' Hause.
Laertes und Ophelia treten auf.

Laertes. Mein Reisegut ist eingeschifft. Leb wohl!
    Und, Schwester, wenn die Winde günstig sind
    Und Schiffsgeleit sich findet, schlaf nicht, laß
    Von dir mich hören.
Ophelia. Zweifelst du daran?
Laertes. Was Hamlet angeht und sein Liebsgetändel,
    So nimms als Sitte, als ein Spiel des Bluts;
    Ein Veilchen in der Jugend der Natur,

ERSTER AUFZUG · DRITTE SZENE

Frühzeitig, nicht beständig – süß, nicht dauernd,
Nur Duft und Labsal eines Augenblicks:
Nichts weiter.
Ophelia. Weiter nichts?
Laertes. Nur dafür halt es.
Denn die Natur, aufstrebend, nimmt nicht bloß
An Größ und Sehnen zu; wie dieser Tempel wächst,
So wird der innre Dienst von Seel und Geist
Auch weit mit ihm. Er liebt Euch jetzt vielleicht;
Kein Arg und kein Betrug befleckt bis jetzt
Die Tugend seines Willens: doch befürchte,
Bei seinem Rang gehört sein Will ihm nicht.
Er selbst ist der Geburt ja untertan.
Er kann nicht, wie geringe Leute tun,
Für sich auslesen; denn an seiner Wahl
Hängt Sicherheit und Heil des ganzen Staats.
Deshalb muß seine Wahl beschränket sein
Vom Beifall und der Stimme jenes Körpers,
Von welchem er das Haupt. Wenn er nun sagt, er liebt dich,
Geziemt es deiner Klugheit, ihm zu glauben,
Soweit er, nach besonderm Recht und Stand,
Tat geben kann dem Wort; das heißt, nicht weiter
Als Dänemarks gesamte Stimme geht.
Bedenk, was deine Ehre leiden kann,
Wenn du zu gläubig seinem Liede lauschest,
Dein Herz verlierst, und deinen keuschen Schatz
Vor seinem ungestümen Dringen öffnest.
Fürcht es, Ophelia! fürcht es, liebe Schwester,
Und halte dich im Hintergrund der Neigung,
Fern von dem Schuß und Anfall der Begier.
Das scheuste Mädchen ist verschwendrisch noch,
Wenn sie dem Monde ihren Reiz enthüllt.
Selbst Tugend nicht entgeht Verleumdertücken,
Es nagt der Wurm des Frühlings Kinder an,
Zu oft noch, eh die Knospe sich erschließt,
Und in der Früh und frischem Tau der Jugend
Ist giftger Anhauch am gefährlichsten.

120   **HAMLET**

Sei denn behutsam! Furcht gibt Sicherheit,
Auch ohne Feind hat Jugend innern Streit.

Ophelia. Ich will den Sinn so guter Lehr bewahren,
Als Wächter meiner Brust; doch, lieber Bruder,
Zeigt nicht, wie heilvergeßne Pred'ger tun,
Den steilen Dornenweg zum Himmel andern,
Derweil als frecher, lockrer Wollüstling
Er selbst den Blumenpfad der Lust betritt
Und spottet seines Rats.

Laertes. O fürchte nichts!
Zu lange weil' ich – doch, da kommt mein Vater.

Polonius kommt.

Zwiefacher Segen ist ein zwiefach Heil:
Der Zufall lächelt einem zweiten Abschied.

Polonius. Noch hier, Laertes? Ei, ei! an Bord, an Bord!
Der Wind sitzt in dem Nacken Eures Segels,
Und man verlangt Euch. Hier, mein Segen mit dir –
(indem er dem Laertes die Hand aufs Haupt legt)
Und diese Regeln präg in dein Gedächtnis.
Gib den Gedanken, die du hegst, nicht Zunge,
Noch einem ungebührlichen die Tat.
Leutselig sei, doch keineswegs gemein.
Den Freund, der dein, und dessen Wahl erprobt,
Mit eh'rnen Haken klammr' ihn an dein Herz.
Doch härte deine Hand nicht durch Begrüßung
Von jedem neugeheckten Bruder. Hüte dich,
In Händel zu geraten; bist du drin,
Führ sie, daß sich dein Feind vor dir mag hüten.
Dein Ohr leih jedem, wen'gen deine Stimme;
Nimm Rat von allen, aber spar dein Urteil.
Die Kleidung kostbar, wie's dein Beutel kann,
Doch nicht ins Grillenhafte: reich, nicht bunt;
Denn es verkündigt oft die Tracht den Mann,
Und die vom ersten Rang und Stand in Frankreich
Sind darin ausgesucht und edler Sitte.
Kein Borger sei und auch Verleiher nicht;
Sich und den Freund verliert das Darlehn oft,

ERSTER AUFZUG · DRITTE SZENE

Und borgen stumpft der Wirtschaft Spitze ab.
Dies über alles: sei dir selber treu.
Und daraus folgt, so wie die Nacht dem Tage,
Du kannst nicht falsch sein gegen irgend wen.
Leb wohl! mein Segen fördre dies an dir!

Laertes. In Ehrerbietung nehm ich Abschied, Herr.

Polonius. Euch ruft die Zeit; geht, Eure Diener warten.

Laertes. Leb wohl, Ophelia, und gedenk an das,
Was ich dir sagte.

Ophelia. Es ist in mein Gedächtnis fest verschlossen,
Und Ihr sollt selbst dazu den Schlüssel führen.

Laertes. Lebt wohl! (*Ab.*)

Polonius. Was ists, Ophelia, das er Euch gesagt?

Ophelia. Wenn Ihr erlaubt, vom Prinzen Hamlet wars.

Polonius. Ha, wohl bedacht!
Ich höre, daß er Euch seit kurzem oft
Vertraute Zeit geschenkt; und daß Ihr selbst
Mit Eurem Zutritt sehr bereit und frei wart.
Wenn dem so ist – und so erzählt man mirs,
Und das als Warnung zwar – muß ich Euch sagen,
Daß Ihr Euch selber nicht so klar versteht,
Als meiner Tochter ziemt und Eurer Ehre.
Was gibt es zwischen euch? sagt mir die Wahrheit.

Ophelia. Er hat seither Anträge mir getan
Von seiner Zuneigung.

Polonius. Pah, Zuneigung! Ihr sprecht wie junges Blut,
In solchen Fährlichkeiten unbewandert.
Und glaubt Ihr den Anträgen, wie Ihrs nennt?

Ophelia. Ich weiß nicht, Vater, was ich denken soll.

Polonius. So hörts denn: denkt, Ihr seid ein dummes Ding,
Daß Ihr für bar Anträge habt genommen,
Die ohn Ertrag sind. Nein, betragt Euch klüger,
Sonst (um das arme Wort nicht tot zu hetzen)
Trägt Eure Narrheit noch Euch Schaden ein.

Ophelia. Er hat mit seiner Lieb in mich gedrungen,
In aller Ehr und Sitte.

Polonius. Ja, Sitte mögt Ihrs nennen; geht mir, geht!

Ophelia. Und hat sein Wort beglaubigt, lieber Herr,
  Beinah durch jeden heilgen Schwur des Himmels.
Polonius. Ja, Sprenkel für die Drosseln. Weiß ich doch,
  Wenn das Blut kocht, wie das Gemüt der Zunge
  Freigebig Schwüre leiht. Dies Lodern, Tochter,
  Mehr leuchtend als erwärmend, und erloschen
  Selbst im Versprechen, während es geschieht,
  Nehmt keineswegs für Feuer. Kargt von nun an
  Mit Eurer jungfräulichen Gegenwart
  Ein wenig mehr; schätzt Eure Unterhaltung
  Zu hoch, um auf Befehl bereit zu sein.
  Und was Prinz Hamlet angeht, traut ihm so:
  Er sei noch jung und habe freiern Spielraum,
  Als Euch vergönnt mag werden. Kurz, Ophelia,
  Traut seinen Schwüren nicht: denn sie sind Kuppler,
  Nicht von der Farbe ihrer äußern Tracht,
  Fürsprecher sündlicher Gesuche bloß,
  Gleich frommen, heiligen Gelübden redend,
  Um besser zu berücken. Eins für alles:
  Ihr sollt mir, grad heraus, von heute an
  Die Muße keines Augenblicks so schmähn,
  Daß Ihr Gespräche mit Prinz Hamlet pflöget.
  Seht zu, ich sags Euch; geht nun Eures Weges.
Ophelia. Ich will gehorchen, Herr. (*Ab.*)

VIERTE SZENE

Die Terrasse.
Hamlet, Horatio und Marcellus treten auf.

Hamlet. Die Luft geht scharf, es ist entsetzlich kalt.
Horatio. 's ist eine schneidende und strenge Luft.
Hamlet. Was ist die Uhr?
Horatio. Ich denke, nah an zwölf.
Marcellus. Nicht doch, es hat geschlagen.
Horatio. Wirklich schon?
  Ich hört es nicht; so rückt heran die Stunde,
  Worin der Geist gewohnt ist umzugehn.

ERSTER AUFZUG · VIERTE SZENE 123

(Trompetenstoß und Geschütz abgefeuert hinter der Szene.)
Was stellt das vor, mein Prinz?
Hamlet. Der König wacht die Nacht durch, zecht vollauf,
    Hält Schmaus und taumelt den geräuschgen Walzer;
    Und wie er Züge Rheinweins niedergießt,
    Verkünden schmetternd Pauken und Trompeten
    Den ausgebrachten Trunk.
Horatio. Ist das Gebrauch?
Hamlet. Nun freilich wohl.
    Doch meines Dünkens (bin ich eingeboren
    Und drin erzogen schon) ists ein Gebrauch,
    Wovon der Bruch mehr ehrt als die Befolgung.
    Dies schwindelköpfge Zechen macht verrufen
    Bei andern Völkern uns in Ost und West;
    Man heißt uns Säufer, hängt an unsre Namen
    Ein schmutzig Beiwort; und fürwahr, es nimmt
    Von unsern Taten, noch so groß verrichtet,
    Den Kern und Ausbund unsers Wertes weg.
    So geht es oft mit einzeln Menschen auch,
    Daß sie durch ein Naturmal, das sie schändet,
    Als etwa von Geburt (worin sie schuldlos,
    Weil die Natur nicht ihren Ursprung wählt)
    Ein Übermaß in ihres Blutes Mischung,
    Das Dämm und Schanzen der Vernunft oft einbricht,
    Auch wohl durch Angewöhnung, die zu sehr
    Den Schein gefällger Sitten überrostet –
    Daß diese Menschen, sag ich, welche so
    Von *einem* Fehler das Gepräge tragen
    (Seis Farbe der Natur, seis Fleck des Zufalls),
    Und wären ihre Tugenden so rein
    Wie Gnade sonst, so zahllos wie ein Mensch
    Sie tragen mag: in dem gemeinen Tadel
    Steckt der besondre Fehl sie doch mit an;
    Der Gran von Schlechtem zieht des edlen Wertes
    Gehalt herab in seine eigne Schmach.
            Der Geist kommt.
Horatio. O seht, mein Prinz, es kommt!

Hamlet. Engel und Boten Gottes, steht uns bei!
  Sei du ein Geist des Segens, sei ein Kobold,
  Bring Himmelslüfte oder Dampf der Hölle,
  Sei dein Beginnen boshaft oder liebreich,
  Du kommst in so fragwürdiger Gestalt,
  Ich rede doch mit dir; ich nenn dich Hamlet,
  Fürst, Vater, Dänenkönig: o gib Antwort!
  Laß mich in Blindheit nicht vergehn! Nein, sag:
  Warum dein fromm Gebein, verwahrt im Tode,
  Die Leinen hat gesprengt? warum die Gruft,
  Worin wir ruhig eingeurnt dich sahn,
  Geöffnet ihre schweren Marmorkiefer,
  Dich wieder auszuwerfen? Was bedeutets,
  Daß, toter Leichnam, du in vollem Stahl
  Aufs neu des Mondes Dämmerschein besuchst,
  Die Nacht entstellend; daß wir Narren der Natur
  So furchtbarlich uns schütteln mit Gedanken,
  Die unsre Seele nicht erreichen kann?
  Was ist dies? sag! Warum? was sollen wir?
Horatio. Es winket Euch, mit ihm hinwegzugehn,
  Als ob es eine Mitteilung verlangte
  Mit Euch allein.
Marcellus. Seht, wie es Euch mit freundlicher Gebärde
  Hinweist an einen mehr entlegnen Ort;
  Geht aber nicht mit ihm.
Horatio. Nein, keineswegs.
Hamlet. Es will nicht sprechen: wohl, so folg ich ihm.
Horatio. Tuts nicht, mein Prinz.
Hamlet. Was wäre da zu fürchten?
  Mein Leben acht ich keine Nadel wert,
  Und meine Seele, kann es der was tun,
  Die ein unsterblich Ding ist, wie es selbst?
  Es winkt mir wieder fort, ich folg ihm nach.
Horatio. Wie, wenn es hin zur Flut Euch lockt, mein Prinz,
  Vielleicht zum grausen Gipfel jenes Felsen,
  Der in die See nickt über seinen Fuß?
  Und dort in andre Schreckgestalt sich kleidet,

ERSTER AUFZUG · FÜNFTE SZENE

Die der Vernunft die Herrschaft rauben könnte
Und Euch zum Wahnsinn treiben? O bedenkt!
Der Ort an sich bringt Grillen der Verzweiflung
Auch ohne weitern Grund in jedes Hirn,
Das so viel Klafter niederschaut zur See
Und hört sie unten brüllen.

Hamlet. Immer winkt es:
   Geh nur! ich folge dir.
Marcellus. Ihr dürft nicht gehn, mein Prinz.
Hamlet. Die Hände weg!
Horatio. Hört uns, Ihr dürft nicht gehn.
Hamlet. Mein Schicksal ruft.
   Und macht die kleinste Ader dieses Leibes
   So fest als Sehnen des Nemeer Löwen.
                    (Der Geist winkt.)
   Es winkt mir immerfort: laßt los! Beim Himmel!
                    (Reißt sich los.)
   Den mach ich zum Gespenst, der mich zurückhält! –
   Ich sage, fort! – Voran! ich folge dir.
              (Der Geist und Hamlet ab.)
Horatio. Er kommt ganz außer sich vor Einbildung.
Marcellus. Ihm nach! Wir dürfen ihm nicht so gehorchen.
Horatio. Kommt, folgen wir! Welch Ende wird dies nehmen?
Marcellus. Etwas ist faul im Staate Dänemarks.
Horatio. Der Himmel wird es lenken.
Marcellus. Laßt uns gehn.
                    (Beide ab.)

FÜNFTE SZENE

Ein abgelegener Teil der Terrasse.
Der Geist und Hamlet kommen.

Hamlet. Wo führst du hin mich? Red, ich geh nicht weiter.
Geist. Hör an!
Hamlet. Ich wills.
Geist. Schon naht sich meine Stunde,

Wo ich den schweflichten, qualvollen Flammen
Mich übergeben muß.

Hamlet. Ach, armer Geist!

Geist. Beklag mich nicht, doch leih dein ernst Gehör
Dem, was ich kund will tun.

Hamlet. Sprich! mir ists Pflicht zu hören.

Geist. Zu rächen auch, sobald du hören wirst.

Hamlet. Was?

Geist. Ich bin deines Vaters Geist:
Verdammt, auf eine Zeitlang nachts zu wandern,
Und tags gebannt, zu fasten in der Glut,
Bis die Verbrechen meiner Zeitlichkeit
Hinweggeläutert sind. Wär mirs nicht untersagt,
Das Innre meines Kerkers zu enthüllen,
So höb ich eine Kunde an, von der
Das kleinste Wort die Seele dir zermalmte,
Dein junges Blut erstarrte, deine Augen
Wie Stern' aus ihren Kreisen schießen machte,
Dir die verworrnen krausen Locken trennte,
Und sträubte jedes einzle Haar empor
Wie Nadeln an dem zorngen Stacheltier:
Doch diese ew'ge Offenbarung faßt
Kein Ohr von Fleisch und Blut. – Horch, horch! o horch!
Wenn du je deinen teuren Vater liebtest –

Hamlet. O Himmel!

Geist. Räch seinen schnöden, unerhörten Mord.

Hamlet. Mord?

Geist. Ja, schnöder Mord, wie er aufs beste ist,
Doch dieser unerhört und unnatürlich.

Hamlet. Eil, ihn zu melden; daß ich auf Schwingen, rasch
Wie Andacht und des Liebenden Gedanken,
Zur Rache stürmen mag.

Geist. Du scheinst mir willig;
Auch wärst du träger als das feiste Kraut,
Das ruhig Wurzel treibt an Lethes Bord,
Erwachtest du nicht hier. Nun, Hamlet, höre:
Es heißt, daß, weil ich schlief in meinem Garten,

ERSTER AUFZUG · FÜNFTE SZENE   127

Mich eine Schlange stach; so wird das Ohr des Reichs
Durch den erlognen Hergang meines Todes
Schmählich getäuscht; doch wisse, edler Jüngling,
Die Schlang, die deines Vaters Leben stach,
Trägt seine Krone jetzt.
Hamlet. O mein prophetisches Gemüt! Mein Oheim?
Geist. Ja, der blutschänderische Ehebrecher,
Durch Witzes Zauber, durch Verrätergaben
(O arger Witz und Gaben, die imstand
So zu verführen sind!) gewann den Willen
Der scheinbar tugendsamen Königin
Zu schnöder Lust. O Hamlet, welch ein Abfall!
Von mir, des Liebe von der Echtheit war,
Daß Hand in Hand sie mit dem Schwure ging,
Den ich bei der Vermählung tat; erniedert
Zu einem Sünder, von Natur durchaus
Armselig gegen mich!
Allein wie Tugend nie sich reizen läßt,
Buhlt Unzucht auch um sie in Himmelsbildung;
So Lust, gepaart mit einem lichten Engel,
Wird dennoch eines Götterbettes satt
Und hascht nach Wegwurf. –
Doch still, mich dünkt, ich wittre Morgenluft:
Kurz laß mich sein. – Da ich im Garten schlief,
Wie immer meine Sitte nachmittags,
Beschlich dein Oheim meine sichre Stunde
Mit Saft verfluchten Bilsenkrauts im Fläschchen,
Und träufelt' in den Eingang meines Ohrs
Das schwärende Getränk; wovon die Wirkung
So mit des Menschen Blut in Feindschaft steht,
Daß es durch die natürlichen Kanäle
Des Körpers hurtig wie Quecksilber läuft;
Und wie ein saures Lab, in Milch getropft,
Mit plötzlicher Gewalt gerinnen macht
Das leichte, reine Blut. So tat es meinem;
Und Aussatz schuppte sich mir augenblicklich,
Wie einem Lazarus, mit ekler Rinde

Ganz um den glatten Leib.
So ward ich schlafend und durch Bruderhand
Um Leben, Krone, Weib mit eins gebracht,
In meiner Sünden Blüte hingerafft,
Ohne Nachtmahl, ungebeichtet, ohne Ölung;
Die Rechnung nicht geschlossen, ins Gericht
Mit aller Schuld auf meinem Haupt gesandt.
O schaudervoll! o schaudervoll! höchst schaudervoll.
Hast du Natur in dir, so leid es nicht;
Laß Dänmarks königliches Bett kein Lager
Für Blutschand und verruchte Wollust sein.
Doch, wie du immer diese Tat betreibst,
Befleck dein Herz nicht; dein Gemüt ersinne
Nichts gegen deine Mutter; überlaß sie
Dem Himmel und den Dornen, die im Busen
Ihr stechend wohnen. Lebe wohl mit eins.
Der Glühwurm zeigt, daß sich die Frühe naht,
Und sein unwirksam Feur beginnt zu blassen.
Ade! Ade! Ade! gedenke mein. *(Ab.)*
Hamlet. O Heer des Himmels! Erde! – Was noch sonst?
Nenn ich die Hölle mit? – O pfui! Halt, halt, mein Herz!
Ihr meine Sehnen, altert nicht sogleich,
Tragt fest mich aufrecht! – Dein gedenken? Ja,
Du armer Geist, solang Gedächtnis haust
In dem zerstörten Ball hier. Dein gedenken?
Ja, von der Tafel der Erinnrung will ich
Weglöschen alle törichten Geschichten,
Aus Büchern alle Sprüche, alle Bilder,
Die Spuren des Vergangnen, welche da
Die Jugend einschrieb und Beobachtung;
Und dein Gebot soll leben ganz allein
Im Buche meines Hirnes, unvermischt
Mit minder würdgen Dingen. – Ja, beim Himmel!
O höchst verderblich Weib!
O Schurke! lächelnder, verdammter Schurke!
Schreibtafel her! Ich muß mirs niederschreiben,
Daß einer lächeln kann und immer lächeln

ERSTER AUFZUG · FÜNFTE SZENE

Und doch ein Schurke sein; zum wenigsten
Weiß ich gewiß, in Dänmark kanns so sein.
Da steht Ihr, Oheim. Jetzt zu meiner Losung!
Sie heißt: «Ade, ade! gedenke mein.»
Ich habs geschworen.

Horatio (hinter der Szene). Mein Prinz! Mein Prinz!

Marcellus (hinter der Szene). Prinz Hamlet!

Horatio (hinter der Szene). Gott beschütz ihn!

Hamlet. So sei es!

Marcellus (hinter der Szene). Heda! ho! mein Prinz!

Hamlet. Ha! heisa, Junge! Komm, Vögelchen, komm!

Horatio und Marcellus kommen.

Marcellus. Wie stehts, mein gnäd'ger Herr?

Horatio. Was gibts, mein Prinz?

Hamlet. O wunderbar!

Horatio. Sagt, bester, gnäd'ger Herr.

Hamlet. Nein, Ihr verratets.

Horatio. Ich nicht, beim Himmel, Prinz.

Marcellus. Ich gleichfalls nicht.

Hamlet. Was sagt ihr? Sollts 'ne Menschenseele denken? –
Doch ihr wollt schweigen? –

Horatio. Marcellus. Ja, beim Himmel, Prinz.

Hamlet. Es lebt kein Schurk im ganzen Dänemark,
Der nicht ein ausgemachter Bube wär.

Horatio. Es braucht kein Geist vom Grabe herzukommen,
Uns das zu sagen.

Hamlet. Richtig; Ihr habt recht,
Und so, ohn alle weitre Förmlichkeit,
Denk ich, wir schütteln uns die Händ und scheiden;
Ihr tut, was euch Beruf und Neigung heißt –
Denn jeder Mensch hat Neigung und Beruf,
Wie sie denn sind – ich, für mein armes Teil,
Seht ihr, will beten gehn.

Horatio. Dies sind nur wirblichte und irre Worte, Herr.

Hamlet. Es tut mir leid, daß sie Euch ärgern, herzlich;
Ja, mein Treu, herzlich.

Horatio. Kein Ärgernis, mein Prinz.

Hamlet. Doch, bei Sankt Patrick, gibt es eins, Horatio,
　　Groß Ärgernis. Was die Erscheinung angeht,
　　Ich sag euch, 's ist ein ehrliches Gespenst.
　　Die Neugier, was es zwischen uns doch gibt,
　　Bemeistert, wie ihr könnt. Und nun, ihr Lieben,
　　Wofern ihr Freunde seid, Mitschüler, Krieger,
　　Gewährt ein Kleines mir.
Horatio. Was ists? Wir sind bereit.
Hamlet. Macht nie bekannt, was ihr die Nacht gesehn.
Horatio. Marcellus. Wir wollens nicht, mein Prinz.
Hamlet. Gut, aber schwört.
Horatio. Auf Ehre, Prinz, ich nicht.
Marcellus. Ich gleichfalls nicht, auf Ehre.
Hamlet. Auf mein Schwert.
Marcellus. Wir haben schon geschworen, gnäd'ger Herr.
Hamlet. Im Ernste, auf mein Schwert, im Ernste.
Geist (unter der Erde). Schwört!
Hamlet. Haha, Bursch! sagst du das? Bist du da, Grundehrlich?
　　Wohlan – ihr hört im Keller den Gesellen –
　　Bequemet euch zu schwören.
Horatio. Sagt den Eid.
Hamlet. Niemals von dem, was ihr gesehn, zu sprechen,
　　Schwört auf mein Schwert.
Geist (unter der Erde). Schwört!
Hamlet. Hic et ubique? Wechseln wir die Stelle. –
　　Hierher, ihr Herren, kommt
　　Und legt die Hände wieder auf mein Schwert;
　　Schwört auf mein Schwert,
　　Niemals von dem, was ihr gehört, zu sprechen.
Geist (unter der Erde). Schwört auf sein Schwert!
Hamlet. Brav, alter Maulwurf! Wühlst so hurtig fort?
　　O trefflicher Minierer! – Nochmals weiter, Freunde!
Horatio. Beim Sonnenlicht, dies ist erstaunlich fremd.
Hamlet. So heiß als einen Fremden es willkommen.
　　Es gibt mehr Ding im Himmel und auf Erden,
　　Als Eure Schulweisheit sich träumt, Horatio.
　　Doch kommt!

ZWEITER AUFZUG · ERSTE SZENE

Hier, wie vorhin, schwört mir, so Gott euch helfe,
Wie fremd und seltsam ich mich nehmen mag,
Da mirs vielleicht in Zukunft dienlich scheint,
Ein wunderliches Wesen anzulegen:
Ihr wollet nie, wenn ihr alsdann mich seht,
Die Arme so verschlingend, noch die Köpfe
So schüttelnd, noch durch zweifelhafte Reden,
Als:«Nun, nun, wir wissen» – oder: «Wir könnten,
wenn wir wollten» – oder: «Ja, wenn wir reden möchten»;
oder: «Es gibt ihrer, wenn sie nur dürften» –
Und solch verstohlnes Deuten mehr, verraten,
Daß ihr von mir was wisset: dieses schwört,
So Gott in Nöten und sein Heil euch helfe!
Geist (unter der Erde). Schwört!
Hamlet. Ruh, ruh, verstörter Geist! – Nun, liebe Herrn,
Empfehl ich euch mit aller Liebe mich,
Und was ein armer Mann, wie Hamlet ist,
Vermag, euch Lieb und Freundschaft zu bezeugen,
So Gott will, soll nicht fehlen. Laßt uns gehn
Und, bitt ich, stets den Finger auf den Mund.
Die Zeit ist aus den Fugen; Schmach und Gram,
Daß ich zur Welt, sie einzurichten, kam!
Nun kommt, laßt uns zusammen gehn.
(Alle ab.)

ZWEITER AUFZUG

ERSTE SZENE

Ein Zimmer im Hause des Polonius.
Polonius und Reinhold treten auf.

Polonius. Gib ihm dies Geld und die Papiere, Reinhold.
Reinhold. Ja, gnäd'ger Herr.
Polonius. Ihr werdet mächtig klug tun, guter Reinhold,
Euch zu erkundgen, eh ihr ihn besucht,
Wie sein Betragen ist.

Reinhold. Das dacht ich auch zu tun.

Polonius. Ei, gut gesagt! recht gut gesagt! Seht Ihr,
Erst fragt mir, was für Dänen in Paris sind,
Und wie, wer, auf was Art, und wo sie leben,
Mit wem, was sie verzehren; wenn Ihr dann
Durch diesen Umschweif Eurer Fragen merkt,
Sie kennen meinen Sohn, dann dringet tiefer
Als je genaues Fragen es vermag:
Tut gleichsam wie von fern bekannt; zum Beispiel:
«Ich kenne seinen Vater, seine Freunde
Und auch zum Teil ihn selbst.» – Versteht Ihr, Reinhold?

Reinhold. Vollkommen, gnäd'ger Herr.

Polonius. «Zum Teil auch ihn; doch », mögt Ihr sagen, «wenig,
Und wenns der rechte ist, der ist gar wild,
Treibt dies und das» – dann gebt ihm nach Belieben
Erlogne Dinge schuld; nur nichts so Arges,
Das Schand ihm brächte; davor hütet Euch.
Nein, solche wilde, ausgelaßne Streiche
Als hergebrachtermaßen die Gefährten
Der Jugend und der Freiheit sind.

Reinhold. Als Spielen.

Polonius. Ja, oder Trinken, Raufen, Fluchen, Zanken,
Huren – so weit könnt Ihr gehn.

Reinhold. Das würd ihm Schande bringen, gnäd'ger Herr.

Polonius. Mein Treu nicht, wenn Ihrs nur zu wenden wißt.
Ihr müßt ihn nicht in andern Leumund bringen,
Als übermannt' ihn Unenthaltsamkeit.
Das ist die Meinung nicht; bringt seine Fehler zierlich
Ans Licht, daß sie der Freiheit Flecken scheinen,
Der Ausbruch eines feurigen Gemüts
Und eine Wildheit ungezähmten Bluts,
Die jeden anficht.

Reinhold. Aber, bester Herr –

Polonius. Weswegen Ihr dies tun sollt?

Reinhold. Ja, das wünscht ich
Zu wissen, Herr.

Polonius. Ei nun, mein Plan ist der –

ZWEITER AUFZUG · ERSTE SZENE

Und, wie ich denke, ists ein Pfiff, der anschlägt –
Werft Ihr auf meinen Sohn so kleine Makeln,
Als wär er in der Arbeit was beschmutzt –
Merkt wohl!
Wenn der Mitunterredner, den Ihr aushorcht,
In vorbenannten Lastern jemals schuldig
Den jungen Mann gesehn, so seid gewiß,
Daß selbger folgendergestalt Euch beitritt:
«Lieber Herr», oder so; oder «Freund», oder «mein Wer-
Wie nun die Redensart und die Betitlung   [tester»,
Bei Land und Leuten üblich ist –
Reinhold. Sehr wohl!
Polonius. Und hierauf tut er dies: – Er tut – ja was wollte ich
   doch sagen? Beim Sakrament, ich habe was sagen wollen.
   Wo brach ich ab?
Reinhold. Bei: folgendergestalt Euch beitritt.
Polonius. Bei: folgendergestalt Euch beitritt. – Ja,
   Er tritt Euch also bei: «Ich kenn ihn wohl, den Herrn,
   Ich sah ihn gestern oder neulich mal,
   Oder wann es war; mit dem und dem; und, wie Ihr sagt,
   Da spielt’ er hoch; da traf man ihn im Rausch;
   Da rauft’ er sich beim Ballspiel»; oder auch:
   «Ich sah ihn gehn in solch ein saubres Haus»
   (Will sagen: ein Bordell), und mehr dergleichen. – Seht nun,
   Eur Lügenköder fängt den Wahrheitskarpfen;
   So wissen wir, gwitzigt, helles Volk,
   Mit Krümmungen, gewundenen Versuchen,
   Durch einen Umweg auf den Weg zu kommen;
   Und so könnt Ihr, wie ich Euch Anweisung
   Und Rat erteilet, meinen Sohn erforschen.
   Ihr habts gefaßt, nicht wahr?
Reinhold. Ja, gnäd’ger Herr.
Polonius. Nun, Gott mit Euch! lebt wohl!
Reinhold. Mein besten Herr –
Polonius. Bemerkt mit eignen Augen seinen Wandel.
Reinhold. Das will ich tun.
Polonius. Und daß er die Musik mir fleißig treibt.

134 HAMLET

Reinhold. Gut, gnäd'ger Herr. (*Ab.*)
                    Ophelia kommt.
Polonius. Lebt wohl! – Wie nun, Ophelia, was gibts?
Ophelia. O lieber Herr, ich bin so sehr erschreckt!
Polonius. Wodurch, ins Himmels Namen?
Ophelia. Als ich in meinem Zimmer näht', auf einmal
    Prinz Hamlet – mit ganz aufgerißnem Wams,
    Kein Hut auf seinem Kopf, die Strümpfe schmutzig
    Und losgebunden auf den Knöcheln hängend;
    Bleich wie sein Hemde, schlotternd mit den Knien;
    Mit einem Blick, von Jammer so erfüllt,
    Als wär er aus der Hölle losgelassen,
    Um Greuel kundzutun – so tritt er vor mich.
Polonius. Verrückt aus Liebe?
Ophelia. Herr, ich weiß es nicht,
    Allein ich fürcht es wahrlich.
Polonius. Und was sagt' er?
Ophelia. Er griff mich bei der Hand und hielt mich fest,
    Dann lehnt er sich zurück, so lang sein Arm;
    Und mit der andern Hand so überm Auge,
    Betrachtet er so prüfend mein Gesicht,
    Als wollt ers zeichnen. Lange stand er so;
    Zuletzt ein wenig schüttelnd meine Hand
    Und dreimal hin und her den Kopf so wägend,
    Holt' er solch ein bangen, tiefen Seufzer,
    Als sollt er seinen ganzen Bau zertrümmern
    Und endigen sein Dasein. Dies getan,
    Läßt er mich gehn, und über seine Schultern
    Den Kopf zurückgedreht, schien er den Weg
    Zu finden ohne seine Augen; denn
    Er ging zur Tür hinaus ohn ihre Hilfe
    Und wandte bis zuletzt ihr Licht auf mich.
Polonius. Geht mit mir, kommt, ich will den König suchen.
    Dies ist die wahre Schwärmerei der Liebe,
    Die, ungestüm von Art, sich selbst zerstört,
    Und leitet zu verzweifelten Entschlüssen
    So oft als irgendeine Leidenschaft,

ZWEITER AUFZUG · ZWEITE SZENE

Die unterm Mond uns quält. Es tut mir leid –
Sagt, gabt Ihr ihm seit kurzem harte Worte?
Ophelia. Nein, bester Herr, nur wie Ihr mir befahlt,
Wies ich die Briefe ab und weigert ihm
Den Zutritt.
Polonius. Das hat ihn verrückt gemacht.
Es tut mir leid, daß ich mit besserm Urteil
Ihn nicht beachtet. Ich sorgt, er tändle nur
Und wolle dich verderben: doch verdammt mein Argwohn!
Uns Alten ists so eigen, wie es scheint,
Mit unsrer Meinung übers Ziel zu gehn,
Als häufig bei dem jungen Volk der Mangel
An Vorsicht ist. Gehn wir zum König, komm!
Er muß dies wissen, denn es zu verstecken,
Brächt uns mehr Gram, als Haß, die Lieb entdecken.
Komm! (*Ab.*)

ZWEITE SZENE

Ein Zimmer im Schlosse.
Der König, die Königin, Rosenkranz, Güldenstern und Gefolge.

König. Willkommen, Rosenkranz und Güldenstern!
Wir wünschten nicht nur sehnlich, euch zu sehn,
Auch das Bedürfnis eurer Dienste trieb
Uns zu der eilgen Sendung an. Ihr hörtet
Von der Verwandlung Hamlets schon; so nenn ichs,
Weil noch der äußre, noch der innre Mensch
Dem gleichet, was er war. Was mehr es ist
Als seines Vaters Tod, das ihn so weit
Von dem Verständnis seiner selbst gebracht,
Kann ich nicht raten. Ich ersuch euch beide –
Da ihr von Kindheit auf mit ihm erzogen
Und seiner Laun und Jugend nahe bliebt –
Ihr wollet hier an unserm Hof verweilen
Auf ein'ge Zeit, um ihn durch euren Umgang
In Lustbarkeit zu ziehn und zu erspähn,
Soweit der Anlaß auf die Spur euch bringt,

Ob irgend was, uns unbekannt, ihn drückt,
Das, offenbart, zu heilen wir vermöchten.
Königin. Ihr lieben Herrn, er hat euch oft genannt.
Ich weiß gewiß, es gibt nicht andre zwei,
An denen er so hängt. Wenns euch beliebt,
Uns so viel guten Willen zu erweisen,
Daß ihr bei uns hier eine Weile zubringt
Zu unsrer Hoffnung Vorschub und Gewinn,
So wollen wir euch den Besuch belohnen,
Wie es sich ziemt für eines Königs Dank.
Rosenkranz. Es stände Euern Majestäten zu,
Nach herrschaftlichen Rechten über uns,
Mehr zu gebieten nach gestrengem Willen,
Als zu ersuchen.
Güldenstern. Wir gehorchen beide
Und bieten uns hier an, nach besten Kräften
Zu euren Füßen unsern Dienst zu legen,
Um frei damit zu schalten.
König. Dank, Rosenkranz und lieber Güldenstern!
Königin. Dank, Güldenstern und lieber Rosenkranz!
Besucht doch unverzüglich meinen Sohn,
Der nur zu sehr verwandelt. Geh wer mit
Und bring die Herren hin, wo Hamlet ist.
Güldenstern. Der Himmel mach ihm unsre Gegenwart
Und unser Tun gefällig und ersprießlich!
Königin. So sei es, Amen!
  (*Rosenkranz, Güldenstern und einige aus dem Gefolge ab.*)

Polonius kommt.

Polonius. Mein König, die Gesandten sind von Norweg
Froh wieder heimgekehrt.
König. Du warest stets der Vater guter Zeitung.
Polonius. Nicht wahr? Ja, seid versichert, bester Herr,
Ich halt auf meine Pflicht wie meine Seele:
Erst meinen Gott, dann meinen gnäd'gen König.
Und jetzo denk ich (oder dies Gehirn
Jagt auf der Klugheit Fährte nicht so sicher,

ZWEITER AUFZUG · ZWEITE SZENE   137

Als es wohl pflegte), daß ich ausgefunden,
Was eigentlich an Hamlets Wahnwitz schuld.
König. O davon sprecht: das wünsch ich sehr zu hören.
Polonius. Vernehmt erst die Gesandten; meine Zeitung
Soll bei dem großen Schmaus der Nachtisch sein.
König. Tut ihnen selber Ehr und führt sie vor. (*Polonius ab.*)
Er sagt mir, liebe Gertrud, daß er jetzt
Den Quell vom Übel Eures Sohns gefunden.
Königin. Ich fürcht, es ist nichts anders als das *eine*;
Des Vaters Tod und unsre hastge Heirat.
König. Gut, wir erforschen ihn.
        Polonius kommt mit Voltimand und Cornelius zurück.
Willkommen, liebe Freunde! Voltimand,
Sagt, was Ihr bringt von unserm Bruder Norweg.
Voltimand. Erwiderung der schönsten Grüß und Wünsche.
Auf unser erstes sandt er aus und hemmte
Die Werbungen des Neffen, die er hielt
Für Zurüstungen gegen den Polacken;
Doch, näher untersucht, fand er, sie gingen
Auf Eure Hoheit wirklich. Drob gekränkt,
Daß seine Krankheit, seines Alters Schwäche
So hintergangen sei, legt' er Verhaft
Auf Fortinbras; worauf sich dieser stellt,
Verweis' empfängt von Norweg, und zuletzt
Vor seinem Oheim schwört, nie mehr die Waffen
Zu führen gegen Eure Majestät.
Der alte Norweg, hoch erfreut hierüber,
Gibt ihm dreitausend Kronen Jahrgehalt
Und seine Vollmacht, gegen den Polacken
Die so geworbnen Truppen zu gebrauchen;
Nebst dem Gesuch, des weitern hier erklärt:
Ihr wollt geruhn, für dieses Unternehmen
Durch Eur Gebiet den Durchzug zu gestatten,
Mit solcherlei Gewähr und Einräumung,
Als abgefaßt hier steht.
König. Es dünkt uns gut,
Wir wollen bei gelegner Zeit es lesen,

138 HAMLET

Antworten und bedenken dies Geschäft.
Zugleich habt Dank für wohlgenommne Müh;
Geht auszuruhn, wir schmausen heut zusammen.
Willkommen mir zu Haus! *(Voltimand und Cornelius ab.)*

Polonius. So wäre dies Geschäft nun wohl vollbracht.
Mein Fürst, und gnäd'ge Frau, hier zu erörtern,
Was Majestät ist, was Ergebenheit,
Warum Tag, Tag; Nacht, Nacht; die Zeit, die Zeit:
Das hieße, Nacht und Tag und Zeit verschwenden.
Weil Kürze denn des Witzes Seele ist,
Weitschweifigkeit der Leib und äußre Zierat,
Fass ich mich kurz. Eur edler Sohn ist toll,
Toll nenn ichs: denn worin besteht die Tollheit,
Als daß man gar nichts anders ist als toll?
Doch das mag sein.

Königin. Mehr Inhalt, wen'ger Kunst.

Polonius. Auf Ehr, ich brauche nicht die mindste Kunst.
Toll ist er, das ist wahr; wahr ists, 's ist schade;
Und schade, daß es wahr ist. Doch dies ist
'ne törichte Figur: sie fahre wohl,
Denn ich will ohne Kunst zu Werke gehn.
Toll nehmen wir ihn also: nun ist übrig,
Daß wir den Grund erspähn von dem Effekt,
Nein, richtiger, den Grund von dem Defekt;
Denn dieser Defektiv-Effekt hat Grund.
So stehts nun, und der Sache Stand ist dies.
Erwägt!
Ich hab 'ne Tochter; hab sie, weil[1] sie mein;
Die mir aus schuldigem Gehorsam, seht,
Dies hier gegeben: schließt und ratet nun.
«An die himmlische und den Abgott meiner Seele, die
liebreizende Ophelia» –. Das ist eine schlechte Redensart,
eine gemeine Redensart; liebreizend ist eine gemeine Re-
densart. Aber hört nur weiter: «An ihren trefflichen zar-
ten Busen diese Zeilen» undsoweiter.

---

1. solange.

ZWEITER AUFZUG · ZWEITE SZENE 139

Königin. Hat Hamlet dies an sie geschickt?
Polonius. Geduld nur, gnäd'ge Frau, ich meld Euch alles.
  «Zweifle an der Sonne Klarheit,
    Zweifle an der Sterne Licht,
  Zweifl', ob lügen kann die Wahrheit,
    Nur an meiner Liebe nicht.
  O liebe Ophelia, es gelingt mir schlecht mit dem Silben-
  maße; ich besitze die Kunst nicht, meine Seufzer zu messen,
  aber daß ich Dich bestens liebe, o Allerbeste, das glaube
  mir. Leb wohl!
      Der Deinige auf ewig, teuerstes Fräulein,
      so lange diese Maschine ihm zugehört. *Hamlet.*»
Dies hat mir meine Tochter schuldgermaßen
Gezeigt und überdies sein dringend Werben,
Wie sichs nach Zeit und Weis und Ort begab,
Mir vor das Ohr gebracht.
König. Allein wie nahm
Sie seine Liebe auf?
Polonius. Was denket Ihr von mir?
König. Daß Ihr ein Mann von Treu und Ehre seid.
Polonius. Gern möcht ichs zeigen. Doch was dächtet Ihr,
Hätt ich gesehn, wie diese heiße Liebe
Sich anspann (und ich merkt es, müßt Ihr wissen,
Eh meine Tochter mirs gesagt) – was dächtet
Ihr, oder meine teure Majestät,
Eur königlich Gemahl, hätt ich dabei
Brieftasche oder Schreibepult gespielt,
Hätt ich mein Herz geängstigt still und stumm,
Und müßig dieser Liebe zugeschaut?
Was dächtet Ihr? Nein, ich ging rund heraus
Und redte so zu meinem jungen Fräulein:
«Prinz Hamlet ist ein Fürst, zu hoch für dich;
Dies darf nicht sein»; und dann schrieb ich ihr vor,
Daß sie vor seinem Umgang sich verschlösse,
Nicht Boten zuließ', Pfänder nicht empfinge.
Drauf machte sie sich meinen Rat zunutz,
Und er, verstoßen (um es kurz zu machen),

Fiel in 'ne Traurigkeit; dann in ein Fasten;
Drauf in ein Wachen; dann in eine Schwäche;
Dann in Zerstreuung, und durch solche Stufen
In die Verrücktheit, die ihn jetzt verwirrt
Und sämtlich uns betrübt.

König. Denkt Ihr, dies seis?

Königin. Es kann wohl sein, sehr möglich.

Polonius. Habt Ihrs schon je erlebt, das möcht ich wissen,
    Daß ich mit Zuversicht gesagt: «So ists»,
    Wenn es sich anders fand?

König. Nicht, daß ich weiß.

Polonius (indem er auf seinen Kopf und Schulter zeigt).
    Trennt dies von dem, wenns anders sich verhält.
    Wenn eine Spur mich leitet, will ich finden,
    Wo Wahrheit steckt, und steckte sie auch recht
    Im Mittelpunkt.

König. Wie läßt sichs näher prüfen?

Polonius. Ihr wißt, er geht wohl Stunden auf und ab
    Hier in der Galerie.

Königin. Das tut er wirklich.

Polonius. Da will ich meine Tochter zu ihm lassen.
    Steht Ihr mit mir dann hinter einem Teppich,
    Bemerkt den Hergang; wenn er sie nicht liebt
    Und dadurch nicht um die Vernunft gekommen,
    So laßt mich nicht mehr Staatsbeamten sein,
    Laßt mich den Acker baun und Knechte halten.

König. Wir wollen sehn.

Hamlet kommt lesend.

Königin. Seht, wie der Arme traurig kommt und liest.

Polonius. Fort, ich ersuch euch, beide fort von hier!
    Ich mache gleich mich an ihn. O erlaubt!

(König, Königin und Gefolge ab.)
    Wie geht es meinem besten Prinzen Hamlet?

Hamlet. Gut, dem Himmel sei Dank!

Polonius. Kennt Ihr mich, gnäd'ger Herr?

Hamlet. Vollkommen. Ihr seid ein Fischhändler.

Polonius. Das nicht, mein Prinz.

ZWEITER AUFZUG · ZWEITE SZENE 141

Hamlet. So wollt ich, daß Ihr ein so ehrlicher Mann wärt.

Polonius. Ehrlich, mein Prinz?

Hamlet. Ja, Herr, ehrlich sein heißt, wie es in dieser Welt her-
geht: Ein Auserwählter unter Zehntausenden sein.

Polonius. Sehr wahr, mein Prinz.

Hamlet. Denn wenn die Sonne Maden in einem toten Hunde
ausbrütet: eine Gottheit, die Aas küßt – habt Ihr eine
Tochter?

Polonius. Ja, mein Prinz.

Hamlet. Laßt sie nicht in der Sonne gehn. Gaben sind ein
Segen; aber da Eure Tochter empfangen könnte – seht
Euch vor, Freund.

Polonius. Wie meint Ihr das? *(Beiseite.)* Immer auf meine Tochter angespielt. Und doch kannte er mich zuerst nicht; er
sagte, ich wäre ein Fischhändler. Es ist weit mit ihm gekommen, sehr weit! und wahrlich, in meiner Jugend brachte
mich die Liebe auch in große Drangsale, fast so schlimm
wie ihn. Ich will ihn wieder anreden. – Was leset Ihr, mein
Prinz?

Hamlet. Worte, Worte, Worte.

Polonius. Aber wovon handelt es?

Hamlet. Wer handelt?

Polonius. Ich meine, was in dem Buche steht, mein Prinz.

Hamlet. Verleumdungen, Herr: denn der satirische Schuft da
sagt, daß alte Männer graue Bärte haben; daß ihre Gesichter runzlicht sind; daß ihnen zäher Ambra und Harz
aus den Augen trieft; daß sie einen überflüssigen Mangel
an Witz und daneben sehr kraftlose Lenden haben. Ob
ich nun gleich von allem diesem inniglich und festiglich
überzeugt bin, so halte ich es doch nicht für billig, es
so zu Papier zu bringen; denn Ihr selbst, Herr, würdet
so alt werden wie ich, wenn Ihr wie ein Krebs rückwärts
gehen könntet.

Polonius (beiseite). Ist dies schon Tollheit, hat es doch Methode.
Wollt Ihr nicht aus der Luft gehn, Prinz?

Hamlet. In mein Grab?

Polonius. Ja, das wäre wirklich aus der Luft. *(Beiseite.)* Wie treffend manchmal seine Antworten sind! Dies ist ein Glück, das die Tollheit oft hat, womit es der Vernunft und dem gesunden Sinne nicht so gut gelingen könnte. Ich will ihn verlassen und sogleich darauf denken, eine Zusammenkunft zwischen ihm und meiner Tochter zu veranstalten. – Mein gnädigster Herr, ich will ehrerbietigst meinen Abschied von Euch nehmen.

Hamlet. Ihr könnt nichts von mir nehmen, Herr, das ich lieber fahren ließe – bis auf mein Leben, bis auf mein Leben.

Polonius. Lebt wohl, mein Prinz!

Hamlet. Die langweiligen alten Narren!

   Rosenkranz und Güldenstern treten auf.

Polonius. Ihr sucht den Prinzen Hamlet auf; dort ist er.

Rosenkranz. Gott grüß Euch, Herr. *(Polonius ab.)*

Güldenstern. Verehrter Prinz –

Rosenkranz. Mein teurer Prinz –

Hamlet. Meine trefflichen guten Freunde! Was machst du, Güldenstern? Ah, Rosenkranz! Gute Bursche, wie gehts euch?

Rosenkranz. Wie mittelmäßgen Söhnen dieser Erde.

Güldenstern. Glücklich, weil wir nicht überglücklich sind. Wir sind der Knopf nicht auf Fortunas Mütze.

Hamlet. Noch die Sohlen ihrer Schuhe?

Rosenkranz. Auch das nicht, gnäd'ger Herr.

Hamlet. Ihr wohnt also in der Gegend ihres Gürtels, oder im Mittelpunkte ihrer Gunst?

Güldenstern. Ja, wirklich, wir sind mit ihr vertraut.

Hamlet. Im Schoße des Glücks? O sehr wahr, sie ist eine Metze. Was gibt es Neues?

Rosenkranz. Nichts, mein Prinz, außer daß die Welt ehrlich geworden ist.

Hamlet. So steht der Jüngste Tag bevor; aber eure Neuigkeit ist nicht wahr. Laßt mich euch näher befragen: worin habt ihr, meine guten Freunde, es bei Fortunen versehen, daß sie euch hieher ins Gefängnis schickt?

Güldenstern. Ins Gefängnis, mein Prinz?

Hamlet. Dänemark ist ein Gefängnis.

ZWEITER AUFZUG · ZWEITE SZENE

Rosenkranz. So ist die Welt auch eins.

Hamlet. Ein stattliches, worin es viele Verschläge, Löcher und Kerker gibt. Dänemark ist einer der schlimmsten.

Rosenkranz. Wir denken nicht so davon, mein Prinz.

Hamlet. Nun, so ist es keiner für euch, denn an sich ist nichts weder gut noch böse; das Denken macht es erst dazu. Für mich ist es ein Gefängnis.

Rosenkranz. Nun, so macht es Euer Ehrgeiz dazu; es ist zu eng für Euren Geist.

Hamlet. O Gott, ich könnte in eine Nußschale eingesperrt sein und mich für einen König von unermeßlichem Gebiete halten, wenn nur meine bösen Träume nicht wären.

Güldenstern. Diese Träume sind in der Tat Ehrgeiz; denn das eigentliche Wesen des Ehrgeizes ist nur der Schatten eines Traumes.

Hamlet. Ein Traum ist selbst nur ein Schatten.

Rosenkranz. Freilich, und mir scheint der Ehrgeiz von so luftiger und loser Beschaffenheit, daß er nur der Schatten eines Schattens ist.

Hamlet. So sind also unsre Bettler Körper, und unsre Monarchen und gespreizten Helden der Bettler Schatten. Sollen wir an den Hof? Denn, mein Seel, ich weiß nicht zu räsonieren.

Beide. Wir sind beide zu Euren Diensten.

Hamlet. Nichts dergleichen, ich will euch nicht zu meinen übrigen Dienern rechnen, denn, um wie ein ehrlicher Mann mit euch zu reden: mein Gefolge ist abscheulich. Aber um auf der ebnen Heerstraße der Freundschaft zu bleiben, was macht ihr in Helsingör?

Rosenkranz. Wir wollten Euch besuchen, nichts andres.

Hamlet. Ich Bettler, der ich bin, sogar an Dank bin ich arm. Aber ich danke euch, und gewiß, liebe Freunde, mein Dank ist um einen Heller zu teuer. Hat man nicht nach euch geschickt? Ist es eure eigne Neigung? Ein freiwilliger Besuch? Kommt, kommt, geht ehrlich mit mir um! wohlan! Nun, sagt doch!

Güldenstern. Was sollen wir sagen, gnädiger Herr?

Hamlet. Was ihr wollt – außer das Rechte. Man hat nach euch geschickt, und es liegt eine Art von Geständnis in euren Blicken, welche zu verstellen eure Bescheidenheit nicht schlau genug ist. Ich weiß, der gute König und die Königin haben nach euch geschickt.

Rosenkranz. Zu was Ende, mein Prinz?

Hamlet. Das muß ich von euch erfahren. Aber ich beschwöre euch bei den Rechten unsrer Schulfreundschaft, bei der Eintracht unsrer Jugend, bei der Verbindlichkeit unsrer stets bewahrten Liebe und bei allem noch Teurerem, was euch ein besserer Redner ans Herz legen hönnte: geht grade heraus gegen mich, ob man nach euch geschickt hat oder nicht?

Rosenkranz (zu Güldenstern). Was sagt Ihr?

Hamlet. So, nun habe ich euch schon weg. Wenn ihr mich liebt, haltet nicht zurück.

Güldenstern. Gnädiger Herr, man hat nach uns geschickt.

Hamlet. Ich will euch sagen, warum; so wird mein Erraten eurer Entdeckung zuvorkommen, und eure Verschwiegenheit gegen den König und die Königin braucht keinen Zoll breit zu wanken. Ich habe seit kurzem – ich weiß nicht, wodurch – alle meine Munterkeit eingebüßt, meine gewohnten Übungen aufgegeben; und es steht in der Tat so übel um meine Gemütslage, daß die Erde, dieser treffliche Bau, mir nur ein kahles Vorgebirge scheint; seht ihr, dieser herrliche Baldachin, die Luft, dies wackre umwölbende Firmament, dies majestätische Dach mit goldnem Feuer ausgelegt: kommt es mir doch nicht anders vor, als ein fauler, verpesteter Haufe von Dünsten. Welch ein Meisterwerk ist der Mensch! wie edel durch Vernunft! wie unbegrenzt an Fähigkeiten! in Gestalt und Bewegung wie bedeutend und wunderwürdig! im Handeln wie ähnlich einem Engel! im Begreifen wie ähnlich einem Gott! die Zierde der Welt! das Vorbild der Lebendigen! Und doch, was ist mir diese Quintessenz von Staube? Ich habe keine Lust am Manne – und am Weibe auch nicht – wiewohl Ihr das durch Euer Lächeln zu sagen scheint.

Rosenkranz. Mein Prinz, ich hatte nichts dergleichen im Sinne.

ZWEITER AUFZUG · ZWEITE SZENE 145

Hamlet. Weswegen lachtet Ihr denn, als ich sagte: ich habe
keine Lust am Manne?

Rosenkranz. Ich dachte, wenn dem so ist, welche Fastenbewir-
tung die Schauspieler bei Euch finden werden. Wir holten
sie unterwegs ein; sie kommen her, um Euch ihre Dienste
anzubieten.

Hamlet. Der den König spielt, soll willkommen sein, seine
Majestät soll Tribut von mir empfangen; der kühne Ritter
soll seine Klinge und seine Tartsche brauchen; der Liebhaber soll nicht unentgeltlich seufzen; der Launige soll seine
Rolle in Frieden endigen; der Narr soll den zu lachen machen, der ein kitzliges Zwerchfell hat; und das Fräulein soll
ihre Gesinnung frei heraussagen, oder die Verse sollen dafür hinken. – Was für eine Gesellschaft ist es?

Rosenkranz. Dieselbe, an der Ihr so viel Vergnügen zu finden
pflegtet, die Schauspieler aus der Stadt.

Hamlet. Wie kommt es, daß sie umherstreifen? Ein fester Aufenthalt war vorteilhafter sowohl für ihren Ruf als ihre Einnahme.

Rosenkranz. Ich glaube, diese Unterbrechung rührt von der
kürzlich aufgekommenen Neuerung her.

Hamlet. Genießen sie noch dieselbe Achtung wie damals, da
ich in der Stadt war? Besucht man sie ebensosehr?

Rosenkranz. Nein, freilich nicht.

Hamlet. Wie kommt das? werden sie rostig?

Rosenkranz. Nein, ihre Bemühungen halten den gewohnten
Schritt; aber es hat sich da eine Brut von Kindern angefun-
den, kleine Nestlinge, die immer über das Gespräch hinaus-
schreien, und höchst grausamlich dafür beklatscht werden. Diese sind jetzt Mode und beschnattern die gemeinen
Theater (so nennen sies) dergestalt, daß viele, die Degen
tragen, sich vor Gänsekielen fürchten und kaum wagen
hinzugehn.

Hamlet. Wie, sind es Kinder? Wer unterhält sie? Wie werden
sie besoldet? Wollen sie nicht länger bei der Kunst bleiben,
als sie den Diskant singen können? Werden sie nicht nachher sagen, wenn sie zu gemeinen Schauspielern heranwach-

sen (wie sehr zu vermuten ist, wenn sie sich auf nichts Besseres stützen), daß ihre Komödienschreiber unrecht tun, sie gegen ihre eigne Zukunft deklamieren zu lassen.

Rosenkranz. Wahrhaftig, es hat an beiden Seiten viel zu tun gegeben, und das Volk macht sich kein Gewissen daraus, sie zum Streit aufzuhetzen. Eine Zeitlang war kein Geld mit einem Stück zu gewinnen, wenn Dichter und Schauspieler sich nicht darin mit ihren Gegnern herumzausten.

Hamlet. Ist es möglich?

Güldenstern. O es ist viel Geist verspritzt worden.

Hamlet. Tragen die Kinder den Sieg davon?

Rosenkranz. Allerdings, gnädiger Herr, den Herkules und seine Last obendrein[1].

Hamlet. Es ist nicht sehr zu verwundern: denn mein Oheim ist König von Dänemark, und eben die, welche ihm Gesichter zogen, solange mein Vater lebte, geben zwanzig, vierzig, fünfzig bis hundert Dukaten für sein Porträt in Miniatur. Wetter, es liegt hierin etwas Übernatürliches, wenn die Philosophie es nur ausfindig machen könnte.

(Trompetenstoß hinter der Szene.)

Güldenstern. Da sind die Schauspieler.

Hamlet. Liebe Herren, ihr seid willkommen zu Helsingör. Gebt mir eure Hände. Wohlan! Manieren und Komplimente sind das Zubehör der Bewillkommnung. Laßt mich euch auf diese Weise begrüßen, damit nicht mein Benehmen gegen die Schauspieler (das, sag ich euch, sich äußerlich gut ausnehmen muß) einem Empfang ähnlicher sehe, als der eurige. Ihr seid willkommen! aber mein Oheim-Vater und meine Tante-Mutter irren sich.

Güldenstern. Worin, mein teurer Prinz?

Hamlet. Ich bin nur toll bei Nordnordwest; wenn der Wind südlich ist, kann ich einen Kirchturm von einem Leuchtpfahl unterscheiden[2].

---

1. Der Herkules mit der Weltkugel war das Zeichen des Globe-Theaters.
2. Im Original: einen Falken von einem Reiher unterscheiden.

ZWEITER AUFZUG · ZWEITE SZENE 147

Polonius kommt.

Polonius. Es gehe euch wohl, meine Herren.

Hamlet. Hört, Güldenstern! – und Ihr auch – an jedem Ohr ein Hörer: der große Säugling, den ihr da seht, ist noch nicht aus der Kinderwindeln.

Rosenkranz. Vielleicht ist er zum zweitenmal hineingekommen, denn man sagt, alte Leute werden wieder Kinder.

Hamlet. Ich prophezeie, daß er kommt, um mir von den Schauspielern zu sagen. Gebt acht! – Ganz richtig, Herr, am Montag Morgen, da war es eben.

Polonius. Gnädiger Herr, ich habe Euch Neuigkeiten zu melden.

Hamlet. Gnädiger Herr, *ich* habe Euch Neuigkeiten zu melden. – Als Roscius ein Schauspieler zu Rom war –

Polonius. Die Schauspieler sind hergekommen, gnädiger Herr.

Hamlet. Lirum, larum.

Polonius. Auf meine Ehre –

Hamlet. «Auf seinem Eselein jeder kam» –

Polonius. Die besten Schauspieler in der Welt, sei es für Tragödie, Komödie, Historie, Pastorale, Pastoral-Komödie, Historiko-Pastorale, Tragiko-Historie, Tragiko-Komiko-Historiko-Pastorale, für unteilbare Handlung oder fortgehendes Gedicht. Seneca kann für sie nicht zu traurig, noch Plautus zu lustig sein. Für das Aufgeschriebene und für den Stegreif haben sie ihresgleichen nicht.

Hamlet. «O Jephtha, Richter Israels» – Welchen Schatz hattest du?

Polonius. Welchen Schatz hatte er, gnädiger Herr?

Hamlet. Nun:
«Hätt *ein* schön Töchterlein, nicht mehr,
Die liebt' er aus der Maßen sehr.»

Polonius (beiseite). Immer meine Tochter.

Hamlet. Habe ich nicht recht, alter Jephtha?

Polonius. Wenn Ihr mich Jephtha nennt, gnädiger Herr, so habe ich eine Tochter, die ich aus der Maßen sehr liebe.

Hamlet. Nein, das folgt nicht.

Polonius. Was folgt dann, gnädiger Herr?

Hamlet. Ei.

«Wie das Los fiel,
Nach Gottes Will.»

Und dann wißt Ihr:

«Hierauf geschahs,
Wie zu vermuten was» –

Aber Ihr könnt das im ersten Abschnitt des Weihnachts-
liedes weiter nachsehn; denn seht, da kommen die Abkür-
zer meines Gesprächs.

Vier oder fünf Schauspieler kommen.

Seid willkommen, ihr Herren, willkommen alle! – Ich freue
mich, dich wohl zu sehn. – Willkommen, meine guten
Freunde! – Ach, alter Freund, wie ist dein Gesicht be-
troddelt, seit ich dich zuletzt sah! Willst du mir hier in
Dänemark in den Bart trotzen? – Ei, meine schöne junge
Dame! Bei unsrer Frauen, Fräulein, Ihr seid dem Himmel
um die Höhe eines Absatzes näher gerückt, seit ich Euch
zuletzt sah. Gebe Gott, daß Eure Stimme nicht wie ein ab-
genutzes Goldstück den hellen Klang verloren haben mag.–
Willkommen alle, ihr Herrn! Wir wollen frisch daran, wie
französische Falkoniere, auf alles losfliegen, was uns vorkommt. Gleich etwas vorgestellt! Laßt uns eine Probe
eurer Kunst sehen. Wohlan! eine pathetische Rede.

Erster Schauspieler. Welche Rede, mein wertester Prinz?

Hamlet. Ich hörte dich einmal eine Rede vortragen – aber sie
ist niemals aufgeführt, oder wenn es geschah, nicht mehr
als einmal; denn ich erinnre mich, das Stück gefiel dem
großen Haufen nicht, es war Kaviar für das Volk. Aber es
war, wie ich es nahm, und andere, deren Urteil in solchen
Dingen den Rang über dem meinigen behauptete, ein vor-
treffliches Stück: in seinen Szenen wohlgeordnet und mit
ebensoviel Bescheidenheit als Verstand abgefaßt. Ich erinnre mich, daß jemand sagte, es sei kein Salz und Pfeffer
in den Zeilen, um den Sinn zu würzen, und kein Sinn in
dem Ausdrucke, der an dem Verfasser Ziererei verraten
könnte, sondern er nannte es eine schlichte Manier, so gesund als angenehm, und ungleich mehr schön als ge-

schmückt. Eine Rede darin liebte ich vorzüglich: es war
des Äneas Erzählung an Dido; besonders da herum, wo er von
der Ermordung Priams spricht. Wenn Ihr sie im Gedächt-
nisse habt, so fangt bei dieser Zeile an. – Laßt sehn, laßt sehn –
«Der rauhe Pyrrhus, gleich Hyrkaniens Leun» –
nein, ich irre mich; aber es fängt mit Pyrrhus an.
«Der rauhe Pyrrhus, er, des düstre Waffen,
Schwarz wie sein Vorsatz, glichen jener Nacht,
Wo er sich barg im unglückschwangern Roß,
Hat jetzt die furchtbare Gestalt beschmiert
Mit grauserer Heraldik: rote Farbe
Ist er von Haupt zu Fuß; scheußlich geschmückt
Mit Blut der Väter, Mütter, Töchter, Söhne,
Gedörrt und klebend durch der Straßen Glut,
Die grausames, verfluchtes Licht verleihn
Zu ihres Herrn Mord. Heiß von Zorn und Feuer,
Bestrichen mit verdicktem Blut, mit Augen,
Karfunkeln gleichend, sucht der höllische Pyrrhus
Altvater Priamus» –
Fahrt nun so fort.
Polonius. Bei Gott, mein Prinz, wohl vorgetragen, mit gutem
Ton und gutem Anstande.
Erster Schauspieler. «Er findt alsbald ihn,
Wie er den Feind verfehlt: sein altes Schwert
Gehorcht nicht seinem Arm; liegt, wo es fällt,
Unachtsam des Befehls. Ungleich gepaart
Stürzt Pyrrhus auf den Priam, holt weit aus:
Doch bloß vom Sausen seines grimmen Schwertes
Fällt der entnervte Vater. Ilium
Schien, leblos, dennoch diesen Streich zu fühlen;
Es bückt sein Flammengipfel sich hinab,
Bis auf den Grund und nimmt mit furchtbarm Krachen
Gefangen Pyrrhus' Ohr: denn seht, sein Schwert,
Das schon sich senkt auf des ehrwürdgen Priam
Milchweißes Haupt, schien in der Luft gehemmt.
So stand er, ein gemalter Wütrich, da
Und, wie parteilos zwischen Kraft und Willen,

Tat nichts.
Doch wie wir oftmals sehn vor einem Sturm
Ein Schweigen in den Himmeln, still die Wolken,
Die Winde sprachlos, und der Erdball drunten
Dumpf wie der Tod – mit eins zerreißt die Luft
Der grause Donner; so, nach Pyrrhus' Säumnis
Treibt ihn erweckte Rach' aufs neu zum Werk;
Und niemals trafen der Zyklopen Hämmer
Die Rüstung Mars', gestählt für ew'ge Dauer,
Fühlloser, als des Pyrrhus blut'ges Schwert
Jetzt fällt auf Priamus. –
Pfui, Metze du, Fortuna! All ihr Götter
Im großen Rat, nehmt ihre Macht hinweg;
Brecht alle Speichen, Felgen ihres Rades,
Die runde Nabe rollt vom Himmelsberg
Hinunter bis zur Hölle.»

Polonius. Das ist zu lang.

Hamlet. Es soll mit Eurem Barte zum Balbier. – Ich bitte dich,
weiter! Er mag gern eine Posse oder eine Zotengeschichte,
sonst schläft er. Sprich weiter, komm auf Hekuba.

Erster Schauspieler. «Doch wer, o Jammer!
Die schlotterichte Königin gesehn –»

Hamlet. Die schlotterichte[1] Königin?

Polonius. Das ist gut; schlotterichte Königin ist gut.

Erster Schauspieler. «Wie barfuß sie umherlief und den Flammen
Mit Tränengüssen drohte; einen Lappen
Auf diesem Haupte, wo das Diadem
Vor kurzem stand; und an Gewandes Statt
Um die von Wehn erschöpften magern Weichen
Ein Laken, in des Schreckens Hast ergriffen;
Wer das gesehn, mit giftgem Schelten hätte
Der an Fortunen Hochverrat verübt.
Doch wenn die Götter selbst sie da gesehn,
Als sie den Pyrrhus argen Hohn sah treiben,

---

1. Wahrscheinlich richtiger: den Kopf, oder das Gesicht, vermummend.

ZWEITER AUFZUG · ZWEITE SZENE 151

Zerfetzend mit dem Schwert des Gatten Leib:
Der erste Ausbruch ihres Schreies hätte
(Ist ihnen Sterbliches nicht gänzlich fremd)
Des Himmels glühnde Augen taun gemacht,
Und Götter Mitleid fühlen.»

Polonius. Seht doch, hat er nicht die Farbe verändert, und
Tränen in den Augen? – Bitte, halt inne!

Hamlet. Es ist gut, du sollst mir das übrige nächstens her-
sagen. – Lieber Herr, wollt Ihr für die Bewirtung der Schauspieler sorgen? Hört Ihr, laßt sie gut behandeln, denn sie
sind der Spiegel und die abgekürzte Chronik des Zeitalters.
Es wäre Euch besser, nach dem Tode eine schlechte Grabschrift zu haben, als üble Nachrede von ihnen, solange Ihr
lebt.

Polonius. Gnädiger Herr, ich will sie nach ihrem Verdienst behandeln.

Hamlet. Potz Wetter, Mann, viel besser. Behandelt jeden
Menschen nach seinem Verdienst, und wer ist vor Schlä-
gen sicher? Behandelt sie nach Eurer eignen Ehre und
Würdigkeit: je weniger sie verdienen, desto mehr Verdienst hat Eure Güte. Nehmt sie mit.

Polonius. Kommt, ihr Herren!

Hamlet. Folgt ihm, meine Freunde; morgen soll ein Stück
aufgeführt werden. – Hört, alter Freund, könnt Ihr die Ermordung Gonzagos spielen?

Erster Schauspieler. Ja, gnädiger Herr.

Hamlet. Gebt uns das morgen abend. Ihr könntet im Notfalle
eine Rede von ein Dutzend Zeilen auswendig lernen, die
ich abfassen und einrücken möchte? Nicht wahr?

Erster Schauspieler. Ja, gnädiger Herr.

Hamlet. Sehr wohl! – Folgt dem Herrn, und daß ihr euch nicht
über ihn lustig macht.

(Polonius und die Schauspieler ab.)

Meine guten Freunde, ich beurlaube mich von euch bis
abends. Ihr seid willkommen zu Helsingör!

Rosenkranz. Gnädiger Herr!

(Rosenkranz und Güldenstern ab.)

Hamlet. Nun, Gott geleit euch! Jetzt bin ich allein.
O welch ein Schurk und niedrer Sklav bin ich!
Ists nicht erstaunlich, daß der Spieler hier
Bei einer bloßen Dichtung, einem Traum
Der Leidenschaft, vermochte seine Seele
Nach eignen Vorstellungen so zu zwingen,
Daß sein Gesicht von ihrer Regung blaßte,
Sein Auge naß, Bestürzung in den Mienen,
Gebrochne Stimm, und seine ganze Haltung
Gefügt nach seinem Sinn. Und alles das um nichts!
Um Hekuba!
Was ist ihm Hekuba, was ist er ihr,
Daß er um sie soll weinen? Hätte er
Das Merkwort und den Ruf zur Leidenschaft
Wie ich: was würd er tun? Die Bühn' in Tränen
Ertränken, und das allgemeine Ohr
Mit grauser Red erschüttern; bis zum Wahnwitz
Den Schuldgen treiben und den Freien schrecken,
Unwissende verwirren, ja betäuben
Die Fassungskraft des Auges und des Ohrs.
Und ich,
Ein blöder, schwachgemuter Schurke, schleiche
Wie Hans der Träumer, meiner Sache fremd,
Und kann nichts sagen, nicht für einen König,
An dessen Eigentum und teurem Leben
Verdammter Raub geschah. Bin ich 'ne Memme?
Wer nennt mich Schelm? bricht mir den Kopf entzwei?
Rauft mir den Bart und bläst ihn mir ins Antlitz?
Zwickt an der Nase mich? und straft mich Lügen
Tief in den Hals hinein? Wer tut mir dies?
Ha! nähm ichs eben doch. – Es ist nicht anders:
Ich hege Taubenmut, mir fehlts an Galle,
Die bitter macht den Druck, sonst hätt ich längst
Des Himmels Gei'r gemästet mit dem Aas
Des Sklaven. Blut'ger, kupplerischer Bube! –
Fühlloser, falscher, geiler, schnöder Bube! –
Ha, welch ein Esel bin ich! Trefflich, brav,

DRITTER AUFZUG · ERSTE SZENE

Daß ich, der Sohn von einem teuren Vater,
Der mir ermordet ward, von Höll und Himmel
Zur Rache angespornt, mit Worten nur,
Wie eine Hure, muß mein Herz entladen
Und mich aufs Fluchen legen, wie ein Weibsbild,
Wie eine Küchenmagd!
Pfui drüber! Frisch ans Werk, mein Kopf! Hum, hum!
Ich hab gehört, daß schuldige Geschöpfe,
Bei einem Schauspiel sitzend, durch die Kunst
Der Bühne so getroffen worden sind
Im innersten Gemüt, daß sie sogleich
Zu ihren Missetaten sich bekannt:
Denn Mord, hat er schon keine Zunge, spricht
Mit wundervollen Stimmen. Sie sollen was
Wie die Ermordung meines Vaters spielen
Vor meinem Oheim: ich will seine Blicke
Beachten, will ihn bis ins Leben prüfen;
Stutzt er, so weiß ich meinen Weg. Der Geist,
Den ich gesehen, kann ein Teufel sein;
Der Teufel hat Gewalt, sich zu verkleiden
In lockende Gestalt! ja und vielleicht,
Bei meiner Schwachheit und Melancholie
(Da er sehr mächtig ist bei solchen Geistern),
Täuscht er mich zum Verderben; ich will Grund,
Der sichrer ist. Das Schauspiel sei die Schlinge,
In die den König sein Gewissen bringe. *(Ab.)*

DRITTER AUFZUG

ERSTE SZENE

Ein Zimmer im Schlosse.
Der König, die Königin, Polonius, Ophelia,
Rosenkranz und Güldenstern.

König. Und lockt ihm keine Wendung des Gesprächs
Heraus, warum er die Verwirrung anlegt,

HAMLET

Die seiner Tage Ruh so wild zerreißt
Mit stürmischer, gefährlicher Verrücktheit?

Rosenkranz. Er gibt es zu, er fühle sich verstört;
Allein wodurch, will er durchaus nicht sagen.

Güldenstern. Noch bot er sich der Prüfung willig dar,
Hielt sich vielmehr mit schlauem Wahnwitz fern,
Wenn wir ihn zum Geständnis bringen wollten
Von seinem wahren Zustand.

Königin. Und wie empfing er euch?

Rosenkranz. Ganz wie ein Weltmann.

Güldenstern. Doch tat er seiner Fassung viel Gewalt.

Rosenkranz. Mit Fragen karg, allein auf unsre Fragen
Freigebig mit der Antwort.

Königin. Ludet ihr
Zu irgendeinem Zeitvertreib ihn ein?

Rosenkranz. Es traf sich grade, gnäd'ge Frau, daß wir
Schauspieler unterweges eingeholt;
Wir sagten ihm von diesen, und es schien,
Er hörte dies mit einer Art von Freude.
Sie halten hier am Hof herum sich auf
Und haben, wie ich glaube, schon Befehl,
Zu Nacht vor ihm zu spielen.

Polonius. Ja, so ists,
Und mich ersucht' er, Eure Majestäten
Zum Hören und zum Sehn des Dings zu laden.

König. Von ganzem Herzen, und es freut mich sehr,
Daß er sich dahin neigt.
Ihr lieben Herrn, schärft seine Lust noch ferner,
Und treibt ihn zu Ergötzlichkeiten an.

Rosenkranz. Wir wollens, gnäd'ger Herr.

(Rosenkranz und Güldenstern ab.)

König. Verlaß uns, liebe Gertrud, ebenfalls.
Wir haben Hamlet heimlich herbestellt,
Damit er hier Ophelien wie durch Zufall
Begegnen mag. Ihr Vater und ich selbst,
Wir wollen so uns stellen, daß wir sehend,
Doch ungesehn, von der Zusammenkunft

DRITTER AUFZUG · ERSTE SZENE 155

Gewiß urteilen und erraten können,
Obs seiner Liebe Kummer ist, ob nicht,
Was so ihn quält.
Königin. Ich werde Euch gehorchen.
Was Euch betrifft, Ophelia, wünsch ich nur,
Daß Eure Schönheit der beglückte Grund
Von Hamlets Wildheit sei; dann darf ich hoffen,
Daß Eure Tugenden zurück ihn bringen
Auf den gewohnten Weg, zu beider Ehre.
Ophelia. Ich wünsch es, gnäd'ge Frau.
(Königin ab.)
Polonius. Geht hier umher, Ophelia. – Gnädigster,
Laßt Platz uns nehmen. – *(Zu Ophelia.)* Lest in diesem Buch,
Daß solcher Übung Schein die Einsamkeit
Bemäntle. – Wir sind oft hierin zu tadeln –
Gar viel erlebt mans – mit der Andacht Mienen
Und frommem Wesen überzuckern wir
Den Teufel selbst.
König (beiseite.) O allzuwahr! Wie trifft
Dies Wort mit scharfer Geißel mein Gewissen!
Der Metze Wange, schön durch falsche Kunst,
Ist häßlicher bei dem nicht, was ihr hilft,
Als meine Tat bei meinem glattsten Wort.
O schwere Last!
Polonius. Ich hör ihn kommen; ziehn wir uns zurück.
(König und Polonius ab.) Hamlet tritt auf.
Hamlet. Sein oder Nichtsein, das ist hier die Frage:
Obs edler im Gemüt, die Pfeil' und Schleudern
Des wütenden Geschicks erdulden, oder,
Sich waffnend gegen eine See von Plagen,
Durch Widerstand sie enden? Sterben – schlafen –
Nichts weiter! – und zu wissen, daß ein Schlaf
Das Herzweh und die tausend Stöße endet,
Die unsers Fleisches Erbteil – 's ist ein Ziel,
Aufs innigste zu wünschen. Sterben – schlafen –
Schlafen! Vielleicht auch träumen! – Ja, da liegts:
Was in dem Schlaf für Träume kommen mögen,

Wenn wir den Drang des Irdschen abgeschüttelt,
Das zwingt uns still zu stehn. Das ist die Rücksicht,
Die Elend läßt zu hohen Jahren kommen.
Denn wer ertrüg der Zeiten Spott und Geißel,
Des Mächtgen Druck, des Stolzen Mißhandlungen,
Verschmähter Liebe Pein, des Rechtes Aufschub,
Den Übermut der Ämter, und die Schmach,
Die Unwert schweigendem Verdienst erweist,
Wenn er sich selbst in Ruhstand setzen könnte
Mit einer Nadel[1] bloß? Wer trüge Lasten
Und stöhnt' und schwitzte unter Lebensmüh?
Nur daß die Furcht vor etwas nach dem Tod –
Das unentdeckte Land, von des Bezirk
Kein Wandrer wiederkehrt – den Willen irrt,
Daß wir die Übel, die wir haben, lieber
Ertragen, als zu unbekannten fliehn.
So macht Gewissen Feige aus uns allen;
Der angebornen Farbe der Entschließung
Wird des Gedankens Blässe angekränkelt;
Und Unternehmungen voll Mark und Nachdruck,
Durch diese Rücksicht aus der Bahn gelenkt,
Verlieren so der Handlung Namen. – Still!
Die reizende Ophelia. – Nymphe, schließ
In dein Gebet all meine Sünden ein.

Ophelia. Mein Prinz, wie geht es Euch seit so viel Tagen?

Hamlet. Ich dank Euch untertänig; wohl.

Ophelia. Mein Prinz, ich hab von Euch noch Angedenken,
Die ich schon längst begehrt zurückzugeben.
Ich bitt Euch, nehmt sie jetzo.

Hamlet. Nein, ich nicht;
Ich gab Euch niemals was.

Ophelia. Mein teurer Prinz, Ihr wißt gar wohl, Ihr tatets,
Und Worte süßen Hauchs dabei, die reicher
Die Dinge machten. Da ihr Duft dahin,
Nehmt dies zurück: dem edleren Gemüte

---

1. Im Original: Dolch.

DRITTER AUFZUG · ERSTE SZENE   157

Verarmt die Gabe mit des Gebers Güte.
Hier, gnäd'ger Herr.

Hamlet. Haha! Seid Ihr tugendhaft?

Ophelia. Gnädiger Herr?

Hamlet. Seid Ihr schön?

Ophelia. Was meint Eure Hoheit?

Hamlet. Daß, wenn Ihr tugendhaft und schön seid, Eure Tugend keinen Verkehr mit Eurer Schönheit pflegen muß.

Ophelia. Könnte Schönheit wohl bessern Umgang haben als mit der Tugend, mein Prinz?

Hamlet. Ja freilich: denn die Macht der Schönheit wird eher die Tugend in eine Kupplerin verwandeln, als die Kraft der Tugend die Schönheit sich ähnlich machen kann. Dies war ehedem paradox, aber nun bestätigt es die Zeit. Ich liebte Euch einst.

Ophelia. In der Tat, mein Prinz, Ihr machtet michs glauben.

Hamlet. Ihr hättet mir nicht glauben sollen: denn Tugend kann sich unserm alten Stamm nicht so einimpfen, daß wir nicht einen Geschmack von ihm behalten sollten. Ich liebte Euch nicht.

Ophelia. Um so mehr wurde ich betrogen.

Hamlet. Geh in ein Kloster. Warum wolltest du Sünder zur Welt bringen? Ich bin selbst leidlich tugendhaft; dennoch könnte ich mich solcher Dinge anklagen, daß es besser wäre, meine Mutter hätte mich nicht geboren. Ich bin sehr stolz, rachsüchtig, ehrgeizig; mir stehn mehr Vergehungen zu Dienst, als ich Gedanken habe sie zu hegen, Einbildungskraft ihnen Gestalt zu geben, oder Zeit sie auszuführen. Wozu sollen solche Gesellen wie ich zwischen Himmel und Erde herumkriechen? Wir sind ausgemachte Schurken, alle: trau keinem von uns! Geh deines Wegs zum Kloster! Wo ist Euer Vater?

Ophelia. Zu Hause, gnädiger Herr.

Hamlet. Laßt die Tür hinter ihm abschließen, damit er den Narren nirgends anders spielt, als in seinem eignen Hause. Leb wohl!

Ophelia. O hilf ihm, güt'ger Himmel!

Hamlet. Wenn du heiratest, so gebe ich dir diesen Fluch zur
Aussteuer: sei so keusch wie Eis, so rein wie Schnee, du
wirst der Verleumdung nicht entgehn. Geh in ein Kloster!
leb wohl! Oder willst du durchaus heiraten, nimm einen
Narren; denn gescheite Männer wissen allzu gut, was ihr
für Ungeheuer aus ihnen macht. In ein Kloster! geh! und
das schleunig. Leb wohl!

Ophelia. Himmlische Mächte, stellt ihn wieder her!

Hamlet. Ich weiß auch von euren Malereien Bescheid, recht
gut. Gott hat euch *ein* Gesicht gegeben, und ihr macht
euch ein anders; ihr tänzelt, ihr trippelt, und ihr lispelt, und
gebt Gottes Kreaturen verhunzte Namen, und stellt euch
aus Leichtfertigkeit unwissend. Geht mir! nichts weiter davon! es hat mich toll gemacht. Ich sage, wir wollen nichts
mehr von Heiraten wissen: wer schon verheiratet ist – alle
außer einem – soll das Leben behalten; die übrigen sollen
bleiben, wie sie sind. In ein Kloster! geh!

(Hamlet ab.)

Ophelia. O welch ein edler Geist ist hier zerstört!
Des Hofmanns Auge, des Gelehrten Zunge,
Des Kriegers Arm, des Staates Blum und Hoffnung,
Der Sitte Spiegel und der Bildung Muster,
Das Merkziel der Betrachter: ganz, ganz hin!
Und ich, der Fraun elendeste und ärmste,
Die seiner Schwüre Honig sog, ich sehe
Die edle, hochgebietende Vernunft
Mißtönend wie verstimmte Glocken jetzt;
Dies hohe Bild, die Züge blühnder Jugend,
Durch Schwärmerei zerrüttet: weh mir, wehe!
Daß ich sah, was ich sah, und sehe, was ich sehe.

Der König und Polonius treten wieder vor.

König. Aus Liebe? Nein, sein Hang geht dahin nicht,
Und was er sprach, obwohl ein wenig wüst,
War nicht wie Wahnsinn. Ihm ist was im Gemüt,
Worüber seine Schwermut brütend sitzt;
Und, wie ich sorge, wird die Ausgeburt
Gefährlich sein. Um dem zuvorzukommen,

DRITTER AUFZUG · ZWEITE SZENE

Hab ichs mit schleuniger Entschließung so
Mir abgefaßt. Er soll in Eil nach England,
Den Rückstand des Tributes einzufordern.
Vielleicht vertreibt die See, die neuen Länder,
Samt wandelbaren Gegenständen ihm
Dies Etwas, das in seinem Herzen steckt,
Worauf sein Kopf beständig hinarbeitend,
Ihn so sich selbst entzieht. Was dünket Euch?
Polonius. Es wird ihm wohl tun; aber dennoch glaub ich,
Der Ursprung und Beginn von seinem Gram
Sei unerhörte Liebe. – Nun, Ophelia?
Ihr braucht uns nicht zu melden, was der Prinz
Gesagt; wir hörten alles. – Gnäd'ger Herr,
Tut nach Gefallen; aber dünkts Euch gut,
So laßt doch seine königliche Mutter
Ihn nach dem Schauspiel ganz allein ersuchen,
Sein Leid ihr kundzutun; sie gehe rund
Mit ihm heraus. Ich will, wenns Euch beliebt,
Mich ins Gehör der Unterredung stellen.
Wenn sie es nicht herausbringt, schickt ihn dann
Nach England oder schließt ihn irgendwo
Nach Eurer Weisheit ein.
König. Es soll geschehn;
Wahnsinn bei Großen darf nicht ohne Wache gehn.
(Alle ab.)

ZWEITE SZENE

Ein Saal im Schlosse.
Hamlet und einige Schauspieler treten auf.

Hamlet. Seid so gut und haltet die Rede, wie ich sie Euch vor-
sagte, leicht von der Zunge weg; aber wenn Ihr den Mund
so voll nehmt, wie viele unsrer Schauspieler, so möchte ich
meine Verse ebensogern von dem Ausrufer hören. Sägt auch
nicht zu viel mit den Händen durch die Luft, so – sondern
behandelt alles gelinde. Denn mitten in dem Strom, Sturm

und, wie ich sagen mag, Wirbelwind Eurer Leidenschaft müßt Ihr Euch eine Mäßigung zu eigen machen, die ihr Geschmeidigkeit gibt. O es ärgert mich in der Seele, wenn solch ein handfester, haarbuschiger Geselle eine Leidenschaft in Fetzen, in rechte Lumpen zerreißt, um den Gründlingen im Parterre in die Ohren zu donnern, die meistens von nichts wissen, als verworrnen, stummen Pantomimen und Lärm. Ich möchte solch einen Kerl für sein Bramarbasieren prügeln lassen; es übertyrannt den Tyrannen. Ich bitte Euch, vermeidet das.

Erster Schauspieler. Eure Hoheit kann sich darauf verlassen.

Hamlet. Seid auch nicht allzu zahm, sondern laßt Euer eignes Urteil Euren Meister sein: paßt die Gebärde dem Wort, das Wort der Gebärde an; wobei Ihr sonderlich darauf achten müßt, niemals die Bescheidenheit der Natur zu überschreiten. Denn alles, was so übertrieben wird, ist dem Vorhaben des Schauspiels entgegen, dessen Zweck sowohl anfangs als jetzt war und ist, der Natur gleichsam den Spiegel vorzuhalten: der Tugend ihre eignen Züge, der Schmach ihr eignes Bild, und dem Jahrhundert und Körper der Zeit den Abdruck seiner Gestalt zu zeigen. Wird dies nun übertrieben oder zu schwach vorgestellt, so kann es zwar den Unwissenden zum Lachen bringen, aber den Einsichtsvollen muß es verdrießen; und der Tadel von einem solchen muß in Eurer Schätzung ein ganzes Schauspielhaus voll von andern überwiegen. O es gibt Schauspieler, die ich habe spielen sehn und von andern preisen hören – und das höchlich –, die, gelinde zu sprechen, weder den Ton noch den Gang von Christen, Heiden oder Menschen hatten und so stolzierten und blökten, daß ich glaubte, irgendein Handlanger der Natur hätte Menschen gemacht, und sie wären ihm nicht geraten; so abscheulich ahmten sie die Menschheit nach.

Erster Schauspieler. Ich hoffe, wir haben das bei uns so ziemlich abgestellt.

Hamlet. O stellt es ganz und gar ab! Und die bei euch die Narren spielen, laßt sie nicht mehr sagen, als in ihrer Rolle

steht; denn es gibt ihrer, die selbst lachen, um einen Haufen alberne Zuschauer zum Lachen zu bringen, wenn auch
zu derselben Zeit irgendein notwendiger Punkt des Stückes
zu erwägen ist. Das ist schändlich und beweist einen jäm-
merlichen Ehrgeiz an dem Narren, der es tut. Geht, macht
euch fertig. *(Schauspieler ab.)*
    Polonius, Rosenkranz und Güldenstern kommen.
Nun, Herr, will der König dies Stück Arbeit anhören?
Polonius. Ja, die Königin auch, und das sogleich.
Hamlet. Heißt die Schauspieler sich eilen. *(Polonius ab.)* Wollt
    ihr beide sie treiben helfen?
Rosenkranz und Güldenstern. Ja, gnädiger Herr.
               (Beide ab.)
Hamlet. He! Horatio!
         Horatio kommt.
Horatio. Hier, lieber Prinz, zu Eurem Dienst.
Hamlet. Du bist grad ein so wackrer Mann, Horatio,
    Als je mein Umgang einem mich verbrüdert.
Horatio. Mein bester Prinz. –
Hamlet. Nein, glaub nicht, daß ich schmeichle.
    Was für Befördrung hofft ich wohl von dir,
    Der keine Rent' als seinen muntern Geist,
    Um sich zu nähren und zu kleiden, hat?
    Weswegen doch dem Armen schmeicheln? Nein,
    Die Honigzunge lecke dumme Pracht,
    Es beuge sich des Knies gelenke Angel,
    Wo Kriecherei Gewinn bringt. Hör mich an.
    Seit meine teure Seele Herrin war
    Von ihrer Wahl, und Menschen unterschied,
    Hat sie dich auserkoren. Denn du warst,
    Als littst du nichts, indem du alles littest;
    Ein Mann, der Stöß und Gaben vom Geschick
    Mit gleichem Dank genommen: und gesegnet,
    Wes Blut und Urteil sich so gut vermischt,
    Daß er zur Pfeife nicht Fortunen dient,
    Den Ton zu spielen, den ihr Finger greift.
    Gebt mir den Mann, den seine Leidenschaft

Nicht macht zum Sklaven, und ich will ihn hegen
Im Herzensgrund, ja in des Herzens Herzen,
Wie ich dich hege. – Schon zu viel hievon.
Es gibt zu Nacht ein Schauspiel vor dem König;
Ein Auftritt kommt darin dem Umstand nah,
Den ich von meines Vaters Tod dir sagte.
Ich bitt dich, wenn du das im Gange siehst,
So achte mit der ganzen Kraft der Seele
Auf meinen Oheim; wenn die verborgne Schuld
Bei *einer* Rede nicht zum Vorschein kommt,
So ists ein höllscher Geist, den wir gesehn,
Und meine Einbildungen sind so schwarz
Wie Schmiedezeug Vulkans. Bemerk ihn recht,
Ich will an sein Gesicht mein Auge klammern,
Und wir vereinen unser Urteil dann
Zur Prüfung seines Aussehns.

Horatio. Gut, mein Prinz!
Wenn er was stiehlt, indes das Stück gespielt wird,
Und schlüpfet durch, so zahl ich für den Diebstahl.

Hamlet. Man kommt zum Schauspiel, ich muß müßig sein.
Wählt einen Platz.

Ein dänischer Marsch. Trompetenstoß. Der König, die Königin,
Polonius, Ophelia, Rosenkranz, Güldenstern und andre.

König. Wie lebt unser Vetter Hamlet?

Hamlet. Vortrefflich, mein Treu: von dem Chamäleonsgericht.
Ich esse Luft, ich werde mit Versprechungen gestopft: Ka-
paunen kann man so nicht mästen.

König. Ich habe nichts mit dieser Antwort zu schaffen, Hamlet; dies sind meine Worte nicht.

Hamlet. Meine auch nicht mehr. (*Zu Polonius.*) Ihr spielet einmal auf der Universität, Herr? Sagtet Ihr nicht so?

Polonius. Das tat ich, gnädiger Herr, und wurde für einen guten Schauspieler gehalten.

Hamlet. Und was stelltet Ihr vor?

Polonius. Ich stellte den Julius Cäsar vor: ich ward auf dem
Kapitol umgebracht; Brutus brachte mich um.

Hamlet. Es war brutal von ihm, ein so kapitales Kalb umzu-

DRITTER AUFZUG · ZWEITE SZENE

bringen. – Sind die Schauspieler fertig?

Rosenkranz. Ja, gnädiger Herr, sie erwarten Euren Befehl.

Königin. Komm hieher, lieber Hamlet, setz dich zu mir.

Hamlet. Nein, gute Mutter, hier ist ein stärkerer Magnet.

Polonius (zum Könige). Oho, hört Ihr das wohl?

Hamlet. Fräulein, soll ich in Eurem Schoße liegen?

(Setzt sich zu Opheliens Füßen.)

Ophelia. Nein, mein Prinz.

Hamlet. Ich meine, den Kopf auf Euren Schoß gelehnt.

Ophelia. Ja, mein Prinz.

Hamlet. Denkt Ihr, ich hätte erbauliche Dinge im Sinne?

Ophelia. Ich denke nichts.

Hamlet. Ein schöner Gedanke, zwischen den Beinen eines Mädchens zu liegen.

Ophelia. Was ist, mein Prinz?

Hamlet. Nichts.

Ophelia. Ihr seid aufgeräumt.

Hamlet. Wer? Ich?

Ophelia. Ja, mein Prinz.

Hamlet. O ich reiße Possen wie kein andrer. Was kann ein Mensch Besseres tun, als lustig sein? Denn seht nur, wie fröhlich meine Mutter aussieht, und doch starb mein Vater vor noch nicht zwei Stunden.

Ophelia. Nein, vor zweimal zwei Monaten, mein Prinz.

Hamlet. So lange schon? Ei, so mag der Teufel schwarz gehn; Ich will einen Zobelpelz tragen. O Himmel! Vor zwei Monaten gestorben und noch nicht vergessen! So ist Hoffnung da, daß das Andenken eines großen Mannes sein Leben ein halbes Jahr überleben kann. Aber, bei Unsrer Lieben Frauen! Kirchen muß er stiften, sonst denkt man nicht an ihn; es geht ihm wie dem Steckenpferde, dessen Grabschrift ist:

«Denn o! denn o!
Vergessen ist das Steckenpferd.»

(Trompeten, hierauf die Pantomime.)

(Ein König und eine Königin treten auf, sehr zärtlich; die Königin umarmt ihn, und er sie. Sie kniet und macht gegen ihn die Gebärden

der Beteurung. Er hebt sie auf und lehnt den Kopf an ihre Brust; er
legt sich auf ein Blumenbette nieder, sie verläßt ihn, da sie ihn ein-
schlafen sieht. Gleich darauf kommt ein Kerl herein, nimmt ihm die
Krone ab, küßt sie, gießt Gift in die Ohren des Königs und geht ab.
Die Königin kommt zurück, findet den König tot und macht leiden-
schaftliche Gebärden. Der Vergifter kommt mit zwei oder drei
Stummen zurück und scheint mit ihr zu wehklagen. Die Leiche
wird weggebracht. Der Vergifter wirbt mit Geschenken um die Kö-
nigin; sie scheint anfangs unwillig und abgeneigt, nimmt aber zu-
letzt seine Liebe an. Sie gehen ab.)

Ophelia. Was bedeutet dies, mein Prinz?

Hamlet Ei, es ist spitzbübische Munkelei; es bedeutet Unheil.

Ophelia. Vielleicht, daß diese Vorstellung den Inhalt des Stücks
anzeigt.

Der Prolog tritt auf.

Hamlet. Wir werden es von diesem Gesellen erfahren: Die
Schauspieler können nichts geheim halten, sie werden alles
ausplaudern.

Ophelia. Wird er uns sagen, was diese Vorstellung bedeutet?

Hamlet. Ja, oder irgendeine Vorstellung, die Ihr ihm vorstellen
wollt. Schämt Euch nur nicht, ihm vorzustellen, so wird er
sich nicht schämen, Euch zu sagen, was es bedeutet.

Ophelia. Ihr seid schlimm, Ihr seid schlimm; ich will das Stück

Prolog. Für uns und unsre Vorstellung   [anhören.
Mit untertän'ger Huldigung
Ersuchen wir Genehmigung.

Hamlet. Ist dies ein Prolog oder ein Denkspruch auf einem
Ringe?

Ophelia. Es ist kurz, mein Prinz.

Hamlet. Wie Frauenliebe.

Ein König und eine Königin treten auf.

König (im Schauspiel). Schon dreißigmal hat den Apoll sein
Um Nereus' Flut und Tellus' Rund getragen,   [Wagen
Und zwölfmal dreißig Mond' in fremdem Glanz
Vollbrachten um den Erdball ihren Tanz,
Seit unsre Herzen Liebe treu durchdrungen,
Und Hymens Bande Hand in Hand geschlungen.

DRITTER AUFZUG · ZWEITE SZENE   165

Königin (im Schauspiel). Mag Sonn und Mond so manche Reise
 Eh Liebe stirbt, uns zählen lassen noch.   [doch,
 Doch leider seid Ihr jetzt so matt von Herzen,
 So fern von vor'ger Munterkeit und Scherzen,
 Daß Ihr mich ängstet; aber zag ich gleich,
 Doch, mein Gemahl, nicht ängsten darf es Euch.
 Denn Weiberfurcht hält Schritt mit ihrem Lieben;
 In beiden gar nichts, oder übertrieben.
 Wie meine Lieb ist, hab ich Euch gezeigt:
 Ihr seht, daß meine Furcht der Liebe gleicht.
 Das Kleinste schon muß große Lieb erschrecken
 Und ihre Größ in kleiner Sorg entdecken.
König (im Schauspiel). Ja, Lieb, ich muß dich lassen, und das
 Mich drückt des Alters schwächende Gewalt.   [bald;
 Du wirst in dieser schönen Welt noch leben,
 Geehrt, geliebt; vielleicht wird, gleich ergeben,
 Ein zweiter Gatte –
Königin (im Schauspiel). O halt ein! halt ein!
 Verrat nur könnte solche Liebe sein.
 Beim zweiten Gatten würd ich selbst mir fluchen;
 Die *einen* totschlug, mag den zweiten suchen.
Hamlet. Das ist Wermut.
Königin (im Schauspiel). Das, was die Bande zweiter Ehe flicht,
 Ist schnöde Sucht nach Vorteil, Liebe nicht.
 Es tötet noch einmal den toten Gatten,
 Dem zweiten die Umarmung zu gestatten.
König (im Schauspiel). Ich glaub, Ihr denket jetzt, was Ihr ge-
 Doch ein Entschluß wird oft von uns gebrochen. [sprochen,
 Der Vorsatz ist ja der Erinnrung Knecht,
 Stark von Geburt, doch bald durch Zeit geschwächt;
 Wie herbe Früchte fest am Baume hangen,
 Doch leicht sich lösen, wenn sie Reif' erlangen.
 Notwendig ists, daß jeder leicht vergißt
 Zu zahlen, was er selbst sich schuldig ist.
 Wo Leidenschaft den Vorsatz hingewendet,
 Entgeht das Ziel uns, wann sie selber endet.
 Der Ungestüm sowohl von Freud als Leid

Zerstört mit sich die eigne Wirksamkeit.
Laut klagt das Leid, wo laut die Freude schwärmet,
Leid freut sich leicht, wenn Freude leicht sich härmet.
Die Welt vergeht: es ist nicht wunderbar,
Daß mit dem Glück selbst Liebe wandelbar.
Denn eine Frag ists, die zu lösen bliebe,
Ob Lieb das Glück führt, oder Glück die Liebe.
Der Große stürzt: seht seinen Günstling fliehn;
Der Arme steigt, und Feinde lieben ihn.
So weit scheint Liebe nach dem Glück zu wählen.
Wer ihn nicht braucht, dem wird ein Freund nicht fehlen,
Und wer in Not versucht den falschen Freund,
Verwandelt ihn sogleich in einen Feind.
Doch, um zu enden, wo ich ausgegangen,
Will und Geschick sind stets in Streit befangen.
Was wir ersinnen, ist des Zufalls Spiel,
Nur der Gedank ist unser, nicht sein Ziel.
So denk, dich soll kein zweiter Gatt' erwerben,
Doch mag dies Denken mit dem ersten sterben.

Königin (im Schauspiel).
Versag mir Nahrung, Erde! Himmel, Licht!
Gönnt, Tag und Nacht, mir Lust und Ruhe nicht!
Verzweiflung werd aus meinem Trost und Hoffen,
Nur Klausnerbuß' im Kerker steh mir offen!
Mag alles, was der Freude Antlitz trübt,
Zerstören, was mein Wunsch am meisten liebt,
Und hier und dort verfolge mich Beschwerde,
Wenn, einmal Witwe, jemals Weib ich werde!

Hamlet (zu Ophelia). Wenn sie es nun brechen sollte –
König (im Schauspiel). 's ist fest geschworen. Laß mich, Liebe,
Ich werde müd und möcht ein wenig ruhn,   [nun;
Die Zeit zu täuschen.
Königin (im Schauspiel). Wiege dich der Schlummer,
Und nimmer komme zwischen uns ein Kummer! *(Ab.)*
Hamlet. Gnädige Frau, wie gefällt Euch das Stück?
Königin. Die Dame, wie mich dünkt, gelobt zu viel.
Hamlet. O, aber sie wird ihr Wort halten!

DRITTER AUFZUG · ZWEITE SZENE   167

König. Habt Ihr den Inhalt gehört? Wird es kein Ärgernis
geben?

Hamlet. Nein, nein; sie spaßen nur, vergiften im Spaß, kein
Ärgernis in der Welt.

König. Wie nennt Ihr das Stück?

Hamlet. Die Mausefalle. Und wie das? Metaphorisch. Das
Stück ist die Vorstellung eines in Vienna geschehnen Mordes. Gonzago ist der Name des Herzogs, seiner Gemahlin
Baptista; Ihr werdet gleich sehen, es ist ein spitzbübischer
Handel. Aber was tuts? Eure Majestät und uns, die wir ein
freies Gewissen haben, trifft es nicht. Der Aussätzige mag
sich jucken, unsre Haut ist gesund.

Lucianus tritt auf.

Dies ist ein gewisser Lucianus, ein Neffe des Königs.

Ophelia. Ihr übernehmt das Amt des Chorus, gnädiger Herr.

Hamlet. O ich wollte zwischen Euch und Eurem Liebsten Dol-
metscher sein, wenn ich die Marionetten nur tanzen sähe.

Ophelia. Ihr seid spitz, gnädiger Herr, Ihr seid spitz.

Hamlet. Ihr würdet zu stöhnen haben, ehe Ihr meine Spitze ab-
stumpftet.

Ophelia. Immer noch besser und schlimmer.

Hamlet. So müßt ihr eure Männer nehmen.–Fang an, Mörder!
laß deine vermaledeiten Gesichter, und fang an! Wohlauf:
Es brüllt um Rache das Gekrächz des Raben –

Lucianus. Gedanken schwarz, Gift wirksam, Hände fertig,
Gelegne Zeit, kein Wesen gegenwärtig.
Du schnöder Trank aus mitternächtgem Kraut,
Dreimal vom Fluche Hekates betaut:
Daß sich dein Zauber, deine grause Schärfe
Sogleich auf dies gesunde Leben werfe!

(Gießt das Gift in das Ohr des Schlafenden.)

Hamlet. Er vergiftet ihn im Garten um sein Reich. Sein Name
ist Gonzago; die Geschichte ist vorhanden, und in auserle-
senem Italienisch geschrieben. Ihr werdet gleich sehn, wie
der Mörder die Liebe von Gonzagos Gemahlin gewinnt.

Ophelia. Der König steht auf.

Hamlet. Wie? durch falschen Feuerlärm geschreckt?

Königin. Wie geht es meinem Gemahl?

Polonius. Macht dem Schauspiel ein Ende.

König. Leuchtet mir! fort!

Polonius. Licht! Licht! Licht!

(Alle ab, außer Hamlet und Horatio.)

Hamlet. Ei, der Gesunde hüpft und lacht,
   Dem Wunden ists vergällt;
   Der eine schläft, der andre wacht,
   Das ist der Lauf der Welt.
   Sollte nicht dies und ein Wald von Federbüschen (wenn
   meine sonstige Anwartschaft in die Pilze geht), nebst ein
   paar gepufften Rosen auf meinen geschlitzten Schuhen, mir
   zu einem Platz in einer Schauspielergesellschaft verhelfen?

Horatio. O ja, einen halben Anteil an der Einnahme.

Hamlet. Nein, einen ganzen.
   Denn dir, mein Damon, ist bekannt,
   Dem Reiche ging zugrund
   Ein Jupiter: nun herrschet hier
   Ein rechter, rechter – Affe.

Horatio. Ihr hättet reimen können.

Hamlet. O lieber Horatio, ich wette Tausende auf das Wort
   des Geistes. Merktest du?

Horatio. Sehr gut, mein Prinz.

Hamlet. Bei der Rede vom Vergiften?

Horatio. Ich habe ihn genau beachtet.

Hamlet. Haha! Kommt, Musik! kommt, die Flöten! –
   Denn wenn der König von dem Stück nichts hält,
   Ei nun! vielleicht – daß es ihm nicht gefällt.

Rosenkranz und Güldenstern kommen.

   Kommt, Musik!

Güldenstern. Bester, gnädiger Herr, vergönnt mir ein Wort mit
   Euch.

Hamlet. Eine ganze Geschichte, Herr.

Güldenstern. Der König –

Hamlet. Nun, was gibts mit ihm?

Güldenstern. Er hat sich auf sein Zimmer begeben, und ist sehr
   übel.

Hamlet. Vom Trinken, Herr?

Güldenstern. Nein, gnädiger Herr, von Galle.

Hamlet. Ihr solltet doch mehr gesunden Verstand beweisen und dies dem Arzte melden, denn wenn ich ihm eine Reinigung zumutete, das würde ihm vielleicht noch mehr Galle machen.

Güldenstern. Bester Herr, bringt einige Ordnung in Eure Reden, und springt nicht so wild von meinem Auftrage ab.

Hamlet. Ich bin zahm, Herr, sprecht!

Güldenstern. Die Königin, Eure Mutter, hat mich in der tiefsten Bekümmernis ihres Herzens zu Euch geschickt.

Hamlet. Ihr seid willkommen.

Güldenstern. Nein, bester Herr, diese Höflichkeit ist nicht von der rechten Art. Beliebt es Euch, mir eine gesunde Antwort zu geben, so will ich den Befehl Eurer Mutter ausrichten; wo nicht, so verzeiht, ich gehe wieder, und damit ist mein Geschäft zu Ende.

Hamlet. Herr, ich kann nicht.

Güldenstern. Was, gnädiger Herr?

Hamlet. Euch eine gesunde Antwort geben. Mein Verstand ist krank. Aber, Herr, solche Antwort, als ich geben kann, ist zu Eurem Befehl; oder vielmehr, wie Ihr sagt, zu meiner Mutter Befehl; drum nichts weiter, sondern zur Sache. Meine Mutter, sagt Ihr –

Rosenkranz. Sie sagt also Folgendes: Euer Betragen hat sie in Staunen und Verwunderung gesetzt.

Hamlet. O wundervoller Sohn, über den seine Mutter so erstaunen kann! Kommt kein Nachsatz, der dieser mütterlichen Bewunderung auf dem Fuße folgt? Laßt hören.

Rosenkranz. Sie wünscht mit Euch in ihrem Zimmer zu reden, ehe Ihr zu Bett geht.

Hamlet. Wir wollen gehorchen, und wäre sie zehnmal unsre Mutter. Habt Ihr noch sonst was mit mir zu schaffen?

Rosenkranz. Gnädiger Herr, Ihr liebtet mich einst –

Hamlet. Das tu ich noch, bei diesen beiden Diebeszangen hier!

Rosenkranz. Bester Herr, was ist die Ursache Eures Übels? Gewiß, Ihr tretet Eurer eignen Freiheit in den Weg, wenn Ihr

Eurem Freunde Euren Kummer verheimlicht.

Hamlet. Herr, es fehlt mir an Beförderung.

Rosenkranz. Wie kann das sein, da Ihr die Stimme des Königs selbst zur Nachfolge im dänischen Reiche habt?

Hamlet. Ja, Herr, aber «derweil das Gras wächst» – das Sprichwort ist ein wenig rostig.

Schauspieler kommen mit Flöten.

O die Flöten! Laßt mich eine sehn. – Um Euch insbesondre zu sprechen: *(Nimmt Güldenstern beiseite.)* Weswegen geht Ihr um mich herum, um meine Witterung zu bekommen, als wolltet Ihr mich in ein Netz treiben?

Güldenstern. O gnädiger Herr, wenn meine Ergebenheit allzu kühn ist, so ist meine Liebe ungesittet.

Hamlet. Das versteh ich nicht recht. Wollt Ihr auf dieser Flöte spielen?

Güldenstern. Gnädiger Herr, ich kann nicht.

Hamlet. Ich bitte Euch.

Güldenstern. Glaubt mir, ich kann nicht.

Hamlet. Ich ersuche Euch darum.

Güldenstern. Ich weiß keinen einzigen Griff, gnädiger Herr.

Hamlet. Es ist so leicht wie lügen. Regiert diese Windlöcher mit Euren Fingern und der Klappe, gebt der Flöte mit Eurem Munde Odem, und sie wird die beredteste Musik sprechen. Seht Ihr, dies sind die Griffe.

Güldenstern. Aber die habe ich eben nicht in meiner Gewalt, um irgendeine Harmonie hervorzubringen; ich besitze die Kunst nicht.

Hamlet. Nun, seht Ihr, welch ein nichtswürdiges Ding Ihr aus mir macht? Ihr wollt auf mir spielen; Ihr wollt tun, als kenntet Ihr meine Griffe; Ihr wollt in das Herz meines Geheimnisses dringen; Ihr wollt mich von meiner tiefsten Note bis zum Gipfel meiner Stimme hinauf prüfen: und in dem kleinen Instrument hier ist viel Musik, eine vortreffliche Stimme, dennoch könnt Ihr es nicht zum Sprechen bringen. Wetter! denkt Ihr, daß ich leichter zu spielen bin als eine Flöte? Nennt mich was für ein Instrument Ihr wollt, Ihr könnt mich zwar verstimmen, aber nicht auf mir spielen.

DRITTER AUFZUG · DRITTE SZENE   171

Polonius kommt.

Gott grüß Euch, Herr.

Polonius. Gnädiger Herr, die Königin wünscht Euch zu sprechen, und das sogleich.

Hamlet. Seht Ihr die Wolke dort, beinah in Gestalt eines Kamels?

Polonius. Beim Himmel, sie sieht auch wirklich aus wie ein
Kamel.

Hamlet. Mich dünkt, sie sieht aus wie ein Wiesel.

Polonius. Sie hat einen Rücken wie ein Wiesel.

Hamlet. Oder wie ein Walfisch?

Polonius. Ganz wie ein Walfisch.

Hamlet. Nun, so will ich zu meiner Mutter kommen, im Augenblick. – Sie närren mich, daß mir die Geduld beinah reißt.
– Ich komme im Augenblick.

Polonius. Das will ich ihr sagen. *(Ab.)*

Hamlet. Im Augenblick ist leicht gesagt. Laßt mich, Freunde.
   (Rosenkranz, Güldenstern, Horatio und die andern ab.)
Nun ist die wahre Spükezeit der Nacht,
Wo Grüfte gähnen und die Hölle selbst
Pest haucht in diese Welt. Nun tränk ich wohl heiß Blut
Und täte Dinge, die der bittre Tag
Mit Schaudern säh. Still! jetzt zu meiner Mutter.
O Herz, vergiß nicht die Natur! Nie dränge
Sich Neros Seel in diesen festen Busen!
Grausam, nicht unnatürlich, laß mich sein;
Nur reden will ich Dolche, keine brauchen.
Hierin seid Heuchler, Zung, und du, Gemüt:
Wie hart mit ihr auch meine Rede schmäle,
Nie willge drein, sie zu versiegeln, Seele! *(Ab.)*

DRITTE SZENE

Ein Zimmer im Schlosse.
Der König, Rosenkranz und Güldenstern treten auf.

König. Ich mag ihn nicht; auch stehts um uns nicht sicher,
Wenn frei sein Wahnsinn schwärmt. Drum macht euch fertig!

Ich stelle schleunig eure Vollmacht aus,
Und er soll dann mit euch nach England hin.
Die Pflichten unsrer Würde dulden nicht
Gefahr so nah, als stündlich uns erwächst
Aus seinen Grillen.
Güldenstern. Wir wollen uns bereiten.
Es ist gewissenhafte, heilge Furcht,
Die vielen, vielen Seelen zu erhalten,
Die Eure Majestät belebt und nährt.
Rosenkranz. Schon das besondre, einzle Leben muß
Mit aller Kraft und Rüstung des Gemüts
Vor Schaden sich bewahren; doch viel mehr
Der Geist, an dessen Heil das Leben vieler
Beruht und hängt. Der Majestät Verscheiden
Stirbt nicht allein; es zieht gleich einem Strudel
Das Nahe mit. Sie ist ein mächtig Rad,
Befestigt auf des höchsten Berges Gipfel,
An dessen Riesenspeichen tausend Dinge
Verzapfet und gefugt sind; wenn es fällt,
So teilt die kleinste Zutat und Umgebung
Den ungeheuren Sturz. Kein König seufzte je
Allein und ohn ein allgemeines Weh.
König. Ich bitte, rüstet euch zur schnellen Reise;
Wir müssen diese Furcht in Fesseln legen,
Die auf zu freien Füßen jetzo geht.
Rosenkranz und Güldenstern. Wir wollen eilen. (*Beide ab.*)
                         Polonius kommt.
Polonius. Mein Fürst, er geht in seiner Mutter Zimmer.
Ich will mich hinter die Tapete stellen,
Den Hergang anzuhören; seid gewiß,
Sie schilt ihn tüchtig aus, und wie Ihr sagtet –
Und weislich wars gesagt – es schickt sich wohl,
Daß noch ein andrer Zeug' als eine Mutter,
Die von Natur parteiisch, ihr Gespräch
Im stillen anhört. Lebet wohl, mein Fürst!
Eh Ihr zu Bett geht, sprech ich vor bei Euch
Und meld Euch, was ich weiß.

DRITTER AUFZUG · DRITTE SZENE

König. Dank, lieber Herr.

(Polonius ab.)

O meine Tat ist faul, sie stinkt zum Himmel;
Sie trägt den ersten, ältesten der Flüche,
Mord eines Bruders! – Beten kann ich nicht,
Ist gleich die Neigung dringend wie der Wille:
Die stärkre Schuld besiegt den starken Vorsatz,
Und wie ein Mann, dem zwei Geschäft' obliegen,
Steh ich in Zweifel, was ich erst soll tun,
Und lasse beides. Wie? wär diese Hand
Auch um und um in Bruderblut getaucht:
Gibt es nicht Regen g'nug im milden Himmel,
Sie weiß wie Schnee zu waschen? Wozu dient
Die Gnad, als vor der Sünde Stirn zu treten?
Und hat Gebet nicht die zwiefache Kraft,
Dem Falle vorzubeugen und Verzeihung
Gefallnen auszuwirken? Gut, ich will
Emporschaun; mein Verbrechen ist geschehn.
Doch o, welch eine Wendung des Gebets
Ziemt meinem Fall? «Vergib mir meinen schnöden Mord?»
Dies kann nicht sein; mir bleibt ja stets noch alles,
Was mich zum Mord getrieben: meine Krone,
Mein eigner Ehrgeiz, meine Königin.
Wird da verziehn, wo Missetat besteht?
In den verderbten Strömen dieser Welt
Kann die vergoldte Hand der Missetat
Das Recht wegstoßen, und ein schnöder Preis
Erkauft oft das Gesetz. Nicht so dort oben!
Da gilt kein Kunstgriff, da erscheint die Handlung
In ihrer wahren Art, und wir sind selbst
Genötigt, unsern Fehlern in die Zähne
Ein Zeugnis abzulegen. Nun? was bleibt?
Sehn, was die Reue kann. Was kann sie nicht?
Doch wenn man nicht bereuen kann, was kann sie?
O Jammerstand! O Busen, schwarz wie Tod!
O Seele, die, sich frei zu machen ringend,
Noch mehr verstrickt wird! – Engel, helft! versucht!

174   HAMLET

Beugt euch, ihr starren Knie! gestähltes Herz,
Sei weich wie Sehnen neugeborner Kinder!
Vielleicht wird alles gut. (*Tritt zurück und kniet nieder.*)
                    Hamlet kommt.

Hamlet. Jetzt könnt ichs tun, bequem; er ist im Beten;
Jetzt will ichs tun – und so geht er gen Himmel,
Und so bin ich gerächt? Das hieß: ein Bube
Ermordet meinen Vater, und dafür
Send ich, sein einzger Sohn, denselben Buben
Gen Himmel.
Ei, das wär Sold und Löhnung, Rache nicht.
Er überfiel in Wüstheit meinen Vater,
Voll Speis, in seiner Sünden Maienblüte.
Wie seine Rechnung steht, weiß nur der Himmel,
Allein nach unsrer Denkart und Vermutung
Ergehts ihm schlimm: und bin ich dann gerächt,
Wenn ich in seiner Heiligung ihn fasse,
Bereitet und geschickt zum Übergang?
Nein.
Hinein, du Schwert! sei schrecklicher gezückt!
Wann er berauscht ist, schlafend, in der Wut,
In seines Betts blutschänderischen Freuden,
Beim Doppeln, Fluchen, oder anderm Tun,
Das keine Spur des Heiles an sich hat:
Dann stoß ihn nieder, daß gen Himmel er
Die Fersen bäumen mag, und seine Seele
So schwarz und so verdammt sei wie die Hölle,
Wohin er fährt. Die Mutter wartet mein:
Dies soll nur Frist den siechen Tagen sein. (*Ab.*)
            (*Der König steht auf und tritt vor.*)
König. Die Worte fliegen auf, der Sinn hat keine Schwingen:
Wort ohne Sinn kann nicht zum Himmel dringen. (*Ab.*)

VIERTE SZENE

Zimmer der Königin.
Die Königin und Polonius treten auf.

Polonius. Er kommt sogleich: setzt ihm mit Nachdruck zu,
Sagt ihm, daß er zu wilde Streiche macht,
Um sie zu dulden, und daß Eure Hoheit
Geschirmt, und zwischen großer Hitz und ihm
Gestanden hat. Ich will hier still mich bergen,
Ich bitt Euch, schont ihn nicht.
Hamlet (hinter der Szene). Mutter, Mutter, Mutter!
Königin. Verlaßt Euch drauf;
Sorgt meinetwegen nicht. Zieht Euch zurück,
Ich hör ihn kommen.
(Polonius verbirgt sich.)
Hamlet kommt.
Hamlet. Nun, Mutter, sagt: was gibts?
Königin. Hamlet, dein Vater ist von dir beleidigt.
Hamlet. Mutter, mein Vater ist von Euch beleidigt.
Königin. Kommt, kommt! Ihr sprecht mit einer losen Zunge.
Hamlet. Geht, geht! Ihr fragt mit einer bösen Zunge.
Königin. Was soll das, Hamlet?
Hamlet. Nun, was gibt es hier?
Königin. Habt Ihr mich ganz vergessen?
Hamlet. Nein, beim Kreuz!
Ihr seid die Königin, Weib Eures Mannes Bruders,
Und – wär es doch nicht so! – seid meine Mutter.
Königin. Gut, andre sollen zur Vernunft Euch bringen.
Hamlet. Kommt, setzt Euch nieder; Ihr sollt nicht vom Platz,
Nicht gehn, bis ich Euch einen Spiegel zeige,
Worin Ihr Euer Innerstes erblickt.
Königin. Was willst du tun? Du willst mich doch nicht morden?
He, Hilfe! Hilfe!
Polonius (hinter der Tapete). Hilfe! he, herbei!
Hamlet. Wie? Was? eine Ratte? *(Er zieht.)* Tot! für 'nen Du-
(Tut einen Stoß durch die Tapete.) [katen, tot!

Polonius (hinter der Tapete). O ich bin umgebracht! *(Fällt und stirbt.)*

Königin. Weh mir! was tatest du?

Hamlet. Fürwahr, ich weiß es nicht: ist es der König?

    (Zieht den Polonius hinter der Tapete hervor.)

Königin. O, welche rasche, blut'ge Tat ist dies!

Hamlet. Ja, gute Mutter, eine blut'ge Tat,
  So schlimm beinah, als einen König töten
  Und in die Eh mit seinem Bruder treten.

Königin. Als einen König töten!

Hamlet. Ja, so sagt ich.

             (Zu Polonius.)
  Du kläglicher, vorwitzger Narr, fahr wohl!
  Ich nahm dich für 'nen Höhern; nimm dein Los,
  Du siehst, zu viel Geschäftigkeit ist mißlich. –
  Ringt nicht die Hände so! still! setzt Euch nieder,
  Laßt Euer Herz mich ringen, denn das will ich,
  Wenn es durchdringlich ist, wenn nicht so ganz
  Verdammte Angewöhnung es gestählt,
  Daß es verschanzt ist gegen die Vernunft.

Königin. Was tat ich, daß du gegen mich die Zunge
  So toben lassen darfst?

Hamlet. Solch eine Tat,
  Die alle Huld der Sittsamkeit entstellt,
  Die Tugend Heuchler schilt, die Rose wegnimmt
  Von unschuldvoller Liebe schöner Stirn,
  Und Beulen hinsetzt; Ehgelübde falsch
  Wie Spielereide macht; o eine Tat,
  Die aus dem Körper des Vertrages ganz
  Die innre Seele reißet, und die süße
  Religion zum Wortgepränge macht.
  Des Himmels Antlitz glüht, ja diese Feste,
  Dies Weltgebäu, mit traurendem Gesicht,
  Als nahte sich der Jüngste Tag, gedenkt
  Trübsinnig dieser Tat.

Königin. Weh! welche Tat
  Brüllt denn so laut und donnert im Verkünden?

Hamlet. Seht hier, auf dies Gemälde, und auf dies,
Das nachgeahmte Gleichnis zweier Brüder.
Seht, welche Anmut wohnt auf diesen Braun!
Apollos Locken, Jovis hohe Stirn,
Ein Aug wie Mars, zum Drohn und zum Gebieten,
Des Götterherolds Stellung, wann er eben
Sich niederschwingt auf himmelnahe Höhn;
In Wahrheit, ein Verein und eine Bildung,
Auf die sein Siegel jeder Gott gedrückt,
Der Welt Gewähr für einen Mann zu leisten:
Dies war Eur Gatte. – Seht nun her, was folgt:
Hier ist Eur Gatte, gleich der brandgen Ähre
Verderblich seinem Bruder. Habt Ihr Augen?
Die Weide dieses schönen Bergs verlaßt Ihr
Und mästet Euch im Sumpf? Ha, habt Ihr Augen?
Nennt es nicht Liebe! Denn in Eurem Alter
Ist der Tumult im Blute zahm; es schleicht
Und wartet auf das Urteil: und welch Urteil
Ging' wohl von dem zu dem? Sinn habt Ihr sicher,
Sonst könnte keine Regung in Euch sein:
Doch sicher ist der Sinn vom Schlag gelähmt,
Denn Wahnwitz würde hier nicht irren; nie
Hat so den Sinn Verrücktheit unterjocht,
Daß nicht ein wenig Wahl ihm blieb, genug
Für solchen Unterschied. Was für ein Teufel
Hat bei der Blindekuh Euch so betört?
Sehn ohne Fühlen, Fühlen ohne Sehn,
Ohr ohne Hand und Aug, Geruch ohn alles,
Ja nur ein Teilchen eines echten Sinns
Tappt nimmermehr so zu.
Scham, wo ist dein Erröten? wilde Hölle,
Empörst du dich in der Matrone Gliedern,
So sei die Keuschheit der entflammten Jugend
Wie Wachs, und schmelz in ihrem Feuer hin;
Ruf keine Schande aus, wenn heißes Blut
Zum Angriff stürmet: da der Frost ja selbst
Nicht minder kräftig brennt, und die Vernunft

Den Willen kuppelt.

Königin. O Hamlet, sprich nicht mehr!
Du kehrst die Augen recht ins Innre mir,
Da seh ich Flecke, tief und schwarz gefärbt,
Die nicht von Farbe lassen.

Hamlet. Nein, zu leben
Im Schweiß und Brodem eines eklen Betts,
Gebrüht in Fäulnis; buhlend und sich paarend
Über dem garstgen Nest –

Königin. O sprich nicht mehr!
Mir dringen diese Wort' ins Ohr wie Dolche.
Nicht weiter, lieber Hamlet!

Hamlet. Ein Mörder und ein Schalk; ein Knecht, nicht wert
Das Zehntel eines Zwanzigteils von ihm,
Der Eur Gemahl war; ein Hanswurst von König,
Ein Beutelschneider von Gewalt und Reich,
Der weg vom Sims die reiche Krone stahl
Und in die Tasche steckte.

Königin. Halt inne!

Der Geist kommt.

Hamlet. Ein geflickter Lumpenkönig! –
Schirmt mich und schwingt die Flügel über mir,
Ihr Himmelsscharen! – Was will dein würdig Bild?

Königin. Weh mir! er ist verrückt.

Hamlet. Kommt Ihr nicht, Euren trägen Sohn zu schelten,
Der Zeit und Leidenschaft versäumt, zur großen
Vollführung Eures furchtbaren Gebots?
O sagt!

Geist. Vergiß nicht! Diese Heimsuchung
Soll nur den abgestumpften Vorsatz schärfen.
Doch schau! Entsetzen liegt auf deiner Mutter;
Tritt zwischen sie und ihre Seel im Kampf,
In Schwachen wirkt die Einbildung am stärksten:
Sprich mit ihr, Hamlet!

Hamlet. Wie ist Euch, Mutter?

Königin. Ach, wie ist denn Euch,
Daß Ihr die Augen heftet auf das Leere

DRITTER AUFZUG · VIERTE SZENE

Und redet mit der körperlosen Luft?
Wild blitzen Eure Geister aus den Augen,
Und wie ein schlafend Heer beim Waffenlärm
Sträubt Euer liegend Haar sich als lebendig
Empor, und steht zu Berg. O lieber Sohn,
Spreng auf die Hitz und Flamme deines Übels
Abkühlende Geduld! Wo schaust du hin?

Hamlet. Auf ihn! auf ihn! Seht Ihr, wie blaß er starrt?
Sein Anblick, seine Sache, würde Steinen
Vernunft einpredigen. – Sieh nicht auf mich,
Damit nicht deine klägliche Gebärde
Mein strenges Tun erweicht; sonst fehlt ihm dann
Die echte Art: vielleicht statt Blutes Tränen.

Königin. Mit wem besprecht Ihr Euch?

Hamlet. Seht Ihr dort nichts?

Königin. Gar nichts; doch seh ich alles, was dort ist.

Hamlet. Und hörtet Ihr auch nichts?

Königin. Nein, nichts als uns.

Hamlet. Ha, seht nur hin! Seht, wie es weg sich stiehlt!
Mein Vater in leibhaftiger Gestalt:
Seht, wie er eben zu der Tür hinausgeht! *(Geist ab.)*

Königin. Dies ist bloß Eures Hirnes Ausgeburt;
In dieser wesenlosen Schöpfung ist
Verzückung sehr geübt.

Hamlet. Verzückung?
Mein Puls hält ordentlich wie Eurer Takt,
Spielt ebenso gesunde Melodien;
Es ist kein Wahnwitz, was ich vorgebracht.
Bringt mich zur Prüfung, und ich wiederhole
Die Sach Euch Wort für Wort, wovon der Wahnwitz
Abspringen würde. Mutter, um Eur Heil!
Legt nicht die Schmeichelsalb auf Eure Seele,
Daß nur mein Wahnwitz spricht, nicht Eur Vergehn;
Sie wird den bösen Fleck nur leicht verharschen,
Indes Verderbnis, heimlich untergrabend,
Von innen angreift. Beichtet vor dem Himmel,
Bereuet, was geschehn, und meidet Künftges;

Düngt nicht das Unkraut, daß es mehr noch wuchre.
Vergebt mir diese meine Tugend; denn
In dieser feisten, engebrüstgen Zeit
Muß Tugend selbst Verzeihung flehn vom Laster,
Ja kriechen, daß sie nur ihm wohltun dürfe.

Königin. O Hamlet! du zerspaltest mir das Herz.

Hamlet. O werft den schlechtern Teil davon hinweg,
Und lebt so reiner mit der andern Hälfte.
Gute Nacht! Doch meidet meines Oheims Bett,
Nehmt eine Tugend an, die Ihr nicht habt.
Der Teufel Angewöhnung, der des Bösen
Gefühl verschlingt, ist hierin Engel doch:
Er gibt der Übung schöner, guter Taten
Nicht minder eine Kleidung oder Tracht,
Die gut sich anlegt. Seid zu Nacht enthaltsam,
Und das wird eine Art von Leichtigkeit
Der folgenden Enthaltung leihn; die nächste
Wird dann noch leichter: denn die Übung kann
Fast das Gepräge der Natur verändern;
Sie zähmt den Teufel oder stößt ihn aus
Mit wunderbarer Macht. Nochmals, schlaft wohl!
Um Euren Segen bitt ich, wann Ihr selbst
Nach Segen erst verlangt. – Für diesen Herrn
Tut es mir leid: der Himmel hat gewollt,
Um mich durch dies, und dies durch mich zu strafen,
Daß ich ihm Diener muß und Geißel sein.
Ich will ihn schon besorgen, und den Tod,
Den ich ihm gab, vertreten. Schlaft denn wohl!
Zur Grausamkeit zwingt bloße Liebe mich;
Schlimm fängt es an, und Schlimmres nahet sich.
Ein Wort noch, gute Mutter!

Königin. Was soll ich tun?

Hamlet. Durchaus nicht das, was ich Euch heiße tun,
Laßt den gedunsnen König Euch ins Bett
Von neuem locken, in die Wangen Euch
Mutwillig kneifen; Euch sein Mäuschen nennen,
Und für ein paar verbuhlte Küss, ein Spielen

DRITTER AUFZUG · VIERTE SZENE

In Eurem Nacken mit verdammten Fingern,
Bringt diesen ganzen Handel an den Tag,
Daß ich in keiner wahren Tollheit bin,
Nur toll aus List. Gut wärs, Ihr ließts ihn wissen.
Denn welche Königin, schön, keusch und klug,
Verhehlte einem Kanker, einem Molch
So teure Dinge wohl? wer täte das?
Nein, trotz Erkenntnis und Verschwiegenheit,
Löst auf dem Dach des Korbes Deckel, laßt
Die Vögel fliegen, und wie jener Affe,
Kriecht in den Korb, um Proben anzustellen,
Und brecht Euch selbst den Hals.
Königin. Sei du gewiß; wenn Worte Atem sind,
Und Atem Leben ist, hab ich kein Leben,
Das auszuatmen, was du mir gesagt.
Hamlet. Ich muß nach England: wißt Ihrs?
Königin. Ach, ich vergaß; es ist so ausgemacht.
Hamlet. Man siegelt Briefe; meine Schulgesellen,
Die beiden, denen ich wie Nattern traue,
Sie bringen die Bestellung hin; sie müssen
Den Weg mir bahnen, und zur Schurkerei
Herolden gleich mich führen. Sei es drum!
Der Spaß ist, wenn mit seinem eignen Pulver
Der Feuerwerker auffliegt; und mich trügt
Die Rechnung, wenn ich nicht ein Klafter tiefer
Als ihre Minen grab, und sprenge sie
Bis an den Mond. O es ist gar zu schön,
Wenn so zwei Listen sich entgegengehn! –
Der Mann packt mir 'ne Last auf.
Ich will den Wanst ins nächste Zimmer schleppen.
Nun, Mutter, gute Nacht! – Der Ratsherr da
Ist jetzt sehr still, geheim und ernst fürwahr,
Der sonst ein schelmscher, alter Schwätzer war.
Kommt, Herr, ich muß mit Euch ein Ende machen. –
Gute Nacht, Mutter!
(Sie gehen von verschiedenen Seiten ab.
Hamlet schleift den Polonius hinaus.)

VIERTER AUFZUG

ERSTE SZENE

Ein Zimmer im Schlosse.
Der König, die Königin, Rosenkranz und Güldenstern.

König. In diesen tiefen Seufzern ist ein Sinn;
Legt sie uns aus, wir müssen sie verstehn.
Wo ist Eur Sohn?
Königin (zu Rosenkranz und Güldenstern).
Räumt diesen Platz uns auf ein Weilchen ein.
(Beide ab.)
Ah, mein Gemahl! was sah ich diese Nacht!
König. Wie, Gertrud? was macht Hamlet?
Königin. Er rast wie See und Wind, wenn beide kämpfen,
Wer mächtger ist; in seiner wilden Wut,
Da er was hinterm Teppich rauschen hört,
Reißt er die Kling heraus, schreit: «Eine Ratte!»
Und tötet so in seines Wahnes Hitze
Den ungesehnen guten alten Mann.
König. O schwere Tat! so wär es Uns geschehn,
Wenn Wir daselbst gestanden. Seine Freiheit
Droht aller Welt, Euch selbst, Uns, jedem andern.
Ach! wer steht ein für diese blut'ge Tat?
Uns wird zur Last sie fallen, deren Vorsicht
Den tollen jungen Mann eng eingesperrt
Und fern von Menschen hätte halten sollen.
Doch unsre Liebe war so groß, daß wir
Nicht einsehn wollten, was das Beste war.
Und wie der Eigner eines bösen Schadens,
Den er geheim hält, ließen wir ihn zehren
Recht an des Lebens Mark. Wo ist er hin?
Königin. Er schafft den Leichnam des Erschlagnen weg,
Wobei sein Wahnsinn, wie ein Körnchen Gold
In einem Erz von schlechteren Metallen,
Sich rein beweist: er weint um das Geschehne.

VIERTER AUFZUG · ZWEITE SZENE   183

König. O Gertrud, laßt uns gehn!
Sobald die Sonne an die Berge tritt,
Schifft man ihn ein; und diese schnöde Tat
Muß unsre ganze Majestät und Kunst
Vertreten und entschuldigen. – He, Güldenstern!
Rosenkranz und Güldenstern kommen.
Geht, beide Freunde, nehmt euch wen zu Hilfe.
Hamlet hat den Polonius umgebracht
In seinem tollen Mut, und ihn darauf
Aus seiner Mutter Zimmer weggeschleppt.
Geht, sucht ihn, sprecht ihm zu, und bringt den Leichnam
In die Kapell. Ich bitt euch, eilt hiebei.
(Rosenkranz und Güldenstern ab.)
Kommt, Gertrud, rufen wir von unsern Freunden
Die klügsten auf, und machen ihnen kund,
Was wir zu tun gedenken, und was leider
Geschehn: so kann der schlangenartge Leumund,
Des Zischeln von dem einen Pol zum andern,
So sicher wie zum Ziele die Kanone,
Den giftgen Schuß trägt, unsern Namen noch
Verfehlen und die Luft unschädlich treffen.
O komm hinweg mit mir! Entsetzen ist
In meiner Seel und innerlicher Zwist.
(Beide ab.)

ZWEITE SZENE

Ein andres Zimmer im Schlosse.
Hamlet kommt.

Hamlet. – Sicher beigepackt. –
Rosenkranz und Güldenstern (hinter der Szene). Hamlet! Prinz
Hamlet!
Hamlet. Aber still – was für ein Lärm? Wer ruft den Hamlet?
O, da kommen sie.
Rosenkranz und Güldenstern kommen.
Rosenkranz. Was habt Ihr mit dem Leichnam, Prinz, gemacht?

Hamlet. Ihn mit dem Staub gepaart, dem er verwandt.

Rosenkranz. Sagt uns den Ort, daß wir ihn weg von da
In die Kapelle tragen.

Hamlet. Glaubt es nicht.

Rosenkranz. Was nicht glauben?

Hamlet. Daß ich euer Geheimnis bewahren kann, und meines
nicht. Überdies, sich von einem Schwamme fragen zu lassen! Was für eine Antwort soll der Sohn eines Königs darauf
geben?

Rosenkranz. Nehmt Ihr mich für einen Schwamm, gnädiger
Herr?

Hamlet. Ja, Herr, der des Königs Miene, seine Gunstbezeu-
gungen und Befehle einsaugt. Aber solche Beamte tun dem
Könige den besten Dienst am Ende. Er hält sie, wie ein Affe
den Bissen, im Winkel seines Kinnbackens; zuerst in den
Mund gesteckt, um zuletzt verschlungen zu werden. Wenn
er braucht, was Ihr aufgesammelt habt, so darf er Euch nur
drücken, so seid Ihr, Schwamm, wieder trocken.

Rosenkranz. Ich verstehe Euch nicht, gnädiger Herr.

Hamlet. Es ist mir lieb: eine lose Rede schläft in dummen
Ohren.

Rosenkranz. Gnädiger Herr, Ihr müßt uns sagen, wo die Leiche
ist, und mit uns zum Könige gehn.

Hamlet. Die Leiche ist beim König, aber der König ist nicht
bei der Leiche. Der König ist ein Ding –

Güldenstern. Ein Ding, gnädiger Herr?

Hamlet. Das nichts ist. Bringt mich zu ihm. Versteck dich,
Fuchs, und alle hinterdrein. (*Alle ab.*)

DRITTE SZENE

Ein andres Zimmer im Schlosse.
Der König tritt auf mit Gefolge.

König. Ich lass ihn holen, und den Leichnam suchen.
O wie gefährlich ists, daß dieser Mensch
So frank umhergeht! Dennoch dürfen wir
Nicht nach dem strengen Recht mit ihm verfahren.

Er ist beliebt bei der verworrnen Menge,
Die mit dem Aug, nicht mit dem Urteil wählt,
Und wo das ist, wägt man des Schuldgen Plage,
Doch nie die Schuld. Um alles auszugleichen,
Muß diese schnelle Wegsendung ein Schritt
Der Überlegung scheinen; wenn die Krankheit
Verzweifelt ist, kann ein verzweifelt Mittel
Nur helfen, oder keins.

Rosenkranz kommt.

Was ist geschehn?

Rosenkranz. Wo er die Leiche hingeschafft, mein Fürst,
Vermögen wir von ihm nicht zu erfahren.

König. Wo ist er selber?

Rosenkranz. Draußen, gnäd'ger Herr;
Bewacht, um Eur Belieben abzuwarten.

König. So bringt ihn vor Uns.

Rosenkranz. He, Güldenstern! bringt den gnädigen Herrn herein.

Hamlet und Güldenstern kommen.

König. Nun, Hamlet, wo ist Polonius?

Hamlet. Beim Nachtmahl.

König. Beim Nachtmahl?

Hamlet. Nicht wo er speist, sondern wo er gespeist wird. Eine gewisse Reichsversammlung von politischen Würmern hat sich eben an ihn gemacht. So 'n Wurm ist Euch der einzige Kaiser, was die Tafel betrifft. Wir mästen alle andern Kreaturen, um uns zu mästen; und uns selber mästen wir für Maden. Der fette König und der magre Bettler sind nur verschiedne Gerichte; zwei Schüsseln, aber für *eine* Tafel: das ist das Ende vom Liede.

König. Ach Gott! ach Gott!

Hamlet. Jemand könnte mit dem Wurm fischen, der von einem König gegessen hat, und von dem Fisch essen, der den Wurm verzehrte.

König. Was meinst du damit?

Hamlet. Nichts, als Euch zu zeigen, wie ein König seinen Weg durch die Gedärme eines Bettlers nehmen kann.

König. Wo ist Polonius?

Hamlet. Im Himmel. Schickt hin, um zuzusehn. Wenn Euer
Bote ihn da nicht findet, so sucht ihn selbst an dem andern
Orte. Aber wahrhaftig, wo Ihr ihn nicht binnen dieses Mo-
nats findet, so werdet Ihr ihn wittern, wenn Ihr die Treppe
zur Galerie hinaufgeht.

König (zu einigen aus dem Gefolge). Geht, sucht ihn dort.

Hamlet. Er wird warten, bis ihr kommt.

(Einige aus dem Gefolge ab.)

König. Hamlet, für deine eigne Sicherheit,
Die Uns so wert ist, wie Uns innig kränkt,
Was du begangen hast, muß diese Tat
In feur'ger Eile dich von hinnen senden.
Drum rüste dich; das Schiff liegt schon bereit,
Der Wind ist günstig, die Gefährten warten,
Und alles treibt nach England auf und fort.

Hamlet. Nach England?

König. Ja, Hamlet.

Hamlet. Gut.

König. So ist es, wenn du Unsre Absicht wüßtest.

Hamlet. Ich sehe einen Cherub, der sie sieht. – Aber kommt!
Nach England! – Lebt wohl, liebe Mutter!

König. Dein liebevoller Vater, Hamlet.

Hamlet. Meine Mutter. Vater und Mutter sind Mann und
Weib; Mann und Weib sind *ein* Fleisch: also meine Mutter.
Kommt, nach England! *(Ab.)*

König. Folgt auf dem Fuß ihm, lockt ihn schnell an Bord;
Verzögert nicht; er muß zu Nacht von hinnen.
Fort! Alles ist versiegelt und geschehn,
Was sonst die Sache heischt. Ich bitt euch, eilt.

(Rosenkranz und Güldenstern ab.)

Und, England! gilt dir meine Liebe was,
(Wie meine Macht sie dich kann schätzen lehren,
Denn noch ist deine Narbe wund und rot
Vom Dänenschwert, und deine Ehrfurcht leistet
Uns willig Lehenspflicht) so darfst du nicht
Das oberherrliche Geheiß versäumen,

Das durch ein Schreiben solchen Inhalts dringt
Auf Hamlets schnellen Tod. O tu es, England!
Denn wie die Hektik rast er mir im Blut:
Du mußt mich heilen. Mag mir alles glücken,
Bis dies geschehn ist, kann mich nichts erquicken. *(Ab.)*

VIERTE SZENE

Eine Ebene in Dänemark.
Fortinbras und Truppen, im Marsch begriffen.

Fortinbras. Geht, Hauptmann, grüßt von mir den Dänenkönig;
Sagt ihm, daß Fortinbras auf sein Gestatten
Für den versprochnen Zug durch sein Gebiet
Geleit begehrt. Ihr wißt, wo wir uns treffen.
Wenn Seine Majestät uns sprechen will,
So wollen wir pflichtmäßig ihn begrüßen:
Das meldet ihm.
Hauptmann. Ich will es tun, mein Prinz.
Fortinbras. Rückt langsam vor.
(Fortinbras und Truppen ab.)
Hamlet, Rosenkranz, Güldenstern und andere kommen.
Hamlet. Wes sind die Truppen, lieber Herr?
Hauptmann. Sie sind von Norweg, Herr.
Hamlet. Wozu bestimmt, ich bitt Euch?
Hauptmann. Sie rücken gegen Polen.
Hamlet. Wer führt sie an?
Hauptmann. Des alten Norwegs Neffe, Fortinbras.
Hamlet. Und geht es auf das ganze Polen, oder
Auf einen Grenzort nur?
Hauptmann. Um wahr zu reden und mit keinem Zusatz,
Wir gehn, ein kleines Fleckchen zu gewinnen,
Das keinen Vorteil als den Namen bringt.
Für fünf Dukaten, fünf, möcht ichs nicht pachten.
Auch bringts dem Norweg oder Polen sicher
Nicht mehr, wenn man auf Erbzins es verkauft.
Hamlet. So wird es der Polack nicht halten wollen.

Hauptmann. Doch; es ist schon besetzt.

Hamlet. Zweitausend Seelen, zwanzigtausend Goldstück
  Entscheiden diesen Lumpenzwist noch nicht.
  Dies ist des Wohlstands und der Ruh Geschwür,
  Das innen aufbricht, während sich von außen
  Kein Grund des Todes zeigt. – Ich dank Euch, Herr.

Hauptmann. Geleit Euch Gott!

Rosenkranz. Beliebt es Euch zu gehn?

Hamlet. Ich komme gleich euch nach. Geht nur voran.

        (Rosenkranz und die übrigen ab.)

  Wie jeder Anlaß mich verklagt und spornt
  Die träge Rache an! Was ist der Mensch,
  Wenn seiner Zeit Gewinn, sein höchstes Gut
  Nur Schlaf und Essen ist? Ein Vieh, nichts weiter.
  Gewiß, der uns mit solcher Denkkraft schuf
  Voraus zu schaun und rückwärts, gab uns nicht
  Die Fähigkeit und göttliche Vernunft,
  Um ungebraucht in uns zu schimmeln. Nun,
  Seis viehisches Vergessen oder seis
  Ein banger Zweifel, welcher zu genau
  Bedenkt den Ausgang – ein Gedanke, der,
  Zerlegt man ihn, *ein* Viertel Weisheit nur
  Und stets drei Viertel Feigheit hat – ich weiß nicht,
  Weswegen ich noch lebe, um zu sagen:
  «Dies muß geschehn», da ich doch Grund und Willen
  Und Kraft und Mittel hab, um es zu tun.
  Beispiele, die zu greifen, mahnen mich.
  So dieses Heer von solcher Zahl und Stärke,
  Von einem zarten Prinzen angeführt,
  Des Mut, von hoher Ehrbegier geschwellt,
  Die Stirn dem unsichtbaren Ausgang beut,
  Und gibt sein sterblich und verletzbar Teil
  Dem Glück, dem Tode, den Gefahren preis,
  Für eine Nußschal. Wahrhaft groß sein, heißt,
  Nicht ohne großen Gegenstand sich regen;
  Doch einen Strohhalm selber groß verfechten,
  Wenn Ehre auf dem Spiel. Wie steh denn ich,

VIERTER AUFZUG · FÜNFTE SZENE   189

Den seines Vaters Mord, der Mutter Schande,
Antriebe der Vernunft und des Geblüts,
Den nichts erweckt? Ich seh indes beschämt
Den nahen Tod von zwanzigtausend Mann,
Die für 'ne Grille, ein Phantom des Ruhms,
Zum Grab gehn wie ins Bett; es gilt ein Fleckchen,
Worauf die Zahl den Streit nicht führen kann;
Nicht Gruft genug und Raum, um die Erschlagnen
Nur zu verbergen. O von Stund an trachtet
Nach Blut, Gedanken, oder seid verachtet! (*Ab.*)

FÜNFTE SZENE

Helsingör. Ein Zimmer im Schlosse.
Die Königin und Horatio treten auf.

Königin. – Ich will nicht mit ihr sprechen.
Horatio. Sie ist sehr dringend; wirklich außer sich;
Ihr Zustand ist erbarmenswert.
Königin. Was will sie?
Horatio. Sie spricht von ihrem Vater; sagt, sie höre,
Die Welt sei schlimm, und ächzt und schlägt die Brust;
Ein Strohhalm ärgert sie; sie spricht verworren
Mit halbem Sinn nur: ihre Red ist nichts,
Doch leitet ihre ungestalte Art
Die Hörenden auf Schlüsse; man errät,
Man stückt zusammen ihrer Worte Sinn,
Die sie mit Nicken gibt, mit Winken, Mienen,
So daß man wahrlich denken muß, man könnte
Zwar nichts gewiß, jedoch viel Arges denken.
Königin. Man muß doch mit ihr sprechen; sie kann Argwohn
In Unheil brütende Gemüter streun.
Laßt sie nur vor. (*Horatio ab.*)
Der kranken Seele, nach der Art der Sünden,
Scheint jeder Tand ein Unglück zu verkünden.
Von so betörter Furcht ist Schuld erfüllt,
Daß, sich verbergend, sie sich selbst enthüllt.
Horatio kommt mit Ophelia.

Ophelia. Wo ist die schöne Majestät von Dänmark?

Königin. Wie gehts, Ophelia?

Ophelia (singt). Wie erkenn ich dein Treulieb
    Vor den andern nun?
    An dem Muschelhut und Stab,
    Und den Sandelschuhn.

Königin. Ach, süßes Fräulein, wozu soll dies Lied?

Ophelia. Was beliebt? Nein, bitte, hört: *(Singt.)*
    Er ist lange tot und hin,
    Tot und hin, Fräulein!
    Ihm zu Häupten ein Rasen grün,
    Ihm zu Fuß ein Stein.
    O!

Königin. Aber sagt, Ophelia –

Ophelia. Bitt Euch, hört: *(Singt.)*
    Sein Leichenhemd weiß wie Schnee zu sehn –
                Der König tritt auf.

Königin. Ach, mein Gemahl, seht hier!

Ophelia (singt). Geziert mit Blumensegen,
    Das unbetränt zum Grab mußt gehn
    Von Liebesregen.

König. Wie gehts Euch, holdes Fräulein?

Ophelia. Gottes Lohn! recht gut. Sie sagen, die Eule war eines
    Bäckers Tochter. Ach Herr! wir wissen wohl, was wir sind,
    aber nicht, was wir werden können. Gott segne Euch die
    Mahlzeit!

König. Anspielung auf ihren Vater.

Ophelia. Bitte, laßt uns darüber nicht sprechen; aber wenn sie
    Euch fragen, was es bedeutet, sagt nur: *(Singt.)*
    Auf morgen ist Sankt Valentins Tag,
    Wohl an der Zeit noch früh,
    Und ich, 'ne Maid, am Fensterschlag
    Will sein Eur Valentin.
    Er war bereit, tät an sein Kleid,
    Tät auf die Kammertür,
    Ließ ein die Maid, die als 'ne Maid
    Ging nimmermehr herfür.

VIERTER AUFZUG · FÜNFTE SZENE 191

Königin. Holde Ophelia!

Ophelia. Fürwahr, ohne Schwur, ich will ein Ende machen:
(*Singt.*)
Bei unsrer Frau und Sankt Kathrin!
O pfui! was soll das sein?
Ein junger Mann tuts, wenn er kann,
Beim Himmel, 's ist nicht fein.
Sie sprach: eh Ihr gescherzt mit mir,
Gelobtet Ihr mich zu frein.
Er antwortet:
Ich brächs auch nicht, beim Sonnenlicht!
Wärst du nicht kommen herein.

König. Wie lang ist sie schon so?

Ophelia. Ich hoffe, alles wird gut gehn. Wir müssen geduldig
sein; aber ich kann nicht umhin zu weinen, wenn ich denke,
daß sie ihn in den kalten Boden gelegt haben. Mein Bruder
soll davon wissen, und so dank ich Euch für Euren guten
Rat. Kommt, meine Kutsche! Gute Nacht, Damen! gute
Nacht, süße Damen! gute Nacht! gute Nacht! (*Ab.*)

König. Folgt auf dem Fuß ihr doch; bewacht sie recht.
(*Horatio ab.*)
O dies ist Gift des tiefen Grams: es quillt
Aus ihres Vaters Tod. Und seht nun an,
O Gertrud! Gertrud! wenn die Leiden kommen,
So kommen sie wie einzle Späher nicht,
Nein, in Geschwadern. Ihr Vater umgebracht;
Fort Euer Sohn, er selbst der wüste Stifter
Gerechten eignen Banns; das Volk verschlämmt,
Schädlich und trüb im Wähnen und Vermuten
Vom Tod des redlichen Polonius;
Und töricht wars von uns, so unterm Husch
Ihn zu bestatten; dann dies arme Kind,
Getrennt von sich und ihrem edlen Urteil,
Ohn welches wir nur Bilder sind, nur Tiere.
Zuletzt, was mehr als alles in sich schließt:
Ihr Bruder ist von Frankreich insgeheim
Zurückgekehrt, nährt sich mit seinem Staunen,

HAMLET

Hält sich in Wolken und ermangelt nicht
Der Ohrenbläser, um ihn anzustecken
Mit giftgen Reden von des Vaters Tod;
Wobei Verlegenheit, an Vorwand arm,
Sich nicht entblöden wird, uns zu verklagen
Von Ohr zu Ohr. O liebste Gertrud, dies
Gibt wie ein Traubenschuß an vielen Stellen
Mir überflüssgen Tod.

(Lärm hinter der Szene.)

Königin. O weh! was für ein Lärm?

Ein Edelmann kommt.

König. Herbei! Wo sind die Schweizer? Laßt die Tür bewa-
Was gibt es draußen?   [chen.
Edelmann. Rettet Euch, mein Fürst.
Der Ozean, entwachsend seinem Saum,
Verschlingt die Niedrung ungestümer nicht,
Als an der Spitze eines Meuterhaufens
Laertes Eure Diener übermannt.
Der Pöbel nennt ihn Herrn, und gleich als finge
Die Welt erst an, als wär das Altertum
Vergessen, und Gewohnheit nicht bekannt,
Die Stützen und Bekräftger jedes Worts,
Schrein sie: «Erwählen wir! Laertes werde König!»
Und Mützen, Hände, Zungen tragens jubelnd
Bis an die Wolken: «König sei Laertes!
Laertes König!»
Königin. Sie schlagen lustig an auf falscher Fährte.
Verkehrt gespürt, ihr falschen Dänenhunde!

(Lärm hinter der Szene.)

König. Die Türen sind gesprengt.

Laertes kommt bewaffnet. Dänen hinter ihm.

Laertes. Wo ist denn dieser König? – Herrn, bleibt draußen.
Dänen. Nein, laßt uns mit hinein.
Laertes. Ich bitt, erlaubt mir.
Dänen. Gut, wie Ihr wollt.

(Sie ziehen sich hinter die Tür zurück.)

VIERTER AUFZUG · FÜNFTE SZENE   193

Laertes. Dank euch! Besetzt die Tür. –
Du schnöder König, gib mir meinen Vater.
Königin. Guter Laertes, ruhig!
Laertes. Der Tropfe Bluts, der ruhig ist, erklärt
Für Bastard mich, schilt Hahnrei meinen Vater,
Brandmarkt als Metze meine treue Mutter,
Hier zwischen ihren reinen keuschen Braun.
König. Was ist der Grund, Laertes, daß dein Aufstand
So riesenmäßig aussieht? – Laßt ihn, Gertrud,
Befürchtet nichts für unsere Person.
Denn solche Göttlichkeit schirmt einen König:
Verrat, der nur erblickt, was er gewollt,
Steht ab von seinem Willen. – Sag, Laertes,
Was bist du so entrüstet? – Gertrud, laßt ihn!
Sprich, junger Mann.
Laertes. Wo ist mein Vater?
König. Tot.
Königin. Doch nicht durch ihn.
König. Laßt ihn nur satt sich fragen.
Laertes. Wie kam er um? Ich lasse mich nicht äffen.
Zur Hölle, Treu! Zum ärgsten Teufel, Eide!
Gewissen, Frömmigkeit, zum tiefsten Schlund!
Ich trotze der Verdammnis; so weit kams:
Ich schlage beide Welten in die Schanze,
Mag kommen, was da kommt! Nur Rache will ich
Vollauf für meinen Vater.
König. Wer wird Euch hindern?
Laertes. Mein Wille, nicht der ganzen Welt Gebot,
Und meine Mittel will ich so verwalten,
Daß wenig weit soll reichen.
König. Hört, Laertes,
Wenn Ihr von Eures teuren Vaters Tod
Das Sichre wissen wollt: ists Eurer Rache Schluß,
Als Sieger in dem Spiel so Freund als Feind,
Gewinner und Verlierer fortzureißen?
Laertes. Nur seine Feinde.
König. Wollt Ihr sie denn kennen?

Laertes. Den Freunden will ich weit die Arme öffnen,
Und wie der Lebensopfrer Pelikan
Mit meinem Blut sie tränken.
König. So! nun sprecht Ihr
Als guter Sohn und echter Edelmann.
Daß ich an Eures Vaters Tode schuldlos
Und am empfindlichsten dadurch gekränkt,
Soll Eurem Urteil offen dar sich legen,
Wie Tageslicht dem Aug.
Dänen (hinter der Szene). Laßt sie hinein!
Laertes. Was gibst? was für ein Lärm?

Ophelia kommt, phantastisch mit Kräutern und Blumen geschmückt.
O Hitze, trockne
Mein Hirn auf! Tränen, siebenfach gesalzen,
Brennt meiner Augen Kraft und Tugend aus! –
Bei Gott! dein Wahnsinn soll bezahlt uns werden
Nach dem Gewicht, bis unsre Waagschal sinkt.
O Maienrose! süßes Kind! Ophelia!
Geliebte Schwester! – Himmel, kann es sein,
Daß eines jungen Mädchens Witz so sterblich
Als eines alten Mannes Leben ist?
Natur ist fein im Lieben; wo sie fein ist,
Da sendet sie ein kostbar Pfand von sich
Dem, was sie liebet, nach.
Ophelia (singt). Sie trugen ihn auf der Bahre bloß,
Leider, ach leider![1]
Und manche Trän fiel in Grabes Schoß –
Fahr wohl, meine Taube!
Laertes. Hättst du Vernunft und mahntest uns zur Rache,
Es könnte so nicht rühren.
Ophelia. Ihr müßt singen: «'nunter, hinunter! und ruft ihr ihn
'nunter.» O wie das Rad dazu klingt! Es ist der falsche Ver-
walter, der seines Herrn Tochter stahl.

---

1. Die verstörte Ophelia gebraucht hier einen Kehrreim alter Balla-
den, der oft gebraucht wurde, um indezente Stellen zu decken. Er
entspricht etwa unserem: hm hm hm, ha ha ha.

VIERTER AUFZUG · FÜNFTE SZENE

Laertes. Dies Nichts ist mehr als Etwas.

Ophelia. Da ist Vergißmeinnicht[1], das ist zum Andenken; ich
bitte Euch, liebes Herz, gedenkt meiner! und da ist Rosmarin, das ist für die Treue.

Laertes. Eine Lehre im Wahnsinn: Treue und Andenken gepaart.

Ophelia. Da ist Fenchel für Euch und Aglei – da ist Raute für
Euch, und hier ist welche für mich – Ihr könnt Eure Raute
mit einem Abzeichen tragen. – Da ist Maßlieb – ich wollte
Euch ein paar Veilchen geben, aber sie welkten alle, da mein
Vater starb, – sie sagen, er nahm ein gutes Ende. – *(Singt.)*
Denn traut lieb Fränzel ist all meine Lust –

Laertes. Schwermut und Trauer, Leid, die Hölle selbst
Macht sie zur Anmut und zur Artigkeit.

Ophelia (singt). Und kommt er nicht mehr zurück?
Und kommt er nicht mehr zurück?
Er ist tot, o weh!
In dein Todesbett geh,
Er kommt ja nimmer zurück.
Sein Bart war so weiß wie Schnee,
Sein Haupt dem Flachse gleich:
Er ist hin, er ist hin,
Und kein Leid bringt Gewinn;
Gott helf ihm ins Himmelreich!
Und allen Christenseelen! Darum bet ich. Gott sei mit
euch. *(Ab.)*

Laertes. Seht Ihr das? o Gott!

König. Laertes, ich·muß Euern Gram besprechen;
Versagt mir nicht mein Recht. Entfernt Euch nur,
Wählt die Verständigsten von Euren Freunden
Und laßt sie richten zwischen Euch und mir.
Wenn sie zunächst Uns, oder mittelbar,
Dabei betroffen finden, wollen Wir
Reich, Krone, Leben, was nur Unser heißt,
Euch zur Vergütung geben; doch wo nicht,

---

1. Die Blumennamen des Originals sind von Schlegel umgestellt.

So seid zufrieden, Uns Geduld zu leihn;
Wir wollen dann, vereint mit Eurer Seele,
Sie zu befriedgen trachten.
Laertes. Ja, so seis.
Die Todesart, die heimliche Bestattung –
Kein Schwert, noch Wappen über seiner Gruft,
Kein hoher Brauch, noch förmliches Gepräng –
Sie rufen laut vom Himmel bis zur Erde,
Daß ichs zur Frage ziehn muß.
König. Gut, das sollt Ihr,
Und wo die Schuld ist, mag das Strafbeil fallen.
Ich bitt Euch, folget mir.
                    (Alle ab.)

SECHSTE SZENE

Ein anderes Zimmer im Schlosse.
Horatio und ein Diener treten auf.

Horatio. Was sinds für Leute, die mich sprechen wollen?
Diener. Matrosen, Herr; sie haben, wie sie sagen,
Euch Briefe zu bestellen.
Horatio. Laßt sie vor. *(Diener ab.)*
Ich wüßte nicht, von welchem Teil der Welt
Ein Gruß mir käme, als vom Prinzen Hamlet.
                Matrosen kommen.
Erster Matrose. Gott seg'n Euch, Herr!
Horatio. Dich seg'n er ebenfalls.
Erster Matrose. Das wird er, Herr, so es ihm gefällt. Hier ist
ein Brief für Euch, Herr; er kommt von dem Gesandten,
der nach England reisen sollte, wenn Euer Name anders
Horatio ist, wie man mich versichert.
Horatio (liest). «Horatio, wenn Du dies durchgesehn haben
wirst, verschaffe diesen Leuten Zutritt beim Könige; sie
haben Briefe für ihn. Wir waren noch nicht zwei Tage
auf der See gewesen, als ein stark gerüsteter Korsar Jagd
auf uns machte; da wir uns im Segeln zu langsam fanden,

legten wir eine notgedrungne Tapferkeit an, und während
des Handgemenges enterte ich; in dem Augenblick machten sie sich von unserm Schiffe los, und so ward ich allein
ihr Gefangner. Sie haben mich wie barmherzige Diebe
behandelt, aber sie wußten wohl, was sie taten; ich muß
einen guten Streich für sie tun. Sorge, daß der Köng die
Briefe bekommt, die ich sende, und begib Dich zu mir in
solcher Eile, als du den Tod fliehen würdest. Ich habe Dir
Worte ins Ohr zu sagen, die Dich stumm machen werden,
doch sind sie viel zu leicht für das Gewicht der Sache.
Diese guten Leute werden Dich hinbringen, wo ich bin.
Rosenkranz und Güldenstern setzen ihre Reise nach England fort; über sie hab ich Dir viel zu sagen. Lebe wohl!

Ewig der Deinige

Hamlet.»

Kommt, ich will diese eure Briefe fördern,
Und um so schneller, daß ihr hin mich führt
Zu ihm, der sie euch mitgab. (*Alle ab.*)

SIEBENTE SZENE

Ein andres Zimmer im Schlosse.
Der König und Laertes treten auf.

König. Nun muß doch Eur Gewissen meine Unschuld
Versiegeln, und Ihr müßt in Euer Herz
Als Freund mich schließen, weil Ihr habt gehört,
Und zwar mit kundgem Ohr, daß eben der,
Der Euren edlen Vater umgebracht,
Mir nach dem Leben stand.
Laertes. Ja, es ist klar. Doch sagt mir,
Warum belangtet Ihr nicht diese Taten,
So strafbar und so peinlicher Natur,
Wie Eure Größe, Weisheit, Sicherheit,
Wie alles sonst Euch drang?
König. Aus zwei besondern Gründen,
Die Euch vielleicht sehr marklos dünken mögen,

Allein für mich doch stark sind. Seine Mutter,
Die Königin, lebt fast von seinem Blick;
Und was mich selbst betrifft – seis, was es sei,
Entweder meine Tugend oder Qual –
Sie ist mir so vereint in Seel und Leben:
Wie sich der Stern in seinem Kreis nur regt,
Könnt ichs nicht ohne sie. Der andre Grund,
Warum ichs nicht zur Sprache bringen durfte,
Ist, daß der große Hauf an ihm so hängt:
Sie tauchen seine Fehl in ihre Liebe,
Die, wie der Quell, der Holz in Stein verwandelt,
Aus Tadel Lob macht, so daß meine Pfeile,
Zu leicht gezimmert für so scharfen Wind,
Zurückgekehrt zu meinem Bogen wären
Und nicht zum Ziel gelangt.

Laertes. Und so verlor ich einen edlen Vater,
So ward mir meine Schwester hoffnungslos
Zerrüttet, deren Wert (wofern das Lob
Zurückgehn darf) auf unsrer Zeiten Höhe
Auffordernd stand zu gleicher Trefflichkeit.
Doch kommen soll die Rache.

König. Schlaft deshalb ruhig nur. Ihr müßt nicht denken,
Wir wären aus so trägem Stoff gemacht,
Daß wir Gefahr am Bart Uns raufen ließen
Und hielten es für Kurzweil. Ihr vernehmt
Mit nächstem mehr. Ich liebte Euren Vater,
Auch lieben Wir Uns selbst: das hoff ich, wird
Euch einsehn lehren –

Ein Bote kommt.

Nun? was gibt es Neues?

Bote. Herr, Briefe sinds von Hamlet; dieser da
Für Eure Majestät, der für die Königin.

König. Von Hamlet? und wer brachte sie?

Bote. Matrosen, heißt es, Herr; ich sah sie nicht.
Mir gab sie Claudio, der vom Überbringer
Sie selbst empfing.

König. Laertes, Ihr sollt hören. –

Laßt uns. (*Bote ab.*)

(*Liest.*) «Großmächtigster! wisset, daß ich nackt an Euer Reich ausgesetzt bin. Morgen werde ich um Erlaubnis bitten, vor Euer königliches Auge zu treten, und dann werde ich, wenn ich Euch erst um Vergünstigung dazu ersucht, die Veranlassung meiner plötzlichen und wunderbaren Rückkehr berichten. Hamlet.»
Was heißt dies? Sind sie alle wieder da?
Wie? oder ists Betrug und nichts daran?

Laertes. Kennt Ihr die Hand?

König. Es sind Hamlets Züge. «Nackt»,
Und in der Nachschrift hier sagt er: «Allein» –
Könnt Ihr mir raten?

Laertes. Ich bin ganz irr, mein Fürst. Allein er komme.
Erfrischt es doch mein Herzensübel recht,
Daß ichs ihm in die Zähne rücken kann:
«Das tatest du.»

König. Wenn es so ist, Laertes –
Wie kann es nur so sein? wie anders? – wollt Ihr
Euch von mir stimmen lassen?

Laertes. Ja, mein Fürst,
Wenn Ihr mich nicht zum Frieden überstimmt.

König. Zu deinem Frieden. Ist er heimgekehrt,
Als stutzig vor der Reis', und denkt nicht mehr
Sie vorzunehmen, so beweg ich ihn
Zu einem Probstück, reif in meinem Sinn,
Wobei sein Fall gewiß ist; und es soll
Um seinen Tod kein Lüftchen Tadel wehn.
Selbst seine Mutter spreche los die List,
Und nenne Zufall sie.

Laertes. Ich will Euch folgen, Herr,
Und um so mehr, wenn Ihrs zu machen wüßtet,
Daß ich das Werkzeug wär.

König. So trifft sichs eben.
Man hat seit Eurer Reis' Euch viel gerühmt,
Und das vor Hamlets Ohr, um eine Eigenschaft,
Worin Ihr, sagt man, glänzt; all Eure Gaben

Entlockten ihm gesamt nicht so viel Neid
Als diese eine, die nach meiner Schätzung
Vom letzten Rang ist.

Laertes. Und welche Gabe wär das, gnäd'ger Herr?

König. Ein bloßes Band nur um den Hut der Jugend,
Doch nötig auch, denn leichte, lose Tracht
Ziemt minder nicht der Jugend, die sie trägt,
Als dem gesetzten Alter Pelz und Mantel
Gesundheit schafft und Ansehn. – Vor zwei Monden
War hier ein Ritter aus der Normandie.
Ich kenne selbst die Franken aus dem Krieg,
Und sie sind gut zu Pferd; doch dieser Brave
Tat Zauberdinge; er wuchs am Sitze fest,
Und lenkt' sein Pferd zu solchen Wunderkünsten,
Als wär er einverleibt und halbgeartet
Mit diesem wackern Tier; es überstieg
So weit die Vorstellung, daß mein Erfinden
Von Wendungen und Sprüngen hinter dem
Zurückbleibt, was er tat.

Laertes. Ein Normann wars?

König. Ein Normann.

Laertes. Lamord, bei meinem Leben.

König. Ja, derselbe.

Laertes. Ich kenn ihn wohl, er ist auch in der Tat
Das Kleinod und Juwel von seinem Volk.

König. Er ließ bei uns sich über Euch vernehmen,
Und gab Euch solch ein meisterliches Lob
Für Eure Kunst und Übung in den Waffen,
Insonderheit die Führung des Rapiers.
Es gäb ein rechtes Schauspiel, rief er aus,
Wenn wer darin sich mit Euch messen könnte.
Er schwur, die Fechter seines Landes hätten
Noch sichre Hut, noch Auge, noch Geschick,
Wenn Ihr sie angrifft; dieser sein Bericht
Vergiftete den Hamlet so mit Neid,
Daß er nichts tat als wünschen, daß Ihr schleunig
Zurückkämt, um mit Euch sich zu versuchen.

Nun, hieraus –

Laertes. Was denn hieraus, gnäd'ger Herr?

König. Laertes, war Euch Euer Vater wert?
  Wie, oder seid Ihr gleich dem Gram im Bilde,
  Ein Antlitz ohne Herz?

Laertes. Wozu die Frage?

König. Nicht als ob ich dächte,
  Ihr hättet Euren Vater nicht geliebt.
  Doch weiß ich, durch die Zeit beginnt die Liebe,
  Und seh an Proben der Erfahrung auch,
  Daß Zeit derselben Glut und Funken mäßigt.
  Im Innersten der Liebesflamme lebt
  Eine Art von Docht und Schnuppe, die sie dämpft,
  Und nichts beharrt in gleicher Güte stets:
  Denn Güte, die vollblütig wird, erstirbt
  Im eignen Allzuviel. Was man will tun,
  Das soll man, wenn man will; denn dies Will ändert sich
  Und hat so mancherlei Verzug und Schwächung,
  Als es nur Zungen, Hände, Fälle gibt;
  Dann ist dies Soll ein prasserischer Seufzer,
  Der lindernd schadet. Doch zum Kern der Sache!
  Hamlet kommt her: was wollt Ihr unternehmen,
  Um Euch zu zeigen Eures Vaters Sohn
  In Taten mehr als Worten?

Laertes. Ihn in der Kirch erwürgen.

König. Mord sollte freilich nirgends Freistatt finden,
  Und Rache keine Grenzen. Doch, Laertes,
  Wollt Ihr dies tun, so haltet Euch zu Haus.
  Kommt Hamlet, soll er wissen, Ihr seid hier[1].
  Wir lassen Eure Trefflichkeit ihm preisen,
  Und doppelt überfirnissen den Ruhm,
  Den Euch der Franke gab: kurz, bringen euch zusammen
  Und stellen Wetten an auf eure Köpfe.
  Er, achtlos, edel, frei von allem Arg,
  Wird die Rapiere nicht genau besehn;

---

1. Dieser Vers fehlt bei Schlegel.

So könnt Ihr leicht mit ein paar kleinen Griffen
Euch eine nicht gestumpfte Klinge wählen
Und ihn mit einem wohlgeführten Stoß
Für Euren Vater lohnen.
Laertes. Ich wills tun
Und zu dem Endzweck meinen Degen salben.
Ein Scharlatan verkaufte mir ein Mittel,
So tödlich, taucht man nur ein Messer drein,
Wo's Blut zieht, kann kein noch so köstlich Pflaster
Von allen Kräutern unterm Mond, mit Kraft
Gesegnet, das Geschöpf vom Tode retten,
Das nur damit geritzt ist; mit dem Gift
Will ich die Spitze meines Degens netzen,
So daß es, streif ich ihn nur obenhin,
Den Tod ihm bringt.
König. Bedenken wir dies ferner,
Was für Begünstigung von Zeit und Mitteln
Zu unserm Ziel kann führen. Schlägt dies fehl,
Und blickt durch unsre schlechte Ausführung
Die Absicht, so wärs besser nicht versucht;
Drum muß der Plan noch einen Rückhalt haben,
Der Stich hält, wenn er in der Probe birst.
Still, laßt mich sehn! – Wir gehen feierlich
Auf euer beider Stärke Wetten ein –
Ich habs:
Wenn ihr vom Fechten heiß und durstig seid
(Ihr müßt deshalb die Gänge heftger machen)
Und er zu trinken fordert, soll ein Kelch
Bereit stehn, der, wenn er davon nur nippt –
Entging er etwa Eurem giftgen Stich
Noch unsern Anschlag sichert. Aber still!
Was für ein Lärm?

Die Königin kommt.

Nun, werte Königin?
Königin. Ein Leiden tritt dem andern auf die Fersen,
So schleunig folgen sie.
Laertes, Eure Schwester ist ertrunken.

VIERTER AUFZUG · SIEBENTE SZENE   203

Laertes. Ertrunken sagt Ihr? Wo?

Königin. Es neigt ein Weidenbaum sich übern Bach,
Und zeigt im klaren Strom sein graues Laub,
Mit welchem sie phantastisch Kränze wand
Von Hahnfuß, Nesseln, Maßlieb, Kuckucksblumen,
Die bei den losen Schäfern schlimmer heißen,
Doch keusche Mädchen sagen Totenfinger[1].
Dort, als sie aufklomm, um ihr Laubgewinde
An den gesenkten Ästen aufzuhängen,
Zerbrach ein falscher Zweig, und nieder fielen
Die rankenden Trophäen und sie selbst
Ins weinende Gewässer. Ihre Kleider
Verbreiteten sich weit und trugen sie
Sirenengleich ein Weilchen noch empor,
Indes sie Stellen alter Weisen sang,
Als ob sie nicht die eigne Not begriffe,
Wie ein Geschöpf, geboren und begabt
Für dieses Element. Doch lange währt' es nicht,
Bis ihre Kleider, die sich schwer getrunken,
Das arme Kind von ihren Melodien
Hinunterzogen in den schlammgen Tod.

Laertes. Ach, ist sie denn ertrunken?

Königin. Ertrunken, ertrunken.

Laertes. Zu viel des Wassers hast du, arme Schwester!
Drum halt ich meine Tränen auf. Und doch
Ists unsre Art; Natur hält ihre Sitte,
Was Scham auch sagen mag: sind die erst fort,
So ist das Weib heraus[2]. – Lebt wohl, mein Fürst.
Ich habe Flammenworte, welche gern
Auflodern möchten, wenn nur diese Torheit
Sie nicht ertränkte. *(Ab.)*

König. Laßt uns folgen, Gertrud!
Wie hatt ich Mühe, seine Wut zu stillen!
Nun, fürcht ich, bricht dies wieder ihre Schranken,
Drum laßt uns folgen. *(Ab.)*

---

1. Die beiden Verse fehlen bei Schlegel. 2. D. h. Die Schwäche ist weg.

FÜNFTER AUFZUG

ERSTE SZENE

Ein Kirchhof.
Zwei Totengräber kommen mit Spaten usw.

Erster Totengräber. Soll die ein christlich Begräbnis erhalten, die vorsätzlich ihre eigne Seligkeit sucht?

Zweiter Totengräber. Ich sage dir, sie solls, mach also flugs ihr Grab. Der Totenbeschauer hat über sie gesessen und christlich Begräbnis erkannt.

Erster Totengräber. Wie kann das sein, wenn sie sich nicht defensionsweise ertränkt hat?

Zweiter Totengräber. Nun, es ist so befunden.

Erster Totengräber. Es muß aber *se offendendo* geschehn, es kann nicht anders sein. Denn dies ist der Punkt: wenn ich mich wissentlich ertränke, so beweist es eine Handlung, und eine Handlung hat drei Stücke: sie besteht in Handeln, Tun und Verrichten: Ergel, hat sie sich wissentlich ertränkt.

Zweiter Totengräber. Ei, hört doch, Gevatter Schaufler!

Erster Totengräber. Erlaubt mir. Hier steht das Wasser: gut! hier steht der Mensch: gut! – Wenn der Mensch zu diesem Wasser geht und sich selbst ertränkt, so bleibts dabei, er mag wollen oder nicht, daß er hingeht. Merkt Euch das! Aber wenn das Wasser zu ihm kommt und ihn ertränkt, so ertränkt er sich nicht selbst. Ergel, wer an seinem eignen Tode nicht schuld ist, verkürzt sein eignes Leben nicht.

Zweiter Totengräber. Ist das Rechtens?

Erster Totengräber. Ei freilich, nach dem Totenbeschauer-Recht.

Zweiter Totengräber. Wollt Ihr die Wahrheit wissen? Wenns kein Fräulein gewesen wäre, so wäre sie auch nicht auf geweihtem Boden begraben.

Erster Totengräber. Ja, da haben wirs. Und es ist doch ein Jammer, daß die großen Leute in dieser Welt mehr Aufmunterung haben, sich zu hängen und zu ersäufen, als ihre Christenbrüder. Komm, den Spaten her! Es gibt keine so alten Edelleute als Gärtner, Grabenmacher und Toten-

FÜNFTER AUFZUG · ERSTE SZENE

gräber: sie pflanzen Adams Profession fort.

Zweiter Totengräber. War der ein Edelmann?

Erster Totengräber. Er war der erste, der je armiert war.

Zweiter Totengräber. Ei, was wollt er?

Erster Totengräber. Was? bist ein Heide? Wie legst du die Schrift aus? Die Schrift sagt: Adam grub. Konnte er ohne Arme graben? Ich will dir noch eine andere Frage vorlegen: wenn du mir nicht gehörig antwortest, so bekenne –

Zweiter Totengräber. Nur zu!

Erster Totengräber. Wer baut fester als der Maurer, der Schiffs-baumeister oder der Zimmermann?

Zweiter Totengräber. Der Galgenmacher, denn sein Gebäude überlebt an die tausend Bewohner.

Erster Totengräber. Dein Witz gefällt mir, meiner Treu. Der Galgen tut gut: aber wie tut er gut? Er tut gut an denen, die übel tun. Nun tust du übel zu sagen, daß der Galgen stärker gebaut ist als die Kirche: also würde der Galgen an dir gut tun. Noch mal dran! frisch!

Zweiter Totengräber. Wer stärker baut als ein Maurer, ein Schiffsbaumeister oder ein Zimmermann?

Erster Totengräber. Ja, sag mir das, und du sollst Feierabend haben.

Zweiter Totengräber. Mein Seel, nun kann ichs sagen.

Erster Totengräber. Frisch!

Zweiter Totengräber. Sapperment, ich kanns doch nicht sagen.

Hamlet und Horatio treten in einiger Entfernung auf.

Erster Totengräber. Zerbrich dir den Kopf nicht weiter darum, der dumme Esel geht doch nicht schneller, wie du ihn auch prügeln magst; und wenn dir jemand das nächste Mal die Frage tut, antworte: der Totengräber. Die Häuser, die er baut, währen bis zum Jüngsten Tage. Geh mach dich ins Wirtshaus, und hole mir einen Schoppen Branntwein.

(Zweiter Totengräber ab.)

(Er gräbt und singt.)

In jungen Tagen ich lieben tät,
Das dünkte mir so süß.

Die Zeit zu verbringen, ach früh und spät,
Behagte mir nichts wie dies.

Hamlet. Hat dieser Kerl kein Gefühl von seinem Geschäft?
Er gräbt ein Grab und singt dazu.

Horatio. Die Gewohnheit hat es ihm zu einer leichten Sache
gemacht.

Hamlet. So pflegt es zu sein; je weniger eine Hand verrichtet,
desto zarter ist ihr Gefühl.

Erster Totengräber (singt).

Doch Alter mit dem schleichenden Tritt
Hat mich gepackt mit der Faust,
Und hat mich weg aus dem Lande geschifft,
Als hätt ich da nimmer gehaust.

(Wirft einen Schädel auf.)

Hamlet. Der Schädel hatte einmal eine Zunge und konnte
singen. Wie ihn der Schuft auf den Boden schleudert, als
wär es der Kinnbacken Kains, der den ersten Mord beging!
Dies mochte der Kopf eines Politikers sein, den dieser Esel
nun überlistet; eines, der Gott den Herrn hintergehen
wollte; nicht wahr?

Horatio. Es ist möglich.

Hamlet. Oder eines Hofmannes, der sagen konnte: «Guten
Morgen, geliebtester Prinz! wie gehts, bester Prinz?» Dies
mochte der gnädige Herr Der-und-Der sein, der des gnädigen Herrn Des-und-Des Pferd lobte, wenn er es gern zum
Geschenk gehabt hätte: nicht wahr?

Horatio. Ja, mein Prinz.

Hamlet. Ja ja, und nun Junker Wurm; eingefallen und mit
einem Totengräberspaten um die Kinnbacken geschlagen.
Das ist mir eine schöne Verwandlung, wenn wir nur die
Kunst besäßen, sie zu sehen. Haben diese Knochen nicht
mehr zu unterhalten gekostet, als daß man Kegel mit ihnen
spielt? Meine tun mir weh, wenn ich daran denke.

Erster Totengräber (singt).

Ein Grabscheit und ein Spaten wohl,
Samt einem Kittel aus Lein,

FÜNFTER AUFZUG · ERSTE SZENE

Und o, eine Grube gar tief und hohl
Für solchen Gast muß sein.

(Wirft einen Schädel auf.)

Hamlet. Da ist wieder einer. Warum könnte das nicht der
Schädel eines Rechtsgelehrten sein? Wo sind nun seine
Klauseln, seine Praktiken, seine Fälle und seine Kniffe?
Warum leidet er nun, daß dieser grobe Flegel ihn mit einer
schmutzigen Schaufel um den Hirnkasten schlägt, und
droht nicht, ihn wegen Tätlichkeiten zu belangen? Hum!
Dieser Geselle war vielleicht zu seiner Zeit ein großer
Käufer von Ländereien, mit seinen Hypotheken, seinen
Grundzinsen, seinen Kaufbriefen, seinen Gewährsmännern,
seinen gerichtlichen Auffassungen. Werden ihm seine Ge-
währsmänner nichts mehr von seinen erkauften Gütern gewähren, als die Länge und Breite von ein paar Kontrakten?
Sogar die Übertragungsurkunden seiner Ländereien könnten kaum in diesem Kasten liegen; und soll der Eigentümer
selbst nicht mehr Raum haben? He?

Horatio. Nicht ein Tüttelchen mehr, mein Prinz.

Hamlet. Wird nicht Pergament aus Schafsfellen gemacht?

Horatio. Ja, mein Prinz, und aus Kalbsfellen auch.

Hamlet. Schafe und Kälber sind es, die darin ihre Sicherheit
suchen. Ich will diesen Burschen anreden. – Wessen Grab
ist das: heda?

Erster Totengräber. Meines, Herr. *(Singt.)*

Und o, eine Grube gar tief und hohl
Für solchen Gast muß sein.

Hamlet. Ich glaube wahrhaftig, daß es deines ist, denn du liegst
darin.

Erster Totengräber. Ihr liegt draußen, Herr, und also ists nicht
Eures; ich liege nicht darin, und doch ist es meines.

Hamlet. Du lügst darin, weil du darin bist und sagst, daß es
deines ist. Es ist aber für die Toten, nicht für die Lebendigen: also lügst du.

Erster Totengräber. 's ist eine lebendige Lüge, Herr, sie will
von mir weg, zu Euch zurück.

Hamlet. Für was für einen Mann gräbst du es?

Erster Totengräber. Für keinen Mann.

Hamlet. Für was für eine Frau denn?

Erster Totengräber. Auch für keine.

Hamlet. Wer soll denn darin begraben werden?

Erster Totengräber. Eine gewesene Frau, Herr; aber Gott hab
sie selig! sie ist tot!

Hamlet. Wie keck der Bursch ist! Wir müssen nach der
Schnur sprechen, oder er sticht uns mit Silben zu Tode.
Wahrhaftig, Horatio, ich habe seit diesen drei Jahren darauf
geachtet: das Zeitalter wird so spitzfindig, daß der Bauer
dem Hofmann auf die Fersen tritt. – Wie lange bist du
schon Totengräber?

Erster Totengräber. Von allen Tagen im Jahre kam ich just
den Tag dazu, da unser voriger König Hamlet den Fortinbras überwandt.

Hamlet. Wie lange ist das her?

Erster Totengräber. Wißt Ihr das nicht? Das weiß jeder Narr.
Es war denselben Tag, wo der junge Hamlet geboren ward,
der nun toll geworden und nach England geschickt ist.

Hamlet. Ei so! Warum haben sie ihn nach England geschickt?

Erster Totengräber. Nu, weil er toll war. Er soll seinen Verstand
da wiederkriegen; und wenn er ihn nicht wiederkriegt, so
tuts da nicht viel.

Hamlet. Warum?

Erster Totengräber. Man wirds ihm da nicht viel anmerken:
die Leute sind da ebenso toll wie er.

Hamlet. Wie wurde er toll?

Erster Totengräber. Seltsam genug, sagen sie.

Hamlet. Wie, seltsam?

Erster Totengräber. Mein Seel, just dadurch, daß er den Verstand verlor.

Hamlet. Kennt Ihr den Grund?

Erster Totengräber. Freilich, dänischer Grund und Boden. Ich
bin hier seit dreißig Jahren Totengräber gewesen, in
jungen und alten Tagen.

Hamlet. Wie lange liegt wohl einer in der Erde, eh er verfault?

Erster Totengräber. Mein Treu, wenn er nicht schon vor dem Tode verfault ist (wie wir denn heutzutage viele lustsieche Leichen haben, die kaum bis zum Hineinlegen halten), so dauert er Euch ein acht bis neun Jahr' aus; ein Lohgerber neun Jahre.

Hamlet. Warum der länger als ein andrer?

Erster Totengräber. Ei, Herr, sein Gewerbe gerbt ihm das Fell so, daß es eine lange Zeit das Wasser abhält, und das Wasser richtet so 'ne Blitzleiche verteufelt zugrunde. Hier ist ein Schädel, der Euch dreiundzwanzig Jahre in der Erde gelegen hat.

Hamlet. Wem gehört er?

Erster Totengräber. Einem unklugen Blitzkerl. Wer denkt Ihr, daß es war?

Hamlet. Ja, ich weiß nicht.

Erster Totengräber. Das Wetter über den unklugen Schalk! Er goß mir einmal eine Flasche Rheinwein über den Kopf. Dieser Schädel da war Yoricks Schädel, des Königs Spaßmacher.

Hamlet. Dieser? (*Nimmt den Schädel.*)

Erster Totengräber. Ja, ja, eben der.

Hamlet. Ach armer Yorick! – Ich kannte ihn, Horatio; ein Bursch von unendlichem Humor, voll von den herrlichsten Einfällen. Er hat mich tausendmal auf dem Rücken getragen, und jetzt, wie schaudert meiner Einbildungskraft davor! mir wird ganz übel. Hier hingen diese Lippen, die ich geküßt habe, ich weiß nicht wie oft. Wo sind nun deine Schwänke? deine Sprünge? deine Lieder, deine Blitze von Lustigkeit, wobei die ganze Tafel in Lachen ausbrach? Ist jetzt keiner da, der sich über dein eigenes Grinsen aufhielte? Alles weggeschrumpft? Nun begib dich in die Kammer der gnädigen Frau und sage ihr, wenn sie auch einen Finger dick auflegt: so'n Gesicht muß sie endlich bekommen; mach sie damit zu lachen! – Sei so gut, Horatio, sage mir dies *eine.*

Horatio. Und was, mein Prinz?

Hamlet. Glaubst du, daß Alexander in der Erde solchergestalt aussah?

Horatio. Geradeso.

Hamlet. Und so roch? pah! (*Wirft den Schädel hin.*)

Horatio. Geradeso, mein Prinz.

Hamlet. Zu was für schnöden Bestimmungen wir kommen,
Horatio! Warum sollte die Einbildungskraft nicht den edlen
Staub Alexanders verfolgen können, bis sie ihn findet, wo er
ein Spundloch verstopft?

Horatio. Die Dinge so betrachten, hieße sie allzu genau betrachten.

Hamlet. Nein, wahrhaftig, im geringsten nicht. Man könnte
ihm bescheiden genug dahin folgen und sich immer von der
Wahrscheinlichkeit führen lassen. Zum Beispiel so: Alexan-
der starb, Alexander ward begraben, Alexander verwan-
delte sich in Staub; der Staub ist Erde; aus Erde machen
wir Lehm: und warum sollte man nicht mit dem Lehm,
worein er verwandelt ward, ein Bierfaß stopfen können?
Der große Cäsar, tot und Lehm geworden,
Verstopft ein Loch wohl vor dem rauhen Norden.
O daß die Erde, der die Welt gebebt,
Vor Wind und Wetter eine Wand verklebt!
Doch still! doch still! Beiseit! Hier kommt der König!

> *Priester usw. kommen in Prozession; die Leiche der Ophelia;*
> *Laertes und Leidtragende folgen ihr;*
> *der König, die Königin, ihr Gefolge usw.*

Die Königin, der Hof: wem folgen sie?
Und mit so unvollständgen Feirlichkeiten?
Ein Zeichen, daß die Leiche, der sie folgen,
Verzweiflungsvolle Hand an sich gelegt.
Sie war von Stande: lauern wir ein Weilchen
Und geben acht. (*Zieht sich mit Horatio zurück.*)

Laertes. Was für Gebräuche sonst?

Hamlet. Das ist Laertes,
Ein edler junger Mann. Gebt acht!

Laertes. Was für Gebräuche sonst?

Erster Priester. Wir dehnten ihr Begräbnis aus, soweit
Die Vollmacht reicht: ihr Tod war zweifelhaft,
Und wenn kein Machtgebot die Ordnung hemmte,

FÜNFTER AUFZUG · ERSTE SZENE

So hätte sie in ungeweihtem Grund
Bis zur Gerichtstrommete wohnen müssen.
Statt christlicher Gebete sollten Scherben
Und Kieselstein' auf sie geworfen werden.
Hier gönnt man ihr doch ihren Mädchenkranz
Und das Bestreun mit jungfräulichen Blumen,
Geläut und Grabstätt.
Laertes. So darf nichts mehr geschehn?
Priester. Nichts mehr geschehn.
Wir würden ja der Toten Dienst entweihn,
Wenn wir ein Requiem und Ruh ihr sängen,
Wie fromm verschiednen Seelen.
Laertes. Legt sie in den Grund,
Und ihrer schönen, unbefleckten Hülle
Entsprießen Veilchen! – Ich sag dir, harter Priester,
Ein Engel am Thron wird meine Schwester sein,
Derweil du heulend liegst.
Hamlet. Was? die schöne Ophelia?
Königin (Blumen streuend). Der Süßen Süßes: Lebe wohl! – Ich
Du solltest meines Hamlets Gattin sein.   [hoffe,
Dein Brautbett, dacht ich, süßes Kind, zu schmücken,
Nicht zu bestreun dein Grab.
Laertes. O dreifach Wehe
Treff zehnmal dreifach das verfluchte Haupt,
Des Untat deiner sinnigen Vernunft
Dich hat beraubt! – Laßt noch die Erde weg,
Bis ich sie nochmals in die Arme fasse. *(Springt in das Grab.)*
Nun häuft den Staub auf Lebende und Tote,
Bis ihr die Fläche habt zum Berg gemacht,
Hoch über Pelion und das blaue Haupt
Des wolkigen Olympus.
Hamlet (vortretend). Wer ist *der,* des Gram
So voll Emphase tönt? Des Spruch des Wehes
Der Sterne Lauf beschwört und macht sie stillstehn
Wie schreckbefangne Hörer? – Dies bin ich,
Hamlet der Däne. *(Springt in das Grab.)*
Laertes. Dem Teufel deine Seele! *(Ringt mit ihm.)*

Hamlet. Du betest schlecht.
  Ich bitt dich, laß die Hand von meiner Gurgel:
  Denn ob ich schon nicht jäh und heftig bin,
  So ist doch was Gefährliches in mir,
  Das ich zu scheun dir rate. Weg die Hand!
König. Reißt sie doch voneinander.
Königin. Hamlet! Hamlet!
Alle. Ihr Herren –
Horatio. Bester Herr, seid ruhig!
  (*Einige vom Gefolge bringen sie auseinander, und sie kommen
      aus dem Grabe hervor.*)
Hamlet. Ja, diese Sache fecht ich aus mit ihm,
  So lang bis meine Augenlider sinken.
Königin. O mein Sohn! welche Sache?
Hamlet. Ich liebt Ophelien, vierzigtausend Brüder
  Mit ihrem ganzen Maß von Liebe hätten
  Nicht meine Summ erreicht. – Was willst du für sie tun?
König. Er ist verrückt, Laertes.
Königin. Um Gottes willen, laßt ihn!
Hamlet. Beim Element, sag, was du tun willst:
  Willst weinen? fechten? fasten? dich zerreißen?
  Willst Essig trinken? Krokodile essen?
  Ich tus. – Kommst du zu winseln her?
  Springst, um mir Trotz zu bieten, in ihr Grab?
  Laß dich mit ihr begraben, ich wills auch;
  Und schwatzest du von Bergen, laß auf uns
  Millionen Hufen werfen, bis der Boden,
  Die Scheitel an der glühnden Zone sengend,
  Den Ossa macht zur Warze. – Prahlst du groß,
  Ich kanns so gut wie du.
Königin. Dies ist bloß Wahnsinn;
  So tobt der Anfall eine Weil in ihm,
  Doch gleich, geduldig wie das Taubenweibchen,
  Wenn sie ihr goldnes Paar hat ausgebrütet,
  Senkt seine Ruh die Flügel.
Hamlet. Hört doch, Herr!
  Was ist der Grund, daß Ihr mir so begegnet?

FÜNFTER AUFZUG · ZWEITE SZENE   213

Ich liebt Euch immer: doch es macht nichts aus;
Laßt Herkuln selber nach Vermögen tun,
Die Katze maut, der Hund will doch nicht ruhn. *(Ab.)*
König. Ich bitte dich, Horatio, geh ihm nach. *(Horatio ab.)*
Laertes, unser gestriges Gespräch
Muß die Geduld Euch stärken, und sofort
Betreiben wir die Sache[1]. – Gute Gertrud,
Setzt eine Wache über Euren Sohn.
Dies Grab soll ein lebendig Denkmal haben.
Bald werden wir der Ruhe Stunde sehn,
So lang muß alles mit Geduld geschehn. *(Alle ab.)*

ZWEITE SZENE

Ein Saal im Schlosse.
Hamlet und Horatio treten auf.

Hamlet. Hievon genug; nun komm ich auf das andre.
Erinnert Ihr Euch jedes Umstands noch?
Horatio. Sehr wohl, mein gnäd'ger Herr!
Hamlet. In meiner Brust war eine Art von Kampf,
Der mich nicht schlafen ließ; mich dünkt', ich läge
Noch schlimmer als im Stock die Meuter. Rasch –
Und Dank dem raschen Mute! – Laßt uns einsehn,
Daß Unbesonnenheit uns manchmal dient,
Wenn tiefe Plane scheitern; und das lehr uns,
Daß eine Gottheit unsre Zwecke formt,
Wie wir sie auch entwerfen. –
Horatio. Sehr gewiß.
Hamlet. Aus meinem Schlafgemach,
Den Schiffermantel um mich hergeworfen,
Tappt ich herum nach ihnen, fand sie glücklich,
Griff ihr Paket und zog mich schließlich wieder
Zurück in die Kajüte; meine Furcht
Vergaß die Höflichkeit, und dreist erbrach
Ich ihren höchsten Auftrag. Hier, Horatio,

---

1. Dieser Vers fehlt bei Schlegel.

Fand ich ein königliches Bubenstück:
Ein streng Geheiß, gespickt mit vielen Gründen,
Betreffend Dänmarks Heil und Englands auch –
Und, heida! solch ein Spuk, wenn ich entkäme –
Daß gleich auf Sicht, ohn alle Zögerung,
Auch nicht so lang, um nur das Beil zu schärfen,
Das Haupt mir abgeschlagen werden sollte.

Horatio. Ists möglich?

Hamlet. Hier ist der Auftrag: lies ihn nur bei Muße.
Doch willst du hören, wie ich nun verfuhr?

Horatio. Ja, ich ersuch Euch drum.

Hamlet. So rings umstrickt mit Bübereien, fing,
Eh ich noch den Prolog dazu gehalten,
Mein Kopf das Spiel schon an. Ich setzte mich,
Sann einen Auftrag aus, schrieb ihn ins Reine,
Ich hielt es einst, wie unsre großen Herrn,
Für niedrig, schön zu schreiben, und bemühte
Mich sehr, es zu verlernen; aber jetzt
Tat es mir Ritterdienste. Willst du wissen,
Was meine Schrift enthielt?

Horatio. Ja, bester Herr.

Hamlet. Die ernstliche Beschwörung von dem König,
Wofern ihm England treu die Lehenspflicht hielte,
Wofern ihr Bund blühn sollte wie die Palme,
Wofern der Fried in seinem Ährenkranz
Stets beider Freundschaft bindend sollte stehn,
Und manchem wichtigen Wofern der Art –
Wann er den Inhalt dieser Schrift ersehn,
Möcht er ohn alles fernere Bedenken
Die Überbringer schnell zum Tode fördern,
Selbst ohne Frist zum Beichten.

Horatio. Wie wurde dies versiegelt?

Hamlet. Auch darin war des Himmels Vorsicht wach.
Ich hatt im Beutel meines Vaters Petschaft,
Das dieses dän'schen Siegels Muster war.
Ich faltete den Brief dem andern gleich,
Dann unterschrieb ich, drückte drauf das Siegel,

FÜNFTER AUFZUG · ZWEITE SZENE

Legt ihn an seinen Ort; der Wechselbalg
Ward nicht erkannt. Am nächsten Tage nun
War unser Seegefecht, und was dem folgte,
Das weißt du schon.

Horatio. Und Güldenstern und Rosenkranz gehn drauf.

Hamlet. Ei, Freund, sie buhlten ja um dies Geschäft.
Sie rühren mein Gewissen nicht; ihr Fall
Entspringt aus ihrer eignen Einmischung.
's ist mißlich, wenn die schlechtere Natur
Sich zwischen die entbrannten Degenspitzen
Von mächtgen Gegnern stellt.

Horatio. Was für ein König!

Hamlet. Was dünkt dir, liegts mir jetzo nah genug?
Der meinen König totschlug, meine Mutter
Zur Hure machte; zwischen die Erwählung
Und meine Hoffnungen sich eingedrängt;
Die Angel warf nach meinem eignen Leben
Mit solcher Hinterlist: ists nicht vollkommen billig,
Mit diesem Arme dem den Lohn zu geben?
Und ist es nicht Verdammnis, diesen Krebs
An unserm Fleisch noch länger nagen lassen?

Horatio. Ihm muß von England bald gemeldet werden,
Wie dort der Ausgang des Geschäftes ist.

Hamlet. Bald wirds geschehn; die Zwischenzeit ist mein:
Ein Menschenleben ist, als zählt man eins.
Doch ich bin sehr bekümmert, Freund Horatio,
Daß mit Laertes ich mich selbst vergaß:
Denn in dem Bilde seiner Sache seh ich
Der meinen Gegenstück. Ich schätz ihn gern,
Doch wirklich, seines Schmerzes Prahlerei
Empörte mich zu wilder Leidenschaft.

Horatio. Still doch! wer kommt?

Osrick kommt.

Osrick. Willkommen Eurer Hoheit heim in Dänmark.

Hamlet. Ich dank Euch ergebenst, Herr. – Kennst du diese
Mücke?

Horatio. Nein, bester Herr.

Hamlet. Um so besser ist für dein Heil gesorgt, denn es ist ein Laster, ihn zu kennen. Er besitzt viel und fruchtbares Land; wenn ein Tier Fürst der Tiere ist, so wird seine Krippe neben des Königs Gedeck stehn. Er ist eine Elster, aber, wie ich dir sagte, mit weitläuftigen Besitzungen von Kot gesegnet.

Osrick. Geliebtester Prinz, wenn Eure Hoheit Muße hätte, so wünschte ich Euch etwas von Seiner Majestät mitzuteilen.

Hamlet. Ich will es mit aller Aufmerksamkeit empfangen, Herr. Eure Mütze an ihre Stelle: sie ist für den Kopf.

Osrick. Ich danke Eurer Hoheit, es ist sehr heiß.

Hamlet. Nein, auf mein Wort, es ist sehr kalt; der Wind ist nördlich.

Osrick. Es ist ziemlich kalt, in der Tat, mein Prinz.

Hamlet. Aber doch dünkt mich, es ist ungemein schwül und heiß, oder mein Temperament –

Osrick. Außerordentlich, gnädiger Herr, es ist sehr schwül – auf gewisse Weise – ich kann nicht sagen wie. Gnädiger Herr, Seine Majestät befahl mir, Euch wissen zu lassen, daß er eine große Wette auf Euren Kopf angestellt hat. Die Sache ist folgende, Herr!

Hamlet. Ich bitte Euch, vergeßt nicht!

(*Hamlet nötigt ihn, den Hut aufzusetzen.*)

Osrick. Erlaubt mir, wertester Prinz, zu meiner eigenen Bequemlichkeit, wahrhaftig. Vor kurzem, Herr, ist Laertes hier an den Hof gekommen – auf meine Ehre, ein vollkommner Kavalier, von den vortrefflichsten Auszeichnungen, von einer sehr gefälligen Unterhaltung und glänzendem Äußern. In der Tat, um mit Sinn von ihm zu sprechen, er ist die Musterkarte der feinen Lebensart; denn Ihr werdet in ihm den Inbegriff aller Gaben finden, die ein Kavalier nur wünschen kann zu sehn.

Hamlet. Seine Erörterung, Herr, leidet keinen Verlust in Eurem Munde, ob ich gleich weiß, daß es die Rechenkunst des Gedächtnisses irre machen würde, ein vollständiges Verzeichnis seiner Eigenschaften aufzustellen. Und doch würde es nur aus dem Groben sein, in Rücksicht seines

FÜNFTER AUFZUG · ZWEITE SZENE

behenden Fluges. Aber im heiligsten Ernste der Lobprei-
sung, ich halte ihn für einen Geist von großem Umfange
und seine innere Begabung so köstlich und selten, daß, um
uns wahrhaft über ihn auszudrücken, nur sein Spiegel
seinesgleichen ist, und wer sonst seiner Spur nachgehen will,
sein Schatten, nichts weiter.

Osrick. Eure Hoheit spricht ganz untrüglich von ihm.

Hamlet. Der Betreff, Herr? Warum lassen wir den rauhen
Atem unsrer Rede über diesen Kavalier gehen?

Osrick. Prinz?

Horatio. Könnt Ihr bei andern Eure Sprache nicht verstehen?
Ihr könnts, Herr, entschieden[1].

Hamlet. Was bedeutet die Nennung dieses Kavaliers?

Osrick. Des Laertes?

Horatio. Sein Beutel ist schon leer; alle seine goldnen Worte
sind ausgegeben.

Hamlet. Ja, des nämlichen.

Osrick. Ich weiß, Ihr seid nicht unterrichtet –

Hamlet. Ich wollte, Ihr wüßtet es, Herr, ob es mich gleich,
bei meiner Ehre! noch nicht sehr empfehlen würde. – Nun
wohl, Herr!

Osrick. Ihr seid nicht unterrichtet, welche Vollkommenheit
Laertes besitzt –

Hamlet. Ich darf mich dessen nicht rühmen, um mich nicht
mit ihm an Vollkommenheit zu vergleichen; einen andern
Mann aus dem Grunde kennen, hieße sich selbst kennen.

Osrick. Ich meine, Herr, was die Führung der Waffen betrifft;
nach der Beimessung, die man ihm erteilt, ist er darin ohne-
gleichen.

Hamlet. Was ist seine Waffe?

Osrick. Degen und Stoßklinge.

Hamlet. Das wären denn zweierlei Waffen; doch weiter.

Osrick. Der König, Herr, hat mit ihm sechs Berberhengste
gewettet! wogegen er, wie ich höre, sechs französische
Degen samt Zubehör, als Gürtel, Gehenke und so weiter,

---

1. Diese zwei Zeilen fehlen bei Schlegel.

verpfändet hat. Drei von den Gestellen sind in der Tat dem Auge sehr gefällig, den Gefäßen sehr angemessen, unendlich zierliche Gestelle und von sehr geschmackvoller Erfindung.

Hamlet. Was nennt Ihr die Gestelle?

Horatio. Ich wußte, Ihr würdet Euch noch an seinen Randglossen erbauen müssen, ehe das Gespräch zu Ende wäre.

Osrick. Die Gestelle sind die Gehenke.

Hamlet. Der Ausdruck würde schicklicher für die Sache sein, wenn wir eine Kanone an der Seite führen könnten; bis dahin laßt es immer Gehenke bleiben. Aber weiter: sechs Berberhengste gegen sechs französische Degen, ihr Zubehör, und drei geschmackvoll erfundene Gestelle: das ist eine französische Wette gegen eine dänische. Weswegen haben sie dies verpfändet, wie ihrs nennt?

Osrick. Der König, Herr, hat gewettet, daß Laertes in zwölf Stößen von beiden Seiten nicht über drei vor Euch voraushaben soll; er hat auf zwölf gegen neun gewettet; und es würde sogleich zum Versuch kommen, wenn Eure Hoheit zu der Erwiderung geneigt wäre.

Hamlet. Wenn ich nun erwidere: nein?

Osrick. Ich meine, gnädiger Herr, die Stellung Eurer Person zu dem Versuche.

Hamlet. Ich will hier im Saale auf und ab gehen; wenn es Seiner Majestät gefällt, es ist jetzt bei mir die Stunde, frische Luft zu schöpfen. Laßt die Rapiere bringen: hat Laertes Lust und bleibt der König bei seinem Vorsatze, so will ich für ihn gewinnen, wenn ich kann; wo nicht, so werde ich nichts als die Schande und die überzähligen Stöße davontragen.

Osrick. Soll ich Eure Meinung so erklären?

Hamlet. In diesem Sinne, Herr, mit Ausschmückungen nach Eurem Geschmack.

Osrick. Ich empfehle Eurer Hoheit meine Ergebenheit. (*Ab.*)

Hamlet. Der Eurige. Er tut wohl daran, sie selbst zu empfehlen; es möchte ihm sonst kein Mund zu Gebote stehn.

Horatio. Dieser Kiebitz ist mit der halben Eierschale auf dem Kopfe aus dem Nest gelaufen.

FÜNFTER AUFZUG · ZWEITE SZENE   219

Hamlet. Er machte Umstände mit seiner Mutter Brust, ehe
er daran sog. Auf diese Art hat er, und viele andere von
demselben Schlage, in die das schale Zeitalter verliebt ist,
nur den Ton der Mode und den äußerlichen Schein der
Unterhaltung erhascht: eine Art von aufbrausender Mischung, die sie durch die blödesten und gesichtetsten Ur-
teile mitten hindurch führt; aber man treibe sie nur zu
näherer Prüfung, und die Blasen platzen.
       Ein Edelmann kommt.
Edelmann. Gnädiger Herr, Seine Majestät hat sich Euch durch
den jungen Osrick empfehlen lassen, der ihm meldet, daß
Ihr ihn im Saale erwarten wollt. Er schickt mich, um zu
fragen: ob Eure Lust, mit Laertes zu fechten, fortdauert,
oder ob Ihr längern Aufschub dazu verlangt.
Hamlet. Ich bleibe meinen Vorsätzen treu, sie richten sich
nach des Königs Wunsche. Wenn es ihm gelegen ist, bin
ich bereit, jetzt oder zu jeder andern Zeit; vorausgesetzt,
daß ich so gut im Stande bin wie jetzt.
Edelmann. Der König, die Königin und alle sind auf dem Wege
hierher.
Hamlet. Zur guten Stunde.
Edelmann. Die Königin wünscht, Ihr möchtet den Laertes
freundschaftlich anreden, ehe ihr anfangt zu fechten.
Hamlet. Ihr Rat ist gut.
       (Der Edelmann ab.)
Horatio. Ihr werdet diese Wette verlieren, mein Prinz.
Hamlet. Ich denke nicht. Seit er nach Frankreich ging, bin ich
in beständiger Übung geblieben; ich werde bei der unglei-
chen Wette gewinnen. Aber du kannst dir nicht vorstellen,
wie übel es mir hier ums Herz ist. Doch es tut nichts.
Horatio. Nein, bester Herr –
Hamlet. Es ist nur Torheit; aber es ist eine Art von schlimmer
Ahnung, die vielleicht ein Weib ängstigen würde.
Horatio. Wenn Eurem Gemüt irgend etwas widersteht, so
gehorcht ihm; ich will ihrer Hieherkunft zuvorkommen und
sagen, daß Ihr nicht aufgelegt seid.
Hamlet. Nicht im geringsten. Ich trotze allen Vorbedeu-

tungen; es waltet eine besondere Vorsehung über den
Fall eines Sperlings. Geschieht es jetzt, so geschieht es nicht
in Zukunft; geschieht es nicht in Zukunft, so geschieht es
jetzt; geschieht es jetzt nicht, so geschieht es doch einmal
in Zukunft. In Bereitschaft sein ist alles. Da kein Mensch
weiß, was er verläßt, was kommt darauf an, frühzeitig zu
verlassen? Mags sein!

Der König, die Königin, Laertes, Herren vom Hofe, Osrick und
anderes Gefolge mit Rapieren usw.

König. Kommt, Hamlet, kommt! nehmt diese Hand von mir.
 (*Der König legt die Hand des Laertes in die des Hamlet.*)
Hamlet. Gewährt Verzeihung, Herr! ich tat Euch Unrecht;
 Allein verzeiht um Eurer Ehre willen.
 Der Kreis hier weiß, ihr hörtets auch gewiß,
 Wie ich mit schwerem Trübsinn bin geplagt.
 Was ich getan,
 Das die Natur in Euch, die Ehr und Sitte
 Hart aufgeregt, erklärt ich hier für Wahnsinn.
 Wars Hamlet, der Laertes kränkte? Nein!
 Wenn Hamlet von sich selbst geschieden ist,
 Und, weil er nicht er selbst, Laertes kränkt,
 Dann tut es Hamlet nicht, Hamlet verleugnets.
 Wer tut es denn? Sein Wahnsinn. Ist es so,
 So ist er ja auf der gekränkten Seite:
 Sein Wahnsinn ist des armen Hamlets Feind.
 Vor diesen Zeugen, Herr,
 Laßt mein Verleugnen aller schlimmen Absicht
 So weit vor Eurer Großmut frei mich sprechen,
 Als ich den Pfeil nur sandte übers Haus,
 Und meinen Bruder traf.
Laertes. Mir ist genug geschehn für die Natur,
 Die mich in diesem Fall am stärksten sollte
 Zur Rache treiben. Doch nach Ehrenrechten
 Halt ich mich fern und weiß nichts von Versöhnung,
 Bis ältre Meister von geprüfter Ehre
 Zum Frieden ihren Rat und Spruch verleihn,
 Für meines Namens Rettung; bis dahin

FÜNFTER AUFZUG · ZWEITE SZENE

Empfang ich Eure dargebotne Liebe
Als Lieb, und will ihr nicht zu nahe tun.
Hamlet. Gern tret ich bei, und will mit Zuversicht
Um diese brüderliche Wette fechten.
Gebt uns Rapiere, kommt!
Laertes. Kommt, eines mir[1].
König. Gebt ihnen die Rapiere, junger Osrick.
Ihr wißt doch, Vetter Hamlet, unsre Wette?
Hamlet. Vollkommen: Eure Hoheit hat den Ausschlag
Des Preises auf die schwächre Hand gelegt.
König. Ich fürcht es nicht, ich sah euch beide sonst;
Er lernte zu, drum gibt man uns voraus.
Laertes. Dies ist zu schwer, laßt mich ein andres sehn.
Hamlet. Dies steht mir an: sind alle gleicher Länge?
(Sie bereiten sich zum Fechten.)
Osrick. Ja, bester Herr!
König. Setzt mir die Flaschen Wein auf diesen Tisch.
Wenn Hamlet trifft zum ersten oder zweiten,
Wenn er beim dritten Tausch den Stoß erwidert:
Laßt das Geschütz von allen Zinnen feuern,
Der König trinkt auf Hamlets Wohlsein dann,
Und eine Perle wirft er in den Kelch,
Mehr wert, als die vier Könige nacheinander
In Dänmarks Krone trugen. Gebt die Kelche!
Laßt die Trompete zu der Pauke sprechen,
Die Pauke zu dem Kanonier hinaus,
Zum Himmel das Geschütz, den Himmel zur Erde!
Jetzt trinkt der König Hamlet zu! – Fangt an,
Und ihr, die Richter, habt ein achtsam Aug.
Hamlet. Kommt, Herr.
Laertes. Wohlan, mein Prinz.
(Sie fechten.)
Hamlet. Eins.
Laertes. Nein.
Hamlet. Richterspruch.

---

1. Hier fehlen vier Verse des Originals: Sie enthalten ein schwer wie-
derzugebendes Wortspiel.

Osrick. Getroffen, offenbar getroffen!

Laertes. Gut, noch einmal.

König. Halt! Wein her! – Hamlet, diese Perl ist dein,
Hier auf dein Wohl! Gebt ihm den Kelch.

(Trompetenstoß und Kanonenschüsse hinter der Szene.)

Hamlet. Ich fecht erst diesen Gang, setzt ihn beiseit.
Kommt!

(Sie fechten.)

Wiederum getroffen; was sagt Ihr?

Laertes. Berührt! berührt! ich geb es zu.

König. Unser Sohn gewinnt.

Königin. Er ist fett und kurz von Atem.
Hier, Hamlet, nimm mein Tuch, reib dir die Stirn.
Die Königin trinkt auf dein Glück, mein Hamlet.

Hamlet. Gnädige Mutter –

König. Gertrud, trink nicht.

Königin. Ich will es, mein Gemahl; ich bitt, erlaubt mir.

König (beiseite). Es ist der giftge Kelch; es ist zu spät.

Hamlet. Ich darf jetzt noch nicht trinken, gnäd'ge Frau;
Sogleich.

Königin. Komm, laß mich dein Gesicht abtrocknen.

Laertes. Mein Fürst, jetzt treff ich ihn.

König. Ich glaub es nicht.

Laertes (beiseite.) Und doch, beinah ists gegen mein Gewissen.

Hamlet. Laertes, kommt zum Dritten nun: Ihr tändelt.
Ich bitt Euch, stoßt mit Eurer ganzen Kraft;
Ich fürchte, daß Ihr mich zum besten habt.

Laertes. Meint Ihr? Wohlan!

(Sie fechten.)

Osrick. Auf beiden Seiten nichts.

Laertes. Jetzt seht Euch vor.

*(Laertes verwundet den Hamlet; drauf wechseln sie in der Hitze
des Gefechtes die Rapiere, und Hamlet verwundet den Laertes.)*

König. Trennt sie, sie sind erhitzt.

Hamlet. Nein, noch einmal!

(Die Königin sinkt um.)

Osrick. Seht nach der Königin!

FÜNFTER AUFZUG · ZWEITE SZENE   223

Horatio. Sie bluten beiderseits. – Wie stehts, mein Prinz?
Osrick. Wie stehts, Laertes?
Laertes. Gefangen in der eignen Schlinge, Osrick!
  Mich fällt gerechterweise mein Verrat.
Hamlet. Was ist der Königin?
König. Sie fällt in Ohnmacht, weil sie bluten sieht.
Königin. Nein, nein! der Trank, der Trank! –O lieber Hamlet!
  Der Trank, der Trank! – Ich bin vergiftet. *(Sie stirbt.)*
Hamlet. O Büberei! – Ha! laßt die Türen schließen.
  Verrat! sucht, wo er steckt.
                (Laertes fällt.)
Laertes. Hier, Hamlet: Hamlet, du bist umgebracht;
  Kein Mittel in der Welt errettet dich,
  In dir ist keine halbe Stunde Leben.
  Des Frevels Werkzeug ist in deiner Hand,
  Unabgestumpft, vergiftet; meine Arglist
  Hat sich auf mich gewendet: sieh! hier lieg ich,
  Nie wieder aufzustehn – vergiftet deine Mutter
  Ich kann nicht mehr – des Königs Schuld, des Königs!
Hamlet. Die Spitze auch vergiftet?
  So tu denn, Gift, dein Werk.
                (Er ersticht den König.)
Osrick (und Herren vom Hofe). Verrat! Verrat!
König. Noch helft mir, Freunde! Ich bin nur verwundet.
Hamlet. Hier, mördrischer, blutschändrischer, verruchter
  Trink diesen Trank aus! – Ist die Perle hier?   [Däne!
  Folg meiner Mutter!
                (Der König stirbt.)
Laertes. Ihm geschieht sein Recht;
  Es ist ein Gift von seiner Hand gemischt.
  Laß uns Vergebung wechseln, edler Hamlet!
  Mein Tod und meines Vaters komm nicht über dich,
  Noch deiner über mich! *(Er stirbt.)*
Hamlet. Der Himmel mache
  Dich frei davon! Ich folge dir. – Horatio,
  Ich sterbe. – Arme Königin, fahr wohl!
  Ihr, die erblaßt und bebt bei diesem Fall,

Und seid nur stumme Hörer dieser Handlung,
Hätt ich nur Zeit – der grause Scherge Tod
Verhaftet schleunig – o ich könnt euch sagen!
Doch sei es drum. – Horatio, ich bin hin;
Du lebst: erkläre mich und meine Sache
Den Unbefriedigten.

Horatio. Nein, glaub das nicht.
Ich bin ein alter Römer, nicht ein Däne:
Hier ist noch Trank zurück.

Hamlet. Wo du ein Mann bist,
Gib mir den Kelch! Beim Himmel, laß! ich will ihn!
O Gott! – Welch ein verletzter Name, Freund,
Bleibt alles so verhüllt, wird nach mir leben.
Wenn du mich je in deinem Herzen trugst,
Verbanne noch dich von der Seligkeit
Und atm' in dieser herben Welt mit Müh,
Um mein Geschick zu melden. –

(Marsch in der Ferne, Schüsse hinter der Szene.)
Welch kriegerischer Lärm?

Osrick. Der junge Fortinbras, der siegreich eben
Zurück aus Polen kehrt, gibt den Gesandten
Von England diesen kriegerischen Gruß.

Hamlet. O ich sterbe, Horatio!
Das starke Gift bewältigt meinen Geist;
Ich kann von England nicht die Zeitung hören,
Doch prophezei ich: die Erwählung fällt
Auf Fortinbras; er hat mein sterbend Wort,
Das sagt ihm, samt den Fügungen des Zufalls,
Die es dahin gebracht. – Der Rest ist Schweigen. *(Er stirbt.)*

Horatio. Da bricht ein edles Herz. – Gute Nacht, mein Fürst!
Und Engelscharen singen dich zur Ruh!
Weswegen naht die Trommel?

(Marsch hinter der Szene.)
Fortinbras, die englischen Gesandten und andere kommen.

Fortinbras. Wo ist dies Schauspiel?

Horatio. Was ists, das Ihr zu sehn begehrt? Wenn irgend
Weh oder Wunder, laßt vom Suchen ab.

FÜNFTER AUFZUG · ZWEITE SZENE 225

Fortinbras. Die Niederlage hier schreit Mord. – O stolzer Tod,
Welch Fest geht vor in deiner ew'gen Zelle,
Daß du auf *einen* Schlag so viele Fürsten
So blutig trafst?
Erster Gesandter. Der Anblick ist entsetzlich.
Und das Geschäft von England kommt zu spät.
Taub sind die Ohren, die Gehör uns sollten
Verleihen, sein Befehl sei ausgeführt,
Und Rosenkranz und Güldenstern sei'n tot;
Wo wird uns Dank zuteil?
Horatio. Aus seinem Munde nicht,
Hätt er dazu die Lebensregung auch.
Er gab zu ihrem Tode nie Befehl.
Doch weil so schnell nach diesem blut'gen Schlage
Ihr von dem Zug nach Polen, ihr aus England,
Hiehergekommen seid, so ordnet an,
Daß diese Leichen hoch auf einer Bühne
Vor aller Augen werden ausgestellt,
Und laßt der Welt, die noch nicht weiß, mich sagen,
Wie alles dies geschah; so sollt ihr hören
Von Taten, fleischlich, blutig, unnatürlich,
Zufälligen Gerichten, blindem Mord;
Von Toden, durch Gewalt und List bewirkt,
Und Planen, die verfehlt zurückgefallen
Auf der Erfinder Haupt: dies alles kann ich
Mit Wahrheit melden.
Fortinbras. Eilen wir zu hören,
Und ruft die Edelsten zu der Versammlung.
Was mich betrifft, mein Glück umfang ich trauernd;
Ich habe alte Recht' an dieses Reich,
Die anzusprechen mich mein Vorteil heißt.
Horatio. Auch hievon werd ich Grund zu reden haben,
Und zwar aus dessen Mund, des Stimme mehre
Wird nach sich ziehen; aber laßt uns dies
Sogleich verrichten, weil noch die Gemüter
Der Menschen wild sind, daß kein Unheil mehr
Aus Ränken und Verwirrung mög entstehn.

Fortinbras. Laßt vier Hauptleute Hamlet auf die Bühne
Gleich einem Krieger tragen: denn er hätte,
Wär er hinaufgelangt, unfehlbar sich
Höchst königlich bewährt, und bei dem Zug
Laßt Feldmusik und alle Kriegsgebräuche
Laut für ihn sprechen.
Nehmt auf die Leichen! Solch ein Blick wie der
Ziemt wohl dem Feld, doch hier entstellt er sehr.
Geht, heißt die Truppen feuern!

*(Ein Totenmarsch. Sie gehen ab, indem sie die Leichen wegtragen;
hierauf wird eine Artilleriesalve abgefeuert.)*

OTHELLO, DER MOHR VON VENEDIG

Wahrscheinlich 1603 oder 1604 entstanden
Übersetzt von Wolf Graf von Baudissin, unter der Redaktion
von Ludwig Tieck

PERSONEN

HERZOG VON VENEDIG.

BRABANTIO, *Senator.*

Mehrere Senatoren.

GRATIANO ⎱ *Verwandte des Brabantio.*
LODOVICO ⎰

OTHELLO, *Feldherr: Mohr.*

CASSIO, *sein Leutnant.*

JAGO, *sein Fähndrich.*

RODRIGO, *ein junger Venetianer.*

MONTANO, *Statthalter von Zypern.*

Ein Diener des Othello.

HEROLD.

DESDEMONA, *Brabantios Tochter.*

EMILIA, *Jagos Frau.*

BIANCA, *Kurtisane.*

Offiziere, Edelleute, Boten, Musikanten,
Matrosen, Gefolge usw.

Szene im ersten Aufzug in *Venedig;*
hernach in *Zypern.*

ERSTER AUFZUG

ERSTE SZENE

Venedig. Eine Straße.
Es treten auf Rodrigo und Jago.

Rodrigo. Sag mir nur nichts, denn damit kränkst du mich –
Daß Jago, du, der meine Börse führte,
Als wär sie dein – die Sache schon gewußt.
Jago. Ihr hört ja nicht! –
Hab ich mir je davon was träumen lassen,
Verabscheut mich!
Rodrigo. Du hast mir stets gesagt, du hassest ihn!
Jago. Verachte mich, wenns nicht so ist.
Drei Mächtige aus dieser Stadt, persönlich
Bemüht, zu seinem Leutnant mich zu machen,
Hofierten ihm – und auf Soldatenwort,
Ich kenne meinen Preis – das kommt mir zu.
Doch er, verliebt in seinen Stolz und Dünkel,
Weicht ihnen aus, mit Schwulst, weit hergeholt,
Den er staffiert mit grausen Kriegssentenzen,
Und kurz und gut,
Schlägts meinen Gönnern ab: denn traun – so spricht er –
Ernannt schon hab ich meinen Offizier.
Und wer ist dieser?
Seht mir! ein gar ausbündger Rechenmeister,
Ein Michael Cassio, ein Florentiner,
Ein Wicht, zum schmucken Weibe fast versündigt[1],
Der niemals eine Schar ins Feld geführt,
Noch von der Heeresordnung mehr versteht
Als Jüngferchen; nur Büchertheorie,
Von der in seiner Toga wohl ein Ratsherr

---

1. Der Vers ist falsch übersetzt. Im Original heißt er: *A fellow almost damn'd in a fair wife.* Er ist unerklärlich. Möglicherweise handelt es sich um die Spur einer ersten Fassung, in der Cassio, der von Shakespeare benutzten Quelle entsprechend, verheiratet gewesen wäre.

So weislich spricht, als er – all seine Kriegskunst
Geschwätz, nicht Praxis – *der* nun wird erwählt;
Und ich, von dem sein Auge Proben sah
Zu Rhodus, Zypern und auf anderm Boden,
Christlich und heidnisch, komm um Wind und Flut
Durch solchen Rechenknecht, solch Einmaleins;
Der, wohl bekomms ihm, muß sein Leutnant sein,
Und ich, Gott bessers! seiner Mohrschaft Fähndrich.
Rodrigo. Bei Gott! sein Henker würd ich lieber sein! –
Jago. Da hilft nichts für: das ist der Fluch des Dienstes.
Beförderung geht Euch nach Empfehl und Gunst,
Und nicht nach Altersrang, wo jeder Zweite
Den Platz des Vormanns erbt. Urteilt nun selbst,
Ob mich wohl irgend Recht und Dank verpflichtet
Zu lieben diesen Mohren.
Rodrigo. So dient ich ihm auch nicht.
Jago. O, seid ganz ruhig.
Ich dien ihm, um mirs einzubringen; ei, wir können
Nicht alle Herrn sein, nicht kann jeder Herr
Getreue Diener haben. Seht Ihr doch
So manchen pflichtgen, kniegebeugten Schuft,
Der, ganz verliebt in seine Sklavenfessel,
Ausharrt, recht wie die Esel seines Herrn,
Ums Heu, und wird im Alter fortgejagt. –
Peitscht mir solch redlich Volk! Dann gibt es andre,
Die, ausstaffiert mit Blick und Form der Demut,
Ein Herz bewahren, das nur sich bedenkt;
Die nur Scheindienste liefern ihren Obern,
Durch sie gedeihn und, wann ihr Pelz gefüttert,
Sich selbst Gebieter sind. Die Burschen haben Witz,
Und dieser Zunft zu folgen ist mein Stolz.
Denn, Freund,
's ist so gewiß, als Ihr Rodrigo heißt,
Wär ich der Mohr, nicht möcht ich Jago sein.
Wenn ich ihm diene, dien ich nur mir selbst;
Der Himmel weiß es! nicht aus Lieb und Pflicht,
Nein, nur zum Schein, für meinen eignen Zweck.

ERSTER AUFZUG · ERSTE SZENE 233

Denn wenn mein äußres Tun je offenbart
Des Herzens angeborne Art und Neigung
In Haltung und Gebärde, dann alsbald
Will ich mein Herz an meinem Ärmel tragen
Als Fraß für Krähn. Ich bin nicht, was ich bin! –
Rodrigo. Welch reiches Glück fällt dem Dickmäulgen zu,
Wenn ihm der Streich gelingt! –
Jago. Ruft auf den Vater,
Hetzt den ihm nach; vergiftet seine Lust,
Schreits durch die Stadt, macht ihre Vettern wild,
Und ob er unter mildem Himmel wohnt,
Plagt ihn mit Fliegen; ist die Freud ihm Freude,
Versetzt sie dennoch ihm mit so viel Pein,
Daß sie etwas erbleiche.
Rodrigo. Hier ist des Vaters Haus; ich ruf ihn laut.
Jago. Das tut, mit gleichem Angstruf und Geheul,
Als wenn bei Nacht und Lässigkeit ein Feuer
Erspäht wird in volkreichen Städten.
Rodrigo. Hallo, Brabantio! Signor Brabantio, ho! –
Jago. Erwacht; hallo! Brabantio! Diebe! Diebe! –
Nehmt Euer Haus in acht, Eur Kind, Eur Geld! –
He, Diebe! Diebe! –
Brabantio oben am Fenster.
Brabantio. Was ist die Ursach dieses wilden Lärms?
Was gibt es hier? –
Rodrigo. Ist alles, was Euch angehört, im Hause?
Jago. Die Türen zu?
Brabantio. Nun, warum fragt ihr das?
Jago. Ihr seid beraubt, zum Teufel! Nehmt den Mantel!
Eur Herz zerbrach, halb Eure Seel ist hin.
Jetzt, eben jetzt bezwingt ein alter schwarzer
Schafbock Eur weißes Lämmchen. – Auf! heraus!
Weckt die schlaftrunknen Bürger mit der Glocke,
Sonst macht der Teufel Euch zum Großpapa.
Auf, sag ich, auf! –
Brabantio. Was! Seid Ihr bei Verstand?
Rodrigo. Ehrwürdger Herr, kennt Ihr mich an der Stimme?

Brabantio. Ich nicht! Wer bist du?

Rodrigo. Rodrigo heiß ich.

Brabantio. Mir um so verhaßter!
Befohlen hab ich dir, mein Haus zu meiden;
Ganz unverhohlen hörtest du mich sagen,
Mein Kind sei nicht für dich – und nun, wie rasend,
Vom Mahle voll und törendem Getränk,
In böslich trotzgem Übermute kommst du,
Mich in der Ruh zu stören?

Rodrigo. Herr, Herr, Herr!

Brabantio. Doch, wissen sollst du dies:
Durch meine Kraft und Stellung hab ich Macht,
Dirs zu vergällen.

Rodrigo. Ruhig, werter Herr!

Brabantio. Was sprichst du mir von Raub? Dies ist Venedig,
Mein Palast keine Scheune[1].

Rodrigo. Sehr würdger Herr,
In arglos reiner Absicht komm ich her.

Jago. Wetter, Herr, Ihr seid einer von denen, die Gott nicht
dienen wollen, wenns ihnen der Teufel befiehlt. Weil wir
kommen, Euch einen Dienst zu tun, denkt Ihr, wir sind
Raufbolde? Ihr wollt einen Berberhengst über Eure Tochter kommen lassen; Ihr wollt Enkel, die Euch anwiehern,
wollt Rennpferde zu Vettern und Zelter zu Neffen haben?–

Brabantio. Wer bist du, frecher Lästrer?

Jago. Ich bin einer, Herr, der Euch zu melden kommt, daß
Eure Tochter und der Mohr jetzt dabei sind, das Tier mit
zwei Rücken zu machen.

Brabantio. Du bist ein Schurke!

Jago. Ihr seid – ein Senator.

Brabantio. Du sollst dies büßen; ich kenne dich, Rodrigo.

Rodrigo. Ich will für alles einstehn, doch ich bitt Euch,
Ists Euer Wunsch und wohlbedächtge Weisheit
(Wie's fast mir scheint), daß Eure schöne Tochter
In dieser späten Stunde dumpfer Nacht

---

1. Im Original: Mein Haus ist kein einsames Gehöft.

ERSTER AUFZUG · ERSTE SZENE 235

Wird ausgeliefert – besser nicht noch schlechter
Bewacht, als durch 'nen feilen Gondolier –
Den rohen Küssen eines üppgen Mohren? –
Wenn Ihr das wißt und einverstanden seid, –
So taten wir Euch groben, frechen Schimpf.
Doch wißt Ihrs nicht, dann sagt mir Sitt und Anstand,
Ihr scheltet uns mit Unrecht. Nimmer glaubt,
Daß, allem Sinn für Höflichkeit entfremdet,
Ich so zum Scherz mit Eurer Würde spielte.
Eur Kind, wenn Ihr ihm nicht Erlaubnis gabt –
Ich sags noch einmal – hat sich schwer vergangen,
So Schönheit, Geist, Vermögen auszuliefern
Dem heimatlos unsteten Abenteurer
Von hier und überall. Gleich überzeugt Euch, Herr;
Ist sie im Schlafgemach, ja nur zu Hause,
Laßt auf mich los der Republik Gesetze,
Weil ich Euch so betrog.
Brabantio. Schlagt Feuer! ho!
Gebt mir 'ne Kerze! – Weckt all meine Leute! –
Der Vorfall sieht nicht ungleich einem Traum:
Der Glaube dran droht schon mich zu vernichten.
Licht, sag ich, Licht! – *(Geht ab.)*
Jago. Lebt wohl! ich muß Euch lassen.
Es scheint nicht gut noch heilsam meiner Stelle,
Stellt man als Zeugen mich – und bleib ich, so geschiehts –
Dem Mohren vor – denn unser Staat, ich weiß es,
Wenngleich durch Tadel er ihn ärgern mag,
Kann ihn nicht fallen lassen – denn es fordert
So triftger Grund ihn für den Zyperkrieg,
Der jetzt bevorsteht, daß um keinen Preis
Ein andrer von der Fähigkeit sich fände,
Als Führer dieses Zugs; in welcher Rücksicht,
Obgleich ich ihn wie Höllenqualen hasse,
Weil mich die gegenwärtge Lage zwingt,
Ich aufziehn muß der Liebe Flagg' und Zeichen,
Freilich als Zeichen nur. Daß Ihr ihn sicher findet,
Führt jene Suchenden zum Schützen hin:

Dort werd ich bei ihm sein; und so lebt wohl! (*Jago geht ab.*)
Brabantio tritt auf mit Dienern und Fackeln.

Brabantio. Zu wahr nur ist dies Unglück! Sie ist fort,
Und was mir nachbleibt vom verhaßten Leben,
Ist nichts als Bitterkeit. – Nun sag, Rodrigo,
Wo hast du sie gesehn? – O, töricht Kind! –
Der Mohr sagst du? – Wer möchte Vater sein? –
Wie weißt du, daß sies war? – O unerhört
Betrogst du mich! Was sprach sie? – Holt noch Fackeln!
Ruft alle meine Vettern! Sind sie wohl
Vermählt, was glaubst du? –

Rodrigo. Nun, ich glaube, ja.

Brabantio. O Gott! Wie kam sie fort? O Blutsverrat! –
Väter, hinfort traut euern Töchtern nie
Nach äußerlichem Tun! Gibts keinen Zauber,
Der Jugend Unschuld und des Mädchentums
Zu tören? Las't Ihr nie von solchen Dingen,
Rodrigo?

Rodrigo. Ja, Signor, ich las es wohl.

Brabantio. Ruft meinen Bruder. – Wär sie Euer doch!
Ihr *den* Weg, ihr den andern! – Habt Ihr Kundschaft,
Wo wir sie finden mögen mit dem Mohren?

Rodrigo. Ich hoff ihn auszuspähn, wenns Euch gefällt,
Mit tüchtiger Bedeckung mir zu folgen.

Brabantio. Wohl, führt den Zug. Vor jedem Hause ruf ich;
Wenns gilt, kann ich befehlen. Waffen her!
Und holt ein paar Hauptleute von der Wache;
Voran, Rodrigo! Eure Müh vergelt ich. (*Sie gehen ab.*)

ZWEITE SZENE

Straße.
Es treten auf Othello, Jago und Gefolge.

Jago. Im Kriegeshandwerk schlug ich manchen tot;
Doch halt ichs für Gewissenssach und Sünde,
Mit Absicht morden; traun, mir fehlts an Bosheit,

ERSTER AUFZUG · ZWEITE SZENE

Und oft zu meinem Schaden. Zwanzigmal
Dacht ich, ihm mit 'nem Rippenstoß zu dienen!
Othello. 's ist besser so.
Jago. Doch schwatzt' er solches Zeug.
Und sprach so schnöd, und gegen Eure Ehre
So lästerlich.
Daß all mein bißchen Frömmigkeit mich kaum
Im Zügel hielt. Doch sagt mir, werter Herr,
Seid Ihr auch recht vermählt? Denn glaubt mir nur,
Gar sehr beliebt ist der Magnifico,
Und hat was durchzusetzen kräftge Stimme,
Vollwichtig wie der Fürst. Er wird Euch scheiden;
Zum mindsten häuft er Hemmung und Verdruß,
Wie nur das Recht, durch seine Macht geschärft,
Ihm Spielraum gibt.
Othello. Er mag sein Ärgstes tun;
Der Dienst, den ich geleistet dem Senat,
Schreit seine Klage nieder. Kund soll werden
– Was, wenn mir kund, daß Prahlen Ehre bringt,
Ich offenbaren will – daß ich entsproß
Aus königlichem Stamm, und mein Verdienst
Darf ohne Scheu so stolzes Glück ansprechen,
Als dies, das ich erreicht. Denn wisse, Jago,
Liebt ich die holde Desdemona nicht,
Nie zwäng ich meinen sorglos freien Stand
In Band' und Schranken ein, nicht um die Schätze
Der tiefen See. Doch sieh! Was dort für Lichter?
Cassio kommt mit Gefolge.
Jago. Der zornge Vater ist es mit den Freunden –
Geht doch hinein!
Othello. Ich nicht, man soll mich finden.
Mein Stand und Rang, mein Ruf und meine Ehre,
Laut solln sie für mich zeugen! Sind es jene?
Jago. Beim Janus, nein! –
Othello. Des Herzogs Diener sind es und mein Leutnant. –
– Sei euch die Nacht gedeihlich, meine Freunde!
Was gibts? –

Cassio. Der Herzog grüßt Euch, General,
    Und fordert, daß Ihr schnell, blitzschnell erscheint
    Im Augenblick.
Othello. Was, meint Ihr, ist im Werk? –
Cassio. Etwas aus Zypern, wenn ich recht vermute;
    's ist ein Geschäft von heißer Eil: die Flotte
    Verschickt' ein Dutzend Boten nacheinander
    Noch diesen Abend, die gedrängt sich folgten.
    Viel Herrn vom Rat, geweckt und schon versammelt,
    Sind jetzt beim Herzog; eifrig sucht man Euch,
    Und da man Euch verfehlt' in Eurer Wohnung,
    Hat der Senat drei Haufen ausgesandt,
    Euch zu erspähn.
Othello. 's ist gut, daß Ihr mich fandet.
    Ein Wort nur lass ich hier zurück im Hause
    Und folg Euch nach. *(Geht ab.)*
Cassio. Fähndrich, was schafft er hier?
Jago. Nun, eine Landgaleere nahm er heut;
    Er macht sein Glück, wenns gute Prise wird.
Cassio. Wie meint Ihr das?
Jago. Er ist vermählt.
Cassio. Mit wem? –

                    Othello kommt zurück.

Jago. Ei nun, mit, – – kommt Ihr, mein General?
Othello. Ich bin bereit.
Cassio. Hier naht ein andrer Trupp, Euch aufzusuchen.
            Brabantio, Rodrigo und Bewaffnete treten auf.
Jago. Es ist Brabantio – faßt Euch, General! –
    Er sinnt auf Böses!
Othello. Holla! Stellt Euch hier! –
Rodrigo. Signor, es ist der Mohr!
Brabantio. Dieb! Schlagt ihn nieder! –
        (Von beiden Seiten werden die Schwerter gezogen.)
Jago. Rodrigo, Ihr? Kommt, Herr! Ich bin für Euch.
Othello. Die blanken Schwerter fort! Sie möchten rosten. –
    Das Alter hilft Euch besser, guter Herr,
    Als Euer Degen.

Brabantio. O schnöder Dieb! Was ward aus meiner Tochter?
Du hast, verdammter Frevler, sie bezaubert;
Denn alles, was Vernunft hegt, will ich fragen,
Wenn nicht ein magisch Band sie hält gefangen,
Ob eine Jungfrau, zart und schön und glücklich,
So abhold der Vermählung, daß sie floh
Den reichen Jünglingsadel unsrer Stadt –
Ob sie, ein allgemein Gespött zu werden,
Häuslichem Glück entfloh an solches Unholds
Pechschwarze Brust, die Graun, nicht Lust erregt?
Die Welt soll richten, obs nicht sonnenklar,
Daß du mit Höllenkunst auf sie gewirkt;
Mit Gift und Trank verlockt ihr zartes Alter,
Den Sinn zu schwächen: – untersuchen soll mans;
Denn glaubhaft ists, handgreiflich dem Gedanken.
Drum nehm ich dich in Haft, ergreife dich
Als einen Volksbetörer, einen Zaubrer,
Der unerlaubte, böse Künste treibt. –
Legt Hand an ihn, und setzt er sich zur Wehr,
Zwingt ihn, und gölts sein Leben.
Othello. Steht zurück,
Ihr, die für mich Partei nehmt, und ihr andern! –
War Fechten meine Rolle, nun, die wußt ich
Auch ohne Stichwort. – Wohin soll ich folgen,
Und Eurer Klage stehn?
Brabantio. In Haft, bis Zeit und Form
Im Lauf des graden Rechtsverhörs dich ruft
Zur Antwort.
Othello. Wie denn nun, wenn ich gehorchte? –
Wie käme das dem Herzog wohl erwünscht,
Des Boten hier an meiner Seite stehn,
Mich wegen dringenden Geschäfts im Staat
Vor ihn zu führn?
Gerichtsdiener. So ists, ehrwürdger Herr;
Der Herzog sitzt zu Rat, und Euer Gnaden
Ward sicher auch bestellt.
Brabantio. Im Rat der Herzog? –

Jetzt um die Mitternacht? – Führt ihn dahin;
Nicht schlecht ist mein Gesuch. Der Herzog selbst
Und jeglicher von meinen Amtsgenossen
Muß fühlen meine Kränkung wie sein eigen:
Denn läßt man solche Untat straflos schalten,
Wird Heid und Sklav bei uns als Herrscher walten.
(Sie gehen ab.)

DRITTE SZENE

Saal im herzoglichen Palast.
Der Herzog und die Senatoren an einer Tafel sitzend.

Herzog. In diesen Briefen fehlt Zusammenhang,
Der sie beglaubigt.
Erster Senator. Jawohl, sie weichen voneinander ab;
Mein Schreiben nennt mir hundertsechs Galeeren.
Herzog. Und meines hundertvierzig.
Zweiter Senator. Meins zweihundert.
Doch stimmt die Zahl auch nicht genau zusammen –
Wie insgemein, wenn sie Gerüchte melden,
Der Inhalt abweicht – doch erwähnen alle
Der türkschen Flotte, die gen Zypern segelt.
Herzog. Gewiß, erwägen wirs, so scheint es glaublich;
Ich will mich nicht im Irrtum sicher schätzen,
Vielmehr den Hauptartikel halt ich wahr,
Und Furcht ergreift mich.
Matrose (draußen). Ho! hallo! hallo! –
Ein Beamter tritt auf, dem ein Matrose folgt.
Beamter. Botschaft von den Galeeren!
Herzog. Nun? Was gibts?
Matrose. Der Türken Kriegsbewegung geht auf Rhodus;
So ward mir Auftrag, dem Senat zu melden,
Vom Signor Angelo.
Herzog. Wie dünkt der Wechsel euch? –
Erster Senator. So kanns nicht sein,
Nach keinem Grund und Fug; es ist 'ne Maske,

ERSTER AUFZUG · DRITTE SZENE   241

Den Blick uns fehl zu leiten. Denken wir,
Wie wichtig Zypern für den Türken sei,
Und wiederum, gestehn wir selber ein,
Daß, wie's dem Türken mehr verlohnt als Rhodus,
Er auch mit leichterm Aufwand sichs erobert,
Dieweil es nicht so kriegsgerüstet steht
Und aller Wehr und Festigkeit entbehrt,
Mit der sich Rhodus schirmt: wer dies erwägt,
Der wird den Türken nicht so töricht achten,
Das Nächstgelegne bis zuletzt zu sparen
Und, leichten Vorteil und Gewinn versäumend,
Nutzlos Gefahr zum Kampfe sich zu wecken.

Herzog. Ja, seid gewiß, er denkt an Rhodus nicht.

Beamter. Seht! Neue Botschaft! –

Ein Bote tritt auf.

Bote. Die Ottomanen, weise, gnäd'ge Herrn,
In gradem Lauf zur Insel Rhodus steuernd,
Vereinten dort sich mit der Nebenflotte.

Erster Senator. Nun ja, so dacht ich mirs; – wie stark an Zahl?

Bote. An dreißig Segel; und jetzt wenden sie
Rücklenkend ihren Lauf, und ohne Hehl
Gilt ihre Absicht Zypern. Herr Montano,
Eur sehr getreuer und beherzter Diener,
Entbeut, mit seiner Pflicht, euch diese Nachricht
Und hofft, ihr schenkt ihm Glauben.

Herzog. Nach Zypern dann gewiß. –
Marcus Lucchese, ist er in Venedig?

Erster Senator. Er reiste nach Florenz.

Herzog. Schreibt ihm von uns; schnell, windschnell komm er;
eilt.

Erster Senator. Hier kommt Brabantio und der tapfre Mohr.

Brabantio, Othello, Jago, Rodrigo und Gerichtsdiener treten auf.

Herzog. Tapfrer Othello, Ihr müßt gleich ins Feld
Wider den allgemeinen Feind, den Türken. – *(Zu Brabantio.)*
Ich sah Euch nicht; willkommen, edler Herr!
Uns fehlt' Eur Rat und Beistand diese Nacht.

Brabantio. Und Eurer mir, mein güt'ger Fürst, verzeiht mir!

242   OTHELLO

Nicht Amtsberuf noch Nachricht von Geschäften
Trieb mich vom Bett; nicht allgemeine Sorge
Erfüllt mich jetzt; denn mein besondrer Gram
Gleich einer Springflut strömt so wild dahin,
Daß er verschluckt und einschlingt jede Sorge,
Nur seiner sich bewußt.
Herzog. Nun, was geschah? –
Brabantio. O Tochter! Tochter!
Erster Senator. Starb sie?
Brabantio. Ja, für mich.
Sie ist beschimpft, entführt mir und verderbt
Durch Hexenkünste und Quacksalbertränke;
Denn daß Natur so widersinnig irre,
Da sie nicht stumpf, noch blind, noch blöden Sinns,
Geschah nicht ohne Zauberkraft –
Herzog. Wer es auch sei, der auf so schnödem Wege,
So Eure Tochter um sich selbst betrog,
Und Euch um sie – das blut'ge Buch des Rechts,
Ihr sollt es selbst in herbster Strenge deuten,
Nach eignem Sinn, und wär es unser Sohn,
Den Eure Klage trifft.
Brabantio. Ich dank in Demut!
Hier dieser ists, der Mohr, den jetzt, so scheints,
Eur dringendes Gebot im Dienst des Staats
Hieher berief.
Alle. Das tut uns herzlich leid.
Herzog (zu Othello). Was, Eurerseits, vermögt Ihr zu erwi-
dern?
Brabantio. Nichts, als daß dies die Wahrheit.
Othello. Ehrwürdger, mächtger und erlauchter Rat,
Sehr edle, wohlerprobte, gute Herrn –
Daß ich dem alten Mann die Tochter nahm,
Ist völlig wahr; wahr, sie ist mir vermählt.
Der Tatbestand und Umfang meiner Schuld
Reicht so weit, weiter nicht. Ich bin von rauhem Wort,
Und schlecht begabt mit milder Friedensrede.
Seit siebenjährge Kraft mein Arm gewann,

ERSTER AUFZUG · DRITTE SZENE   243

Bis vor neun Monden etwa, übt' er stets
Nur Kriegestat im Felde wie im Lager;
Und wenig lernt ich von dem Lauf der Welt,
Als was zum Streit gehört und Werk der Schlacht;
Drum wenig Schmuck wohl leih ich meiner Sache,
Red ich für mich. Dennoch, mit eurer Gunst,
Erzähl ich schlicht und ungefärbt den Hergang
Von meiner Liebe: was für Tränk und Künste,
Was für Beschwörung, welches Zaubers Kraft
– Denn solcher Mittel steh ich angeklagt –
Die Jungfrau mir gewann.
Brabantio. Ein Mädchen, schüchtern,
Von Geist so still und sanft, daß jede Regung
Errötend schwieg – die sollte, trotz Natur
Und Jugend, Vaterland und Stand und allem,
Das lieben, was ihr Grauen schuf zu sehn? –
Ein krankes Urteil wärs, ein unvollkommnes,
Das wähnt, es irre so Vollkommenheit,
Ganz der Natur entgegen: schwören muß man,
Daß nur des Teufels Kunst und List dies alles
Zu tun vermocht. Noch einmal denn behaupt ich,
Daß er mit Tränken, ihrem Blut verderblich,
Und Zaubersaft, geweiht zu solchem Bann,
Auf sie gewirkt.
Herzog. Behauptung, nicht Beweis:
Steht Euch kein klarer Zeugnis zu Gebot,
Als solch unhaltbar Meinen, solch armsel'ger
Scheingrund ihn zu beschuldigen vermag?
Erster Senator. Doch sagt, Othello:
Habt Ihr durch Nebenweg' und künstlich zwingend
Der Jungfrau Sinn erobert und vergiftet?
Oder durch Antrag und erlaubtes Werben,
Wie Herz an Herz sich wendet? –
Othello. Ich ersuch euch,
Zum Schützen sendet, ruft das Fräulein her,
Und vor dem Vater mag sie von mir zeugen.
Und werd ich falsch erfunden durch ihr Wort:

Nicht nur Vertraun und Amt, das ihr mir gabt,
Mögt ihr mir nehmen, ja es treff eur Spruch
Mein Leben selbst.

Herzog. Holt Desdemona her.

(*Einige vom Gefolge gehen hinaus.*)

Othello. Fähndrich, geht mit, Ihr wißt den Ort am besten.

(*Jago ab.*)

Und bis sie kommt, so wahr, wie ich dem Himmel
Bekenne meines Blutes sündge Fehle,
So treulich meld ich euerm ernsten Ohr,
Wie ich gewann der schönen Jungfrau Herz,
Und sie das meine.

Herzog. Sprecht, Othello.

Othello. Ihr Vater liebte mich, lud oft mich ein,
Erforschte meines Lebens Lauf von Jahr
Zu Jahr; die Schlachten, Stürme, Schicksalswechsel,
So ich bestand.
Ich ging es durch, vom Knabenalter her
Bis auf den Augenblick, wo er gefragt.
So sprach ich denn von manchem harten Fall,
Von schreckender Gefahr zu See und Land;
Wie ich ums Haar dem drohnden Tod entrann,
Wie mich der stolze Feind gefangen nahm
Und mich als Sklav verkauft'; wie ich erlöst,
Und meiner Reisen wundervolle Fahrt:
Wobei von weiten Höhlen, wüsten Steppen,
Steinbrüchen, Felsen, himmelhohen Bergen
Zu melden war im Fortgang der Geschichte;
Von Kannibalen, die einander schlachten,
Anthropophagen, Völkern, deren Kopf
Wächst unter ihrer Schulter: das zu hören
War Desdemona eifrig stets geneigt.
Oft aber rief ein Hausgeschäft sie ab;
Und immer, wenn sie eilig dies vollbracht,
Gleich kam sie wieder, und mit durstgem Ohr
Verschlang sie meine Rede. Dies bemerkend,
Ersah ich einst die günstge Stund und gab

ERSTER AUFZUG · DRITTE SZENE

Ihr Anlaß, daß sie mich recht herzlich bat,
Die ganze Pilgerschaft ihr zu erzählen,
Von der sie stückweis einzelnes gehört,
Doch nicht in strenger Folge. Ich begann,
Und oftmals hatt ich Tränen ihr entlockt,
Wenn ich ein leidvoll Abenteur berichtet
Aus meiner Jugend. Als ich nun geendigt,
Gab sie zum Lohn mir eine Welt von Seufzern:
Sie schwur – in Wahrheit, seltsam! Wunderseltsam!
Und rührend wars! unendlich rührend wars! –
Sie wünschte, daß sies nicht gehört; doch wünschte sie,
Der Himmel habe sie als solchen Mann
Geschaffen, und sie dankte mir und bat mich,
Wenn je ein Freund von mir sie lieben sollte,
Ich mög ihn die Geschicht erzählen lehren,
Das würde sie gewinnen. Auf den Wink
Erklärt ich mich.
Sie liebte mich, weil ich Gefahr bestand;
Ich liebte sie um ihres Mitleids willen:
Das ist der ganze Zauber, den ich brauchte;
Hier kommt das Fräulein, laßt sie dies bezeugen.

Desdemona, Jago und Gefolge treten auf.

Herzog. Nun, die Geschichte hätt auch meine Tochter
Gewonnen. Würdiger Brabantio,
Nehmt, was versehn ward, von der besten Seite;
Man ficht doch lieber mit zerbrochnem Schwert
Als mit der bloßen Hand.

Brabantio. Hört sie, ich bitt Euch;
Bekennt sie, daß sie halb ihm kam entgegen,
Fluch auf mein Haupt, wenn meine bittre Klage
Den Mann verunglimpft! – Komm her, junge Dame:
Wen siehst du hier in diesem edlen Kreis,
Dem du zumeist Gehorsam schuldig bist?

Desdemona. Mein edler Vater,
Ich sehe hier zwiefach geteilte Pflicht;
Euch muß ich Leben danken und Erziehung,
Und Leben und Erziehung lehren mich

Euch ehren; Ihr seid Herrscher meiner Pflicht,
Wie ich Euch Tochter. Doch hier steht mein Gatte,
Und so viel Pflicht, als meine Mutter Euch
Gezeigt, da sie Euch vorzog ihrem Vater,
So viel muß ich auch meinem Gatten widmen,
Dem Mohren, meinem Herrn.
Brabantio. Gott sei mit dir!
Ich bin zu Ende –
Geliebts Eur Hoheit, jetzt zu Staatsgeschäften –
O zeugt ich nie ein Kind und wählt ein fremdes! –
Tritt näher, Mohr! –
Hier geb ich dir von ganzem Herzen hin,
Was, hättst dus nicht, ich dir von ganzem Herzen
Verweigerte. – Um deinetwillen, Kleinod,
Erfreuts mich, daß kein zweites Kind mir ward;
Durch deine Flucht wär ich tyrannisch worden
Und legt ihr Ketten an. – – Ich bin zu Ende.
Herzog. Ich red an Eurer Statt und fäll ein Urteil,
Das einer Staffel gleich den Liebenden
Behilflich sei.
Wem nichts mehr hilft, der muß nicht Gram verschwenden,
Und wer das Schlimmste sah, die Hoffnung enden;
Unheil beklagen, das nicht mehr zu bessern,
Heißt um so mehr das Unheil nur vergrößern.
Was nicht zu retten, laß dem falschen Glück,
Und gib Geduld für Kränkung ihm zurück.
Zum Raube lächeln, heißt den Dieb bestehlen,
Doch selbst beraubst du dich durch nutzlos Quälen.
Brabantio. So mögt Ihr Zypern nur den Türken gönnen;
Wir habens noch, solang wir lächeln können.
Leicht trägt den Spruch, wen andre Last nicht drückt,
Und wen der selbstgefundne Trost erquickt;
Doch fühlt er sein Gewicht bei wahren Sorgen,
Wenns gilt, von der Geduld die Zahlung borgen.
Bitter und süß sind all derlei Sentenzen,
Die, so gebraucht, an Recht und Unrecht grenzen;
Doch Wort bleibt Wort – noch hab ich nie gelesen,

Daß durch das Ohr ein krankes Herz genesen.
– Ich bitt Euch inständig, gehn wir an die Staatsgeschäfte.
Herzog. Der Türke segelt mit gewaltiger Kriegsrüstung gegen
Zypern. Othello, Euch ist die Festigkeit des Orts am besten
bekannt, und obgleich wir dort einen Statthalter von un-
bestrittner Fähigkeit besitzen, so hegt doch die öffentliche
Meinung, jene unbeschränkte Gebieterin des Erfolgs, eine
größere Zuversicht zu Euch. Ihr müßt Euch deshalb ge-
fallen lassen, den Glanz Eures neuen Glücks durch diese
rauhe und stürmische Unternehmung zu verdunkeln.
Othello. Die eiserne Gewohnheit, edle Herrn,
Schuf mir des Krieges Stahl und Felsenbett
Zum allerweichsten Flaum; ich rühme mich
Natürlicher und rascher Munterkeit
Im schwersten Ungemach und bin bereit
Zum jetzgen Feldzug mit dem Muselmann.
In Demut drum mich neigend dem Senat,
Verlang ich Sorg und Schutz für mein Gemahl,
Anständge Rücksicht ihrem Rang und Aufwand
Und solche Wohnung, solche Dienerschaft,
Als ihrem Stand geziemt.
Herzog. Wenns Euch genehm,
Bei ihrem Vater.
Brabantio. Nimmer geb ichs zu.
Othello. Noch ich.
Desdemona. Noch ich; nicht gern verweilt ich dort
Und reizte meines Vaters Ungeduld,
Wär ich ihm stets vor Augen. – Güt'ger Fürst,
Leiht meinem Vortrag ein geneigtes Ohr
Und laßt mir Eure Gunst als Freibrief gelten,
Mein schüchtern Wort zu kräftgen.
Herzog. Was wünscht Ihr, Desdemona?
Desdemona. Daß ich den Mohren liebt, um ihm zu leben,
Mag meines Glücks gewaltsam jäher Sturm
Der Welt zurufen: ja, mein Herz ergab sich
Ganz unbedingt an meines Herrn Beruf.
Mir war Othellos Antlitz sein Gemüt,

Und seinem Ruhm und seinem Heldensinn
Hab ich die Seel und irdisch Glück geweiht.
Drum, würdge Herrn, läßt man mich hier zurück
Als Friedensmotte, weil er zieht ins Feld,
So raubt man meiner Liebe teures Recht
Und läßt mir eine schwere Zwischenzeit,
Dem Liebsten fern: drum laßt mich mit ihm ziehn.
Othello. Stimmt bei, ihr Herrn: ich bitt euch drum; gewährt
Ihr freie Willkür.
Der Himmel zeuge mirs, dies bitt ich nicht,
Den Gaum zu reizen meiner Sinnenlust,
Noch heißem Blut zuliebe (jungen Trieben
Selbstsüchtger Lüste, die jetzt schweigen müssen),
Nur ihrem Wunsch willfährig hold zu sein;
Und Gott verhüt, eur Edeln möchten wähnen,
Ich werd eur ernst und groß Geschäft versäumen,
Weil sie mir folgt – nein, wenn der leere Tand
Des flüchtgen Amor mir mit üppger Trägheit
Des Geistes und der Tatkraft Schärfe stumpft
Und mich Genuß entnervt und schwächt mein Wirken,
Mach eine Hausfrau meinen Helm zum Kessel,
Und jedes niedre und unwürdge Zeugnis
Erstehe wider mich und meinen Ruhm! –
Herzog. Es sei, wie ihrs mitsammen festgesetzt:
Sie folg Euch, oder bleibe; das Geschäft
Heischt dringend Eil – zu Nacht noch müßt Ihr fort.
Desdemona. Heut nacht, mein Fürst?
Herzog. Heut nacht.
Othello. Von ganzem Herzen.
Herzog. Um neun Uhr früh versammeln wir uns wieder.
Othello, laßt 'nen Offizier zurück,
Der Eure Vollmacht Euch kann überbringen,
Und was noch sonst Eur Amt und Eure Würde
Betrifft.
Othello. Gefällts Eur Hoheit, hier mein Fähndrich;
Er ist ein Mann von Ehr und Redlichkeit,
Und seiner Führung lass ich meine Frau

ERSTER AUFZUG · DRITTE SZENE   249

Und, was Eur Hoheit sonst für nötig achtet,
Mir nachzusenden.
Herzog. So mag es sein. – Gut Nacht jetzt insgesamt!
Und würdger Herr, (*zu Brabantio*)
Wenn man die Tugend muß als schön erkennen.
Dürft Ihr nicht häßlich Euern Eidam nennen.
Erster Senator. Lebt wohl, Mohr! liebt und ehret Desdemona.
Brabantio. Sei wachsam, Mohr! Hast Augen du, zu sehn,
Den Vater trog sie, so mags dir geschehn.
              (*Herzog und Senatoren ab.*)
Othello. Mein Kopf für ihre Treu. Hör, wackrer Jago,
Ich muß dir meine Desdemona lassen;
Ich bitt dich, gib dein Weib ihr zu Gesellschaft
Und bringe sie mir nach, sobald du kannst. –
Komm, Desdemona, nur ein Stündchen bleibt
Der Lieb und unserm häuslichen Geschäft
Zu widmen uns: laß uns der Zeit gehorchen.
              (*Othello und Desdemona ab.*)
Rodrigo. Jago, –
Jago. Was sagst du, edles Herz? –
Rodrigo. Was werd ich jetzt tun, meinst du?
Jago. Nun, zu Bette gehn und schlafen.
Rodrigo. Auf der Stelle ersäufen werd ich mich.
Jago. Nun, wenn du das tust, so ists mit meiner Freundschaft
auf ewig aus. Ei, du alberner, junger Herr.
Rodrigo. Es ist Albernheit zu leben, wenn das Leben eine
Qual wird, und wir haben die Vorschrift zu sterben, wenn
Tod unser Arzt ist.
Jago. O über die Erbärmlichkeit! Ich habe der Welt an die
viermal sieben Jahre zugesehn, und seit ich einen Unter-
schied zu finden wußte zwischen Wohltat und Beleidigung,
bin ich noch keinem begegnet, ders verstanden hätte, sich
selbst zu lieben. Eh ich sagte, ich wollte mich einem
Puthühnchen[1] zuliebe ersäufen, eh tauscht ich meine
Menschheit mit einem Pavian.
Rodrigo. Was soll ich tun? Ich gestehe, es macht mir Schande,

---

1. Wörtlich: Buhlschwester.

so sehr verliebt zu sein; aber meine Tugend reicht nicht hin, dem abzuhelfen.

Jago. Tugend! Abgeschmackt! – In uns selber liegts, ob wir so sind oder anders. Unser Körper ist ein Garten und unser Wille der Gärtner, so daß, ob wir Nesseln drin pflanzen wollen oder Salat bauen, Ysop aufziehn oder Thymian ausjäten; ihn dürftig mit einerlei Kraut besetzen oder mit mancherlei Gewächs aussaugen; ihn müßig verwildern lassen oder fleißig in Zucht halten – ei, das Vermögen dazu und die bessernde Macht liegt durchaus in unserm freien Willen. Hätte der Wagbalken unsres Lebens nicht eine Schale von Vernunft, um eine andre von Sinnlichkeit aufzuwiegen, so würde unser Blut und die Bösartigkeit unsrer Triebe uns zu den ausschweifendsten Verkehrtheiten führen; aber wir haben die Vernunft, um die tobenden Leidenschaften, die fleischlichen Triebe, die zügellosen Lüste zu kühlen, und daraus schließe ich: was du Liebe nennst, sei ein Pfropfreis, ein Ableger.

Rodrigo. Das kann nicht sein.

Jago. Es ist nur ein Gelüst des Bluts, eine Nachgiebigkeit des Willens. Auf! sei ein Mann! Dich ersäufen? Ersäufe Katzen und junge Hunde! Ich nenne mich deinen Freund und erkläre mich an dein Verdienst geknüpft mit dem Ankertau der ausdauerndsten Festigkeit; nie konnte ich dir besser beistehn als jetzt. Tu Geld in deinen Beutel, zieh mit in diesen Krieg, verstelle dein Gesicht durch einen falschen Bart; ich sage dir: tu Geld in deinen Beutel. Es ist undenkbar, daß Desdemona den Mohren auf die Dauer lieben sollte, – tu Geld in deinen Beutel! – noch der Mohr sie – es war ein gewaltsames Beginnen, und du wirst sehn, die Katastrophe wird eine ähnliche sein. Tu nur Geld in deinen Beutel: – so ein Mohr ist veränderlich in seinen Neigungen; fülle deinen Beutel mit Geld; – die Speise, die ihm jetzt so würzig schmeckt als Süßholz, wird ihn bald bittrer dünken als Koloquinten. Sie muß sich ändern, denn sie ist jung, und hat sie ihn erst satt, so wird sie den Irrtum ihrer Wahl einsehn. Sie muß Abwechslung haben, das muß sie; darum tu Geld

ERSTER AUFZUG · DRITTE SZENE   251

in deinen Beutel. Wenn du durchaus zum Teufel fahren
willst, so tu es auf angenehmerem Wege als durch Ersäufen.
Schaff dir Geld, soviel du kannst! Wenn Scheinheiligkeit
und ein hohles Gelübde zwischen einem abenteuernden
Afrikaner und einer überlistigen Venetianerin für meinen
Witz und die ganze Sippschaft der Hölle nicht zu hart sind,
so sollst du sie besitzen; darum schaff dir Geld. Zum Henker mit dem Ersäufen! Das liegt weit ab von deinem Wege.
Denke du lieber drauf, zu hängen, indem du deine Lust
büßest, als dich zu ersäufen und sie fahren zu lassen.

Rodrigo. Soll ich meine Hoffnung auf dich bauen, wenn ichs
drauf wage? –

Jago. Auf mich kannst du zählen; – geh, schaffe dir Geld; –
ich habe dirs oft gesagt und wiederhole es aber und aber-
mals, ich hasse den Mohren; mein Grund kommt von Herzen, der deinige liegt ebenso tief: laß uns fest in unsrer Rache zusammenhalten. Kannst du ihm Hörner aufsetzen, so
machst du dir eine Lust und mir einen Spaß. Es ruht noch
manches im Schoß der Zeit, das zur Geburt will. Grade
durch! – Fort! Treib dir Geld auf. Wir wollen es morgen
weiter verhandeln. Leb wohl! –

Rodrigo. Wo treffen wir uns morgen früh?

Jago. In meiner Wohnung.

Rodrigo. Ich werde zeitig dort sein.

Jago. Gut, leb wohl! – Höre doch, Rodrigo!

Rodrigo. Was sagst du? –

Jago. Nichts von Ersäufen! Hörst du? –

Rodrigo. Ich denke jetzt anders. Ich will alle meine Güter verkaufen.

Jago. Nur zu; tu nur Geld genug in deinen Beutel.
                    (Rodrigo ab.)
So muß mein Narr mir stets zum Säckel werden;
Mein reifes Urteil würd ich ja entweihn,
Vertändelt ich den Tag mit solchem Gimpel
Mir ohne Nutz und Spaß. – Den Mohren hass ich;
Die Rede geht, er hab in meinem Bett
Mein Amt verwaltet – möglich, daß es falsch:

Doch ich, auf bloßen Argwohn in dem Fall,
Will tun, als wärs gewiß. Er hat mich gern,
Um so viel besser wird mein Plan gedeihn.
Der Cassio ist ein hübscher Mann – laßt sehn!
Sein Amt erhaschen, mein Gelüste büßen, –
Ein doppelt Schelmstück! Wie nur? Laßt mich sehn –
Nach einger Zeit Othellos Ohr betören,
Er sei mit seinem Weibe zu vertraut –
Der Bursch ist wohlgebaut, von schmeidger Art,
Recht für den Argwohn, recht den Fraun gefährlich.
Der Mohr nun hat ein grad und frei Gemüt,
Das ehrlich jeden hält, scheint er nur so;
Und läßt sich sänftlich an der Nase führen,
Wie Esel tun.
Ich habs, es ist erzeugt; aus Höll und Nacht
Sei diese Untat an das Licht gebracht. *(Er geht ab.)*

ZWEITER AUFZUG

ERSTE SZENE

Hauptstadt in Zypern. Platz am Hafen.
Montano und zwei Edelleute treten auf.

Montano. Was unterscheidet man vom Damm zur See? –
Erster Edelmann. Nichts, weit und breit –'s ist hochgeschwellte
Und nirgend zwischen Meer und Himmel kann ich   [Flut;
Ein Schiff entdecken.
Montano. Mir scheint, der Wind blies überlaut am Ufer;
Nie traf so voller Sturm die hohen Zinnen.
Wenns ebenso rumort hat auf der See,
Welch eichner Kiel, wenn Berge niederfluten,
Bleibt festgefügt? Was werden wir noch hören?
Zweiter Edelmann. Zerstreuung wohl des türkischen Geschwa-
Denn, stellt euch nur an den beschäumten Strand,   [ders.
Die zornge Woge sprüht bis an die Wolken;
Die sturmgepeitschte Flut will mächtgen Schwalls

ZWEITER AUFZUG · ERSTE SZENE 253

Den Schaum hinwerfen auf den glühnden Bären,
Des ewig festen Poles Wacht zu löschen.
Nie sah ich so verderblichen Tumult
Des zornigen Meers.
Montano. Wenn nicht die Türkenflotte
Sich barg in Bucht und Hafen, so versank sie;
Es ist unmöglich, daß sies überstand.
Ein dritter Edelmann tritt auf.

Dritter Edelmann. Botschaft, ihr Herrn! Der Krieg ist aus,
Der wüt'ge Sturm nahm so die Türken mit,
Daß ihre Landung hinkt – ein Kriegschiff von Venedig
War Zeuge grauser Not und Havarei
Des Hauptteils ihrer Flotte.
Montano. Wie? Ist das wahr? –
Dritter Edelmann. Das Schiff hat angelegt,
Ein Veroneser; Michael Cassio,
Leutnant des kriegerischen Mohrs Othello,
Stieg hier ans Land; der Mohr ist auf der See
Mit höchster Vollmacht unterwegs nach Zypern.
Montano. Mich freuts; er ist ein würdger Gouverneur.
Dritter Edelmann. Doch dieser Cassio, – spricht er gleich so
Vom türkischen Verlust, scheint sehr besorgt   [tröstlich
Und betet für den Mohren, denn es trennte
Ein grauser, schwerer Sturm sie.
Montano. Schütz ihn Gott!
Ich diente unter ihm; der Mann ist ganz
Soldat und Feldherr. Kommt zum Strande, ho,
Sowohl das eingelaufne Schiff zu sehn,
Als nach dem tapfern Mohren auszuschaun,
Bis wo die Meerflut und des Äthers Blau
In *eins* verschmilzt.
Dritter Edelmann. Das laßt uns tun;
Denn jeder Augenblick ist jetzt Erwartung
Von neuer Ankunft.
Cassio tritt auf.

Cassio. Dank allen Tapfern dieses mut'gen Eilands,
Die so den Mohren lieben; möcht ihn doch

Der Himmel schützen vor dem Element,
Denn ich verlor ihn auf der schlimmsten See!
Montano. Hat er ein gutes Fahrzeug?
Cassio. Sein Schiff ist stark gebaut, und sein Pilot
Von wohlgeprüfter, kundger Meisterschaft;
Drum harrt mein Hoffen, noch nicht tödlich krank,
Kühn auf Genesung.
(*Mehrere Stimmen draußen.*)
Ein Schiff! Ein Schiff! Ein Schiff! –
Cassio. Was rufen sie? –
Erster Edelmann. Die Stadt ist leer; am Meeresufer steht
Gedrängt das Volk, man ruft: ein Schiff! ein Schiff!
Cassio. Mein Hoffen wähnt, es sei der Gouverneur.
(*Man hört Schüsse.*)
Zweiter Edelmann. Mit Freudenschüssen salutieren sie;
Zum mindsten Freunde sinds.
Cassio. Ich bitt Euch, Herr.
Geht, bringt uns sichre Nachricht, wer gelandet.
Zweiter Edelmann. Sogleich. (*Geht ab.*)
Montano. Sagt, Leutnant, ist der General vermählt?
Cassio. Ja, äußerst glücklich. Er gewann ein Fräulein,
Das jeden schwärmerischen Preis erreicht,
Kunstreicher Federn Lobspruch überbeut
Und in der Schöpfung reichbegabter Fülle
Die Dichtung selbst ermattet. – Nun, wer wars?
(*Der Edelmann kommt zurück.*)
Zweiter Edelmann. Des Feldherrn Fähndrich, ein gewisser Jago.
Cassio. Der hat höchst schnelle, günstge Fahrt gehabt.
Die Stürme selbst, die Strömung, wilde Wetter,
Gezackte Klippen, aufgehäufter Sand –
Unschuldgen Kiel zu fährden leicht verhüllt, –
Als hätten sie für Schönheit Sinn, vergaßen
Ihr tödlich Amt und ließen ungekränkt
Die hohe Desdemona durch.
Montano. Wer ist sie? –
Cassio. Die ich genannt, die Herrin unsres Herrn,
Der Führung anvertraut des kühnen Jago,

Des Landung unserm Hoffen vorgeeilt
Um eine Woche. – O Herr, beschütz Othello!
Sein Segel schwelle dein allmächtger Hauch,
Daß bald sein wackres Schiff den Hafen segne;
Dann eil er liebend an der Gattin Brust,
Entflamme glühend unsern lauen Mut
Und bringe Zypern Tröstung! – Seht, o seht! –

Desdemona, Jago, Rodrigo und Emilia treten auf.

Des Schiffes Reichtum ist ans Land gekommen! –
Ihr, Zyperns Edle, neigt euch huldigend:
Heil dir, o Herrin! und des Himmels Gnade
Begleite dich auf allen Seiten stets,
Dich rings umschließend.

Desdemona. Dank Euch, wackrer Cassio!
Was wißt Ihr mir von meinem Herrn zu sagen?

Cassio. Noch kam er nicht; noch weiß ich irgend mehr,
Als daß er wohl und bald hier landen muß.

Desdemona. Ich fürchte nur, – wie habt Ihr ihn verloren?

Cassio. Der große Kampf des Himmels und des Meers
Trennt' unsern Lauf – doch horch! es naht ein Schiff!

(Draußen.)

Ein Schiff! Ein Schiff!

(Man hört schießen.)

Zweiter Edelmann. Der Zitadelle bringt es seinen Gruß;
Auch dies sind Freunde.

Cassio. Geht, und schafft uns Nachricht.

(Der zweite Edelmann ab.)

Willkommen, Fähndrich; werte Frau, willkommen!
Nicht reiz es Euern Unmut, guter Jago,
Daß ich die Freiheit nahm; denn meine Heimat
Erlaubt so kühnen Brauch der Höflichkeit.

(Er küßt Emilien.)

Jago. Herr, gäben ihre Lippen Euch so viel,
Als sie mir oft beschert mit ihrer Zunge,
Ihr hättet gnug.

Desdemona. Die Arme spricht ja kaum!

Jago. Ei, viel zu viel!
  Das merk ich immer, wenn ich schlafen möchte;
  Vor Eurer Gnaden freilich, glaub ichs wohl,
  Legt sie die Zung ein wenig in ihr Herz,
  Und keift nur in Gedanken.
Emilia. Wie du schwatzest! –
Jago. Geht, geht, ihr seid Gemälde außerm Haus,
  Schellen im Zimmer, Drachen in der Küche;
  Verletzt ihr, Heilge; Teufel, kränkt man euch:
  Spielt mit dem Haushalt, haltet Haus im Bett.
Desdemona. O schäme dich, Verleumder!
Jago. Nein, das ist wahr! nicht irr ich um ein Haar breit:
  Ihr steht zum Spiel auf, geht ins Bett zur Arbeit.
Emilia. Ihr sollt mein Lob nicht schreiben.
Jago. Wills auch nicht.
Desdemona. Was schriebst du wohl von mir, solltst du mich
  loben?
Jago. O gnäd'ge Frau, nicht fordert so mich auf,
  Denn ich bin nichts, wenn ich nicht lästern darf.
Desdemona. So fang nur an. – Ging einer hin zum Hafen?
Jago. Ja, edle Frau.
Desdemona. Ich bin nicht fröhlich, doch verhüll ich gern
  Den innern Zustand durch erborgten Schein. –
  Nun sag, wie lobst du mich?
Jago. Ich sinne schon; doch leider, mein Erfinden
  Geht mir vom Kopf, wie Vogelleim vom Fries,
  Reißt Hirn und alles mit. Doch kreißt die Muse
  Und wird also entbunden:
  Gelt ich für schön und klug – weiß von Gesicht und witzig:
  Die Schönheit nützt den andern, durch Witz die Schönheit
  nütz ich.
Desdemona. Gut gelobt! Wenn sie nun aber braun und witzig
  ist? –
Jago. Nun: bin ich braun und sonst nur leidlich witzig,
  Find ich den weißen Freund, und was mir fehlt, besitz ich.
Desdemona. Schlimm und schlimmer! –
Emilia. Wenn aber eine hübsch weiß und rot und dumm ist?

Jago. Hat sie ein weiß Gesicht, so ist sie dumm mit nichten;
Denn auf ein Kind weiß sich die Dümmste selbst zu richten.
Desdemona. Das sind abgeschmackte alte Reime, um die Narren
im Bierhause zum Lachen zu bringen. Was für ein erbärm-
liches Lob hast du denn für eine, die häßlich und dumm ist?
Jago. Kein Mädchen ist so dumm und häßlich auch zugleich,
Trotz Hübschen und Gescheiten macht sie 'nen dummen
Streich.
Desdemona. O grober Unverstand! Du preisest die Schlechtste
am besten. Aber welches Lob bleibt dir für eine wirklich ver-
dienstvolle Frau; für eine, die in dem Adel ihres Werts mit
Recht den Ausspruch der Bosheit selbst herausfordern darf? –
Jago. Die immer schön, doch nicht dem Stolz vertraut,
Von Zunge flink, doch niemals sprach zu laut;
Nicht arm an Gold, nie bunten Schmuck sich gönnte,
Den Wunsch erstickt, und dennoch weiß: *ich* könnte;
Die selbst im Zorn, wenn Rache nah zur Hand;
Die Kränkung trägt und ihren Groll verbannt;
Die nie von Überwitz sich läßt berauschen,
Für derben Salm den Gründling einzutauschen;
Sie, die viel denkt, die Neigung doch verschweigt
Und keinen Blick dem Schwarm der Werber zeigt:
Die nennt ich gut, – wär sie nur aufzutreiben, –
Desdemona. Nun sag, wozu?
Jago. Narrn aufzuziehn und Dünnbier anzuschreiben.
Desdemona. O über solchen lahmen, hinkenden Schluß. – Lerne
nichts von ihm, Emilie, wenn er gleich dein Mann ist. –
Was meint Ihr, Cassio? Ist er nicht ein heilloser, ausgelaß-
ner Schwätzer?
Cassio. Er redet derb, gnäd'ge Frau; der Soldat wird Euch bes-
ser an ihm gefallen als der Gelehrte.
Jago (beiseite). Er faßt sie bei der Hand: so recht! flüstert
nur! Mit solchem kleinen Gewebe will ich eine so große
Fliege umgarnen, als Cassio. – Ja, lächle du sie an! Nur
zu! Deine eignen Scharrfüße sollen dir Beinschellen werden. – Ganz recht! In der Tat, so ists, – wenn solche Manieren dich um deine Leutnantschaft bringen, so wärs bes-

ser gewesen, du hättest deine drei Finger nicht so oft geküßt, mit denen du jetzt wieder so stattlich den Kavalier
spielst. – Sehr gut! Wohl geküßt! Eine herrliche Verbeugung!
Ja, ja, so ists! – Schon wieder die Finger an den Mund? So
wollt ich doch, es wären Klistierspritzen um deinetwillen! –
(*Trompetenstoß.*) Der Mohr! Ich kenne sein Signal. –

Cassio. Er ists.

Desdemona. Wir wollen ihm entgegen, ihn empfangen.

Cassio. Da kommt er schon.

Othello kommt mit Gefolge.

Othello. O meine holde Krieg'rin!

Desdemona. Mein Othello!

Othello. Ein Wunder dünkt michs, groß, wie meine Freude,
  Dich hier zu sehn vor mir. O mein Entzücken!
  Wenn jedem Sturm so heitre Stille folgt,
  Dann blast, Orkane, bis den Tod ihr weckt!
  Dann klimme, Schiff, die Wogenberg' hinan,
  Hoch wie Olymp, und tauch hinunter tief
  Zum Grund der Hölle! Gölt es, jetzt zu sterben,
  Jetzt wär mirs höchste Wonne, denn ich fürchte,
  So volles Maß der Freude füllt mein Herz,
  Daß nie ein andres Glück mir, diesem gleich,
  Im Schoß der Zukunft harrt.

Desdemona. Verhüte Gott,
  Daß unsrer Lieb und Glück nicht sollten wachsen,
  Wie unsrer Tage Zahl!

Othello. Amen, ihr holden Mächte! –
  Nicht auszusprechen weiß ich diese Wonne,
  Hier stockt es; o, es ist zu viel der Freude:
(Er umarmt sie.)
  Und dies, und dies, der größte Mißklang seis,
  Den unser Herz je tönt.

Jago (*beiseite*). Noch seid ihr wohlgestimmt;
  Doch dieses Einklangs Wirbel spann ich ab,
  So wahr ich ehrlich bin.

Othello. Gehn wir aufs Schloß. –
  Wißt ihrs? Der Krieg ist aus, der Türk ertrank.

ZWEITER AUFZUG · ERSTE SZENE 259

Wie gehts den alten Freunden hier auf Zypern?
Liebchen, dich wird man hoch in Ehren halten,
Ich fand hier große Gunst. O süßes Herz,
Ich schwatze alles durcheinander, schwärme
Im neuen Glück. – Ich bitt dich, guter Jago,
Geh nach der Bucht und schaff ans Land die Kisten,
Bring auch den Schiffsherrn mir zur Zitadelle;
Es ist ein wackrer Seemann, des Verdienst
Ich hoch belohnen muß. Komm, Desdemona,
Nochmals begrüßt in Zypern!
(*Othello, Desdemona und Gefolge ab.*)

Jago (*zu einem Diener*). Geh du sogleich zum Hafen und er-
warte mich dort. (*Zu Rodrigo.*) Komm näher. Wenn du
ein Mann bist – denn man sagt, daß auch Feige, wenn sie
verliebt sind, sich zu höherer Gesinnung erheben, als ihnen
angeboren war – so höre mich an. Der Leutnant hat diese
Nacht die Wache auf dem Schloßhof – vorerst aber muß ich
dir sagen: Desdemona ist richtig in ihn verliebt.

Rodrigo. In ihn? Unmöglich?

Jago. Leg deinen Finger – so; und laß dich belehren, Freund:
besinne sich nur, wie heftig sie zuerst den Mohren liebte,
nur weil er prahlte und ihr unerhörte Lügen auftischte.
Wird sie ihn immer für sein Schwatzen lieben? Das kann
deine verständige Séele nicht glauben wollen. Ihr Auge verlangt Nahrung, und welches Wohlgefallen kann ihrs gewähren, den Teufel anzusehn? Wenn das Blut durch den
Genuß abgekühlt ist, dann bedarf es – um sich aufs neue
zu entflammen und der Sättigung neue Begier zu wecken –
Anmut der Gestalt, Übereinstimmung in Jahren, Ge-
sittung und Schönheit; und an dem allen fehlts dem Mohren. Nun, beim Mangel aller dieser ersehnten Annehmlich-
keiten wird ihr feiner Sinn sich getäuscht fühlen; sie wird
des Mohren erst satt, dann überdrüssig werden, und endlich ihn verabscheuen; die Natur selbst wird sie anleiten
und sie zu einer neuen Wahl treiben. Nun, Freund, dieses
eingeräumt – wie es denn eine ganz erwiesene und unge-
zwungene Voraussetzung ist – wer steht wohl so gewiß

auf der Stufe dieses Glücks als Cassio? Der Bube ist sehr
gewandt, gewissenhaft nur so weit, als er die äußere Form
eines sittsamen und gebildeten Betragens annimmt, um
seine lockern, geheimen, wilden Neigungen um so leichter
zu befriedigen. – Nein, keiner! keiner! ein glatter, ge-
schmeidiger Bube; ein Gelegenheitshascher, dessen Blick
Vorteile prägt und falschmünzt, wenn selbst kein wirk-
licher Vorteil sich ihm darbietet: ein Teufelsbube! Über-
dem ist der Bube hübsch, jung und hat alle die Erforder-
nisse, wonach Torheit und grüner Verstand hinschielen;
ein verdammter, ausgemachter Bube! und sie hat ihn schon
ausgefunden.

Rodrigo. Das kann ich von ihr nicht glauben, sie ist von
höchst sittsamer Gesinnung.

Jago. Schade was ums Sittsame! Der Wein, den sie trinkt, ist
aus Trauben gepreßt; wäre sie so sittsam, dann hätte sie
nie den Mohren lieben können: sittsam hin und her!
Sahst du nicht, wie sie mit seiner flachen Hand tätschelte?
Hast du das nicht bemerkt? –

Rodrigo. O ja; aber das war nur Höflichkeit.

Jago. Verbuhltheit, bei dieser Hand! – Eine Einleitung und
dunkler Prologus zum Schauspiel der Lust und der schnöden Gedanken. Sie kamen sich so nah mit ihren Lippen, daß
ihr Hauch sich liebkoste. Bübische Gedanken, Rodrigo!
Wenn diese Vertraulichkeiten so den Weg bahnen, so
kommt gleich hinterdrein die Haupt- und Meisterübung,
der fleischliche Beschluß, pfui! – Aber, Freund, laß dir
raten – ich habe dich von Venedig hergeführt. Steh heut
nacht mit Wache; ich nehme es auf mich, dir deinen Posten
anzuweisen: Cassio kennt dich nicht; ich werde nicht weit
sein; find nur eine Gelegenheit, Cassio zum Zorn zu reizen,
seis durch lautes Reden, oder durch Spott über seine krie-
gerische Fähigkeit, oder welchen andern Anlaß du sonst
wahrnimmst, den die günstge Zeit dir eben darbietet.

Rodrigo. Gut.

Jago. Er ist heftig und sehr jähzornig und schlägt vielleicht
nach dir; reize ihn nur, daß ers tue, denn das genügt mir

schon, um die Zyprier zum Aufruhr zu bringen, der nicht
wieder beschwichtigt werden kann als durch Cassios Ab-
setzung. So findest du einen kürzern Weg zu deinem Ziel,
durch die Mittel, die ich dann habe, dir Vorschub zu tun,
und wir schaffen das Hindernis aus dem Wege, ohne dessen
Besiegung kein Erfolg erwartet werden darf.

Rodrigo. Das will ich tun, wenn du mir Gelegenheit gibst.

Jago. Dafür steh ich dir. Komm nur sogleich auf die Zitadelle,
ich muß jetzt sein Gepäck ans Land schaffen. Leb wohl!

Rodrigo. Gott befohlen! – (*Ab.*)

Jago. Daß Cassio sie liebt, das glaub ich wohl;
Daß sie ihn liebt, ist denkbar und natürlich.
Der Mohr (obschon ich ihm von Herzen gram)
Ist liebevoller, treuer, edler Art,
Und wird für Desdemona, denk ich, sicher
Ein wackrer Eh'mann. Jetzt lieb ich sie auch;
Nicht zwar aus Lüsternheit – wiewohl vielleicht
Nicht kleine Sünde mir zuschulden kommt –
Nein, mehr, um meine Rach an ihm zu weiden,
Weil ich vermute, daß der üppge Mohr
Mir ins Gehege kam, und der Gedanke
Nagt wie ein fressend Gift an meinem Innern.
Nichts kann und soll mein Herz beruhigen,
Bis ich ihm wett geworden, Weib um Weib;
Oder, schlägt dies mir fehl, bring ich den Mohren
In Eifersucht so wilder Art, daß nie
Vernunft sie heilen kann. Dies zu vollbringen –
Hält nur mein Köter von Venedig stand,
Den ich mir ködre zu der schnellen Jagd –
Pack ich den Michael Cassio bei der Hüfte,
Verschwärz ihn dann dem Mohren als gefährlich –
Denn Cassio fürcht ich auch für mein Gespons –
So dankt Othello mirs, liebt mich, belohnt mich,
Daß ich so stattlich ihn zum Esel machte,
Und seine Ruh und Freud ihm untergrub,
Zum Wahnsinn. – Ja, hier liegts, noch nicht entfaltet;
Die Bosheit wird durch Tat erst ganz gestaltet. (*Ab.*)

ZWEITE SZENE

Straße.
Ein Herold tritt auf.

Herold. Es ist Othellos, unsres edeln und tapfern Generals
Wunsch, daß auf die zuverlässige, jetzt eingegangene Nachricht von der gänzlichen Vernichtung der türkischen Flotte
jedermann seine Freude kund tue; sei es durch Tanz oder
Lustfeuer, oder wie ihn sonst seine Neigung zu Spiel und
Kurzweil treibt; denn außer jenem erfreulichen Ereignis
feiert er heut seine Hochzeit: solches wird auf seinen Befehl ausgerufen. Küche und Kammer sind geöffnet, und
volle Freiheit zu Schmaus und Fest von jetzt fünf Uhr an,
bis die elfte Stunde geschlagen. Der Himmel segne die
Insel Zypern und unsern edlen General Othello. *(Ab.)*

DRITTE SZENE

Schloß.
Othello, Desdemona, Cassio und Gefolge treten auf.

Othello. Mein lieber Michael,
  Halt ja genaue Wache diese Nacht.
  Wir müssen selbst auf ehrbar Maß bedacht sein,
  Daß nicht die Lust unbändig werde.
Cassio. Jago ward schon befehligt, was zu tun;
  Doch außerdem noch soll mein eignes Auge
  Auf alles sehn.
Othello. Jago ist treu bewährt.
  Gut Nacht! auf morgen mit dem Frühesten
  Hab ich mit dir zu reden. Komm, Geliebte:
  Wer einen Kauf schloß, will Gewinn für sich;
  Der soll noch kommen erst für dich und mich.
  Gut Nacht!
        (Othello, Desdemona und Gefolge ab.)

Jago tritt auf.
Cassio. Willkommen, Jago! wir müssen auf die Wache.

Jago. Jetzt noch nicht, Leutnant, es ist noch nicht zehn Uhr. Unser General schickt uns so früh fort aus Liebe zu seiner Desdemona, und wir dürfen ihn drum nicht tadeln; es ist seine erste glückliche Nacht, und sie ist Jupiters würdig.

Cassio. Sie ist eine unvergleichliche Frau.

Jago. Und dafür steh ich, sie hat Feuer.

Cassio. Gewiß, sie ist ein blühendes, süßes Geschöpf.

Jago. Welch ein Auge! Mir scheint es wie ein Aufruf zur Verführung.

Cassio. Ein einladendes Auge; und doch, wie mir scheint, ein höchst sittsames.

Jago. Und wenn sie spricht, ists nicht eine Herausforderung zur Liebe?

Cassio. Sie ist in der Tat die Vollkommenheit selbst.

Jago. Nun, Heil ihrem Bette! Komm, Leutnant, ich habe ein Stübchen Wein, und hier draußen sind ein paar muntre Jungen aus Zypern, die gern eine Flasche auf die Gesundheit des schwarzen Othello ausstechen möchten.

Cassio. Nicht heut abend, lieber Jago; ich habe einen sehr schwachen, unglücklichen Kopf zum Trinken. Mir wärs lieb, wenn die Höflichkeit eine andre Sitte der Unterhaltung erfände.

Jago. O, es sind gute Freunde; nur einen Becher; ich will für dich trinken.

Cassio. Ich habe heut abend nur *einen* Becher getrunken, der noch dazu stark mit Wasser gemischt war, und sieh nur, wie es mich verändert hat. Ich habe leider diese Schwachheit, und darf meinen Kräften nicht mehr zumuten.

Jago. Ei, Lieber, es ist ja Fastnacht heut. Die jungen Leute wünschen es.

Cassio. Wo sind sie?

Jago. Hier vor der Tür; ich bitte dich, rufe sie herein.

Cassio. Ich wills tun, aber es geschieht ungern. *(Geht ab.)*

Jago. Wenn ich ihm nur *ein* Glas aufdrängen kann,
Zu dem, was er an diesem Abend trank,
Wird er so voller Zank und Ärger sein
Als einer Dame Schoßhund. – Rodrigo nun, mein Gimpel,

264 OTHELLO

Den Liebe wie 'nen Handschuh umgewendet,
Hat Desdemonen manchen tiefen Humpen
Heut jubelnd schon geleert, und muß zur Wache.
Drei jungen Zyprern, hochgesinnt und rasch,
Im Punkt der Ehre keck und leicht gereizt,
Dem wahren Ausbund hier der mut'gen Jugend,
Hab ich mit vollen Flaschen zugesetzt;
Die wachen auch. – Nun, in der trunknen Schar
Reiz ich Herrn Cassio wohl zu solcher Tat,
Die alles hier empört. – Doch still, sie kommen. –
Hat nur Erfolg, was jetzt mein Kopf ersinnt,
Dann fährt mein Schiff mit vollem Strom und Wind.

Es kommen Cassio, Montano und mehrere Edelleute.

Cassio. Auf Ehre, haben sie mir nicht schon einen Hieb bei-
gebracht!

Montano. Ei, der wäre klein! Kaum eine Flasche, so wahr ich
ein Soldat bin!

Jago. Wein her! *(Singt:)*
Stoßt an mit dem Gläselein, klingt! klingt! –
Stoßt an mit dem Gläselein, klingt!
Der Soldat ist ein Mann,
Das Leben ein' Spann',
Drum lustig, Soldaten, und trinkt.
Wein her, Burschen! –

Cassio. Auf Ehre, ein allerliebstes Lied.

Jago. Ich habs in England gelernt, wo sie, das muß man
sagen, sich gewaltig auf das Bechern verstehn. Euer Däne,
Euer Deutscher, Euer dickbäuchiger Holländer, – zu trinken, he! – sind alle nichts gegen den Engländer.

Cassio. Ist denn der Engländer so sehr ausbündig im Trinken?

Jago. Ei wohl! den Dänen trinkt er Euch mit Gemächlichkeit
untern Tisch; es wird ihn wenig angreifen, den Deutschen
kaputt zu machen; und den Holländer zwingt er zur Über-
gabe[1], eh der nächste Humpen gefüllt werden kann.

Cassio. Auf unsers Gouverneurs Gesundheit!

---

1. D. h. der Holländer muß sich erbrechen.

ZWEITER AUFZUG · DRITTE SZENE

Montano. Da trink ich mit, Leutnant, und ich will Euch Bescheid tun.

Jago. O das liebe England! – *(Singt:)*
König Stephan war ein wackrer Held,
Eine Krone kostet ihm sein Rock:
Das fand er um sechs Grot geprellt
Und schalt den Schneider einen Bock.
Und war ein Fürst von großer Macht,
Und du bist solch geringer Mann:
Stolz hat manch Haus zu Fall gebracht,
Drum zieh den alten Kittel an.
Wein her, sag ich! –

Cassio. Ei, das Lied ist noch viel herrlicher als das erste.

Jago. Wollt Ihrs nochmals hören?

Cassio. Nein, denn ich glaube, der ist seiner Stelle unwürdig, der so was tut. – Wie gesagt – der Himmel ist über uns allen; – und es sind Seelen, die müssen selig werden – und andre, die müssen nicht selig werden.

Jago. Sehr wahr, lieber Leutnant.

Cassio. Ich meinesteils – ohne dem General oder sonst einer hohen Person vorzugreifen – ich hoffe, selig zu werden.

Jago. Und ich auch, Leutnant.

Cassio. Aber, mit Eurer Erlaubnis, nicht vor mir – der Leutnant muß vor dem Fähndrich selig werden. Nun genug hievon; wir wollen auf unsre Posten. – Vergib uns unsre Sünden! – Meine Herren, wir wollen nach unserm Dienst sehn. – Ihr müßt nicht glauben, meine Herrn, daß ich betrunken sei – dies ist mein Fähndrich – dies ist meine rechte Hand – dies meine linke Hand – ich bin also nicht betrunken; ich stehe noch ziemlich gut und spreche noch ziemlich gut.

Alle. Außerordentlich gut.

Cassio. Nun, recht gut also; ihr müßt also nicht meinen, daß ich betrunken sei. *(Er geht ab.)*

Montano. Jetzt zur Terrasse; laßt die Wachen stellen.

Jago. Da seht den jungen Mann, der eben ging! –
Ein Krieger, wert, beim Cäsar selbst zu stehn

Und zu befehlen; doch ihr seht sein Laster:
Es ist das Äquinoktium seiner Tugend,
Eins ganz dem andern gleich. 's ist schad um ihn!
Das Zutraun, fürcht ich, das der Mohr ihm schenkt,
Bringt Zypern Unglück, trifft die Schwachheit ihn
Zu ungelegner Stunde.

Montano. Ist er oft so?

Jago. So ist er immer vor dem Schlafengehn:
Er wacht des Zeigers Umkreis zweimal durch,
Wiegt ihn der Trunk nicht ein.

Montano. Dann wär es gut,
Man meldete den Fall dem General.
Vielleicht, daß ers nicht sieht; vielleicht gewahrt
Sein gutes Herz die Tugend nur am Cassio,
Und ihm entgehn die Fehler; ists nicht so? –

Rodrigo tritt auf.

Jago. Was solls, Rodrigo?
Ich bitt Euch, folgt dem Leutnant nach – so geht!

(Rodrigo ab.)

Montano. Und wahrlich schade, daß der edle Mohr
So wichtgen Platz als seinem zweiten Selbst
Dem Mann vertraut, in dem die Schwachheit wuchert.
Der tät ein gutes Werk, wer dies dem Mohren
Entdeckte.

Jago. Ich nimmermehr, nicht für ganz Zypern.
Ich liebe Cassio sehr und gäbe viel,
Könnt ich ihn heilen. Horch! Was für ein Lärm?

(Man ruft hinter der Szene: Hilfe! Hilfe!)

Cassio kommt zurück und verfolgt den Rodrigo.

Cassio. Du Lump! Du Tölpel!

Montano. Nun, was ist Euch, Leutnant?

Cassio. Der Schurke! Pflicht mich lehren? Wart, in eine Kork-
flasche prügle ich ihn hinein, den Wicht! –

Rodrigo. Mich prügeln?

Cassio. Muckst du, Kerl?

Montano. Still, lieber Leutnant! *(Er hält den Cassio zurück.)*

Ich bitt Euch, haltet ein!

Cassio. Herr, laßt mich gehn,
Sonst zeichn ich Eure Fratze –

Montano. Geht, Ihr seid trunken! –

Cassio. Trunken? (Sie fechten.)

Jago. Fort, sag ich! (Leise zu Rodrigo.) Eil und rufe Meuterei!
(Rodrigo ab.)
Still doch, Herr Leutnant! Still doch, liebe Herrn!
He, Hilfe! Leutnant – Herr – Montano – Herr!
Helft, Nachbarn! – Nun, das ist 'ne saubre Wache!
Wer zieht die Glocke denn? O, Diavolo!
Die Stadt wird wach – Pfui, pfui doch, Leutnant! halt!
Ihr macht Euch ew'ge Schande.

Othello kommt mit Gefolge.

Othello. Was gibt es hier? –

Montano. Ich blute! Er traf mich tödlich! Sterben soll er!

Othello. Bei Eurem Leben, halt! –

Jago. Halt, Leutnant! Herr! Montano – liebe Herrn –
Vergaßt ihr allen Sinn für Rang und Pflicht? –
Halt! hört den General! O schämt euch! halt! –

Othello. Was gibt es hier? Woher entspann sich dies?
Sind wir denn Türken? Tun uns selber das,
Was dem Ungläubigen der Himmel wehrt?
Schämt euch als Christen! Laßt eur heidnisch Raufen;
Wer sich noch rührt und zäumt nicht seine Wut,
Der wagt sein Leben dran; ein Schritt ist Tod.
Still mit dem Sturmgeläut! Es schreckt die Insel
Aus ihrer Fassung. Was geschah, ihr Herrn?
Ehrlicher Jago, du siehst bleich vor Gram,
Sprich, wer hub an? Bei deiner Lieb, ich wills.

Jago. Ich weiß nicht, Freunde jetzt noch, jetzt im Nu,
Liebreich und gut wie Bräutigam und Braut,
Wenn sie zu Bette gehn: und drauf im Nu
(Als ob sie plötzlich ein Planet verwirrt),
Das Schwert heraus, und aufeinander stechend
Im blut'gen Widerstreit. Ich kann nicht sagen,
Wie dieser wunderliche Kampf begann,

Und hätt in guter Schlacht die Beine lieber
Verloren, die dazu hieher mich trugen.

Othello. Wie, Cassio, kams, daß du dich so vergaßest?

Cassio. Ich bitt Euch, Herr, verzeiht, ich kann nicht reden.

Othello. Würdger Montan, Ihr schient mir sonst gesittet;
Die Ruh und edle Haltung Eurer Jugend
Pries alle Welt, und Euer Name prangte
Im Lob der Weisen: sagt mir denn, wie kams,
Daß Ihr so abgestreift den guten Ruf,
Und Eures Leumunds Reichtum für den Namen
Des nächtgen Raufers hinwerft? Gebt mir Antwort!

Montano. Würdger Othello, ich bin schwer verwundet;
Eur Fähndrich Jago kann Euch Meldung tun –
Mir fällt das Reden schwer, ich spart es gern –
Von allem, was ich weiß – doch wüßt ich nicht,
Worin ich mich in Wort noch Tat versündigt;
Wenn Selbsterhaltung nicht ein Frevel ist.
Und unser Leben schützen ein Vergehn,
Wann uns Gewalt bedrohte.

Othello. Nun, beim Himmel,
Mein Blut beginnt zu meistern die Vernunft;
Und Leidenschaft, mein helles Urteil trübend,
Maßt sich der Führung an; reg ich mich erst,
Erheb ich nur den Arm, dann soll der Beste
Vor meinem Streiche fallen. Tut mir kund:
Wie kam der schnöde Zank? Wer bracht ihn auf?
Wer immer hier verschuldet dies Vergehn –
Wär er mir blutsverwandt, mein Zwillingsbruder –
Verliert mich. – ... Was! In der Festung selbst –
Das Volk noch ungewiß, von Angst betäubt –
Privatgezänk und Händel anzustiften
Bei Nacht, und auf des Schlosses höchster Wache:
's ist ungeheuer. – Jago, wer begann?

Montano. Wer hier parteiisch oder dienstbefreundet
Mehr oder minder als die Wahrheit spricht,
Ist kein Soldat.

Jago. Ha, leg mirs nicht so nah! –

ZWEITER AUFZUG · DRITTE SZENE

Ich büßte ja die Zunge lieber ein,
Als daß sie gegen Michael Cassio zeugte;
Doch glaub ich fest, die Wahrheit reden bringt
Ihm keinen Nachteil. – So geschahs, mein Feldherr:
Ich und Montano waren im Gespräch,
Da kommt ein Mensch, der laut um Hilfe schreit;
Und Cassio folgt ihm mit gezücktem Schwert,
Ihn zu verwunden; drauf trat dieser Herr
Cassio entgegen, bat ihn, still zu sein;
Und ich derweil verfolgte jenen Schreier,
Damit sein Ruf nicht (wie es doch geschah)
Die Stadt erschrecke. Jener, leicht zu Fuß,
Entlief mir; und ich kehrte um so schneller,
Weil ich Geklirr und Waffenlärm vernahm
Und Cassios lautes Fluchen, was bis heut
Ich nie von ihm gehört; als ich zurückkam –
Und dies war gleich – fand ich sie hart zusammen,
Auf Hieb und Stoß: ganz, wie das zweite Mal,
Als Ihr sie selber trenntet.
Mehr von dem Vorfall ist mir nicht bekannt. –
Doch Mensch ist Mensch, der Beste fehlt einmal;
Und ob ihm Cassio gleich zu nah getan –
Wie man in Wut den besten Freund ja schlägt –
– Doch denk ich, ward von dem, der floh, an Cassio
So große Kränkung wohl geübt, als kaum
Geduld ertragen mag.
Othello. Ich weiß, Jago,
Aus Lieb und Bravheit schmückst du diese Sache
Und milderst sie für Cassio. – Cassio, ich liebe dich;
Allein mein Leutnant bist du länger nicht. –
Desdemona kommt mit Gefolge.
Seht, ward mein liebes Weib nicht auch geweckt! –
– Du sollst ein Beispiel sein.
Desdemona. Was ging hier vor, mein Teurer?
Othello. 's ist alles gut schon, Liebchen – komm zu Bett.
Ich selbst will Arzt sein, Herr, für Eure Wunden.
Führt ihn nach Haus. (*Montano wird weggeführt.*)

Du, Jago, sieh mit Sorgfalt auf die Stadt
Und schwichtge, wen der schnöde Lärm geängstet.
Komm, Desdemona; oft im Kriegerleben
Wird süßer Schlaf der Störung preisgegeben.
(Alle ab; es bleiben Jago und Cassio.)

Jago. Seid Ihr verwundet, Leutnant?

Cassio. O ja! so, daß kein Arzt mir hilft! –

Jago. Ei, das verhüte der Himmel! –

Cassio. Guter Name! Guter Name! Guter Name! O ich habe meinen guten Namen verloren! Ich habe das unsterbliche Teil von mir selbst verloren, und was übrigbleibt, ist tierisch. – Mein guter Name, Jago, mein guter Name! –

Jago. So wahr ich ein ehrlicher Mann bin, ich dachte, du hättest eine körperliche Wunde empfangen, und das bedeutet mehr als mit dem guten Namen. Der gute Name ist eine nichtige und höchst trügliche Einbildung, oft ohne Verdienst erlangt und ohne Schuld verloren. Du hast überhaupt gar keinen guten Namen verloren, wenn du nicht an diesen Verlust glaubst. Mut, Freund! es gibt ja Mittel, den General wieder zu gewinnen: du bist jetzt nur in seiner Heftigkeit kassiert; er straft mehr aus Klugheit als aus böser Absicht, just als wenn einer seinen harmlosen Hund schlüge, um einen dräuenden Löwen zu schrecken; gib ihm wieder ein gutes Wort, und er ist dein.

Cassio. Lieber will ich ein gutes Wort einlegen, daß er mich ganz verstoße, als einen so guten Feldherrn noch länger hintergehn mit einem so leichtsinnigen, trunkenen und unbesonnenen Offizier. Trunken sein? und wie ein Papagei plappern? und renommieren und toben, fluchen und Bombast schwatzen mit unserm eignen Schatten? O du unsichtbarer Geist des Weins, wenn du noch keinen Namen hast, an dem man dich kennt: so heiße Teufel!

Jago. Wer wars, den du mit dem Degen verfolgtest? Was hatte er dir getan? –

Cassio. Ich weiß nicht.

Jago. Ists möglich?

Cassio. Ich besinne mich auf einen Haufen Dinge, aber auf

ZWEITER AUFZUG · DRITTE SZENE

nichts deutlich; auf einen Zank, aber nicht weswegen. –
O daß wir einen bösen Feind in den Mund nehmen, damit
er unser Gehirn stehle! – Daß wir durch Frohlocken,
Schwärmen, Vergnügen und Aufregung uns in Vieh verwandeln! –

Jago. Nun, aber du scheinst mir jetzt recht wohl; wie hast
du dich so schnell erholt? –

Cassio. Es hat dem Teufel *Trunkenheit* gefallen, dem Teufel *Zorn*
Platz zu machen. Eine Schwachheit erzeugt mir die andre,
damit ich mich recht von Herzen verachten möge.

Jago. Geh, du bist ein zu strenger Moralist. Wie Zeit, Ort
und die Umstände des Landes beschaffen sind, wünschte
ich von Herzen, dies wäre nicht geschehn; da es aber nun
einmal so ist, so richte es wieder ein zu deinem Besten.

Cassio. Ich will wieder um meine Stelle bei ihm nachsuchen;
er wird mir antworten, ich sei ein Trunkenbold! hätte ich
so viel Mäuler als die Hydra, solch eine Antwort würde sie
alle stopfen. Jetzt ein vernünftiges Wesen sein, bald darauf
ein Narr und plötzlich ein Vieh, – o furchtbar! – Jedes Glas
zuviel ist verflucht, und sein Inhalt ist ein Teufel! –

Jago. Geh, geh; guter Wein ist ein gutes, geselliges Ding,
wenn man mit ihm umzugehn weiß. Scheltet mir nicht mehr
auf ihn – und, lieber Leutnant, ich denke, du denkst, ich
liebe dich.

Cassio. Ich habe Beweise davon, Freund. – Ich betrunken! –

Jago. Du oder jeder andre Erdensohn kann sich wohl einmal
betrinken, Freund. Ich will dir sagen, was du zu tun hast.
Unsers Generals Frau ist jetzt General – das darf ich insofern
sagen, als er sich ganz dem Anschauen, der Bewundrung
und Auffassung ihrer Reize und Vollkommenheiten hin-
gegeben und geweiht hat. Nun, beichte ihr alles frei heraus; bestürme sie, sie wird dir schon wieder zu deinem Amt
verhelfen. Sie ist von so offener, gütiger, fügsamer und gna-
denreicher Gesinnung, daß sies für einen Flecken in ihrer
Güte halten würde, nicht noch mehr zu tun, als um was sie
gebeten wird. Dies zerbrochne Glied zwischen dir und ihrem
Manne bitte sie zu schienen; und, mein Vermögen gegen

irgend etwas, das Namen hat, dieser Freundschaftsbruch
wird die Liebe fester machen als zuvor.

Cassio. Du rätst mir gut.

Jago. Ich beteure es mit aufrichtiger Liebe und redlichem
Wohlwollen.

Cassio. Das glaube ich zuversichtlich, und gleich morgen früh
will ich die tugendhafte Desdemona ersuchen, sich für mich
zu verwenden. Ich verzweifle an meinem Glück, wenns mich
hier zurückstößt.

Jago. Ganz recht. Gute Nacht, Leutnant! ich muß auf die
Wache.

Cassio. Gute Nacht, ehrlicher Jago! *(Er geht ab.)*

Jago. Und wer ist nun, der sagt, ich sei ein Schurke?
Da dieser Rat aufrichtig ist und redlich,
Geprüft erscheint und, in der Tat, der Weg,
Den Mohren umzustimmen? Denn sehr leicht
Wird Desdemonas mildes Herz bewegt
Für ein gute Sache; sie ist spendend
Wie Segen selbst. Und ihr wie leicht alsdann
Den Mohren zu gewinnen: – gölts der Taufe
Und der Erlösung Siegel zu entsagen,
Sein Herz ist so verstrickt von ihrer Liebe,
Daß sie ihn formt, umformt, tut, was sie will,
Wie's ihr gelüsten mag, den Gott zu spielen
Mit seiner Schwachheit. Bin ich denn ein Schurke,
Rat ich dem Cassio solchen Richtweg an
Zu seinem Glück? – Theologie der Hölle! –
Wenn Teufel ärgste Sünde fördern wollen,
So locken sie zuerst durch frommen Schein,
Wie ich anjetzt. Derweil der gute Tropf
In Desdemona dringt, ihm beizustehn,
Und sie mit Nachdruck sein Gesuch begünstigt,
Träuf ich den Gifttrank in Othellos Ohr:
Daß sie zu eigner Lust zurück ihn ruft.
Und um so mehr sie strebt, ihm wohlzutun,
Vernichtet sie beim Mohren das Vertraun.
So wandl ich ihre Tugend selbst zum Laster,

ZWEITER AUFZUG · DRITTE SZENE

Und strick ein Netz aus ihrer eignen Güte,
Das alle soll umgarnen. – Nun, Rodrigo?

Rodrigo kommt.

Rodrigo. Ich folge hier der Meute, nicht wie ein Hund, der
jagt, sondern wie einer, der nur anschlägt. Mein Geld ist
fast vertan; ich bin heut nacht tüchtig durchgeprügelt,
und ich denke, das Ende wird sein, daß ich für meine Mühe
doch etwas Erfahrung gewinne, und so, ganz ohne Geld
und mit etwas mehr Verstand, nach Venedig heimkehre.

Jago. Wie arm sind die, die nicht Geduld besitzen! –
Wie heilten Wunden, als nur nach und nach?
Du weißt, man wirkt durch Witz und nicht durch Zauber;
Und Witz beruht auf Stund und günstger Zeit.
Gehts denn nicht gut? Cassio hat dich geschlagen,
Und du, mit wenig Schmerz, kassierst den Cassio:
Gedeiht auch schlechtes Unkraut an der Sonne,
Von Früchten reift zuerst, die erst geblüht;
Beruhge dich. – Beim Kreuz! Der Morgen graut,
Vergnügen und Geschäft verkürzt die Zeit. –
Entferne dich; geh jetzt in dein Quartier;
Fort, sag ich, du erfährst in kurzem mehr. –
Nein, geh doch nur!

(Rodrigo ab.)

Zwei Dinge sind zu tun:
Mein Weib muß ihre Frau für Cassio bitten,
Ich stimme sie dazu;
Indes nehm ich den Mohren auf die Seite,
Und führ ihn just hinein, wenn Cassio dringend
Sein Weib ersucht. Nun helfe mir der Trug!
So muß es gehn: fort Lauheit und Verzug! – *(Er geht ab.)*

DRITTER AUFZUG

ERSTE SZENE

Vor dem Schlosse.
Cassio tritt auf mit Musikanten.

Cassio. Ihr Herrn, spielt auf, ich zahl euch eure Müh:
Ein kurzes Stück, als Morgengruß dem Feldherrn.
(Musik.) Der Narr tritt auf.

Narr. Nun, ihr Herren? Sind eure Pfeifen in Neapel gewesen, daß sie so durch die Nase schnarren? – Aber hier
ist Geld für euch, ihr Herren, und dem General gefällt eure
Musik so ausnehmend, daß er euch um alles in der Welt
bitten läßt, keinen Lärm mehr damit zu machen.

Musikanten. 's ist gut, Herr, das wollen wir auch nicht.

Narr. Wenn ihr eine Musik habt, die gar nicht zu hören ist, in
Gottes Namen; aber was man sagt, Musik *hören:* danach
fragt der General nicht viel.

Musikanten. Solche haben wir nicht, Herr.

Narr. Dann steckt eure Pfeifen wieder in den Sack, denn ich
Geht! – verschwindet in die Lüfte! husch!   [will fort.
(Die Musikanten gehn ab.)

Cassio. Hörst du, mein ehrliches Gemüt? –

Narr. Nein, Eur ehrliches Gemüt hör ich nicht; ich höre Euch.

Cassio. Ich bitt dich, laß deine Witze. Hier hast du ein kleines
Goldstückchen; wenn die Gesellschaftsdame deiner Gebieterin schon munter ist, sag ihr, hier sei ein gewisser Cassio,
der sie um die Vergünstigung eines kurzen Gesprächs bitte.
Willst du das tun? –

Narr. Munter ist sie, Herr; wenn sie sich hieher ermuntern
will, so werd ichs ihr insinuieren. *(Narr ab.)*
Jago tritt auf.

Cassio. Dank, lieber Freund! Ei, Jago, grade recht! –

Jago. So gingt Ihr nicht zu Bett?

Cassio. Ich? Nein, der Morgen graute,
Eh wir uns trennten. Eben jetzt, mein Jago,

DRITTER AUFZUG · ZWEITE SZENE 275

Schickt ich zu deiner Frau und ließ sie bitten,
Sie wolle bei der edlen Desdemona
Mir Zutritt schaffen.
Jago. Ich will gleich sie rufen;
Und auf ein Mittel sinn ich, wie der Mohr
Entfernt wird, daß ihr um so freier euch
Besprechen mögt. *(Ab.)*
Cassio. Von Herzen dank ich dirs. – Ich kannte nie
'nen Florentiner, der so brav und freundlich.
Emilia tritt auf.
Emilia. Guten Morgen, werter Leutnant. Euer Unfall
Betrübt mich sehr, doch wird noch alles gut.
Der General und seine Frau besprechens,
Und warm vertritt sie Euch; er wendet ein,
Der junge Mann sei hochgeschätzt in Zypern,
Von großem Anhang; und nach bestem Rat
Könn er Euch nicht verteidgen. Doch er liebt Euch,
Und keines Fürworts brauchts als seine Freundschaft,
Euch wieder einzusetzen.
Cassio. Dennoch bitt ich –
Wenn Ihrs für ratsam haltet oder tunlich –
Schafft mir die Wohltat einer Unterredung
Allein mit Desdemona.
Emilia. Kommt mit mir.
Ich richt es ein, daß Ihr in günstger Muße
Euch frei erklären mögt.
Cassio. Wie dank ich Euch.
(Sie gehn ab.)

ZWEITE SZENE

Ebendaselbst.
Othello, Jago und Edelleute treten auf.

Othello. Die Briefe, Jago, gib dem Schiffspatron,
Und meinen Gruß entbiet er dem Senat;
Ich will hernach die Außenwerke sehn,
Dort triffst du mich.

276 OTHELLO

Jago. Sehr wohl, mein General.
Othello. Beliebts, ihr Herrn, zur Festung mir zu folgen? –
Edelleute. Wir sind bereit, mein gnäd'ger Herr.
(*Sie gehn ab.*)

DRITTE SZENE

Ebendaselbst.
Desdemona, Cassio und Emilia treten auf.

Desdemona. Nein, zweifle nicht, mein guter Cassio, alles,
Was mir nur möglich, biet ich für dich auf.
Emilia. Tuts, edle Frau; ich weiß, mein Mann betrübt sich,
Als wär es seine Sache.
Desdemona. Er ist ein ehrlich Herz. Sei ruhig, Cassio,
Ich mache meinen Herrn und dich aufs neue
Zu Freunden, wie ihr wart.
Cassio. O güt'ge Frau,
Was auch aus Michael Cassio werden mag,
Auf immer bleibt er Eurem Dienst ergeben.
Desdemona. Ich dank Euch, Cassio. – Ihr liebt ja meinen Herrn,
Ihr kennt ihn lange schon; drum seid gewiß,
Er wendet sich nicht ferner von Euch ab,
Als ihn die Klugheit zwingt.
Cassio. Doch, gnäd'ge Frau,
Die Klugheit währt vielleicht so lange Zeit,
Lebt von so magrer, wassergleicher Kost,
Erneut vielleicht sich aus dem Zufall so,
Daß, wenn ich fern bin und mein Amt besetzt,
Der Feldherr meine Lieb und Treu vergißt.
Desdemona. Das fürchte nimmer; vor Emilien hier
Verbürg ich dir dein Amt; und sei gewiß,
Versprach ich jemand einen Dienst, den leist ich
Bis auf den letzten Punkt: ich lass ihm keine Ruh.
Ich mach ihn zahm, schwätz ihn aus der Geduld;
Sein Tisch und Bett soll Beicht und Schule sein;
In alles, was er vornimmt, meng ich ihm
Cassios Gesuch: deshalb sei fröhlich, Cassio!

DRITTER AUFZUG · DRITTE SZENE 277

Denn deine Mittlerin wird lieber sterben,
Als dich versäumen.

Othello und Jago treten in einiger Entfernung auf.

Emilia. Gnäd'ge Frau, hier kommt
Der General.

Cassio. Ich nehme meinen Abschied.

Desdemona. Ei, bleibt und hört mich reden!

Cassio. Gnäd'ge Frau,
Jetzt nicht, ich bin nicht unbefangen, wenig
Geschickt für meine Absicht.

Desdemona. Meinethalb,
Tut nach Belieben. *(Cassio geht.)*

Jago. Ha! – das gefällt mir nicht!

Othello. Was sagst du da?

Jago.
Nichts, gnäd'ger Herr; doch wenn, – – – ich weiß nicht, was.

Othello. War das nicht Cassio, der mein Weib verließ?

Jago. Cassio, Gen'ral? Gewiß, ich dächt es nicht,
Daß er wie schuldbewußt wegschleichen würde,
Da er Euch kommen sieht.

Othello. Ich glaub, er wars.

Desdemona. Ei sieh, mein lieber Herr! –
Soeben sprach ein Bittender mit mir,
Ein Mann, durch dein Mißfallen ganz entmutigt.

Othello. Wer ist es, den du meinst?

Desdemona. Nun, deinen Leutnant Cassio. Teurer Freund,
Hat meine Liebe Kraft, dich zu bewegen,
Dann augenblicks versöhne dich mit ihm.
Ist er nicht einer, der dich wahrhaft liebt,
Aus Übereilung fehlt' und nicht aus Vorsatz,
Versteh ich schlecht mich auf ein ehrlich Auge; –
Bitt dich, ruf ihn zurück.

Othello. Ging er jetzt fort?

Desdemona. Ja wahrlich, so gebeugt,
Daß er ein Teil von seinem Gram mir ließ,
Mit ihm zu leiden. Liebster, ruf ihn wieder.

Othello. Jetzt nicht, geliebtes Herz, ein andermal.

Desdemona. Doch bald?

Othello. Sobald als möglich, deinethalb.

Desdemona. Zum Abendessen denn.

Othello. Nein, heute nicht.

Desdemona. Dann morgen mittag?

Othello. Ich speise nicht zu Haus;
Die Offiziere luden mich zur Festung.

Desdemona. Nun, morgen abend? oder Dienstag morgen,
Zu Mittag oder Abend – Mittwoch früh? –
O nenne mir die Zeit, doch laß es höchstens
Drei Tage sein. Gewiß, es reut ihn sehr;
Und sein Vergehn, nach unsrer schlichten Einsicht –
Wiewohl der Krieg ein Beispiel fordert, sagt man,
Am Besten selbst – ist nur ein Fehl, geeignet
Für heimlichen Verweis. – Wann darf er kommen?
Sprich doch, Othello; ich begreife nicht,
Was ich dir weigerte, das du verlangtest,
Oder so zaudernd schwieg. Ei, Michael Cassio,
Der für dich warb, und manches liebe Mal,
Wenn ich von dir nicht immer günstig sprach,
Dich treu verfocht – den kostets so viel Müh
Dir zu versöhnen? Traun, ich täte viel – –

Othello. Ich bitt dich, laß – er komme, wann er will;
Ich will dir nichts versagen.

Desdemona. Es ist ja nicht für mich:
Es ist, als bät ich dich, Handschuh' zu tragen,
Dich warm zu halten, kräftge Kost zu nehmen,
Oder als riet ich dir besondre Sorgfalt
Für deine Pflege – nein, hab ich zu bitten,
Was deine Liebe recht in Anspruch nimmt,
Dann muß es schwierig sein und voll Gewicht
Und mißlich die Gewährung.

Othello. Ich will dir nichts versagen;
Dagegen bitt ich dich, gewähr mir dies –
Laß mich ein wenig nur mit mir allein.

Desdemona. Soll ichs versagen? Nein, leb wohl, mein Gatte!

Othello. Leb wohl, mein Herz! ich folge gleich dir nach.

DRITTER AUFZUG · DRITTE SZENE   279

Desdemona. Emilia, komm!
(*Zu Othello.*)
Tu, wie dich Laune treibt;
Was es auch sei, gehorsam bin ich dir.
(*Geht ab mit Emilien.*)
Othello. Holdselig Ding! Verdammnis meiner Seele,
Lieb ich dich nicht! und wenn ich dich nicht liebe,
Dann kehrt das Chaos wieder.
Jago. Mein edler General –
Othello. Was sagst du, Jago?
Jago. Hat Cassio, als Ihr warbt um Eure Gattin,
Gewußt um Eure Liebe?
Othello. Vom Anfang bis zum Ende: warum fragst du?
Jago. Um nichts, als meine Neugier zu befriedgen;
Nichts Arges sonst.
Othello. Warum die Neugier, Jago?
Jago. Ich glaubte nicht, er habe sie gekannt.
Othello. O ja, er ging von einem oft zum andern.
Jago. Wirklich?
Othello. Wirklich! ja, wirklich! – Findst du was darin?
Ist er nicht ehrlich?
Jago. Ehrlich, gnäd'ger Herr?
Othello. Ehrlich, ja ehrlich!
Jago. Soviel ich weiß, Gen'ral!
Othello. Was denkst du, Jago?
Jago. Denken, gnäd'ger Herr?
Othello. Hm, denken, gnäd'ger Herr! Bei Gott, mein Echo!
Als läg ein Ungeheur in seinem Sinn,
Zu gräßlich, es zu zeigen. – Etwas meinst du;
Jetzt eben riefst du: «*Das gefällt mir nicht!*» –
Als Cassio fortging. *Was* gefällt dir nicht?
Und als ich sagt, ihm hab ich mich vertraut
Im Fortgang meiner Werbung riefst du: «*Wirklich?*»
Und zogst und faltetest die Stirn zusammen,
Als hieltst du einen greulichen Gedanken
Verschlossen im Gehirn – wenn du mich liebst,
Sprich, was du denkst.

280 OTHELLO

Jago. Ihr wißt, ich lieb Euch, Herr!

Othello. Das, denk ich, tust du;
Und weil ich weiß, du bist mein Freund, und redlich,
Und wägst das Wort, eh du ihm Atem leihst,
So ängstet mich dies Stocken um so mehr –
Denn derlei ist bei falsch treulosen Buben
Alltäglich Spiel; doch bei dem Biedermann
Heimlicher Wink, der aus dem Herzen dringt
Im Zorn des Edelmuts.

Jago. Nun, Michael Cassio –
Ich darf wohl schwören, ehrlich halt ich ihn.

Othello. Ich auch.

Jago. Man sollte sein das, was man scheint;
Und die es nicht sind, solltens auch nicht scheinen.

Othello. Ganz recht, man sollte sein das, was man scheint.

Jago. Nun wohl, so halt ich Cassio dann für ehrlich.

Othello. Nein, damit meinst du mehr:
Ich bitt dich, sprich mir ganz so wie du denkst,
Ganz wie du sinnst; und gib dem schlimmsten Denken
Das schlimmste Wort.

Jago. Mein General, verzeiht;
Obgleich zu jeder Dienstpflicht Euch verbunden,
Nicht bin ichs da, wo Sklaven frei sich fühlen.
Aussprechen die Gedanken!
Gesetzt, sie wären niedrig und verkehrt –
Wo ist der Palast, wo nicht auch einmal
Schändliches eindringt? Wessen Herz so rein,
Daß der und jener schmutzge Zweifel nicht
Einmal zu Rat sitzt und Gerichtstag hält
Mit rechtsgemäßer Forschung?

Othello. Du übst Verrat an deinem Freunde, Jago!
Glaubst du, man kränk ihn, und verhüllst ihm doch,
Was du nur irgend denken magst.

Jago. Ich bitt Euch,
Wenn auch vielleicht falsch ist, was ich vermute
(Wie's, ich bekenn es, stets mein Leben quält,
Fehltritten nachgehn; auch mein Argwohn oft

DRITTER AUFZUG · DRITTE SZENE

Aus nichts die Sünde schafft), daß Eure Weisheit
Auf einen, der so unvollkommen wahrnimmt,
Nicht hören mag; noch Unruh Euch erbaun
Aus seiner ungewiß zerstreuten Meinung; –
Nicht kanns bestehn mit Eurer Ruh und Wohlfahrt,
Noch meiner Mannheit, Redlichkeit und Vorsicht,
Sag ich Euch, was ich denke.

Othello. Sprich, was meinst du?

Jago. Der gute Name ist bei Mann und Frau,
Mein bester Herr,
Das eigentliche Kleinod ihrer Seelen.
Wer meinen Beutel stiehlt, nimmt Tand; 's ist etwas
Und nichts; mein war es, ward das Seine nun,
Und ist der Sklav von Tausenden gewesen.
Doch, wer den guten Namen mir entwendet,
Der raubt mir das, was ihn nicht reicher macht,
Mich aber bettelarm.

Othello. Beim Himmel! ich will wissen, was du denkst.

Jago. Ihr könnts nicht, läg in Eurer Hand mein Herz,
Noch sollt Ihrs, weil es meine Brust verschließt.

Othello. Ha! –

Jago. O, bewahrt Euch, Herr, vor Eifersucht,
Dem grüngeaugten Scheusal, das besudelt
Die Speise, die es nährt – Heil dem Betrognen,
Der, seiner Schmach bewußt, die Falsche haßt!
Doch welche Qualminuten zählt der Mann,
Der liebt, doch zweifelt; argwohnt, doch vergöttert!

Othello. O Jammer!

Jago. Arm und vergnügt ist reich und überreich;
Doch Krösus' Reichtum ist so arm als Winter
Für den, der immer fürchtet, er verarme.
O Himmel, schütz all meiner Freunde Herz
Vor Eifersucht! –

Othello. Wie? Was ist das? Denkst du,
Mein Leben soll aus Eifersucht bestehn? –
Und wechseln, wie der Mond, in ew'gem Schwanken
Mit neuer Furcht? Nein, einmal Zweifeln macht

Mit eins entschlossen. Vertausch mich mit 'ner Geiß,
Wenn ich das Wirken meiner Seele richte
Auf solch verblasnes, nichtiges Phantom,
Wahnspielend, so wie du. Nicht weckt mirs Eifersucht,
Sagt man, mein Weib ist schön, gedeiht, spricht scherzend,
Sie liebt Gesellschaft, singt, spielt, tanzt mit Reiz;
Wo Tugend ist, macht das noch tugendhafter.
Noch schöpf ich je aus meinen eignen Mängeln
Die kleinste Furcht, noch Zweifel ihres Abfalls;
Sie war nicht blind, und wählte mich. Nein, Jago,
Eh ich zweifle, will ich sehn; zweifl ich, Beweis:
Und hab ich den, so bleibt nichts anders übrig,
Als fort auf eins mit Lieb und Eifersucht.

Jago. Das freut mich, denn nun darf ich ohne Scheu
Euch offenbaren meine Lieb und Pflicht
Mit freierm Herzen. Drum als Freundeswort
Hört so viel nur: noch schweig ich von Beweisen. –
Beachtet Eure Frau; prüft sie mit Cassio.
Das Auge klar, nicht blind, nicht eifersüchtig;
Wie traurig, würd Eur freies, edles Herz
Gekränkt durch innre Güte: drum gebt acht!
Venedigs Art und Sitte kenn ich wohl:
Dort lassen sie den Himmel Dinge sehn,
Die sie dem Mann verbergen – gut Gewissen
Heißt dort nicht: unterlaß! nein: halt geheim!

Othello. Meinst du? –

Jago. Den Vater trog sie, da sie Euch geehlicht –
Als sie vor Euerm Blick zu beben schien,
War sie in Euch verliebt.

Othello. Jawohl!

Jago. Nun folglich:
Sie, die so jung sich so verstellen konnte,
Daß sie des Vaters Blick mit Nacht umhüllte,
Daß ers für Zauber hielt – doch scheltet mich, –
In Demut bitt ich Euch, Ihr wollt verzeihn,
Wenn ich zu sehr Euch liebe.

Othello. Ich bin dir ewig dankbar.

DRITTER AUFZUG · DRITTE SZENE   283

Jago. Ich seh, dies bracht Euch etwas aus der Fassung.
Othello. O gar nicht! gar nicht! –
Jago. Traun, ich fürcht es doch.
  Ich hoff, Ihr wollt bedenken, was ich sprach,
  Geschah aus Liebe: – doch Ihr seid bewegt; –
  Ich bitt Euch, Herr! dehnt meine Worte nicht
  Zu größerm Raum und weitrer Richtung aus,
  Als auf Vermutung.
Othello. Nein.
Jago. Denn tätet Ihrs,
  So hätten meine Reden schlimmre Folgen,
  Als ich jemals gedacht. Sehr lieb ich Cassio –
  Ich seh, Ihr seid bewegt. –
Othello. O nein! nicht sehr! –
  Ich glaube, Desdemona ist mir treu.
Jago. Lang bleibe sies! Und lange mögt Ihrs glauben! –
Othello. Und dennoch – ob Natur, wenn sie verirrt –
Jago. Ja, darin liegts: als – um es dreist zu sagen, –
  So manchem Heiratsantrag widerstehn,
  Von gleicher Heimat, Wohlgestalt und Rang,
  Wonach, wir sehns, Natur doch immer strebt:
  Hm, darin spürt man Willen, allzulüstern,
  Maßlosen Sinn, Gedanken unnatürlich.
  Jedoch verzeiht: ich hab in diesem Fall
  Nicht sie bestimmt gemeint: obschon ich fürchte,
  Ihr Wille, rückgekehrt zu besserm Urteil,
  Vergleicht Euch einst mit ihrem Landsgenossen,
  Und dann vielleicht bereut sie.
Othello. Leb wohl! Leb wohl!
  Wenn du mehr wahrnimmst, laß mich mehr erfahren;
  Dein Weib geb auf sie acht! – Verlaß mich, Jago. –
Jago. Lebt wohl, mein gnäd'ger Herr! *(Abgehend.)*
Othello. Warum vermählt ich mich? – Der brave Mensch,
  Sieht und weiß mehr, weit mehr, als er enthüllt! –
Jago (zurücktretend). Mein General, ich möcht Euch herzlich
  Nicht weiter grübelt; überlaßts der Zeit: [bitten,
  Und ists gleich recht, Cassio im Dienst zu lassen

(Denn allerdings steht er ihm trefflich vor),
Doch, wenns Euch gut dünkt, haltet ihn noch hin;
Dadurch verrät er sich und seine Wege.
Habt acht, ob Eure Gattin seine Rückkehr
Mit dringend heftgem Ungestüm begehrt;
Daraus ergibt sich manches. Unterdes
Denkt nur, ich war zu emsig in der Furcht
(Und wirklich muß ich fürchten, daß ichs war –),
Und haltet sie für treu, mein edler Feldherr!

Othello. Sorg nicht um meine Fassung.

Jago. Noch einmal nehm ich Abschied. (*Ab.*)

Othello. Das ist ein Mensch von höchster Redlichkeit,
Und kennt mit wohlerfahrnem Sinn das Treiben
Des Weltlaufs. Find ich dich verwildert, Falk,
Und sei dein Fußriem mir ums Herz geschlungen,
Los geb ich dich, flieg hin in alle Lüfte
Auf gutes Glück! – Vielleicht wohl, weil ich schwarz bin
Und mir des leichten Umgangs Gabe fehlt,
Der Stutzer ziert; auch weil sich meine Jahre
Schon abwärts senken; – doch das heißt nicht viel: –
Sie ist dahin! – Ich bin getäuscht! – Mein Trost
Sei bittrer Haß. O! Fluch des Ehestands,
Daß unser diese zarten Wesen sind,
Und nicht ihr Lüsten! Lieber Kröte sein
Und von den Dünsten eines Kerkers leben,
Als daß ein Winkel im geliebten Wesen
Für andre sei. – Das ist der Großen Qual:
Sie haben minder Vorrecht als der Niedre;
's ist ihr Geschick, unwendbar wie der Tod;
Schon im Entstehn schwebt der gehörnte Fluch
Auf unsrer Scheitel. Siehe da, sie kommt: –

Desdemona und Emilia treten auf.

Ist diese falsch, so spottet sein der Himmel! –
Ich wills nicht glauben!

Desdemona. Nun, mein teurer Herr?
Dein Gastmahl und die edlen Zyprier,
Die du geladen, warten schon auf dich.

DRITTER AUFZUG · DRITTE SZENE   285

Othello. Ich bin zu tadeln.

Desdemona. Was redest du so matt? Ist dir nicht wohl?

Othello. Ich fühle Schmerz an meiner Stirne hier.

Desdemona. Ei ja, das kommt vom Wachen, es vergeht:
    Ich will sie fest dir binden, in 'ner Stunde
    Ists wieder gut.

Othello. Dein Schnupftuch ist zu klein.
                    (Sie läßt ihr Schnupftuch fallen.)
    Laß nur: komm mit, ich geh hinein mit dir.

Desdemona. Es quält mich sehr, daß du dich unwohl fühlst.
                    (Desdemona und Othello ab.)

Emilia. Mich freut, daß ich das Tuch hier finde;
    Dies war des Mohren erstes Liebespfand.
    Mein wunderlicher Mann hieß mich schon zehnmal
    Das Tuch entwenden: doch sie liebts so sehr
    (Denn er beschwor sie's sorglich stets zu hüten),
    Daß sies beständig bei sich trägt, es küßt
    Und spricht damit. Das Stickwerk zeichn ich nach
    Und geb es Jago:
    Wozu ers will, der Himmel weiß: gleichviel,
    Ich füge mich in seiner Launen Spiel.
                    Jago tritt auf.

Jago. Was gibts? Was machst du hier allein?

Emilia. Nun zank nur nicht, ich habe was für dich.

Jago. Hast was für mich? Das ist nun wohl nichts Neues –

Emilia. Ei! seht mir doch!

Jago. Ein närrisch Weib zu haben.

Emilia. So! weiter nichts! – Nun, sprich! was gibst du mir
    Für dieses Taschentuch?

Jago. Welch Taschentuch?

Emilia. Welch Taschentuch?
    Ei nun, des Mohren erstes Brautgeschenk,
    Das du so oft mir zu entwenden hießest.

Jago. Hast dus gestohlen?

Emilia. Das nicht, sie ließ es fallen aus Versehn;
    Und ich zum Glück stand nah und hob es auf.
    Sieh da, hier ists.

Jago. Ein braves Weib! Gib her! –

Emilia. Was soll dirs nur, daß du so eifrig drängst,
　　Ihrs wegzumausen? –

Jago (reißt es ihr weg). Ei! Was gehts dich an! –

Emilia. Hats keinen wichtgen Zweck, so gib mirs wieder:
　　Die arme Frau! – Sie wird von Sinnen kommen,
　　Wenn sies vermißt.

Jago. Laß dir nichts merken: genug, daß ichs bedarf.
　　Geh, laß mich. *(Emilia ab.)*
　　Ich will bei Cassio dieses Tuch verlieren,
　　Da soll ers finden; Dinge, leicht wie Luft,
　　Sind für die Eifersucht Beweis, so stark
　　Wie Bibelsprüche. Dies kann Wirkung tun.
　　Der Mohr ist schon im Kampf mit meinem Gift: –
　　Gefährliche Gedanken sind gleich Giften,
　　Die wir zuerst kaum widerwärtig finden,
　　Allein nach kurzer Wirkung auf das Blut,
　　Gleich Schwefelminen glühn. Ich sagt es wohl! –
　　　　　　　Othello tritt auf.
　　Da kommt er. Mohnsaft nicht noch Mandragora,
　　Noch alle Schlummerkräfte der Natur
　　Verhelfen je dir zu dem süßen Schlaf,
　　Den du noch gestern hattest.

Othello. Ha! Ha! mir treulos! Mir! –

Jago. Nun, faßt Euch, General! Nichts mehr davon.

Othello. Fort! Heb dich weg! Du warfst mich auf die Folter: –
　　Ich schwör, 's ist besser, sehr betrogen sein,
　　Als nur ein wenig wissen.

Jago. Wie, Gen'ral?

Othello. Was ahnet ich von ihren stillen Lüsten? –
　　Ich sahs nicht, dacht es nicht, war ohne Harm;
　　Schlief wohl die nächste Nacht, aß gut, war frei und froh;
　　Ich fand nicht Cassios Küss auf ihren Lippen:
　　Wenn der Bestohlne nicht vermißt den Raub,
　　Sagt ihrs ihm nicht, so ist er nicht bestohlen.

Jago. Es schmerzt mich, dies zu hören.

Othello. Noch wär ich glücklich, wenn das ganze Lager,

DRITTER AUFZUG · DRITTE SZENE 287

Troßbub und alles, ihren süßen Leib genoß,
Und ich erfuhr es nicht. O nun, auf immer
Fahr wohl des Herzens Ruh! Fahr wohl, mein Friede!
Fahr wohl, du wallender Helmbusch, stolzer Krieg,
Der Ehrgeiz macht zur Tugend! O, fahr wohl!
Fahr wohl, mein wiehernd Roß und schmetternd Erz,
Mutschwellende Trommel, muntrer Pfeifenklang[1],
Du königlich Panier und aller Glanz,
Pracht, Pomp und Rüstung des glorreichen Kriegs! –
Und o du Mordgeschoß, des rauher Schlund
Des ew'gen Jovis Donner widerhallt,
Fahr wohl! Othellos Tagwerk ist getan! –

Jago. Ists möglich? – Gnäd'ger Herr –

Othello. Beweise, Schurk, mir, daß mein Weib verbuhlt,
Tus ja, schaff mir den sichtlichen Beweis:
Sonst, bei dem Leben meiner ew'gen Seele,
Besser wär dirs, ein Hund geboren sein,
Als meinem Grimm dich stellen.

Jago. Dahin kams?

Othello. Sehn will ich oder mindestens Beweis,
An dem kein Häkchen sei, den kleinsten Zweifel
Zu hängen dran, sonst wehe deiner Seele! –

Jago. Mein edler Herr! –

Othello. Wenn du sie frech verleumdst und folterst mich,
Dann bete nie mehr; schließ die Rechnung ab;
Auf höchsten Greuel häufe neuen Greul;
Mach, daß der Himmel weint, die Erde bebt,
Denn nichts zum ew'gen Fluche kannst du fügen,
Das größer sei.

Jago. O Gnad! o Himmel! schützt mich! –
Seid Ihr ein Mann? habt Ihr Vernunft und Sinn? –
Fahrt wohl denn! Nehmt mein Amt. – Ich blöder Tor,
Des Lieb und Redlichkeit als Laster gilt! –
O! schnöde Welt! merk auf, merk auf, o Welt!
Aufrichtig sein und redlich bringt Gefahr.

---

1. Im Original: schneidend schrille Pfeife.

288 OTHELLO

Dank für die Warnung; keinen Freund von jetzt
Lieb ich hinfort, da Liebe so verletzt.

Othello. Nein, bleib, du solltest doch wohl ehrlich sein.

Jago. Klug sollt ich sein, denn Gradheit ist 'ne Törin,
Die das verfehlt, wonach sie strebt.

Othello. Bei Gott!
Ich denk, mein Weib ist treu, und ist es nicht;
Ich denke, du bist brav, und bist es nicht;
Ich will Beweis. Ihr Name, einst so hell
Wie Dianens Antlitz, ist nun wüst und schwarz
Wie mein Gesicht. – Wenns Messer gibt und Stricke,
Gift, Feuer oder Ströme zum Ersäufen,
Ich duld es nicht. – O wär ich überzeugt! –

Jago. Ich sehe, wie Euch Leidenschaft verzehrt;
Mich reut, daß ich Euch Anlaß gab: so möchtet
Ihr überzeugt sein?

Othello. Möchte? Nein, ich wills.

Jago. Und könnt. Doch wie? Wie überzeugt, o Herr?
Wollt Ihr mit offnem Blick die Frechheit schaun?
Sie sehn gepaart?

Othello. Ha, Tod und Teufel! O! –

Jago. Ein schwierig Unternehmen, denk ich mir,
Sie so zur Schau zu bringen: 's wär zu toll,
Wenn mehr noch als vier Augen Zutritt fänden
Zu solchem Lustspiel! Was denn also? Wie?
Was soll ich tun? Wo Überzeugung finden?
Unmöglich ist es, dies mit anzusehn,
Und wären sie wie Geiß und Affen wild,
Hitzig wie brünstge Wölfe, plump und sinnlos
Wie trunkne Dummheit. Dennoch sag ich Euch,
Wenn Schuldverdacht und Gründe triftger Art,
Die gradhin führen zu der Wahrheit Tor,
Euch Überzeugung schafften, solche hätt ich.

Othello. Gib sprechende Beweise, daß sie falsch.

Jago. Ich hasse dies Geschäft:
Doch weil ich hierin schon so weit gegangen –
Verlockt durch Lieb und dumme Redlichkeit –

DRITTER AUFZUG · DRITTE SZENE

So fahr ich fort. – Ich schlief mit Cassio jüngst,
Und da ein arger Schmerz im Zahn mich quälte,
Konnt ich nicht ruhn.
Nun gibt es Menschen von so schlaffem Geist,
Daß sie im Traum ausschwatzen, was sie tun,
Und Cassio ist der Art.
Im Schlafe seufzt' er: «Süße Desdemona! –
Sei achtsam, unsre Liebe halt geheim!» –
Und dann ergriff und drückt' er meine Hand,
Rief: «Süßes Kind!» und küßte mich mit Inbrunst,
Als wollt er Küsse mit der Wurzel reißen
Aus meinen Lippen, legte dann das Bein
Auf meines, seufzt' und küßte mich und rief:
«Verwünschtes Los, das dich dem Mohren gab!» –

Othello. O greulich, greulich!

Jago. Nun, dies war nur Traum.

Othello. Doch er bewies vorhergegangne Tat.

Jago. Ein schlimm Bedenken ists, seis auch nur Traum[1].
Und dient vielleicht zur Stütze andrer Proben,
Die schwach beweisen.

Othello. In Stücke reiß ich sie!

Jago. Nein, mäßigt Euch; noch sehn wir nichts getan;
Noch kann sie schuldlos sein. Doch sagt dies eine, –
Saht Ihr nie sonst in Eures Weibes Hand
Ein feines Tuch, mit Erdbeern bunt gestickt?

Othello. So eines gab ich ihr, mein erst Geschenk.

Jago. Das wußt ich nicht. Allein mit solchem Tuch
(Gewiß war es das ihre) sah ich heut
Cassio den Bart sich wischen.

Othello. Wär es das, –

Jago. Das oder sonst eins, kams von ihr, so zeugt
Es gegen sie nebst jenen andern Zeichen.

Othello. O! daß der Sklav zehntausend Leben hätte!
Eins ist zu arm, zu schwach für meine Rache!
Nun seh ich, es ist wahr. Blick her, o Jago,

---

1. Dieser Vers wird gewöhnlich Othello zugeschrieben.

So blas ich meine Lieb in alle Winde: –
Hin ist sie. –
Auf, schwarze Rach! aus deiner tiefen Höhle!
Gib, Liebe, deine Kron und Herzensmacht
Tyrannschem Haß! Dich sprenge deine Last,
O Busen, angefüllt mit Natterzungen!

Jago. Ich bitt Euch, ruhig.

Othello. Blut, o Jago, Blut!

Jago. Geduld, vielleicht noch ändert Ihr den Sinn.

Othello. Nie, Jago, nie! So wie des Pontus Meer,
Des eis'ger Strom und fortgewälzte Flut
Nie rückwärts ebben mag, nein, unaufhaltsam
In den Propontis rollt und Hellespont:
So soll mein blut'ger Sinn in wüt'gem Gang
Nie umschaun, noch zur sanften Liebe ebben,
Bis eine vollgenügend weite Rache
Ihn ganz verschlang. (*Er kniet nieder.*) Nun, beim kristallnen
Mit schuldger Ehrfurcht vor dem heilgen Eid,   [Äther,
Verpfänd ich hier mein Wort.

Jago (kniet auch). Steht noch nicht auf. –
Bezeugts, ihr ewig glühnden Lichter dort!
Ihr Elemente, die ihr uns umschließt!
Bezeugt, daß Jago hier sich weiht mit allem,
Was sein Verstand, was Herz und Hand vermag,
Othellos Schmach zu ahnden! Er gebiete,
Und zu gehorchen sei mir Liebespflicht,
Wie blutig auch die Tat. – –

Othello. Ich grüße deine Liebe
Mit eitlem Dank nicht, nein, mit freudgem Ja,
Und augenblicklich führ ich dich ans Werk:
Laß in drei Tagen mich von dir vernehmen,
Daß Cassio nicht mehr lebt.

Jago. Mein Freund ist tot; Ihr wollts, es ist geschehn: –
Sie aber schont.

Othello. Verdammt, verdammt sei sie, die büb'sche Dirne!
Komm, folge heimlich mir, ich will im stillen
Ein schnelles Todesmittel mir verschaffen

Für diesen schönen Teufel. – Nun bist du mein Leutnant.
Jago. Ich bin auf ewig Euer. *(Sie gehen ab.)*

VIERTE SZENE

Ebendaselbst.
Desdemona, Emilia, der Narr.

Desdemona. He! Weißt du, in welcher Gegend Leutnant Cassio
liegt?
Narr. Ich möchte nicht sagen, daß er irgendwo lüge.
Desdemona. Warum?
Narr. Er ist ein Soldat, und wollt ich sagen, daß ein Soldat
lüge, das ginge an Hals und Kragen.
Desdemona. Nicht doch, wo wohnt er?
Narr. Euch sagen, wo er wohnt, hieße Euch sagen, wo ich lüge.
Desdemona. Ist daraus wohl klug zu werden? –
Narr. Ich weiß nicht, wo er wohnt, und sollt ich eine Woh-
nung aus der Luft greifen und sagen, er liegt hier oder liegt
da, – das hieße in meinen Hals hineinlügen.
Desdemona. Kannst du dich nach ihm erkundigen, dich durch
den Bericht belehren lassen?
Narr. Ich will die Welt hindurch katechisieren, das heißt,
Fragen stellen und sie antworten lassen.
Desdemona. Suche ihn auf und schicke ihn her: sage ihm, ich
habe meinen Gemahl für ihn gestimmt, ich hoffe, alles werde
noch gut.
Narr. Dies auszurichten reicht nicht über das Vermögen des
menschlichen Geistes, und darum will ich das Abenteuer
bestehen. *(Ab.)*
Desdemona. Wo hab ich nur das Tuch verlegt, Emilia?
Emilia. Ich weiß nicht, gnäd'ge Frau.
Desdemona. Glaub mir, viel lieber mißt ich meine Börse,
Voll von Crusados. Wär mein edler Mohr
Nicht großgesinnt und frei vom niedern Stoff
Der Eifersucht, dies könnt auf schlimme Meinung
Ihn führen.
Emilia. Weiß er nichts von Eifersucht?

Desdemona. Wer? Er? – Die Sonn in seinem Lande, gläub ich,
Sog alle solche Dünst ihm aus.

Emilia. Da kommt er.

Desdemona. Ich will ihn jetzt nicht lassen, bis er Cassio
Zurückberief. Wie geht dirs, mein Othello? –

Othello tritt auf.

Othello. Wohl, teure Frau!
(*Beiseite.*) O Qual, sich zu verstellen! –
(*Laut.*) Wie geht dirs, Desdemona?

Desdemona. Gut, mein Teurer.

Othello. Gib deine Hand mir. – Diese Hand ist warm[1].

Desdemona. Sie hat auch Alter nicht noch Gram gefühlt.

Othello. Dies weist auf rasche Gunst, freigeb'gen Sinn; –
Heiß, heiß, und feucht! Solch einer Hand geziemt
Abtötung von der Welt, Gebet und Fasten,
Viel Selbstkasteiung, Andacht, fromm geübt;
Denn jung und brennend wohnt ein Teufel hier,
Der leicht sich auflehnt. 's ist 'ne milde Hand,
Die gern verschenkt.

Desdemona. Du kannst sie wohl so nennen,
Denn diese Hand wars, die mein Herz dir gab.

Othello. Eine offne Hand: sonst gab das Herz die Hand;
Die neue Wappenkunst ist Hand, nicht Herz.

Desdemona. Davon versteh ich nichts. Nun, dein Versprechen.

Othello. Welch ein Versprechen, Kind? –

Desdemona. Ich ließ den Cassio rufen, dich zu sprechen.

Othello. Mich plagt ein widerwärtger, böser Schnupfen,
Leih mir dein Taschentuch.

Desdemona. Hier, mein Gemahl.

Othello. Das, welches ich dir gab.

Desdemona. Ich habs nicht bei mir.

Othello. Nicht?

Desdemona. Wirklich nicht, mein Teurer.

Othello. Daß muß ich tadeln: dieses Tuch
Gab meiner Mutter ein Zigeunerweib:

---

1. Im Original: feucht.

DRITTER AUFZUG · VIERTE SZENE

'ne Zaubrin wars, die in den Herzen las.
So lange sies bewahrte, sprach das Weib,
Würd es ihr Reiz verleihn, und meinen Vater
An ihre Liebe fesseln; doch verlöre
Oder verschenkte sies, satt würde dann
Sein Blick sie scheun, sein lüstern Auge spähn
Nach neuem Reiz: sie, sterbend, gab es mir
Und hieß mirs, wenn mein Schicksal mich vermählte,
Der Gattin geben. Dies geschah: nun hüt es
Mit zarter Liebe, gleich dem Augenstern.
Verlörst dus, oder gäbst es fort, es wäre
Ein Unheil ohne Maß.

Desdemona. Wie, ist es möglich?

Othello. Jawohl; in dem Gewebe steckt Magie;
Eine Sibylle, die den Sonnenlauf
Zweihundertmal die Bahn vollenden sah,
Hat im prophet'schen Wahnsinn es gewebt.
Geweihte Würmer spannen ihre Seide,
Sie färbt's in Mumiensaft, den sie mit Kunst
Aus Jungfraunherzen zog.

Desdemona. Wirklich? ists wahr?

Othello. Höchst zuverlässig; drum bewahr es wohl.

Desdemona. Dann wollte Gott, ich hätt es nie gesehn.

Othello. Ha! und weshalb?

Desdemona. Was sprichst du so auffahrend und so schnell?

Othello. Ists fort? verloren? Sprich! Ists nicht vorhanden?

Desdemona. Gott helf mir!

Othello. Nun?

Desdemona. 's ist nicht verloren, wenns nun aber wäre?

Othello. Ha! –

Desdemona. Ich sag, es ist noch da.

Othello. Dann hol es, zeig mirs.

Desdemona. Das könnt ich, Herr, allein ich will es nicht.
Mit solchem Kunstgriff weichst du mir nicht aus –
Ich bitt dich, nimm den Cassio wieder an.

Othello. So hole mir das Tuch, mir ahnet Schlimmes.

Desdemona. Sei gut;

294 OTHELLO

Du findst nicht wieder solchen tüchtgen Mann.
Othello. Das Tuch –
Desdemona. Er ist ein Mann, der all sein Glück
    Von je auf deine Freundschaft hat gebaut, –
Othello. Das Tuch –
Desdemona. Fürwahr, du tust nicht recht!
Othello. Hinweg! *(Ab.)*
Emilia. Ist der nicht eifersüchtig?
Desdemona. So sah ich ihn noch nie! –
    Gewiß, ein Zauber steckt in jenem Tuch:
    Ein wahres Unglück, daß ich es verlor.
Emilia. Man lernt den Mann nicht aus in *einem* Jahr;
    Sie alle sind nur Magen, wir nur Kost;
    Sie schlingen uns hinab, und sind sie satt,
    Spein sie uns aus. Seht! Cassio und mein Mann.
            Jago und Cassio treten auf.
Jago. Da ist kein andrer Weg, sie muß es tun;
    Und sieh, wie glücklich! geh, bestürme sie.
Desdemona. Nun, lieber Cassio! sagt, wie geht es Euch?
Cassio. Mein alt Gesuch. Ich bitt Euch, gnäd'ge Frau,
    Laßt mich durch Euer kräftig Fürwort wieder
    Erstehn und teil an seiner Freundschaft finden,
    Die ich mit ganzer Liebe meines Herzens
    Treulich verehre: – nicht verzögre sichs:
    Ist mein Vergehn so tödlich schwerer Art,
    Daß weder vor'ger Dienst noch jetzge Reu,
    Noch Vorsatz, künftig edlen Dienst zu tun,
    Mir seine Neigung wieder kann gewinnen,
    So wird mirs Wohltat sein, es nur zu wissen;
    Dann borg ich mir erzwungne Freudigkeit,
    Und such auf einer *neuen* Lebensbahn
    Des Glücks Almosen.
Desdemona. Ach, mein edler Cassio.
    Diesmal ist meine Anwaltschaft umsonst;
    Mein Herr ist nicht mein Herr, ich kennt ihn nicht,
    Wär er im Antlitz wie im Geist verwandelt. –
    So mag mir jeder fromme Engel helfen,

DRITTER AUFZUG · VIERTE SZENE

Wie ich für Euch nach besten Kräften sprach;
Und selbst auf seinen Zorn hab ichs gewagt,
Durch dreistes Wort! Ihr müßt Euch noch gedulden:
Was ich vermag, das tu ich; tu noch mehr,
Als ich für mich je wagte, dies genüg Euch.

Jago. Ist er erzürnt?

Emilia. Er ging nur eben fort,
Und wirklich ungewöhnlich aufgeregt.

Jago. Kann er in Zorn sein? Die Kanone sah ich
Ihm seine Schlachtreihn sprengen in die Luft;
Und wie ein Teufel ihm den eignen Bruder
Von seiner Seite raffen; – er im Zorn? –
Dann muß es Großes sein; – ich geh und such ihn –
Gewiß, das hat was auf sich, wenn er zürnt. *(Ab.)*

Desdemona. Ich bitt dich, tus. – Vielleicht ein Staatsgeschäft, –
Seis von Venedig, seis geheime Bosheit,
Der er in Zypern auf die Spur geraten, –
Trübt seinen heitern Geist; in solchem Fall
Zanken die Männer leicht mit kleinern Wesen,
Sind größre auch der Grund. So ist es immer;
Denn, schmerzt uns nur der Finger, haben auch
Die übrigen gesunden Glieder etwas
Von Wehgefühl. Nein, Männer sind nicht Götter:
Wir müssen nicht des Bräutgams zarte Rücksicht
Von ihnen fordern. Schilt mich nur, Emilie;
Ich dachte seiner Rauheit schon den Stab
Zu brechen, sieh, so kindisch war mein Kriegsrecht;
Den Zeugen, find ich nun, bestach ich selbst,
Und er ist falsch verklagt.

Emilia. Gott geb, es sei'n Staatssachen, wie Ihr glaubt,
Und nicht ein Wahn, noch eifersüchtge Grille,
Die Euch betrifft.

Desdemona. O liebe Zeit! – ich gab ihm niemals Anlaß.

Emilia. Das ist den Eifersüchtgen einerlei.
Sie sind nicht stets aus Anlaß eifersüchtig,
Sie eifern, weil sie eifern; 's ist ein Scheusal,
Erzeugt von selbst, geboren aus sich selbst.

Desdemona. Gott schütz Othello vor dem Scheusal!
Emilia. Amen.
Desdemona. Ich will ihn suchen; Cassio, bleibt hier nah;
  Ist er gestimmt, betreib ich Eure Bitte,
  Und will es bis zum Äußersten versuchen.
Cassio. Ich dank in Demut, gnäd'ge Frau!

  (*Desdemona und Emilia ab.*)

Bianca tritt auf.

Bianca. Gott grüß dich, Cassio!
Cassio. Wie kommst du hieher?
  Was treibst du, meine allerschönste Bianca?
  Just wollt ich zu dir kommen, liebes Herz.
Bianca. Und ich war eben unterwegs zu dir.
  Was? Eine Woche konntst du außen bleiben?
  Sieben Tag' und Nächte? – Achtmal zwanzig Stunden,
  Und acht noch? Und einsame Liebesstunden,
  Langweilger als der Zeiger, hundertmal?
  O lästge Rechnung!
Cassio. Zürne nicht, mein Kind;
  Mich drückte schwere Sorg in all den Tagen;
  Doch werd ich dir zu ungestörter Zeit
  Die lange Rechnung tilgen. – Liebste Bianca,

  (*Er gibt ihr Desdemonas Tuch.*)

  Zeichne dies Muster ab.
Bianca. Ei, woher kam dies?
  Das ist ein Pfand von einer neuen Freundin.
  Dein Wegsein schmerzte, doch der Grund noch mehr:
  Kam es so weit? Nun gut, schon gut! –
Cassio. Geh, Mädchen,
  Wirf den Verdacht dem Teufel ins Gesicht,
  Von dem er kam. Nun, bist du eifersüchtig,
  Dies sei von einer Liebsten mir geschenkt? –
  Nein, glaub mirs, Bianca! –
Bianca. Nun, woher kams?
Cassio. Ich weiß nicht, Kind, ich fands auf meinem Zimmer.
  Die Stickerei gefällt mir: eh mans fordert

VIERTER AUFZUG · ERSTE SZENE

(Was bald geschehn kann), wünscht ichs nachgezeichnet:
Da nimms und tus, und laß mich jetzt allein.
Bianca. Allein dich lassen? und warum?
Cassio. Ich muß hier warten auf den General;
Und nicht empfehlend wär mirs, noch erwünscht,
Fänd er mich so begleitet.
Bianca. Und warum nicht?
Cassio. Nicht, daß ich dich nicht liebte.
Bianca. Nur, daß du mich nicht liebst.
Ich bitt dich, bring mich etwas auf den Weg,
Und sag mir, kommst du wohl heut abend zeitig?
Cassio. Ich kann ein kurzes Stück nur mit dir gehn,
Weil ich hier warte: doch ich seh dich bald.
Bianca. Schon gut, man muß sich fügen in die Zeit.
(*Sie gehen ab.*)

VIERTER AUFZUG

ERSTE SZENE

Zimmer auf dem Schlosse[1].
Othello und Jago.

Jago. Wie dünkt Euch das?
Othello. Was soll mich dünken?
Jago. Was,
Sich heimlich küssen?
Othello. Ein verbotner Kuß! –
Jago. Oder nackt im Bett mit ihrem Freunde sein,
Wohl stundenlang und mehr, in aller Unschuld? –
Othello. Im Bette, Jago, und in aller Unschuld? –
Das hieße Heuchelei ja mit dem Teufel! –
Wer keusch sein will und solches tut, des Tugend
Versucht der Teufel, und er selbst den Himmel.

---

1. Szenerie zu IV, 1 und IV, 2 nach englischen Herausgebern: Vor
dem Schlosse; Zimmer im Schlosse.

Jago. Wenn sie nichts taten, war der Fehl nicht groß;
Doch, wenn ich meiner Frau ein Tuch verehrt –
Othello. Nun dann? –
Jago. Nun, dann gehörts ihr, gnäd'ger Herr: und folglich
Darf sies verschenken, mein ich, wem sie will.
Othello. Sie ist Gebieterin auch ihrer Ehre;
Darf sie die auch verschenken? –
Jago. Die Ehr ist nur ein unsichtbares Wesen,
Und oft besitzt sie der, der sie nicht hat:
Allein das Tuch – –
Othello. Bei Gott! mit Freuden hätt ich das vergessen: –
Du sagtest, – o, es schwebt um mein Gedächtnis,
So wie der Rab um ein verpestet Haus,
Verderben dräund, – er habe jenes Tuch.
Jago. Nun was denn?
Othello. Das ist doch nicht gut, gewiß! –
Jago. Sagt ich noch gar, ich sah ihn Euch beschimpfen,
Oder hört ihn sagen, – wie's denn Schurken gibt,
Die, wenn sie durch ihr ungestümes Werben
Oder durch frei Vergaffen eines Weibes
Sie zwangen oder kirrten – nimmer ruhn,
Bis sie geschwatzt, –
Othello. Hat er so was gesagt?
Jago. Das hat er, gnäd'ger Herr! Doch seid versichert,
Nicht mehr, als er abschwören wird.
Othello. Was sagt' er?
Jago. Daß er bei ihr, – ich weiß nicht, was getan,
Othello. Was? Was? –
Jago. Gelogen – Gelegen –
Othello. Bei ihr?
Jago. Bei ihr, über sie, wie Ihr wollt.
Othello. Bei ihr gelegen! über sie gelogen! Man sagt über sie
lügen, wenn man sie verleumdet. Bei ihr liegen! das ist
abscheulich! Das Tuch – diese Geständnisse – das Tuch! –
Eingestehen und dann für die Mühe gehängt werden; zu-
erst gehängt, dann eingestehen. – Ich zittre davor! Natur
würde sich nicht in so verfinsternde Qualen verhüllen, wäre

VIERTER AUFZUG · ERSTE SZENE

es nicht Vorbedeutung. Nicht Worte sinds, die mich so erschüttern! – Pfui! Nasen, Ohren und Lippen: ist es möglich? – Eingestehn – Tuch! O Teufel![1] *(Er fällt in
Jago. Sei wirksam, Gift,*   *[Ohnmacht.)*
    Sei wirksam! also fängt man gläubge Narren;
    Manch wackre, keusche Frau kommt grade so
    Ganz schuldlos ins Geschrei. – Auf, gnäd'ger Herr! –
    Othello! – Gnäd'ger Herr! – Was wollt Ihr, Cassio? –
Cassio. Was gibts?   *Cassio tritt auf.*

Jago. Der Feldherr stürzte jetzt in Krämpfen hin;
    Dies ist seit gestern schon sein zweiter Anfall.

Cassio. So reib ihn um die Schläfe!

Jago. Nein, laß ab:
    Laß ihn in seiner Starrsucht ungestört;
    Sonst schäumt er vor dem Mund und rast alsbald
    In wilder Tobsucht. Sieh, er rührt sich wieder;
    Entferne dich auf einen Augenblick,
    Er wird sich schnell erholen; wenn er fort ist,
    Hätt ich mit dir ein wichtig Wort zu reden. – *(Cassio ab.)*
    Wie ist Euch? Habt Ihr nicht den Kopf verletzt?

Othello. Sprichst du mir Hohn? –

Jago. Euch höhnen? Nein, bei Gott!
    Ich wollt, Ihr trügt Euer Schicksal wie ein Mann.

Othello. Gehörnter Mann ist nur ein Vieh, ein Untier.

Jago. So gibt es manches Vieh in großen Städten,
    Und manch vornehmes Untier.

Othello. Gestand ers ein?

Jago. Mein Feldherr! seid ein Mann;
    Denkt, jeder bärtge Mensch, ins Joch gespannt,
    Zieht neben Euch. Millionen leben rings.
    Die nächtlich ruhn auf preisgegebnem Lager,
    Das sie ihr eigen wähnen: Ihr steht besser.
    O das ist Satansfest, Erzspaß der Hölle,
    Ein üppig Weib im sichern Ehbett küssen

---

1. Der Übersetzer hatte die bei Shakespeare häufige Wortspielerei mit
'to lie': liegen, lügen, etwas gekürzt.

Und keusch sie glauben! Nein, Gewißheit will ich:
Und hab ich die, weiß ich, sie ist verloren.
Othello. Du sprichst verständig! Ja, gewiß! –
Jago. Geht auf die Seite, Herr;
Begebt Euch in die Schranken der Geduld.
Indes Ihr ganz von Eurem Gram vernichtet
(Ein Ausbruch, wenig ziemend solchem Mann),
Kam Cassio her; ich wußt ihn wegzuschaffen
Und Euren Anfall triftig zu entschuldgen;
Dann lud ich ihn zurück auf ein Gespräch;
Was er verhieß. Nun bergt Euch irgendwo
Und merkt den Hohn, den Spott, die Schadenfreude
In jeder Miene seines Angesichts;
Denn beichten soll er mir aufs neu den Hergang,
Wo, wann, wie oft, wie lange schon und wie
Er Euer Weib geherzt und herzen wird;
Merkt, sag ich, sein Gebärdenspiel. O still doch! –
Sonst denk ich, Ihr seid ganz und gar nur Wut
Und nichts von einem Manne.
Othello. Hörst dus, Jago?
Ich will höchst schlau jetzt den Geduldgen spielen;
Doch, hörst dus? dann den Blut'gen.
Jago. So ists recht –
Jedes zu seiner Zeit. – Nun tretet seitwärts.
(Othello tritt beiseite.)
Jetzt will ich Cassio nach Bianca fragen,
Ein lockres Ding, das, ihre Gunst verkaufend,
Sich Brot und Kleider anschafft: dies Geschöpf
Läuft Cassio nach; und 's ist der Dirnen Fluch,
Nachdem sie zehn getäuscht, täuscht einer sie:
Er, wenn er von ihr hört, erwehrt sich kaum
Laut aufzulachen. Sieh, da kommt er her: –
Cassio tritt auf.
Und wie er lächelt, soll Othello wüten;
Und seine ungelehrge Eifersucht
Wird Cassios Lächeln, Scherz und leichtes Wesen
Ganz mißverstehn. – Nun, Leutenant, wie gehts?

VIERTER AUFZUG · ERSTE SZENE 301

Cassio. So schlimmer, weil du mir den Titel gibst,
Dessen Verlust mich tötet.

Jago. Halt Desdemona fest, so kanns nicht fehlen. *(Beiseite.)*
Ja, läge dies Gesuch in Biancas Macht,
Wie schnell wärst du am Ziel!

Cassio. Das arme Ding! –

Othello (beiseite). Seht nur, wie er schon lacht! –

Jago. Nie hab ich so verliebt ein Weib gesehn.

Cassio. Das gute Närrchen! Ja, sie liebt mich wirklich.

Othello (beiseite). Jetzt leugnet ers nur schwach und lachts
hinweg! –

Jago. Hör einmal, Cassio, –

Othello (beiseite). Jetzt bestürmt er ihn
Es zu gestehn; nur fort; – recht gut, recht gut! –

Jago. Sie rühmt sich schon, du nimmst sie bald zur Frau;
Ist das dein Ernst?

Cassio. Ha, ha, ha, ha!

Othello (beiseite). Triumphierst du, Römer? triumphierst du?

Cassio. Ich sie zur Frau nehmen? – Was! Eine Buhlschwester?
Ich bitt dich, habe doch etwas Mitleid mit meinem Witz;
halt ihn doch nicht für so ganz ungesund. Ha, ha, ha! –

Othello (beiseite). So, so, so; wer gewinnt, der lacht.

Jago. Wahrhaftig, die Rede geht, du würdst sie heiraten.

Cassio. Nein, sag mir die Wahrheit.

Jago. Ich will ein Schelm sein! –

Othello (beiseite). Ich trage also dein Brandmal? – Gut! –

Cassio. Das hat der Affe selbst unter die Leute gebracht. Aus
Eitelkeit hat sie sichs in den Kopf gesetzt, ich werde sie
heiraten; nicht weil ichs versprochen habe.

Othello (beiseite). Jago winkt mir, nun fängt er die Geschichte
an.

Cassio. Eben war sie hier; die verfolgt mich überall. Neulich
stand ich am Strande und sprach mit einigen Venetianern,
da kommt wahrhaftig der Grasaffe hin und, so wahr ich
lebe, fällt mir so um den Hals. –

Othello (beiseite). Und ruft: «O lieber Cassio!» oder etwas
Ähnliches; denn das deutet seine Gebärde.

Cassio. Und hängt, und küßt, und weint an mir, und zerrt und zupft mich. Ha, ha, ha! –

Othello (beiseite). Jetzt erzählt er, wie sie ihn in meine Kammer zog: O, ich sehe deine Nase, aber noch nicht den Hund, dem ich sie vorwerfen will.

Cassio. In der Tat, ich muß sie aufgeben.

Jago. Mein Seel! – Sieh, da kommt sie.

Bianca tritt auf.

Cassio. Das ist eine rechte Bisamkatze[1]! Was willst du nur, daß du mir so nachläufst?

Bianca. Mag der Teufel und seine Großmutter dir nachlaufen! – Was hast du mit dem Taschentuch vor, das du mir jetzt eben gabst? Ich war eine rechte Närrin, daß ichs nahm. Ich soll die ganze Arbeit abzeichnen? Recht wahrscheinlich, daß dus in deinem Zimmer sollst gefunden haben und nicht wissen, wers da ließ. 's ist das Geschenk irgendeines Schätzchens, und ich soll die Arbeit abzeichnen? Da, gibs deinem Luderchen: woher dus auch hast, ich werde die Stickerei nicht abzeichnen.

Cassio. Still doch, meine süße Bianca! still doch, still! –

Othello (beiseite). Beim Himmel, ist das nicht mein Taschentuch?

Bianca. Willst du heut abend zum Essen kommen, so tus, willst du nicht, so komm ein andermal, wenn du Lust hast. *(Ab.)*

Jago. Geh ihr nach, geh ihr nach!

Cassio. Das muß ich wohl, sonst zankt sie noch in der Straße.

Jago. Willst du zu Abend bei ihr essen?

Cassio. Ich denke ja!

Jago. Vielleicht treff ich dich dort, denn ich hätte in der Tat notwendig mit dir zu reden.

Cassio. Bitt dich, komm! Willst du? –

Jago. Gut, nichts mehr. *(Cassio ab.)*

Othello. Wie mord ich ihn, Jago!

Jago. Bemerktet Ihrs, wie er zu seiner Schandtat lachte?

---

1. Im Original: Das ist ein rechter Iltis – und ein wohlriechender.

Othello. O, Jago!

Jago. Und saht Ihr das Tuch? –

Othello. Wars meines?

Jago. Eures, bei dieser Hand: und seht nur, wie er das törichte Weib, Eure Gattin, achtet! Sie schenkte es ihm, und er schenkt es seiner Dirne. –

Othello. O! daß ich neun Jahre an ihm morden könnte. – Ein hübsches Weib, ein schönes Weib, ein süßes Weib! –

Jago. Das müßt Ihr jetzt vergessen.

Othello. Mag sie verfaulen und verderben, und zur Hölle fahren zu Nacht; denn sie soll nicht leben. Nein, mein Herz ist zu Stein geworden; ich schlage daran, und die Hand schmerzt mich. O die Welt besitzt kein süßeres Geschöpf; sie hätte an eines Kaisers Seite ruhen und ihm Sklavendienste gebieten können.

Jago. Nein, daran müßt Ihr nicht denken.

Othello. Sei sie verdammt! Ich sage nur, was sie ist: – So geschickt mit ihrer Nadel! – Eine wunderwürdige Tonkünstlerin! – O! sie würde die Wildheit eines Bären zahm singen! – Von so feinem, herrlichem Witz, so geistreich! –

Jago. Und deshalb so schlimmer.

Othello. O tausend, tausendmal! – Und dann von so holder Gefälligkeit! –

Jago. Freilich zu gefällig! –

Othello. Ja, ganz gewiß: aber, wie schade dennoch, Jago! – O, Jago! wie schade, Jago! –

Jago. Wenn Ihr verliebt in ihre Sünden seid, so gebt ihr einen Freibrief zu freveln; denn wenns Euch nicht rührt, geht es keinen etwas an.

Othello. Ich will sie in Stücke hacken. Mir Hörner aufsetzen! –

Jago. O, es ist schändlich von ihr.

Othello. Mit meinem Leutnant! –

Jago. Das ist noch schändlicher.

Othello. Schaff mir Gift, Jago, diese Nacht: – Ich will sie nicht zur Rede stellen, damit ihre Gestalt und Schönheit meinen Zorn nicht wieder entwaffnen: – – Diese Nacht, Jago.

304 OTHELLO

Jago. Tut es nicht mit Gift; erdrosselt sie in ihrem Bett, demselben Bett, das sie entehrt hat.

Othello. Gut! die Gerechtigkeit darin gefällt mir; sehr gut.

Jago. Und Cassio, – diesen übernehm ich selbst,
Um Mitternacht erfahrt Ihr mehr.

(Man hört eine Trompete.)

Othello. Vortrefflich! – Horch, was meldet die Trompete?

Jago. Nachricht wohl von Venedig; 's ist Lodovico,
Gesandt vom Herzog, mit ihm kommt Eur Weib.

Lodovico, Desdemona und Gefolge treten auf.

Lodovico. Heil, würdger General!

Othello. Willkommen, Herr!

Lodovico. Euch grüßt Venedigs Herzog und Senat.

(Er übergibt ihm einen Brief.)

Othello. Ich küsse seines Willens Dokument.

Desdemona. Was bringt Ihr Neues, Vetter Lodovico?

Jago. Es freut mich höchlich, Euch zu sehn, Signor!
Willkommen hier in Zypern.

Lodovico. Ich dank Euch. Was macht Leutnant Cassio, Herr?

Jago. Er lebt, Signor.

Desdemona. Mein Vetter, er ist schlimm mit meinem Gatten
Zerfallen; doch Ihr werdet sie versöhnen.

Othello. Seid Ihr des so gewiß?

Desdemona. Wie, Herr?

Othello (liest). «Dies zu vollbringen säumt nicht, wenn Ihr
wollt – –»

Lodovico. Er rief dich nicht; der Brief beschäftget ihn.
Ist eine Feindschaft zwischen deinem Herrn und Cassio?

Desdemona. Ja! recht betrübte. Ich gäbe viel darum,
Sie auszusöhnen, denn ich liebe Cassio.

Othello. Feuer und Schwefel!

Desdemona. Herr!

Othello. Bist du bei Sinnen?

Desdemona. Wie? ist er zornig?

Lodovico. Mag sein, der Brief bewegt ihn,
Denn, wie ich glaube, ruft man ihn zurück,
Und Cassio wird statt seiner Gouverneur.

VIERTER AUFZUG · ERSTE SZENE

Desdemona. Fürwahr! Das freut mich.
Othello. In der Tat?
Desdemona. Wie, Herr!
Othello. Mich freuts, dich toll zu sehn.
Desdemona. O mein Othello! –
Othello. Teufel! *(Schlägt sie.)*
Desdemona. Das hab ich nicht verdient.
Lodovico. Herr General,
 Das würde keiner in Venedig glauben,
 Und schwür ich auch, ich sahs. Das geht zu weit.
 Bittet ihrs ab, sie weint.
Othello. Oh, Teufel! könnte
 Die Erde sich von Weibertränen schwängern,
 Aus jedem Tropfen wüchs ein Krokodil; –
 Mir aus den Augen!
Desdemona. Ich geh, Euch nicht zu ärgern.
   (Will abgehn.)
Lodovico. In Wahrheit, ein gehorsam Weib! –
 Ich bitt Euch, gnäd'ger Herr! ruft sie zurück.
Othello. Frau – –
Desdemona. Mein Gemahl?
Othello. Was wollt Ihr mit ihr, Herr?
Lodovico. Wer? ich Herr?
Othello. Ihr wünschtet ja, daß sie umkehren möchte:
 Umkehren kann sie, und doch vorwärts gehn,
 Und wieder drehn: und weinen kann sie, weinen, –
 Und ist gehorsam, wie Ihr sagt – gehorsam,
 Ja, sehr gehorsam. Immerfort geweint! –
 Was dies betrifft, – o recht geschickt im Heucheln! –
 Ich bin zurückberufen. – Geh du fort:
 Ich schicke gleich nach dir. – Herr, dem Befehl gehorch ich
 Und kehre nach Venedig; – fort! – hinaus. –
   (Desdemona geht ab.)
 Cassio bekommt mein Amt. Und Herr, heut abend
 Ersuch ich Euch, mit mir zu Nacht zu speisen.
 Willkommen hier in Zypern. – Ziegen und Affen! – *(Ab.)*
Lodovico. Ist dies der edle Mohr, den der Senat

Sein Eins und Alles nennt? Der edle Geist,
Den Leidenschaft nicht regt? Des feste Tugend
Kein Pfeil des Zufalls, kein Geschoß des Glücks
Streift und durchbohrt? –

Jago. Er hat sich sehr geändert.

Lodovico. Ist er nicht wohl? Hat sein Verstand gelitten?

Jago. Er ist so, wie er ist; ich darf nicht schelten.
Gott geb, er wäre, was er könnte sein;
Jetzt ist ers nicht.

Lodovico. Was? seine Frau zu schlagen!

Jago. Gewiß, das war nicht fein; doch wünscht ich, wär
Der Schlag sein ärgstes Tun.

Lodovico. Ist er oft so?
Sagt, oder hat der Brief sein Blut erhitzt,
Daß er sich heut nur so verging?

Jago. Ach leider!
Nicht wärs gewissenhaft von mir, erzählt ich,
Was ich erfuhr und sah. Habt acht auf ihn;
Sein eigner Wandel wird ihn so bezeichnen,
Daß Ihr mein Wort entbehren könnt. Bemerkt ihn
Nur mehr, wenn Ihr mit ihm zusammen seid.

Lodovico. Es schmerzt mich, daß ich mich in ihm getäuscht.
(Sie gehen ab.)

ZWEITE SZENE

Ein andres Zimmer auf dem Schlosse.
Othello und Emilia treten auf.

Othello. So habt Ihr nichts gesehn?

Emilia. Auch nie gehört, noch Argwohn je geschöpft.

Othello. Ja, du sahst Cassio und sie beisammen.

Emilia. Doch sah ich dann kein Unrecht, und dann hört ich
Jedwede Silbe, die gewechselt ward.

Othello. Was? flüsterten sie nie?

Emilia. Nein, gnäd'ger Herr!

Othello. Und schickten nie dich fort?

Emilia. Niemals.

VIERTER AUFZUG · ZWEITE SZENE 307

Othello. Um Fächer, Maske, Handschuh' ihr zu holen?

Emilia. Nein, gnäd'ger Herr!

Othello. 's ist seltsam.

Emilia. Ich wollt auf ihre Tugend meine Seele
Zum Pfande setzen: wenn Ihr anders denkt,
Gebt nicht dem Argwohn Raum, der Euch betört.
Wenn dies ein Schelm Euch in den Kopf gesetzt.
Dem lohns der Himmel mit dem Fluch der Schlange! –
Denn ist nicht diese redlich, keusch und treu,
Ist kein Mann glücklich, ist die reinste Frau
Schwarz wie Verleumdung.

Othello. Laß sie kommen; geh! –
(Emilia geht.)
Sie sagt genug; doch jede Kupplerin
Erzählt dasselbe. Schlau ist diese Metze,
Ein heimlich Schloß und Riegel schnöder Sünden:
Doch kniet und betet sie; ich sah es selbst! –
Emilia und Desdemona treten auf.

Desdemona. Was wollt Ihr, mein Gemahl? –

Othello. Komm, Täubchen, komm!

Desdemona. Was ist Eur Wunsch?

Othello. Laß dir ins Auge sehn;
Schau ins Gesicht mir!

Desdemona. Welch fürchterlicher Einfall!

Othello. *(Zu Emilia.)* Nun deine Künste, Weibsbild;
Laß Buhlschaft nun allein und schließ die Tür;
Hust oder rufe «Hem!» wenn jemand kommt:
Dein Handwerk, an dein Handwerk! Mach dich fort! –
(Emilia geht ab.)

Desdemona. Ich flehe knieend, sag mir, was du meinst?
Dein Wort versteh ich nicht! doch aus dem Wort
Tönt wilde Furie.

Othello. Ha, was bist du?

Desdemona. Dein Weib, mein Gatte,
Dein pflichtgetreues Weib.

Othello. Komm, schwörs, verdamm dich selbst, daß nicht die [Teufel,
Geschreckt von deiner Engelbildung, zittern,

Dich zu ergreifen: drum verdamm dich doppelt,
Schwör, du seist treu.

Desdemona. Der Himmel weiß, ich bins.

Othello. Der Himmel weiß, falsch bist du, wie die Hölle.

Desdemona. Wem, mein Gemahl? mit wem? wie bin ich falsch?

Othello. O Desdemona! Hinweg, hinweg, hinweg! –

Desdemona. O Tag des Jammers! – Wehe! warum weinst du?
Bin ich, mein Gatte, Ursach dieser Tränen?
Hast du vielleicht den Vater in Verdacht,
Er sei das Werkzeug deiner Heimberufung,
Gib mir die Schuld nicht. Hast du ihn verloren,
Nun, ich verlor ihn auch.

Othello. Gefiel es Gott,
Durch Trübsal mich zu prüfen, göß er Schmach
Und jede Kränkung auf mein nacktes Haupt,
Versenkt in Armut mich bis an die Lippen,
Schlüg samt der letzten Hoffnung mich in Fesseln,
Doch fänd ich wohl in einem Herzenswinkel
Ein Tröpfchen von Geduld. Doch mich zu machen
Zum festen Bilde für die Zeit des Hohns,
Mit langsam drehndem Finger drauf zu weisen –
O! o! –
Und dies auch könnt ich tragen, sehr, sehr wohl.
Doch da, wo ich mein Herz als Schatz verwahrt,
Wo ich muß leben oder gar nicht leben;
Der Quell, aus dem mein Leben strömen muß,
Sonst ganz versiegen: da vertrieben sein,
Oder ihn schaun als Sumpf für ekler Kröten
Begehn und Brüten – da verfinstre dich,
Geduld, du junger, rosenwangiger Cherub!
Ja, schau so grimmig als die Hölle!

Desdemona. Ich hoffe, mein Gemahl hält mich für treu.

Othello. O ja, wie Sommerfliegen auf der Fleischbank,
Die im Entstehn schon buhlen. O du Unkraut,
So reizend lieblich und von Duft so süß,
Daß du den Sinn betäubst – o wärst du nie geboren! –

Desdemona. Welch unbewußten Fehl konnt ich begehn?

Othello. Dies reine Blatt, dies schöne Buch nur dazu,
Um Metze drauf zu schreiben? Was begehn?
Begehn? O du ganz freche Buhlerin! –
Schmelzöfen müßt ich machen aus den Wangen,
Und meine Sittsamkeit zu Asche brennen,
Nennt ich nur deine Taten. Was begehn?
Dem Himmel ekelts und der Mond verbirgt sich:
Der Buhler Wind, der küßt, was ihm begegnet,
Versteckt sich in den Höhlungen der Erde
Und will nichts davon hören: was begehn?
Schamlose Metze! –
Desdemona. Bei Gott, Ihr tut mir Unrecht!
Othello. Du keine Metze?
Desdemona. Nein, so wahr ich Christin:
Wenn meinem Herrn bewahren dies Gefäß
Vor jeder schnöden, sträflichen Berührung,
Heißt keine Metze sein, so bin ich keine.
Othello. Du keine Hure?
Desdemona. Nein, so helfe Gott mir!
Othello. Ists möglich?
Desdemona. O Himmel, sei mir gnädig!
Othello. Dann verzeiht mir!
Ich nahm Euch für die Dirne von Venedig,
Die den Othello freite. –

Emilia kommt zurück.

Und du Weib,
Die von Sankt Peter just das Gegenteil,
Der Hölle Pforten sperrt: du, du, ja du! –
Wir sind zu Ende: nimm! Da ist dein Geld!
Nun schließ die Tür und halte reinen Mund! *(Ab.)*
Emilia. O Gott! was hat doch unser Herr im Sinn?
Wie gehts Euch, teure Frau? Wie gehts Euch, Gnäd'ge?
Desdemona. Mir ist, als träumt ich.
Emilia. Sagt, werte Frau! was fehlt dem gnäd'gen Herrn?
Desdemona. Wem?
Emilia. Meinem gnäd'gen Herrn.
Desdemona. Wer ist dein Herr?

Emilia. Der auch der Eure, liebste, gnäd'ge Frau.
Desdemona. Ich habe keinen. Sag mir nichts, Emilia!
  Ich kann nicht weinen, hab auch keine Antwort,
  Die nicht zu Wasser würde. Bitt dich, diese Nacht
  Leg auf mein Bett mein Brauttuch – denke dran,
  Und ruf mir deinen Mann.
Emilia. Wie hat sichs hier geändert! –

(Ab.)

Desdemona. 's ist billig, daß mir so begegnet wird! Sehr billig!
  Wie war ich nur, daß auch sein kleinster Argwohn
  Mein mindestes Versehn mißdeuten konnte?

Jago und Emilia treten auf.

Jago. Was wünscht Ihr, gnäd'ge Frau, wie geht es Euch?
Desdemona. Ich weiß es nicht. Wer Kinder unterrichtet,
  Gibt ihnen freundlich leichte Arbeit auf;
  So konnt er mich ja schmälen, denn fürwahr,
  Ich bin ein Kind fürs Schmälen.
Jago. Was ist denn, gnäd'ge Frau? –
Emilia. Ach Jago! Metze schimpfte sie der Herr.
  Wie schändlich und verachtend er sie nannte,
  Das trägt kein treues Herz.
Desdemona. Jago, bin ich das Wort?
Jago. Welch Wort, Verehrte?
Desdemona. Das, wie sie sagt, mein Herr mir hat gegeben?
Emilia. Er schalt sie Metze; nein, kein Bettler könnte
  Im Rausch solch Wort von seiner Dirne brauchen.
Jago. Warum denn das? –
Desdemona. Ich weiß es nicht; gewiß, ich bin es nicht.
Jago. O weint nicht, weint nur nicht; du liebe Zeit!
Emilia. Wies sie so manchen edlen Antrag ab,
  Verließ den Vater, Freunde, Vaterland,
  Daß man sie Metze schimpfe? Ists nicht zum Weinen?
Desdemona. Das ist mein traurig Schicksal.
Jago. Nun, Gott beßr' ihn!
  Wie kommt ihm solcher Einfall?
Desdemona. Weiß der Himmel!
Emilia. Nein, hängt mich, wenn ein Erzverleumder nicht,

VIERTER AUFZUG · ZWEITE SZENE 311

Irgend ein schmeichelnder, geschäftger Schuft,
Ein glatter Schurk, um sich ein Amt zu fischen,
Die Lügen ausgedacht; ja, darauf sterb ich.
Jago. Pfui, solchen Menschen gibts nicht; 's ist unmöglich.
Desdemona. Und gibt es einen, so vergeb ihm Gott!
Emilia. Ein Strick vergeb ihm! Nag an ihm die Hölle!
Sie Metze schimpfen! - Wer besucht sie je? -
Wo? Wann? Und wie? - Wo ist auch nur ein Schein?
Ein recht ausbündger Schurk belog den Mohren,
Ein niederträchtger Schurk, ein schäb'ger Bube.
O Himmel! Möchts du solch Gezücht entlarven
Und jeder wackren Hand 'ne Geißel geben,
Den Schurken nackt durch alle Welt zu peitschen
Vom Ost zum fernen West!
Jago. Schrei doch nicht so! -
Emilia. Pfui über ihn! - Solch ein Geselle wars,
Der ehmals dir auch den Verstand verwirrte,
Mich mit dem Mohren in Verdacht zu haben! -
Jago. Du bist nicht klug, sei still!
Desdemona. O guter Jago!
Was soll ich tun, ihn wieder zu gewinnen? -
Geh zu ihm, Freund, denn, bei der Sonne Licht,
Ich weiß nicht, wie ich ihn verlor. - Hier knie ich: -
Wenn je mein Herz sich seiner Lieb empört,
In Worten, in Gedanken oder Tat;
Wenn je mein Aug, mein Ohr und sonst ein Sinn
An andrer Wohlgestalt Gefallen fand;
Wenn ich nicht jetzt ihn lieb, ihn stets geliebt,
Ihn immerdar - auch wenn er mich verstieße
Als Bettlerin - von Herzen lieben werde, -
Dann, Trost, verlaß mich! - Kaltsinn bringt es weit;
Und rauben kann sein Kaltsinn mir das Leben,
Doch nie die Liebe mindern. Ich kann nicht sagen: Metze,
Mir schaudert schon, da ich das Wort gesprochen;
Doch tun, was die Beschimpfung nach sich zieht -
Nicht um die ganze Eitelkeit der Welt!
Jago. Ich bitte, faßt Euch, 's ist nur seine Laune.

Die Staatsgeschäfte machen ihm Verdruß;
Da zankt er nun mit Euch.

Desdemona. Wär es nur das –

Jago. Glaubt mir, es ist nichts anders. (*Man hört Trompeten.*)
Horcht, die Trompete ruft zur Abendtafel,
Und die Gesandtschaft von Venedig wartet;
Geht hin und weint nicht, alles wird noch gut.
(*Desdemona und Emilia ab.*)

Rodrigo tritt auf.

Was gibts Rodrigo? –

Rodrigo. Ich finde nicht, daß du es redlich mit mir meinst.

Jago. Und warum das Gegenteil?

Rodrigo. Jeden Tag fertigst du mich mit einer Ausrede ab,
Jago, und hältst mich vielmehr (wie mirs vorkommt) von
aller guten Gelegenheit fern, als daß du meiner Hoffnung
den geringsten Vorteil verschaffst. Ich ertrage das wahrhaftig nicht länger, und du sollst mich nicht dazu bringen,
ruhig einzustecken, was ich bisher, wie ein Tor, mir habe
gefallen lassen.

Jago. Wollt Ihr mich anhören, Rodrigo?

Rodrigo. Auf Ehre, ich habe schon zu viel gehört, denn Euer
Versprechen und Tun halten nicht gleichen Schritt miteinander.

Jago. Ihr beschuldigt mich höchst ungerecht! –

Rodrigo. 's ist lauter Wahrheit. Ich habe mein ganzes Vermögen zugesetzt. Die Juwelen, die Ihr von mir empfingt, um
sie Desdemona einzuhändigen – die Hälfte hätte eine Nonne
verführt. Ihr sagtet mir, sie habe sie angenommen, und
gabt mir Hoffnung und Aussicht auf baldige Gunst und Erwiderung, aber dabei bleibts.

Jago. Gut, nur weiter, recht gut! –

Rodrigo. Recht gut, weiter! Ich kann nicht weiter, Freund!
und hier ist nichts recht gut. Bei dieser Hand, ich sage, es
ist spitzbübisch; und ich fange an zu merken, daß man mich
foppt.

Jago. Recht gut!

VIERTER AUFZUG · ZWEITE SZENE   313

Rodrigo. Ich sage dir, es ist nicht recht gut. Ich will mich Desdemona selbst entdecken; gibt sie mir meine Juwelen wieder zurück, so lass ich ab von meiner Bewerbung und be-
reue mein unerlaubtes Zumuten; wo nicht; seid gewiß, daß
ich Genugtuung von Euch fordern werde.

Jago. Habt Ihr jetzt gesprochen?

Rodrigo. Ja, und habe nichts gesprochen, als was ich ernstlich
zu tun gesonnen bin.

Jago. Schön! Nun sehe ich doch, daß du Haare auf den Zäh-
nen hast, und seit diesem Moment fasse ich eine beßre Meinung von dir als je zuvor. Gib mir deine Hand, Rodrigo;
du hast sehr gegründete Einwendungen gegen mich vorgebracht, und dennoch, schwöre ich dir, bin ich in deiner
Sache sehr grade zu Werke gegangen.

Rodrigo. Das hat sich wenig gezeigt.

Jago. Ich gebe zu, daß sichs nicht gezeigt hat, und dein Argwohn ist nicht ohne Verstand und Scharfsinn. Aber, Rodrigo, wenn das wirklich in dir steckt, was ich dir jetzt
mehr zutraue als je – ich meine Willenskraft, Mut und Herz
– so zeig es diese Nacht. Wenn du in der nächsten Nacht
nicht zu Desdemonas Besitz gelangst, so schaff mich hinter-
listig aus der Welt und stelle meinem Leben Fallstricke.

Rodrigo. Gut, was ists? Liegts im Gebiet der Vernunft und
der Möglichkeit? –

Jago. Freund, es ist ein ausdrücklicher Befehl von Venedig da,
daß Cassio in Othellos Stelle treten soll.

Rodrigo. Ist das wahr? Nun, so gehen Othello und Desdemona
nach Venedig zurück.

Jago. O nein, er geht ins Mohrenland und nimmt die schöne
Desdemona mit sich, wenn nicht sein Aufenthalt hier durch
einen Zufall verlängert wird, und darin kann nichts so entscheidend sein, als wenn Cassio beiseite geschafft wird.

Rodrigo. Wie meinst du das – ihn beiseite schaffen?

Jago. Nun, ihn für Othellos Amt untauglich machen, ihm das
Gehirn ausschlagen.

Rodrigo. Und das, meinst du, soll ich tun? –

Jago. Ja, wenn du das Herz hast, dir Vorteil und Recht zu

verschaffen. Er ist heute zum Abendessen bei einer Dirne, und dort will ich ihn treffen; noch weiß er nichts von seiner ehrenvollen Beförderung. Wenn du nun auf sein Weggehn lauern willst (und ich werde es einrichten, daß dies zwischen zwölf und eins geschehe), – so kannst du nach deiner Bequemlichkeit über ihn herfallen; ich will in der Nähe sein, um deinen Angriff zu unterstützen, und er soll zwischen uns beiden fallen. Komm, steh nicht so verwundert, sondern folge mir; ich will dich so von der Notwendigkeit seines Todes überzeugen, daß dus für Pflicht halten sollst, ihn aus der Welt zu schaffen. Es ist hohe Zeit zum Abendessen, und die Nacht geht hin. Frisch daran.

Rodrigo. Ich muß noch mehr Gründe hören.

Jago. Das sollst du zur Genüge.

(Sie gehen ab.)

DRITTE SZENE

Vorsaal im Schlosse.

Othello, Lodovico, Desdemona, Emilia und Gefolge treten auf.

Lodovico. Ich bitt Euch, Herr, bemüht Euch nun nicht weiter.

Othello. O nein, erlaubt, das Ausgehn tut mir wohl.

Lodovico. Schlaft, Gnäd'ge, wohl! ich sag Euch meinen Dank.

Desdemona. Ihr wart uns sehr willkommen, Herr!

Othello. Wollen wir gehn, Signor? – O Desdemona! –

Desdemona. Mein Gemahl? –

Othello. Geh sogleich zu Bett, ich werde augenblicklich wieder da sein. Entlaß deine Gesellschafterin; tu, wie ich dir sage.

Desdemona. Das werd ich, mein Gemahl.

(Othello, Lodovico und Gefolge gehen ab.)

Emilia. Wie gehts nun? Er scheint milder als zuvor.

Desdemona. Er sagt, er werde hier sein ungesäumt;
Er gab mir den Befehl, zu Bett zu gehen,
Und hieß mir, dich entlassen.

Emilia. Mich entlassen? –

Desdemona. Er will es also; darum, gutes Kind,

VIERTER AUFZUG · DRITTE SZENE 315

Gib mir mein Nachtgewand und lebe wohl! –
Wir dürfen jetzt ihn nicht erzürnen.

Emilia. Hättet Ihr ihn doch nie gesehn!

Desdemona. Das wollt ich nicht; mein Herz hängt so an ihm,
Daß selbst sein Zorn, sein Trotz, sein Eigensinn –
Komm, steck mich los – mir lieb und reizend dünkt.

Emilia. Die Tücher legt ich auf, wie Ihrs befahlt.

Desdemona. 's ist alles eins. – Ach! was wir töricht sind! –
Sterb ich vor dir, so bitt dich, hülle mich
In eins von diesen Tüchern.

Emilia. Kommt, Ihr schwatzt! –

Desdemona. Meine Mutter hatt ein Mädchen – Bärbel hieß sie –,
Die war verliebt, und treulos ward ihr Schatz
Und lief davon. Sie hatt ein Lied von Weide,
Ein altes Ding, doch paßt' es für ihr Leid;
Sie starb, indem sies sang. Das Lied heut nacht
Kommt mir nicht aus dem Sinn: ich hab zu schaffen,
Daß ich nicht auch den Kopf so häng und singe
Wie's arme Bärbel. Bitt dich, mach geschwind.

Emilia. Soll ich Eur Nachtkleid holen? –

Desdemona. Nein, steck mich hier nur los. –
Der Lodovico ist ein feiner Mann.

Emilia. Ein recht hübscher Mann.

Desdemona. Er spricht gut.

Emilia. Ich weiß eine Dame in Venedig, die wäre barfuß nach
Palästina gegangen, um einen Druck von seiner Unterlippe.

Desdemona (*singt*).
Das Mägdlein saß singend am Feigenbaum früh,
Singt Weide, grüne Weide!
Die Hand auf dem Busen, das Haupt auf dem Knie,
Singt Weide, Weide, Weide,
Das Bächlein, es murmelt und stimmet mit ein;
Singt Weide, grüne Weide!
Heiß rollt ihr die Trän und erweicht das Gestein;
Leg dies beiseite –
Singt Weide, Weide, Weide!
Bitt dich, mach schnell, er kommt sogleich –

Von Weiden all flecht ich mir nun den Kranz –
O scheltet ihn nicht, sein Zorn ist mir recht, –
Nein, das kommt später, – Horch! wer klopft da? –

Emilia. Es ist der Wind.

Desdemona. Ich nannt ihn ,du Falscher!', was sagst du dazu?
Singt Weide, grüne Weide!
Seh ich nach den Mädeln, nach den Buben siehst du.
So geh nun fort; gute Nacht! Mein Auge juckt,
Bedeutet das wohl Tränen?

Emilia. Ei, mit nichten!

Desdemona. Ich hört es so. – Die Männer, o die Männer!
Glaubst du, auf dein Gewissen sprich, Emilia,
Daß wirklich Weiber sind, die ihre Männer
So gröblich täuschen?

Emilia. Solche gibts, kein Zweifel.

Desdemona. Tätst du dergleichen um die ganze Welt?

Emilia. Nun, tätet Ihrs nicht?

Desdemona. Nein, beim Licht des Himmels!

Emilia. Ich tät es auch nicht bei des Himmels Licht,
Ich könnt es ja im Dunkeln.

Desdemona. Tätst du dergleichen um die ganze Welt?

Emilia. Die Welt ist mächtig weit; der Lohn wär groß,
Klein der Verstoß.

Desdemona. Gewiß, du tätst es nicht! –

Emilia. Gewiß, ich täte es und machte es wieder ungetan,
wenn ichs getan hätte. Nun freilich täte ich so etwas nicht
für einen Fingerring, noch für einige Ellen Battist, noch für
Mäntel, Röcke und Hauben oder solchen armsel'gen Kram;
aber für die ganze Welt, – ei, wer hätte da nicht Lust, dem
Manne Hörner aufzusetzen und ihn zum Weltkaiser zu
machen? Dafür wagte ich das Fegefeuer! –

Desdemona. Ich will des Todes sein, tät ich solch Unrecht
Auch um die ganze Welt.

Emilia. Ei nun, das Unrecht ist doch nur ein Unrecht in der
Welt, und wenn Euch die Welt für Eure Mühe zuteil wird,
so ists ein Unrecht in Eurer eignen Welt. Ihr könnt es geschwind zu Recht machen.

Desdemona. Ich glaube doch, es gibt kein solches Weib.
Emilia. Ei, zehn für eins und noch soviel in Kauf,
Die Welt, um die sie spielten, gleich zu füllen.
Allein mich dünkt, es ist der Männer Schuld,
Daß Weiber fallen. Wenn sie pflichtvergessen
In fremdem Schoß vergeuden unsern Schatz;
Wenn sie, verkehrt in launscher Eifersucht,
Ans Haus uns fesseln; wenn sie gar uns schlagen,
Wenn sie in Leichtsinn unser Gut vertun,
Dann schwillt auch uns die Galle; wir sind fromm,
Doch nicht von Rachsucht frei. Sie sollens wissen.
Wir haben Sinne auch, wir sehn und riechen
Und haben einen Gaumen für Süß und Herbe
Wie unsre Männer. Was bezwecken sie,
Wenn sie uns andre vorziehn? Ist es Lust?
Ich denke, ja; treibt sie die Leidenschaft?
Ich denke, ja; ists Schwachheit, die sie tört? –
Gewiß; und haben wir nicht Leidenschaft?
Nicht Hang zur Lust? Und Schwachheit gleich den Män-
Drum, wenn der Mann sich treulos von uns kehrte, [nern?
Wars seine Bosheit, die uns Böses lehrte.
Desdemona. Gut Nacht! – Und laß mich, Herr, in fremden
Nicht eigne Sünde, laß mich Beßrung finden! – [Sünden
(Sie gehn ab.)

FÜNFTER AUFZUG

ERSTE SZENE

Straße.
Jago und Rodrigo treten auf.

Jago. Hier steh am Pfeiler, gleich wird Cassio kommen,
Halt deine Klinge blank und führ sie gut.
Frisch, sei getrost; ich steh dir nah zur Hand;
Dies hebt uns oder stürzt uns, daran denke
Und bleibe fest und standhaft beim Entschluß.

Rodrigo. So steh hier nah, es könnte mir mißlingen.

Jago. Hier neben dir, sei kühn und nimm dein Schwert.

Rodrigo. Ich bin nicht sehr im Eifer für die Tat,
Und doch sinds triftge Gründe, die er gab.
Ein Mann, – was liegt dran? – Komm, mein Schwert! Er
[sterbe! *(Tritt beiseite.)*

Jago. Ich rieb die junge Beule, bis sie brennt,
Nun macht er Ernst. Jetzt, ob er Cassio mordet,
Ob Cassio ihn, – ob sie sich beide morden,
Mir ist das gleich gelegen. Lebt Rodrigo,
So dringt er auf den völligen Ersatz
Des Gelds und Schmucks, um die ich ihn geprellt
Für Desdemona;
Das darf nicht sein. Wenn Cassio übrigbleibt,
So zeigt sein Leben täglich eine Schönheit,
Die mich verhäßlicht; und der Mohr auch möchte
Mich ihm verraten; das wär sehr bedenklich.
Nein, nein, er sterbe! – Still, ich hör ihn kommen.

Cassio tritt auf.

Rodrigo. Es ist sein Gang, er kommt. – So stirb, du Schurk! –
(Er läuft auf Cassio zu und verwundet ihn.)

Cassio. Der Degenstoß war feindlich mir gemeint,
Doch ist mein Rock stichfester als du glaubst;
Nun prüf ich deinen.

Rodrigo. Weh! ich bin des Todes!
*(Sie fechten; Cassio verwundet den Rodrigo, Jago sticht
dem Cassio von hinten ins Bein und geht ab.)*

Cassio. Gelähmt auf immer! Hilfe! Mörder! Mörder!

Othello zeigt sich oben.

Othello. 's Cassios Stimme; Jago hält sein Wort!

Rodrigo. O ich Verruchter!

Othello. Horch! – Jawohl, so ists.

Cassio. O Hilfe! Licht! ein Wundarzt! –

Othello. Er ists! O wackrer Jago, brav und treu!
Der du so edel fühlst des Freundes Schmach!
Du lehrst mich: – Püppchen, dein Geliebter fiel,
Und deine Stunde naht. Ich komme, Dirne!

FÜNFTER AUFZUG · ERSTE SZENE

Dein Blick, dein Reiz soll mir im Herzen sterben,
Dein sündig Bett das Blut der Sünde färben! –
(*Er geht ab.*)

Lodovico und Gratiano treten in einiger Entfernung auf.

Cassio. Kein Wächter da? Kommt niemand? Hilfe! Mord!
Gratiano. Ein Unglück ganz gewiß, der Schrei war furchtbar.
Cassio. O Hilfe!
Lodovico. Horch!
Rodrigo. O, niederträchtger Bube! –
Lodovico. Zwei-, dreimal hört ich ächzen. Grause Nacht!
Das kann Verstellung sein; ich halts nicht sicher,
Dem Schrei zu folgen, eh uns Beistand wird.
Rodrigo. Kommt niemand, so muß ich zu Tode bluten.

Jago kommt mit einem Lichte.

Lodovico. Horch!
Gratiano. Ein Mann hier ohne Wams mit Licht und Degen.
Jago. Wer da? Was für ein Lärm? Wer rief hier Mord?
Lodovico. Wir wissens nicht.
Jago. Habt Ihr nicht schrein gehört?
Cassio. Hier, hier; um Gottes willen, helft!
Jago. Was gibts?
Gratiano. Das ist Othellos Fähndrich, wie ich glaube.
Lodovico. Ganz recht, er ists; ein sehr beherzter Mann.
Jago. Wer seid Ihr da, der so erbärmlich ruft?
Cassio. Jago! von Schurken tödlich hier gelähmt –
Ach, schaff mir Hilfe! –
Jago. Um Gott! Sagt, Leutnant, welche Buben tatens?
Cassio. Der eine, denk ich, liegt hier in der Nähe
Und kann nicht fort.
Jago. O die arglistgen Schurken!
(*Zu Lodovico und Gratiano.*)
Wer seid ihr da? Kommt doch heran und helft!
Rodrigo. O, helft mir hier!
Cassio. Der war dabei.
Jago. O Schurk! O Meuchelmörder!
(*Jago ersticht den Rodrigo.*)

320 OTHELLO

Rodrigo. Verdammter Jago! Bluthund! O! o! o!
Jago. Im Dunkeln morden? Wo sind die blut'gen Diebe?
    Wie still sind diese Straßen! Mord! Mord! Mord!
    Wer seid denn ihr? Schlimm' oder Gute?
Lodovico. Rühmt uns, wie Ihr uns findet.
Jago. Signor Lodovico.
Lodovico. Ja, Herr!
Jago. Verzeihung; hier liegt Cassio, schwer verwundet
    Von Schurken.
Gratiano. Cassio?
Jago. Sag, wie geht dirs, Bruder?
Cassio. Ich bin durchs Bein gestochen.
Jago. Gott verhüt es!
    Bringt Licht, Herrn! Mit dem Hemd will ichs verbinden.

Bianca tritt auf.

Bianca. Was ist geschehn? Wer war es, der so schrie?
Jago. Wer wars, der schrie?
Bianca. O liebster Cassio! O mein süßer Cassio!
    O Cassio! Cassio! Cassio!
Jago. O du ausbündge Metze! Cassio, wißt Ihr,
    Wer jene waren, die Euch so gelähmt?
Cassio. Nein.
Gratiano. Mich schmerzt, Euch so zu sehn, ich sucht Euch eben.
Jago. Leiht mir ein Strumpfband. So. – O eine Sänfte,
    Ihn leise hinzutragen.
Bianca. Er fällt in Ohnmacht. Cassio! Cassio! Cassio!
Jago. Ihr Herrn, mir ahnets, die Verworfne hier
    Sei mit verstrickt in dieser Greueltat. –
    Geduld ein wenig, lieber Cassio! Kommt,
    Ein Licht her, – kenn ich den da, oder nicht? –
    Ach Gott! ist das mein Freund und werter Landsmann,
    Rodrigo? – Nein; und doch: – o Gott! Rodrigo!
Gratiano. Rodrigo von Venedig?
Jago. Derselbe; kennt Ihr ihn?
Gratiano. Ja, allerdings!
Jago. Signor Gratiano? O Herr, ich bin beschämt;

FÜNFTER AUFZUG · ERSTE SZENE

Der blut'ge Fall entschuldge meine Rauheit,
Die Euch mißkannt.

Gratiano. Es freut mich, Euch zu sehn.

Jago. Cassio, wie gehts? Die Sänfte! He, die Sänfte!

Gratiano. Rodrigo!

Jago. Ja, ja, er ists. – O schön, da kommt die Sänfte. –
Tragt ihn mit Sorgfalt heim, ihr guten Leute;
Ich hol Othellos Wundarzt.
(*Zu Bianca.*) Ihr da, Jungfer,
Spart Eure Müh. – Cassio, der hier gelähmt ward,
Ist sehr mein Freund; was hattet ihr für Streit?

Cassio. Nichts in der Welt, ich kenn ihn nicht einmal.

Jago (*zu Bianca*).
Wie, seht Ihr blaß? – O tragt ihn aus der Luft. –
(*Cassio und Rodrigo werden weggetragen.*)
Bleibt, werte Herren! Ihr, Jungfer, seht so blaß?
Bemerkt ihr, wie verstört ihr Auge starrt?
Nun, bebt Ihr gar, erfahren wir wohl mehr: –
Betrachtet sie, ich bitt euch, seht sie an;
Nicht wahr, ihr Herrn? Ihr schlecht Gewissen spricht,
Wenn auch die Zungen gar nicht reden könnten.

Emilia tritt auf.

Emilia. Was ist geschehn? Ach, Mann, was ist geschehn?

Jago. Cassio ward hier im Dunkeln angefallen,
Rodrigo wars und andre, die entflohn;
Er ist halb tot und Roderigo starb.

Emilia. Ach Gott, der arme Herr! Ach, guter Cassio!

Jago. Das ist der Unzucht Strafe. – Hör, Emilia,
Frag doch den Cassio, wo er nachts gespeist.
(*Zu Bianca.*)
Was? Zittert Ihr davor?

Bianca. Er aß bei mir. Doch davor zittr ich nicht.

Jago. Ha, tat er das? Kommt, sag ich, folgt mir nach!

Emilia. Pfui, schlechtes Weib! –

Bianca. Ich bin kein schlechtes Weib; ich bin so ehrlich
Als Ihr, die so mich schimpft.

Emilia. Als ich? O pfui!

Jago. Kommt, Herrn, zu sehn, wie Cassio wird verbunden; –
Ihr, Jungfer, geht, Euch zeigt mans bald noch anders. –
Emilia, lauf zur Zitadell und melde
Dem Herrn und seiner Frau, was hier geschah. –
Ich bitte, geht voran. (*Für sich.*) Dies ist die Nacht,
Die mich vernichtet oder glücklich macht.
(Sie gehn ab.)

ZWEITE SZENE

Schlafzimmer.
Desdemona, schlafend im Bett. Ein Licht brennt neben ihr.
Othello tritt herein.

Othello. Die Sache wills, die Sache wills, mein Herz!
Laßt sie mich euch nicht nennen, keusche Sterne!
Die Sache wills. – Doch nicht ihr Blut vergieß ich:
Noch ritz ich diese Haut, so weiß wie Schnee
Und sanft wie eines Denkmals Alabaster. –
(Er legt seinen Degen ab.)
Doch sterben muß sie, sonst betrügt sie andre.
Tu aus das Licht, und dann – Tu aus das Licht; –
Ja, lösch ich dich, du flammenheller Diener –
Kann ich dein vorig Licht dir wiedergeben,
Sollt ichs bereun; – doch *dein* Licht ausgetan,
Du reizend Muster herrlichster Natur,
Nie find ich den Prometheusfunken wieder,
Dein Licht zu zünden. Pflückt ich deine Rose,
Nie kann ich ihr den Lebenswuchs erneun,
Sie muß, muß welken; dufte mir vom Stamm! – (*Küßt sie.*)
O würzger Hauch, der selbst Gerechtigkeit
Ihr Schwert zu brechen zwingt! – Noch einen! einen!
Sei, wann du tot bist, so, dann töt ich dich
Und liebe dich nachher – noch einen und den letzten!
So süß war nie so tödlich. Ich muß weinen.
Doch sinds grausame Tränen; dieser Schmerz
Ist wie des Himmels, strafend, wo er liebt. –
Sie wacht. –

FÜNFTER AUFZUG · ZWEITE SZENE

Desdemona. Wer da? Othello?

Othello. Ja, Desdemona.

Desdemona. Wollt Ihr zu Bett gehn, mein Gemahl?

Othello. Hast du zu Nacht gebetet, Desdemona?

Desdemona. Ja, mein Gemahl!

Othello. Kannst du dich einer Sünde noch erinnern,
Nicht ausgesöhnt dem Himmel und der Gnade,
So flehe jetzt alsbald.

Desdemona. Ach, mein Gemahl! Was willst du damit sagen?

Othello. Wohl, tu es, und sei kurz; ich geh beiseite;
Nicht möcht ich deinen Geist in Sünden töten,
Nein, Gott verhüts! nicht deine Seele töten.

Desdemona. Sprichst du vom Töten?

Othello. Ja!

Desdemona. Dann, güt'ger Himmel,
Erbarm dich mein!

Othello. Amen von ganzem Herzen!

Desdemona. Wenn du so sprichst, dann wirst du mich nicht

Othello. Hm!   [töten!

Desdemona. Und dennoch fürcht ich dich, denn du bist
Wenn so dein Auge rollt.   [schrecklich,
Warum ich fürchten sollte, weiß ich nicht,
Da ich von Schuld nichts weiß; doch fühl ich, daß ich

Othello. Denk deiner Sünde.   [fürchte.

Desdemona. Das ist zu dir die Herzensliebe.

Othello. Und dafür stirbst du.

Desdemona. Grausamer Tod, der nur um Liebe tötet! –
Ach warum nagst du so die Unterlippe?
Dein ganzer Bau erbebt in blut'ger Wut.
Das sind Vorzeichen; doch ich hoff, ich hoffe,
Sie deuten nicht auf mich.

Othello. Schweig und sei still! –

Desdemona. Ich schweige; was begehrst du? –

Othello. Das Tuch, das ich so wert hielt und dir schenkte;
Du gabst es Cassio.

Desdemona. Nein, bei Seel und Leben!

Ruf ihn herbei und frag ihn.

Othello. Behüte, Kind, behüte dich vor Meineid,
  Du liegst auf deinem Sterbebette.

Desdemona. Ja, doch nicht jetzt zu sterben.

Othello. Ja, alsbald.
  Darum bekenn aufrichtig deine Sünde;
  Denn jeden Punkt mit einem Eid verleugnen,
  Nicht wälzt es ab, noch beugts der Überzeugung Last,
  Die mich zu Boden drückt. Du bist am Sterben!

Desdemona. Dann, Gott, erbarm dich mein!

Othello. Ich sage Amen!

Desdemona. Auch du erbarm dich mein! Nie hab ich dich
  Jemals beleidigt, Cassio nie geliebt,
  Als mit der Liebe, die der Himmel selbst
  Gestattet; niemals gab ich ihm ein Pfand.

Othello. Bei Gott, ich sah mein Tuch in seinen Händen;
  Meineidig Weib! Ha! du versteinst mein Herz
  Und machst zum Mord, was ich beginnen will,
  Was ich als Opfer meinte.
  Ich sah das Tuch.

Desdemona. So hat ers denn gefunden;
  Nie hab ichs ihm gegeben; ruf ihn her,
  Daß er bekennt, wie 's ist.

Othello. Er hat bekannt.

Desdemona. Was, teurer Herr?

Othello. Daß er dein Freund gewesen –

Desdemona. Wie? unerlaubt?

Othello. Ja!

Desdemona. Das kann er nicht sagen.

Othello. O nein, sein Mund ist stumm;
  Der treue Jago hat dafür gesorgt.

Desdemona. O! meine Furcht erklärt mirs. Wie? Er tot?

Othello. Ob jedes Haar ein Leben war, mein Grimm
  Verschlang sie alle.

Desdemona. O Gott! Er ist verraten, ich verloren!

Othello. Ha, Metze! Weinst um ihn vor meinen Augen? –

Desdemona. Verstoße mich! O, töte mich nur nicht. –

FÜNFTER AUFZUG · ZWEITE SZENE

Othello. Nieder mit dir, Metze!

Desdemona. Töte mich morgen, laß mich heut noch leben!

Othello. Kein Sträuben!

Desdemona. Nur ein Stündchen.

Othello. Ists getan,
Brauchts keines Zögerns.

Desdemona. Nur, bis ich noch gebetet!

Othello. 's ist zu spät. *(Er ersticht sie.)*

Emilia (draußen). Mein gnäd'ger Herr! He! Holla! Gnäd'ger
Herr!

Othello. Was für ein Lärm? Nicht tot? Noch nicht ganz tot? –
Ich bin zwar grausam, aber doch barmherzig;
Nicht möcht ich dir verlängern deine Qual. –
(Ersticht sie mit dem Dolch.)
So, so.

Emilia. He! holla! Gnäd'ger Herr!

Othello. Wer da?

Emilia. O bester Herr, nur auf ein Wort mit Euch. –

Othello. Ja! 's ist Emilia. Gleich! – Jetzt ist sie tot. –
Gewiß, sie kommt und meldet Cassios Tod;
Der Lärm war groß. – Ha! Regst du dich nicht mehr?
Still, wie das Grab. – Darf sie herein? – Wärs gut? –
Mir deucht, sie rührt sich. – Nein. – Was ist das Beste?
Kommt sie, wird sie nach meinem Weibe fragen –
Mein Weib! Mein Weib! – Welch Weib? Ich hab kein Weib.
O, unerträglich! O, furchtbare Stunde!
Nun, dächt ich, müßt ein groß Verfinstern sein
An Sonn und Mond und die erschreckte Erde
Sich auftun vor Entsetzen.

Emilia. Ich bitt Euch dringend, gönnt mir nur ein Wort.
O bester Herr!

Othello. O! ich vergaß dich. – Komm herein, Emilia!
Sacht, – gleich! Sogleich! – Ich zieh den Vorhang zu.
Wo kommst du her? Was hast du mir zu sagen?
Er schließt die Tür auf. Emilia tritt herein.

Emilia. O, lieber Herr! Ein sündger Mord geschah.

Othello. Wie, jetzt?

Emilia. Jetzt eben, Herr!

Othello. Das hat wahrhaftig nur der Mond verschuldet;
  Er kommt der Erde näher, als er pflegt,
  Und macht die Menschen rasend.

Emilia. Cassio, Herr,
  Bracht einen jungen Venetianer um,
  Genannt Rodrigo.

Othello. Was! Rodrigo tot?
  Und Cassio tot!

Emilia. Nein, Cassio ist nicht tot.

Othello. Cassio nicht tot? Dann klingt der Mord verstimmt.
  Und rauh die süße Rache.

Desdemona. O ungerechter Mord! –

Emilia. Gott! Welch ein Schrei war das?

Othello. Das? Was?

Emilia. O heilger Gott! Die Stimme meiner Frau!
  Helft, helft, o helft! O Teure, sprecht noch einmal!
  O Desdemona! süße Herrin, sprecht! –

Desdemona. Ich sterbe schuldlos.

Emilia. O! Wer hat die Tat vollbracht?

Desdemona. Niemand – ich selbst – leb wohl!
  Empfiehl mich meinem güt'gen Herrn, – leb wohl! –

Othello. Wie wär sie denn ermordet?

Emilia. Gott! wer weiß es?

Othello. Du hörtst es von ihr selbst, ich tat es nicht.

Emilia. So sagte sie, so muß ichs treu berichten.

Othello. Sie fuhr als Lügnerin zur Flammenhölle;
  Ich war ihr Mörder.

Emilia. So mehr Engel sie,
  Und du so schwärzrer Teufel!

Othello. Sie fiel der Sünd anheim und ward zur Hure.

Emilia. Nein, du belügst sie, und du bist ein Teufel.

Othello. Sie war wie Wasser falsch.

Emilia. Und du bist wild wie Feuer, wenn du sie
  Der Falschheit zeihst; o sie war himmlisch treu! –

Othello. Cassio verführte sie: frag deinen Mann.
  Verdammt wär ich zum tiefsten Höllenabgrund,

FÜNFTER AUFZUG · ZWEITE SZENE

Wenn ich nicht vorschritt auf gerechtem Grund
Zu diesem Äußersten; – dein Mann weiß alles.

Emilia. Mein Mann?

Othello. Dein Mann.

Emilia. Daß sie die Ehe brach? –

Othello. Ja doch, mit Cassio. Wär sie treu gewesen, –
Und schuf mir eine zweite Welt der Himmel
Aus einem fehllos reinen Chrysolith,
Ich gab sie nicht dafür.

Emilia. Mein Mann! –

Othello. Jawohl, er wars, der mich zuerst gewarnt,
Er ist ein Ehrenmann und haßt den Schlamm
Schandbarer Greueltat.

Emilia. Mein Mann?

Othello. Wozu die Wiederholung, Weib?
Ich sage dir, dein Mann.

Emilia. O teure Frau, Bosheit treibt Spott mit Liebe!
Mein Mann sagt, daß sie falsch ist?

Othello. Weib! er sagts,
Dein Mann, dein Mann, verstehst du?
Mein Freund, dein Mann, der wackre, wackre Jago.

Emilia. Sagt ers, mag ihm die giftge Seele täglich
Verfaulen um 'nen Gran! Er lügt als Schelm;
Sie liebte nur zu sehr ihr kläglich Bündnis.

Othello. Ha!

Emilia. Tu dein Ärgstes;
So wert ist diese deine Tat des Himmels,
Als ihrer du.

Othello. Am besten wohl, du schwiegst.

Emilia. Du hast nicht halb die Kraft, mir weh zu tun,
Als ichs zu tragen. Dummkopf! blöder Tor! –
Hirnlos wie Kot: die Tat, die du getan –
Was kümmert mich dein Schwert? Ich mach es kund,
Und gält es zwanzig Leben. Helft, helft, helft!
Der Mohr hat meine Frau erwürgt: Mord! Mord!

Montano, Gratiano und Jago treten auf.

Montano. Was geht hier vor? Was gibt es, General?

Emilia. O kommst du, Jago? – Ei, du machst es schön,
Daß andre ihre Mordtat auf dich schieben.

Gratiano. Was geht hier vor?

Emilia. Straf diesen Böswicht Lügen, wenn du Mann bist.
Er spricht: du sagtest ihm, sein Weib sei falsch,
Ich weiß, das tatst du nicht, du bist kein Schelm: –
Sprich, denn mein Herz ist voll.

Jago. Ich sagt ihm, was ich dachte; sagt auch nichts,
Als was er selbst glaubwürdig fand und wahr.

Emilia. So hast du je gesagt, sie sei nicht treu?

Jago. Ich tats.

Emilia. Das war 'ne Lüge, schnöde, höllische Lüge!
Bei Gott, 'ne Lüge, recht verdammte Lüge!
Sie falsch mit Cassio? Sagtest du, mit Cassio?

Jago. Mit Cassio, Weib; still! Bändge deine Zunge.

Emilia. Die Zunge bändgen? Reden will ich laut; –
In ihrem Bett liegt meine Frau ermordet.

Alle. O Gott verhüt es!

Emilia. Und dein Verhetzen stiftete den Mord.

Othello. Nein, starrt nicht so, ihr Herrn, 's ist wirklich wahr.

Gratiano. Unsel'ge Wahrheit!

Montano. Ungeheure Tat! –

Emilia. O Büberei, verruchte Büberei! –
Ich denke dran – ich denk – ich merks – o Büberei!
Ich dacht es gleich – vor Gram möcht ich mich töten!
O Büberei! –

Jago. Was, bist du toll? Geh gleich nach Haus, befehl ich.

Emilia. Ihr edlen Herrn! Vergönnt mir, daß ich rede.
Ihm zu gehorchen ziemt mir, doch nicht jetzt.
Vielleicht geh ich nie mehr nach Hause, Jago.

Othello (wirft sich auf das Bett). O, o, o, o!

Emilia. Ja, wirf dich hin und brülle,
Weil du gemordet hast die holdste Unschuld,
Die je den Blick erhob.

Othello. O, sie war schlecht.
Ich sah Euch jetzt erst, Ohm: ja, diese Hand
Hat wirklich Eure Nichte jetzt ermordet.

FÜNFTER AUFZUG · ZWEITE SZENE

Ich weiß, die Tat sieht greulich aus und schwarz.

Gratiano. Du armes Kind! – Gut, daß dein Vater starb;
    Dein Bündnis ward ihm tödlich; – Gram allein
    Zerschnitt den alten Faden; lebt' er jetzt,
    Der Anblick würd ihn in Verzweiflung stürzen,
    Daß er den guten Engel von sich fluchte,
    Sein Seelenheil gefährdend.

Othello. Ja, es ist jammervoll! Doch Jago weiß,
    Daß sie die schnöde Tat mit diesem Cassio
    Wohl hundertmal beging: Cassio gestands,
    Und sie vergalt ihm seine Liebesglut
    Mit dem Gedächtnispfand und Brautgeschenk,
    Das ich ihr gab; ich sahs in seiner Hand;
    Es war ein Tuch, ein altes Angedenken,
    Das einst mein Vater meiner Mutter gab.

Emilia. O all ihr Himmelsmächte!

Jago. Willst du schweigen?

Emilia. Es muß heraus, heraus! Jetzt schweigen? Nein,
    Nein, ich will reden, ungehemmt, wie Nordwind.
    Laß Himmel, Menschen, Teufel, alle, alle,
    Schmach rufen über mich, ich rede doch!

Jago. Sei klug und geh nach Haus.

Emilia. Ich will nicht.

       (Jago macht Miene, sie zu erstechen.)

Gratiano. Pfui!
    Den Degen auf ein Weib? –

Emilia. O dummer Mohr! Das Tuch, von dem du sagst,
    Fand ich durch Zufall und gabs meinem Manne;
    Denn oft mit feierlichem Ernst und Nachdruck
    (Mehr, als für solche Kleinigkeit sich ziemte)
    Hieß ers mich stehlen.

Jago. Du verdammte Metze!

Emilia. Sie gab es Cassio? – Nein, ach nein! Ich fands
    Und gab es meinem Mann.

Jago. Ausbund! du lügst.

Emilia. Bei Gott, ich log nicht, nein, ihr edlen Herrn!
    Blutdürstger Narr! Was sollt auch dieser Tropf

330 OTHELLO

Mit solcher guten Frau? –

(Jago ersticht seine Frau und läuft fort.)

Othello. Gibts keinen Keil im Himmel
Als nur zum Donner? – Auserlesner Schurke!

Gratiano. Sie sinkt, wahrhaftig, er erstach sein Weib! –

Emilia. Ja, ja, o legt mich neben meine Herrin! –

Gratiano. Er lief davon, doch seine Frau ist hin.

Montano. 's ist ein Erzbösewicht. – Bewahrt dies Schwert,
Das ich jetzt hier dem Mohren weggenommen.
Besetzt die äußre Tür, laßt ihn nicht durch;
Erstecht ihn eh – – Ich will dem Buben nach,
Denn der ist ein verdammter Hund.

(Montano und Gratiano ab.)

Othello. Ich bin auch nicht mehr tapfer:
Nein, jeder winzge Knab entführt mein Schwert.
Was soll auch Ehre Tugend überleben? –
Fahr alles hin.

Emilia. Was deutete dein Lied?
Hörst du mich noch? Ich will dem Schwane gleich
In Wohllaut sterben. Weide, Weide, Weide! –
Mohr, sie war keusch; sie liebte dich, Barbar!
So werde Heil mir, als ich Wahrheit zeuge;
Und redend wie ich denke, sterb ich – sterb ich.

(Sie stirbt.)

Othello. Ich hab noch einen Degen hier im Zimmer,
Es ist ein spanisch Schwert, in Eis gehärtet,
Aha, hier ists! – Oheim, ich muß hinaus.

Gratiano (draußen).
Wenn dus versuchst, wirst du es teuer büßen,
Du bist wehrlos und mußt dich unterwerfen.

Othello. So komm denn hier herein und sprich mit mir,
Sonst mit der nackten Faust fall ich dich an.

Gratiano (im Hereintreten). Was willst du mir?

Othello. Sieh her, ich hab ein Schwert!
Ein beßres hat noch nie geschmückt die Hüfte
Eines Soldaten. Wohl war einst der Tag,
Wo mir der kleine Arm, dies gute Schwert

FÜNFTER AUFZUG · ZWEITE SZENE   331

Den Ausgang schaffte durch mehr Hindernis
Als zwanzigmal dein Zwang. Doch eitles Prahlen!
Wer lenkt sein Schicksal? Das ist jetzt vorbei. –
Seid nicht erschreckt, ob Ihr bewehrt mich seht;
Hier ist mein Reiseziel, mein Ankerplatz,
Die fernste Seemark für mein ruhend Schiff.
Trittst du zurück in Furcht? Du bangst umsonst;
Zück nur ein Schilfrohr auf Othellos Brust,
Er weicht ihm. Wohin sollt Othello gehn? –
Ach, wie siehst du nun aus, o Kind des Jammers,
Bleich, wie dein Tuch! Wenn wir am Thron erscheinen,
Wird dies dein Bild mich fort vom Himmel schleudern,
Wo Furien mich ergreifen. Kalt, mein Mädchen?
Wie deine Keuschheit!
O du verfluchter Sklav! Peitscht mich, ihr Teufel,
Weg von dem Anblick dieser Himmelsschönheit!
Stürmt mich in Wirbeln! Röstet mich in Schwefel,
Wascht mich in tiefen Schlünden flüssger Glut!
O Desdemona, Desdemona, tot? –
Tot? O! o! o!
          Lodovico, Cassio, der geführt wird, Montano,
          Jago als Gefangener und Offiziere.
Lodovico. Wo ist der rasche, höchst unsel'ge Mann? –
Othello. Hier steht, der einst Othello war: hier bin ich.
Lodovico. Wo ist die Natter? Führt den Buben vor!
Othello. Ich seh ihm auf den Fuß; doch das ist Fabel –
     Bist du ein Teufel, kann ich dich nicht töten.
          (Othello verwundet den Jago.)
Lodovico. Nehmt ihm sein Schwert!
Jago. Ich blute, doch ich lebe.
Othello. Sonst tät es mir auch leid. Du sollst noch leben;
     Denn wie ich fühl, ist Tod Glückseligkeit.
Lodovico. O du, Othello! sonst so groß und gut,
     Umgarnt von Schlingen eines Bösewichts!
     Was soll man von dir sagen?
Othello. Was man will:
     Daß ich ein ehrenvoller Mörder sei;

OTHELLO

Denn nichts tat ich aus Haß, für Ehre alles.
Lodovico. Halb hat der Sklav sein Bubenstück bekannt.
  Habt Ihr mit ihm in Cassios Tod gewilligt?
Othello. Ja.
Cassio. Teurer Herr, ich gab Euch niemals Grund.
Othello. Ich glaub es und ich bitt um dein Verzeihn.
  Wollt Ihr von diesem Teufel wohl erfragen,
  Warum er Seel und Leib mir so verstrickt? –
Jago. Fragt mich um nichts mehr. Was ihr wißt, das wißt
  Von dieser Stund an rede ich kein Wort.   [ihr.
Lodovico. Was? Nicht zum Beten?
Gratiano. Folter wird dichs lehren.
Othello. Gut, du tust so am besten.
Lodovico. Ihr sollt erfahren, Herr, was sich begab.
  Noch, glaub ich, wißt Ihrs nicht: hier ist ein Brief,
  Der sich in Roderigos Tasche fand,
  Und hier ein zweiter. Jener dort enthält,
  Wie Roderigo aufgefordert ward
  Zu Cassios Tod.
Othello. Nichtswürdiger!
Cassio. Höchst heidnisch, höchst verrucht!
Lodovico. Ein andrer Brief, verstimmt und voller Zweifel,
  Gefunden auch bei ihm; und diesen, scheints,
  Wollt Roderigo an den Schurken senden,
  Doch kam indes wohl Jago selbst zu ihm,
  Ihn zu beruhigen.
Othello. Meuchlerischer Hund! –
  Wie kamst du, Cassio, denn zu jenem Tuch
  Von meiner Frau? –
Cassio. Ich fands auf meinem Zimmer;
  Er selbst gestand soeben, daß er dort
 · Es fallen ließ mit Absicht und zum Zweck,
  Den er erreicht.
Othello. O Tor! O blöder Tor!
Cassio. Dann ferner steht in Roderigos Brief
  Der Vorwurf, wie ihn Jago aufgehetzt,
  Mir auf der Wacht zu trotzen, was bewirkte,

FÜNFTER AUFZUG · ZWEITE SZENE

Daß ich entsetzt ward, und noch sagt' er eben
(Erwacht vom Scheintod), daß ihn Jago reizte,
Mich anzufallen und ihn dann erstach.

Lodovico. Ihr müßt jetzt mit uns dieses Haus verlassen,
Gewalt und Vollmacht sind Euch abgenommen;
Cassio befiehlt in Zypern. Dieser Bube –
Gibts irgendeine recht geschärfte Marter,
Die lang ihn hinhält und erfindrisch quält,
Die sei für ihn. Ihr bleibt in strenger Haft,
Bis über Eure Tat berichtet ward
Dem Staat Venedigs. Geht und führt ihn weg.

Othello. Gemach! – Nur noch zwei Worte, eh Ihr geht.
Ich tat Venedig manchen Dienst, man weiß es:
Nichts mehr davon. – In Euren Briefen, bitt ich,
Wenn Ihr von diesem Unheil Kunde gebt,
Sprecht von mir, wie ich bin – verkleinert nichts,
Noch setzt in Bosheit zu. Dann müßt Ihr melden
Von einem, der nicht klug, doch zu sehr liebte;
Nicht leicht argwöhnte, doch einmal erregt
Unendlich raste: von einem, dessen Hand,
Dem niedern Juden gleich, die Perle wegwarf,
Mehr wert als all sein Volk; des überwundnes Auge,
Sonst nicht gewöhnt zu schmelzen, sich ergießt
In Tränen, wie Arabiens Bäume taun
Von heilungskräftgem Balsam – schreibt das alles;
Und fügt hinzu: daß in Aleppo, wo
Ein giftger Türk in hohem Turban einst
'nen Venetianer schlug und schalt den Staat, –
Ich den beschnittnen Hund am Hals ergriff
Und traf ihn – so! (*Er ersticht sich.*)

Lodovico. O blut'ges Ende!

Gratiano. Umsonst nun unser Wort.

Othello. Ich küßte dich,
Eh ich dir Tod gab – nun sei dies der Schluß:
Mich selber tötend sterb ich so im Kuß.

Cassio. Dies fürchtet ich – doch glaubt ihn ohne Waffen –
Denn er war hochgesinnt.

334 OTHELLO

Lodovico. Spartan'scher Hund,
Verderblicher als Hunger, Pest und Meer!
Schau dort die trag'sche Bürde dieses Betts:
Das ist dein Werk. Das Aug erliegt dem Anblick;
Verhüllt ihn. Ihr, Gratiano, bleibt im Schloß
Und nehmt des Mohren Güter in Beschlag,
Denn Ihr beerbt ihn. *(Zu Cassio.)* Euch, Herr Gouverneur,
Liegt ob das Urteil dieses höllschen Buben;
Die Zeit, der Ort, die Marter – schärft, o schärft sie ihm! –
Ich will sogleich an Bord und dem Senat
Mit schwerem Herzen künden schwere Tat.
(Alle gehen ab.)

INHALT

William Shakespeare   VII

Einführungen   XXV

Romeo und Julia...   I

Hamlet, Prinz von Dänemark   101

Othello, der Mohr von Venedig   227

KLASSIKER UND MODERNE KLASSIKER
IN DIOGENES TASCHENBÜCHERN

ALFRED ANDERSCH

Werk- und Studienausgabe in Einzelbänden.
Die Kirschen der Freiheit. Ein Bericht. detebe 1/1
Sansibar oder der letzte Grund. Roman. detebe 1/2
Hörspiele: Fahrerflucht / Der Tod des James Dean / Russisches Roulette /
In der Nacht der Giraffe. detebe 1/3
Geister und Leute. Zehn Geschichten. detebe 1/4
Die Rote. Roman. Neue Fassung 1972. detebe 1/5
Ein Liebhaber des Halbschattens. Drei Erzählungen. detebe 1/6
Efraim. Roman. detebe 1/7
Mein Verschwinden in Providence. Neun Erzählungen. detebe 1/8
Winterspelt. Roman. detebe 1/9
Aus einem römischen Winter. Reisebilder. detebe 1/10
Die Blindheit des Kunstwerks. Literarische Essays und Aufsätze. detebe 1/11
Ein neuer Scheiterhaufen für alte Ketzer. Kritiken und Rezensionen.
detebe 1/12
Öffentlicher Brief an einen sowjetischen Schriftsteller, das Überholte betreffend.
Reportagen und Aufsätze. detebe 1/13
Neue Hörspiele: Die Brandung von Hossegor / Tapetenwechsel / Rad-
fahrer sucht Wohnung. detebe 1/14
Einige Zeichnungen. Graphische Thesen am Beispiel einer Künstlerin. Mit
Zeichnungen von Gisela Andersch. detebe 151
Über Alfred Andersch. Essays, Aufsätze, Rezensionen von Thomas Mann
bis Arno Schmidt. Interviews, Chronik, Bibliographie der Werke, Aus-
wahlbibliographie der Sekundärliteratur. Herausgegeben von Gerd
Haffmans. detebe 53

SHERWOOD ANDERSON

Ich möchte wissen warum. Ausgewählte Erzählungen. Deutsch von Karl
Lerbs und Helene Henze. detebe 156

HONORÉ DE BALZAC

Die Menschliche Komödie. Werkausgabe in vierzig Bänden in der Überset-
zung von Walter Benjamin, Otto Flake, Emmi Hirschberg, Else von Hol-
lander, Hugo Kaatz, Paul Mayer, Rosa Schapire, Ernst Weiß, Paul Zech
und vielen anderen:
Das Haus zur ballspielenden Katze. Erzählungen. detebe 130/1
Zwei Frauen. Roman. detebe 130/2
Modeste Mignon. Roman. detebe 130/3
Albert Savarus. Erzählungen. detebe 130/4
Die falsche Geliebte. Erzählungen. detebe 130/5

Die Grenadière. Erzählungen. detebe 130/6
Honorine. Erzählungen. detebe 130/7
Béatrix. Roman. detebe 130/8
Die Frau von dreißig Jahren. Roman. detebe 130/9
Vater Goriot. Roman. detebe 130/10
Oberst Chabert. Erzählungen. detebe 130/11
Der Ehekontrakt. Erzählungen. detebe 130/12
Ursula Mirouet. Roman. detebe 130/13
Eugénie Grandet. Roman. detebe 130/14
Pierrette. Erzählungen. detebe 130/15
Junggesellenwirtschaft. Roman. detebe 130/16
Nebenbuhler. Roman. detebe 130/17
Verlorene Illusionen. Roman. detebe 130/18
Geschichte der Dreizehn. Roman. detebe 130/19
Cäsar Birotteaus Größe und Niedergang. Roman. detebe 130/20
Das Bankhaus Nucingen. Erzählungen. detebe 130/21
Glanz und Elend der Kurtisanen. Roman in zwei Bänden. detebe 130/22–23
Die Geheimnisse der Fürstin von Cadignan. Erzählungen. detebe 130/24
Tante Lisbeth. Roman. detebe 130/25
Vetter Pons. Roman. detebe 130/26
Die Volksvertreter. Erzählungen. detebe 130/27
Die Kleinbürger. Roman. detebe 130/28
Eine dunkle Geschichte. Erzählungen. detebe 130/29
Die Königstreuen. Roman. detebe 130/30
Die Bauern. Roman. detebe 130/31
Der Landarzt. Roman. detebe 130/32
Der Landpfarrer. Roman. detebe 130/33
Die Lilie im Tal. Roman. detebe 130/34
Die tödlichen Wünsche. Roman. detebe 130/35
Buch der Mystik. Erzählungen. detebe 130/36
Das ungekannte Meisterwerk. Erzählungen. detebe 130/37
Der Alchimist. Roman. detebe 130/38
Der verstoßene Sohn. Erzählungen. detebe 130/39
Katharina von Medici. Roman. detebe 130/40
Über Balzac. Zeugnisse und Aufsätze von Victor Hugo bis Somerset
Maugham. Mit einem Repertorium der wichtigsten Romanfiguren,
Chronik und Bibliographie. Herausgegeben von Claudia Schmölders.
detebe 152

CHARLES BAUDELAIRE

Die Tänzerin Fanfarlo und *Der Spleen von Paris.* Sämtliche Prosadichtungen
in einem Band. Deutsch von Walther Küchler. detebe 144

GOTTFRIED BENN

Ausgewählte Gedichte. Herausgegeben und mit einem Nachwort von
Gerd Haffmans. detebe 56

AMBROSE BIERCE

Die Spottdrossel. Ausgewählte Erzählungen und Fabeln. Auswahl und Vorwort von Mary Hottinger. Deutsch von Joachim Uhlmann, Günter Eichel und Maria von Schweinitz. Mit Zeichnungen von Tomi Ungerer. detebe 106

WILHELM BUSCH

Schöne Studienausgabe in sieben Bänden, herausgegeben von Friedrich Bohne, in Zusammenarbeit mit dem Wilhelm-Busch-Museum, Hannover:
Gedichte. detebe 60/1
Max und Moritz. Vierfarbendruck. detebe 60/2
Die fromme Helene. detebe 60/3
Tobias Knopp. detebe 60/4
Hans Huckebein / Fipps der Affe / Plisch und Plum. detebe 60/5
Balduin Bählamm / Maler Klecksel. detebe 60/6
Prosa. Mit einem Nachwort des Herausgebers zu dieser Ausgabe, Chronik und Bibliographie. detebe 60/7

ANTON ČECHOV

Das dramatische Werk. Aus dem Russischen neu übersetzt, transkribiert und herausgegeben von Peter Urban:
Die Möwe. Komödie in vier Akten. detebe 50/1
Der Waldschrat. Komödie in vier Akten. detebe 50/2
Der Kirschgarten. Komödie in vier Akten. detebe 50/3
Onkel Vanja. Szenen aus dem Landleben in vier Akten. detebe 50/4
Ivanov. Drama in vier Akten. detebe 50/5
Drei Schwestern. Komödie in vier Akten. detebe 50/6
Platonov. »Das Stück ohne Titel« in vier Akten und fünf Bildern. Erstmals vollständig deutsch. detebe 50/7
Sämtliche Einakter. detebe 50/8
Das erzählende Werk.
Aus dem Russischen von Gerhard Dick, Wolf Düwel, Ada Knipper, Hertha von Schulz, Michael Pfeiffer und Georg Schwarz. Gesamtredaktion, Anmerkungen und Nachweise von Peter Urban:
Ein unbedeutender Mensch. Erzählungen 1883–1885. detebe 50/11
Gespräch eines Betrunkenen mit einem nüchternen Teufel. Erzählungen 1886. detebe 50/12
Die Steppe. Erzählungen 1887–1888. detebe 50/13
Flattergeist. Erzählungen 1888–1892. detebe 50/14
Rothschilds Geige. Erzählungen 1893–1896. detebe 50/15
Die Dame mit dem Hündchen. Erzählungen 1897–1903. detebe 50/16
Eine langweilige Geschichte / Das Duell. Kleine Romane I. detebe 50/17
Krankenzimmer Nr. 6 / Erzählung eines Unbekannten. Kleine Romane II. detebe 50/18
Drei Jahre / Mein Leben. Kleine Romane III. detebe 50/19
Die Insel Sachalin. Ein Reisebericht. detebe 50/20

RAYMOND CHANDLER

Werkausgabe in neuen und erstmals vollständigen Übersetzungen:
Der große Schlaf. Roman. Deutsch von Gunar Ortlepp. detebe 70/1
Die kleine Schwester. Roman. Deutsch von W. E. Richartz. detebe 70/2
Das hohe Fenster. Roman. Deutsch von Urs Widmer. detebe 70/3
Der lange Abschied. Roman. Deutsch von Hans Wollschläger. detebe 70/4
Die simple Kunst des Mordes. Briefe, Essays, Fragmente. Herausgegeben von Dorothy Gardiner und Kathrine Sorley Walker. Deutsch von Hans Wollschläger. detebe 70/5
Die Tote im See. Roman. Deutsch von Hellmuth Karasek. detebe 70/6
Lebwohl, mein Liebling. Roman. Deutsch von Wulf Teichmann. detebe 70/7
Playback. Roman. Deutsch von Wulf Teichmann. detebe 70/8
Mord im Regen. Frühe Stories. Vorwort von Prof. Philip Durham. Deutsch von Hans Wollschläger. detebe 70/9

JOSEPH CONRAD

Auswahlausgabe in Einzelbänden. Bisher liegen vor:
Lord Jim. Roman, Deutsch von Fritz Lorch. detebe 66/1
Der Geheimagent. Roman. Deutsch von G. Danehl. detebe 66/2
Herz der Finsternis. Erzählung. Deutsch von Fritz Lorch. detebe 66/3

WILLIAM FAULKNER

Werk- und Studienausgabe in Einzelbänden. Bisher liegen vor:
Brandstifter. Gesammelte Erzählungen I. Deutsch von Elisabeth Schnack. detebe 30/1
Eine Rose für Emily. Gesammelte Erzählungen II. Deutsch von Elisabeth Schnack. detebe 30/2
Rotes Laub. Gesammelte Erzählungen III. Deutsch von Elisabeth Schnack. detebe 30/3
Sieg im Gebirge. Gesammelte Erzählungen IV. Deutsch von Elisabeth Schnack. detebe 30/4
Schwarze Musik. Gesammelte Erzählungen V. Deutsch von Elisabeth Schnack. detebe 30/5
Die Unbesiegten. Roman. Deutsch von Erich Franzen. detebe 30/6
Sartoris. Roman. Deutsch von Hermann Stresau. detebe 30/7
Als ich im Sterben lag. Roman. Deutsch von Albert Hess und Peter Schünemann. detebe 30/8
Schall und Wahn. Roman. Revidierte Übersetzung von Elisabeth Kaiser und Helmut M. Braem. detebe 30/9
Absalom, Absalom! Roman. Deutsch von Hermann Stresau. detebe 30/10
Go down, Moses. Chronik einer Familie. Roman. Deutsch von Hermann Stresau und Elisabeth Schnack. detebe 30/11
Der große Wald. Vier Jagdgeschichten. Deutsch von Elisabeth Schnack. detebe 30/12
Griff in den Staub. Roman. Deutsch von Harry Kahn. detebe 30/13
Der Springer greift an. Kriminalgeschichten. Deutsch von Elisabeth Schnack. detebe 30/14

Soldatenlohn. Roman. Revidierte Übersetzung von Susanna Rademacher. detebe 30/15
Moskitos. Roman. Revidierte Übersetzung von Richard K. Flesch. detebe 30/16
Wendemarke. Roman. Revidierte Übersetzung von Georg Goyert. detebe 30/17
Dazu ein Band
Über William Faulkner. Aufsätze und Rezensionen von Malcolm Cowley bis Siegfried Lenz. Mit Essays und Zeichnungen und einem Interview mit William Faulkner. Chronik und Bibliographie. Herausgegeben von Gerd Haffmans. detebe 54

FEDERICO FELLINI

Werkausgabe der Drehbücher und Schriften. Herausgegeben von Christian Strich. Jeder Band mit Treatment, Äußerungen Fellinis und vielen Fotos. Bisher liegen vor:
Roma. Deutsch von Toni Kienlechner. detebe 55/1
Das süße Leben. Deutsch von Bettina und Toni Kienlechner und Eva Rechel-Mertens. detebe 55/2
8½. Deutsch von Toni Kienlechner und Eva Rechel-Mertens. detebe 55/3
Julia und die Geister. Deutsch von Margaret Carroux und Bettina und Toni Kienlechner. detebe 55/4
Amarcord. Deutsch von Georg-Ferdinand von Hirschau, Eva Rechel-Mertens und Thomas Bodmer. detebe 55/5
Aufsätze und Notizen. Herausgegeben von Christian Strich und Anna Keel. detebe 55/6
Casanova. Deutsch von Inez De Florio-Hansen. detebe 55/7
La Strada. Deutsch von Georg-Ferdinand von Hirschau und Thomas Bodmer. detebe 55/8
Die Nächte der Cabiria. Deutsch von Olga Gloor. detebe 55/9
I Vitelloni. Deutsch von Georg-Ferdinand von Hirschau und Thomas Bodmer. detebe 55/10

F. SCOTT FITZGERALD

Auswahl- und Studienausgabe in Einzelbänden. Bisher liegen vor:
Der große Gatsby. Roman. Revidierte Übersetzung von Walter Schürenberg. detebe 97/1
Der letzte Taikun. Roman. Deutsch von Walter Schürenberg. detebe 97/2
Pat Hobby's Hollywood-Stories. Übersetzt und mit Anmerkungen versehen von Harry Rowohlt. detebe 97/3

GUSTAVE FLAUBERT

Briefe. Ausgewählt, kommentiert und übersetzt von Helmut Scheffel. detebe 143

NIKOLAI GOGOL

Die toten Seelen. Roman. Deutsch von Philipp Löbenstein. detebe 141
Die Nase. Erzählungen. Deutsch von Sigismund von Radecki. detebe 138

DASHIELL HAMMETT

Sämtliche Romane in fünf Bänden in neuen, zum Teil erstmals vollständigen Übersetzungen:
Der Malteser Falke. Deutsch von Peter Naujack. detebe 69/1
Rote Ernte. Deutsch von Gunar Ortlepp. detebe 69/2
Der Fluch des Hauses Dain. Deutsch von Wulf Teichmann. detebe 69/3
Der gläserne Schlüssel. Deutsch von Hans Wollschläger. detebe 69/4
Der dünne Mann. Deutsch von Tom Knoth. detebe 69/5

HEINRICH HEINE

Gedichte. Ausgewählt, eingeleitet und kommentiert von Ludwig Marcuse. detebe 139

O. HENRY

Glück, Geld und Gauner. Ausgesuchte Geschichten. Deutsch von Christine Hoeppner, Wolfgang Kreiter, Rudolf Löwe und Charlotte Schulz. detebe 107

HERMANN HESSE

Die Fremdenstadt im Süden. Ausgewählte Erzählungen. Herausgegeben, mit bio-bibliographischen Daten und einem Nachwort von Volker Michels. detebe 134

JUAN RAMÓN JIMÉNEZ

Herz, stirb oder singe. Gedichte, spanisch und deutsch. Nachdichtung von Hans Leopold Davi. Mit Zeichnungen von Henri Matisse. detebe 146

ERICH KÄSTNER

Das Erich Kästner Lesebuch, detebe 157

RING LARDNER

Geschichten aus dem Jazz-Zeitalter. Herausgegeben und mit einem Nachwort von Fritz Güttinger. Deutsch von Fritz Güttinger, Elisabeth Schnack und Ingeburg Hucke. detebe 78

D. H. LAWRENCE

Sämtliche Erzählungen und Kurzromane in acht Einzelbänden. Deutsch von Martin Beheim-Schwarzbach, Georg Goyert, Marta Hackel, Karl Lerbs, Elisabeth Schnack und Gerda von Uslar:
Der preußische Offizier. Erzählungen I. detebe 90/1
England, mein England. Erzählungen II. detebe 90/2
Die Frau, die davonritt. Erzählungen III. detebe 90/3
Der Mann, der Inseln liebte. Erzählungen IV. detebe 90/4
Der Fremdenlegionär. Erzählungen V. Autobiographisches, Fragmente, Skizzen. detebe 90/5

Der Fuchs / Der Marienkäfer / Die Hauptmannspuppe. Kurzromane I. detebe 90/6
Der Hengst St. Mawr. Kurzromane II. detebe 90/7
Liebe im Heu / Das Mädchen und der Zigeuner / Der Mann, der gestorben war. Kurzromane III. detebe 90/8
Als deutsche Erstausgaben erschienen außerdem:
Pornographie und Obszönität und andere Essays über Liebe, Sex und Emanzipation. Deutsch von Elisabeth Schnack. detebe 11
John Thomas & Lady Jane. Roman in zwei Bänden. Deutsch von Susanna Rademacher. Die zweite und längste Fassung der »Lady Chatterley«. detebe 147/1-2

HEINRICH MANN

Liebesspiele. Ausgewählte Erzählungen. Mit einem Vorwort von Hugo Loetscher und Zeichnungen von George Grosz. detebe 57

THOMAS MANN

Der Bajazzo. detebe 16

LUDWIG MARCUSE

Werk- und Studienausgabe in Einzelbänden. Bisher liegen vor:
Philosophie des Glücks. Von Hiob bis Freud. detebe 21/1
Sigmund Freud. Sein Bild vom Menschen. detebe 21/2
Argumente und Rezepte. Ein Wörterbuch für Zeitgenossen. detebe 21/3
Das denkwürdige Leben des Richard Wagner. detebe 21/4
Ignatius von Loyola. Ein Soldat der Kirche. detebe 21/5
Mein zwanzigstes Jahrhundert. Autobiographie I. detebe 21/6
Nachruf auf Ludwig Marcuse. Autobiographie II. detebe 21/7
Ludwig Börne. Aus der Frühzeit der deutschen Demokratie. detebe 21/8
Heinrich Heine. Melancholiker, Streiter in Marx, Epikureer. detebe 21/9

W. SOMERSET MAUGHAM

Gesammelte Erzählungen in zehn Bänden in der vom Autor selbst geordneten Folge. Übersetzungen aus dem Englischen von Felix Gasbarra, Marta Hackel, Ilse Krämer, Helene Mayer, Claudia und Wolfgang Mertz, Eva Schönfeld, Wulf Teichmann, Friedrich Torberg, Kurt Wagenseil, Mimi Zoff u.v.a.:
Honolulu. Erzählungen I. detebe 125/1
Das glückliche Paar. Erzählungen II. detebe 125/2
Vor der Party. Erzählungen III. detebe 125/3
Die Macht der Umstände. Erzählungen IV. detebe 125/4
Lord Mountdrago. Erzählungen V. detebe 125/5
Fußspuren im Dschungel. Erzählungen VI. detebe 125/6
Ashenden oder Der britische Geheimagent. Erzählungen VII. detebe 125/7
Entlegene Welten. Erzählungen VIII. detebe 125/8
Winter-Kreuzfahrt. Erzählungen IX. detebe 125/9
Fata Morgana. Erzählungen X. detebe 125/10

Aus dem Romanwerk liegen vor:

Rosie und die Künstler. Ein satirischer Literaten-Roman. Deutsch von Hans Kauders und Claudia Schmölders. detebe 35/5

Silbermond und Kupfermünze. Ein Maler-Roman. Deutsch von Susanne Feigl. detebe 35/6

Auf Messers Schneide. Ein philosophischer Roman. Deutsch von N.O. Scarpi. detebe 35/7

Theater. Ein Schauspieler-Roman. Deutsch von Renate Seiller und Ute Haffmans. detebe 35/8

Damals und heute. Ein Macchiavelli-Roman. Deutsch von Hans Flesch und Ann Mottier. detebe 35/9

Der Magier. Ein parapsychologischer Roman. Deutsch von Melanie Steinmetz und Ute Haffmans. detebe 35/10

Oben in der Villa. Ein kriminalistischer Liebesroman. Deutsch von William G. Frank und Ann Mottier. detebe 35/11

Mrs. Craddock. Ein Emanzipations-Roman. Deutsch von Elisabeth Schnack. detebe 35/12

Der Menschen Hörigkeit. Ein europäischer Entwicklungsroman. Deutsch von Mimi Zoff und Susanne Feigl. detebe 35/13–14

CARSON McCULLERS

Gesammelte Werke in acht Bänden:

Wunderkind. Erzählungen I. Deutsch von Elisabeth Schnack. detebe 20/1

Madame Zilensky und der König von Finnland. Erzählungen II. Deutsch von Elisabeth Schnack. detebe 20/2

Die Ballade vom traurigen Café. Novelle. Deutsch von Elisabeth Schnack. detebe 20/3

Das Herz ist ein einsamer Jäger. Roman. Deutsch von Susanna Rademacher. detebe 20/4

Spiegelbild im goldnen Auge. Roman. Deutsch von Richard Moering. detebe 20/5

Frankie. Roman. Deutsch von Richard Moering. detebe 20/6

Uhr ohne Zeiger. Roman. Deutsch von Elisabeth Schnack. detebe 20/7

Über Carson McCullers. Elf Essays und Aufsätze von Carson McCullers erstmals deutsch. Essays, Aufsätze und Rezensionen über Carson McCullers von Edward Albee bis Gabriele Wohmann. Übersetzungen von Elisabeth Schnack und Elizabeth Gilbert. Mit Chronik und Bibliographie. Herausgegeben von Gerd Haffmans. detebe 20/8

HERMAN MELVILLE

Moby Dick. Roman. Deutsch von Thesi Mutzenbecher und Ernst Schnabel. detebe 142

MOLIÈRE

Die Komödien in der Neuübertragung von Hans Weigel in sieben Einzelbänden, jeder mit Titelkupfern aus der ersten französischen Gesamtausgabe:

Der Wirrkopf / *Die lächerlichen Schwärmerinnen* / *Sganarell oder Der vermeintliche Betrogene*. Komödien I. detebe 95/1
Die Schule der Frauen / *Kritik der »Schule der Frauen«* / *Die Schule der Ehemänner*. Komödien II. detebe 95/2
Tartuffe oder Der Betrüger / *Der Betrogene oder Georges Dandin* / *Vorspiel in Versailles*. Komödien III. detebe 95/3
Don Juan oder Der steinerne Gast / *Die Lästigen* / *Der Arzt wider Willen*. Komödien IV. detebe 95/4
Der Menschenfeind / *Die erzwungene Heirat* / *Die gelehrten Frauen*. Komödien V. detebe 95/5
Der Geizige / *Der Bürger als Edelmann* / *Der Herr aus der Provinz*. Komödien VI. detebe 95/6
Der Hypochonder / *Die Gaunereien des Scappino*. Komödien VII. detebe 95/7
Über Molière. Zeugnisse, Essays und Aufsätze von Anouilh bis Voltaire. Mit Chronik und Bibliographie. Herausgegeben von Christian Strich, Rémy Charbon und Gerd Haffmans. detebe 37

SEAN O'CASEY

Das dramatische Werk in Einzelbänden. Bisher liegen vor:
Purpurstaub. Eine abwegige Komödie. Deutsch von Helmut Baierl und Georg Simmgen. detebe 2/1
Dubliner Trilogie: Der Schatten eines Rebellen / *Juno und der Pfau* / *Der Pflug und die Sterne*. Deutsch von Volker Canaris, Dieter Hildebrandt, Adolf Dresen und Maik Hamburger. detebe 2/2
Ich klopfe an. Der erste Band der Autobiographie. Deutsch von Georg Goyert. detebe 150/1

FRANK O'CONNOR

Werkausgabe der Erzählungen in sechs Bänden. Deutsch von Elisabeth Schnack:
Und freitags Fisch. Erzählungen I. detebe 85/1
Mein Ödipus-Komplex. Erzählungen II. detebe 85/2
Don Juans Versuchung. Erzählungen III. detebe 85/3
Eine unmögliche Ehe. Erzählungen IV. detebe 85/4
Eine selbständige Frau. Erzählungen V. detebe 85/5
Brautnacht. Erzählungen VI. detebe 85/6

SEAN O'FAOLAIN

Sünder und Sänger. Ausgewählte Erzählungen. Deutsch von Elisabeth Schnack. detebe 102/1

LIAM O'FLAHERTY

Armut und Reichtum. Ausgewählte Erzählungen. Deutsch von Elisabeth Schnack. detebe 103/1
Ich ging nach Rußland. Ein Reisebericht. Deutsch von Heinrich Hauser. detebe 16

GEORGE ORWELL

Auswahl- und Studienausgabe in Einzelbänden. Bisher liegen vor:
Farm der Tiere. Eine Fabel. Deutsch von N.O. Scarpi. detebe 63/1
Im Innern des Wals. Ausgewählte Essays I. Deutsch von Felix Gasbarra
und Peter Naujack. detebe 63/2
Rache ist sauer. Ausgewählte Essays II. Deutsch von Felix Gasbarra, Peter
Naujack und Claudia Schmölders. detebe 63/3
Mein Katalonien. Bericht über den Spanischen Bürgerkrieg. Deutsch von
Wolfgang Rieger. detebe 63/4
Erledigt in Paris und London. Sozial-Reportage. Deutsch von Alexander
Schmitz. detebe 63/5

WILLIAM PLOMER

Turbott Wolfe. Roman. Deutsch von Peter Naujack. detebe 114

EDGAR A. POE

Der Untergang des Hauses Usher. Ausgewählte Erzählungen und sämtliche
Detektivgeschichten. Deutsch von Gisela Etzel. Herausgegeben und mit
einem Vorwort von Mary Hottinger. detebe 105

SAKI

Die offene Tür. Ausgewählte Erzählungen. Deutsch von Günter Eichel.
Mit einem Nachwort von Thomas Bodmer und Zeichnungen von Edward Gorey. detebe 62

ARTHUR SCHNITZLER

Spiel im Morgengrauen. Ausgewählte Erzählungen. Herausgegeben und
mit einem Nachwort von Hans Weigel. detebe 96

ARTHUR SCHOPENHAUER

Zürcher Ausgabe. Werk- und Studienausgabe in elf Bänden in vollständiger Neuedition nach der historisch-kritischen Ausgabe von Arthur
Hübscher. Editorische Materialien von Angelika Hübscher:
Die Welt als Wille und Vorstellung I/II in je zwei Teilbänden. detebe 140/1–4
Über die vierfache Wurzel des Satzes vom zureichenden Grunde / *Über den Willen in der Natur.* Kleinere Schriften I. detebe 140/5
Die beiden Grundprobleme der Ethik: Über die Freiheit des menschlichen Willens /
Über die Grundlage der Moral. Kleinere Schriften II. detebe 140/6
Parerga und Paralipomena in je zwei Teilbänden. detebe 140/7–10
Über Arthur Schopenhauer. Essays und Zeugnisse von Thomas Mann bis
Arno Schmidt. Chronik und Bibliographie. Herausgegeben von Gerd
Haffmans. detebe 153

WILLIAM SHAKESPEARE

Dramatische Werke in zehn Bänden. detebe 200/1–10
Sonette in der Nachdichtung und mit einem Nachwort von Karl Kraus.
detebe 137

GEORGES SIMENON

Neuedition in Einzelbänden. Bisher liegen vor:
Die Glocken von Bicêtre. Roman. Deutsch von Hansjürgen Wille und Barbara Klau. detebe 72
Brief an meinen Richter. Roman. Deutsch von Hansjürgen Wille und Barbara Klau. detebe 135/1
Der Schnee war schmutzig. Roman. Deutsch von Willi A. Koch. detebe 135/2
Die grünen Fensterläden. Roman. Deutsch von Alfred Günther. detebe 135/3
Im Falle eines Unfalls. Roman. Deutsch von Hansjürgen Wille und Barbara Klau. detebe 135/4
Sonntag. Roman. Deutsch von Hansjürgen Wille und Barbara Klau. detebe 135/5
Bellas Tod. Roman. Deutsch von Elisabeth Serelmann-Küchler. detebe 135/6
Der Mann mit dem kleinen Hund. Roman. Deutsch von Stefanie Weiß. detebe 135/7
Drei Zimmer in Manhattan. Roman. Deutsch von Linde Birk. detebe 135/8
Die Großmutter. Roman. Deutsch von Linde Birk. detebe 135/9
Der kleine Mann von Archangelsk. Roman. Deutsch von Alfred Kuoni. detebe 135/10
Der große Bob. Roman. Deutsch von Linde Birk. detebe 135/11
Die Wahrheit über Bébé Donge. Roman. Deutsch von Renate Nickel. detebe 135/12
Maigrets erste Untersuchung. Roman. Deutsch von Roswitha Plancherel. detebe 155/1
Maigret und Pietr, der Lette. Roman. Deutsch von Wolfram Schäfer. detebe 155/2
Maigret und die alte Dame. Roman. Deutsch von Renate Nickel. detebe 155/3
Maigret und der Mann auf der Bank. Roman. Deutsch von Annerose Melter. detebe 155/4
Maigret und der Minister. Roman. Deutsch von Annerose Melter. detebe 155/5
Mein Freund Maigret. Roman. Deutsch von Annerose Melter. detebe 155/6
Maigrets Memoiren. Roman. Deutsch von Roswitha Plancherel. detebe 155/7
Maigret und die junge Tote. Roman. Deutsch von Raymond Regh. detebe 155/8
Maigret amüsiert sich. Roman. Deutsch von Renate Nickel. detebe 155/9
Über Simenon. Zeugnisse und Essays von Patricia Highsmith bis Alfred Andersch. Mit einem Interview, Chronik und Bibliographie. Herausgegeben von Claudia Schmölders und Christian Strich. detebe 154

HENRY DAVID THOREAU

Auswahlausgabe in zwei Bänden:
Walden oder Leben in den Wäldern. Deutsch von Emma Emmerich und Tatjana Fischer. Mit Anmerkungen, Chronik und Register. Vorwort von W.E.Richartz. detebe 19/1
Über die Pflicht zum Ungehorsam gegen den Staat. Ausgewählte Essays. Herausgegeben, übersetzt und mit einem Nachwort von W.E.Richartz. detebe 19/2

JULES VERNE

Die Hauptwerke, ungekürzt, originalgetreu, mit allen Stichen der französischen Erstausgabe. Bisher liegen vor:
Reise um die Erde in achtzig Tagen. Roman. Deutsch von Erich Fivian. detebe 64/1
Fünf Wochen im Ballon. Roman. Deutsch von Felix Gasbarra. detebe 64/2
Von der Erde zum Mond. Roman. Deutsch von William Matheson. detebe 64/3
Reise um den Mond. Roman. Deutsch von Ute Haffmans. detebe 64/4
Zwanzigtausend Meilen unter Meer. Roman in zwei Bänden. Deutsch von Peter Laneus und Peter G.Hubler. detebe 64/5-6
Reise zum Mittelpunkt der Erde. Roman. Deutsch von Hansjürgen Wille und Barbara Klau. detebe 64/7
Der Kurier des Zaren. Roman in zwei Bänden. Deutsch von Karl Wittlinger. detebe 64/8-9
Die fünfhundert Millionen der Begum. Roman. Deutsch von Erich Fivian. detebe 64/10
Die Kinder des Kapitäns Grant. Roman in zwei Bänden. Deutsch von Walter Gerull. detebe 64/11-12
Die Erfindung des Verderbens. Roman. Deutsch von Karl Wittlinger. detebe 64/13
Die Leiden eines Chinesen in China. Roman. Deutsch von Erich Fivian. detebe 64/14
Das Karpathenschloß. Roman. Deutsch von Hansjürgen Wille und Barbara Klau. detebe 64/15
Die Gestrandeten. Roman in zwei Bänden. Deutsch von Karl Wittlinger. detebe 64/16-17
Der ewige Adam. Geschichten. Deutsch von Erich Fivian. detebe 64/18
Robur der Eroberer. Roman. Deutsch von Peter Laneus. detebe 64/19

H. G. WELLS

Auswahlausgabe in Einzelbänden. Bisher liegen vor:
Der Unsichtbare. Roman. Deutsch von Alfred Winternitz und Claudia Schmölders. detebe 67/1
Der Krieg der Welten. Roman. Deutsch von G.A.Crüwell und Claudia Schmölders. detebe 67/2
Die Zeitmaschine. Roman. Deutsch von Peter Naujack. detebe 67/3

Die Geschichte unserer Welt. Ein historischer Grundriß. Deutsch von Otto Mandl u.a. detebe 67/4

Das Land der Blinden. Erzählungen. Deutsch von Ursula Spinner. Zeichnungen von Tomi Ungerer. detebe 67/5

JAMES ABBOTT MCNEILL WHISTLER

Die vornehme Kunst, sich Feinde zu machen. Whistlers »Kunstregeln« und der »Zehn-Uhr-Vortrag« und die Einwände von Oscar Wilde und G.K.Chesterton. Herausgegeben und mit einem Vorwort von Gerd Haffmans. detebe 34

OSCAR WILDE

Der Sozialismus und die Seele des Menschen. Ein Essay. Deutsch von Gustav Landauer und Hedwig Lachmann. detebe 3